主要景点

下城区

格林尼治村（见78页）
高线公园（见84页）
南街海港（见64页）
自由女神像（见56页）
公寓博物馆（见70页）

中城区

帝国大厦（见92页）
大中央车站（见98页）
现代艺术博物馆（见104页）
洛克菲勒中心（见110页）
时报广场（见116页）

中央公园

眺望台城堡（见138页）
贝塞斯达观景台（见132页）
中央公园动物园（见126页）

上东区

大都会艺术博物馆（见148页）
所罗门·R.古根海姆博物馆（见156页）

上西区和哈莱姆区

哈莱姆区第125街（见178页）
美国自然历史博物馆（见172页）
修道院艺术博物馆（见184页）
艺术与设计博物馆（见166页）

曼哈顿之外

布朗克斯动物园（见234页）
布鲁克林大桥（见194页）
布鲁克林博物馆（见200页）
移动影像博物馆（见216页）
纽约水族馆（见210页）
纽约植物园（见228页）
纽约科技馆（见222页）

目击者旅游指南

家庭游

纽约

中国旅游出版社

TOYOTA
1500
imagine
ONE
WELCOME
TO
THE CENTER OF THE TOY UNIVERSE

目击者旅游指南

家庭游

纽约

DK

中国旅游出版社

www.cttp.net.cn

项目策划：高　瑞
责任编辑：朱铁佳
　　　　　李　倩
责任印制：冯冬青

图书在版编目（CIP）数据
纽约 / 英国 DK 公司著；郭爽译．-- 北京：中国旅游出版社，2015.1
（目击者家庭游系列）
书名原文：DK eyewitness travel family guide: New York City
ISBN　978-7-5032-5131-3
Ⅰ．①纽…　Ⅱ．①英…　②郭…　Ⅲ．①旅游指南－纽约　Ⅳ．① K971.29
中国版本图书馆 CIP 数据核字（2014）第 283760 号

北京市版权局著作权合同登记号：图字：01-2013-3274
本书插图系原文原图

书　　名：家庭游纽约
原　　著：英国 DK 公司
译　　者：郭爽
出版发行：中国旅游出版社
（北京建国门内大街甲 9 号　邮编：100005）
http://www.cttp.net.cn　E-mail:cttp@cnta.gov.cn
营销中心电话：010-85166503
排　　版：北京中文天地文化艺术有限公司
经　　销：全国各地新华书店
印　　刷：北京中科印刷有限公司
版　　次：2015 年 1 月第 1 版　2015 年 1 月第 1 次印刷
开　　本：889 毫米 ×1194 毫米　1/32
印　　张：8.75
字　　数：353 千
定　　价：76.00 元
I S B N　978-7-5032-5131-3

《目击者旅游指南》责任说明

编者所做的一切努力都是为了确保这本即将付梓印刷的指南能够跟上时代变化。然而，某些细节如电话号码、开放时间、价格、美术馆活动安排和旅游资讯还是有可能发生变化。对由于使用本书以及第三方网站上的任何信息所产生的后果，出版商概不负责；出版商也不能保证这本书内的任何网站地址是准确的旅游信息来源。我们高度重视读者的意见和建议，请致信：travelguides@dk.com

目录

在弗里德森纪念旋转木马亭，孩子们骑在手工雕刻、五彩缤纷的木马之上

梅西感恩节大游行

如何使用本书

本书旨在为全家出动前往纽约旅游的游客提供帮助，同时提供专业的建议指导如何带着孩子们一起旅游，并给出详细的实用信息。本书的开始部分包含对纽约的简单介绍及其精华景点，并给出了全家出游所需的重要信息（包括如何到达目的地、出行、医疗、保险、花销、餐饮、住宿、购物和通信），以及适合家庭参与的节日的介绍和简短的历史概述。

本书对纽约的主要观光景区进行了划分。每一章的开头先介绍该地区的精华景点，随后是主要景点和其他景点，最后介绍吃住玩信息。本书的最后还列出了住宿信息和详细的纽约地图。

区域介绍

每个区域章节的开头都用一个对开页的版面简要介绍该地区的信息，并列出了定位地图和部分精华景点。

定位地图标记了区域的地理位置。

旅游重点说明了该地区的主要看点。

主题游建议介绍了带孩子参观的最佳内容。

精华景点

该部分可以使读者对每个区域的精华景点一目了然，并根据个人对历史、艺术和文化、园林、游戏的特别偏好做出合理安排。

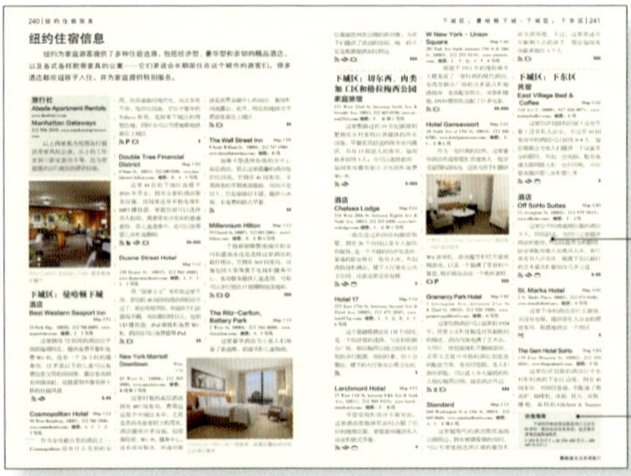

住宿信息

我们的专家列出了一份适合全家人的住宿信息列表，包括酒店、适合孩子入住的民宿以及自炊式公寓。

简易符号标明了该住宿地点适合家庭游客的主要特点。

价格指南列出了针对四口之家的价格等级。

纽约观光

每个区域都有一些核心景点（见下图），本书通过详细的地图列出了探索该区域所需要的一切信息，并介绍了主要景点以及吸引孩子们的特点。同时，为了介绍更加全面，书中还针对休闲放松、躲避阴雨天气、餐饮信息、带孩子们购物、旅行的下一站的需求等给出了建议，其中包括交通等所有实用信息。

介绍主要关于景区的实用信息，例如一天中的最佳旅游时机、如何利用公共交通工具畅游该地区。

实用信息列出了旅行中涉及各方面需求的信息。图标含义见封底勒口。

核心地图标出了该地区的特色景点以及餐馆、商店、酒店、交通、最近的游乐场、超市和药店。

核心景点是每个区域的最佳参观地点，介绍这些景点的文字生动翔实。

主要看点展现了每个景点最有趣的特点，并且突出了可能吸引孩子们的地方。

休闲放松为结束文化之旅，开始带孩子随意玩耍的家长提供建议。

儿童专栏鼓励孩子在游览过程中发掘更多信息。

游客须知列出了交通线路、开放时间、花费、活动、年龄限制和游览时长等信息。

下一站…对参观其他景点提出建议，其或是位于主要景点附近并与其主题相关的地方，或是为了打发一天中的剩余时间可以参观的风格迥异的景点。

餐饮信息列出了适合全家人就餐的地方，包括野餐、小吃以及美食大餐。

更多信息对游戏、应用程序和电影给出了介绍。

更多景点位于核心景点附近，它们对成人和孩子都具有吸引力。

城镇或名胜结合离奇的故事和不寻常的史实，突出了最可能吸引儿童的方面。其中每个景点都给出了休闲娱乐的相关建议。

儿童专栏罗列了专门吸引孩子的物品、游戏、卡通和有趣的史实。小测验的答案位于板块的底部。

实用信息提供了每个景点的日常综合信息和交通信息。

位于纽约曼哈顿某个金属门表面上的充满
活力、五颜六色的自由女神像涂鸦

概览

纽约

纽约最精华游点

丰富的文化宝藏、美丽的城市天际线、大量的绿地和强大的能量是纽约的标志。这座城市是丰富多彩的——富于冒险而又庄严、文明又不失喧闹——因此有多种方式来体验它。纽约对于儿童出奇地友好，到处都有专为孩子们打造的博物馆，还有漂亮的公园和操场。这里仅仅给出一些建议，来帮你打造完美的行程。

探索建筑

虽然那壮丽的天际线经常改变，但其在某种程度上仍然是永恒的。如果没有它的话，纽约就仿佛一直处于变化之中。这座城市与摩天大楼的恋情大约始于 1890 年，而且至今丝毫没有减弱的迹象。值得一提的是，三座最受喜爱的标志性大厦都是在 1930~1933 年的短短 3 年期间完成的。其中，**克莱斯勒大厦**（见 95 页）建于 1930 年，是当时世界第一高楼；**帝国大厦**（见 94~95 页）建于 1931 年，超越克莱斯勒大厦取代了其位置；建于 1933 年的**洛克菲勒中心**（见 112~113 页）由 14 栋摩天大楼组成，时至今日仍是一个充满活力的文化枢纽。它们均位于市中心，彼此相距仅几个街区之遥。

欣赏这座城市的最佳途径之一是爬到**洛克菲勒中心**的巨石之顶，或到**帝国大厦**顶端的看台，你将会为四面八方林立的大厦而惊叹。而在步行穿越宏伟的**布鲁克林大桥**（见 196~197 页）之后，你也能在其背后发现另一个不容错过的观赏角度。

上图 镀金普罗米修斯雕像，洛克菲勒中心

下图 横跨东河的布鲁克林大桥，以曼哈顿的摩天大楼为背景

上图 沙滩边的摩天轮和餐馆，康尼岛

文化中心

作为美国最有活力的文化枢纽之一，纽约集中了令人难以置信的大量博物馆。其中关于艺术及历史的，如**现代艺术博物馆**（见 106~107 页）和**大都会艺术博物馆**（见 150~153 页），受到家长和孩子们的一致好评；还有其当代艺术的尖端中心也同样如此，其中包括 **PS1 当代艺术中心**（见 223 页）和**新当代艺术博物馆**（见 74~75 页）。旅行的家庭们还可以参观一些规模较小的博物馆，例如位于**儿童艺术博物馆**（见 76 页）中的画廊兼工作室空间，孩子们可以在这里充分发挥自己的创造力；而在**移动影像博物馆**（见 218~219 页），则可以了解电影和录像艺术。

动物景点

在这座城市中，有很多供孩子们娱乐的地方，从**美国自然历史博物馆**（见 174~175 页）的史前恐龙到纽约的动物园，在每一个区都能找到类似景点。在亲切的**中央公园动物园**（见 128~129 页）有很棒的企鹅和雨林展，在庞大的**布朗克斯动物园**（见 236~237 页）中则有着一个令人惊叹的大猩猩栖息地，乘坐穿越布朗克斯河的单轨列车将一路欣赏到亚洲象、鹿、小熊猫和东北虎。**康尼岛**（见 214 页）是**纽约水族馆**（见 212~213 页）之家，其居民包括海蜇、黄貂鱼、鲨鱼、海龟，还有海象和聪明的加州海狮。

步行穿过中央公园树木繁茂的**“漫步区”**（见 136 页），你会发现鸟类和小型哺乳动物的身影，而参观展望公园湖则是一个探访绿色黑冠夜鹭的好机会。

回顾历史

纽约有许多地点用于铭记和揭示历史，并且将其带入人们的生活中。**艾利斯岛移民博物**

右图 在布朗克斯动物园的丛林世界展览上，孩子们正在观看一只威武的黑豹

馆（见60页）和**移民公寓博物馆**（见72~73页）都展示着移民的历史。前者拥有曾供数百万美国移民通过的大楼，他们在这里获准入境；而后者能带领游客们穿越到移民们刚刚定居下来的历史岁月中。想要了解西奥多·罗斯福——美国历史上最迷人的人物之一，有一个很好的途径，那就是参观**西奥多·罗斯福出生地**（见83页）、重建于格拉梅西公园的赤褐色石头，以及位于布朗克斯的**波浪小丘**（见232页）。一些保存完好的房屋能够让游客直观地接触到以前居民的生活，包括展望公园中的**爱伦坡小屋**（见232页）和**莱弗茨故居**（见208页）。想对这座城市有更深了解的孩子们将会享受参观**纽约市博物馆**（见160页）的过程。

省钱在纽约

这个城市有许多活动都是免费的，或者花费很少。中央公园和**展望公园**（见208页）的庞大绿色空间充满了文化景点和类似于游玩区域的地方，它们都可以全年提供各种免费的步行之旅。参观切尔西区的**高线公园**（见86~87页）是免费的，遍布整个纽约的公园系统同样如此。有一些博物馆、动物园和花园在部分日期或者早晨是允许自由进入的。你不用花一分钱，就可以从斯塔滕岛的渡轮（见23页）欣赏**自由女神像**（见58~59页），或探索建筑瑰宝，譬如有着宏伟天花板的**中央车站**（见100~101页），以及参观**洛克菲勒中心**的各种地标。当夏季到来的时候，适合家庭的免费文化活动比比皆是，例如“**夏日舞台**”（见38页）和“**河到河艺术节**”

上图 令人印象深刻的中央车站入口处，装饰有水星、大力士和密涅瓦守护神的雕像

（见40页），其音乐、剧院和舞蹈表演都十分有名，还有如“河边影院”等系列儿童户外电影。

绿色纽约

这个城市最吸引人之处包括无数的绿地，其中最重要的当属中央公园。从**文学大道**（见131页）到**贝塞斯达观景台广场**（见134~135页），以及吸引孩子们的旋转木马和和动物园，从各个角度来看中央公园都是一处绝佳的自然休息场所。另外，公园还可划船、滑冰、骑自行车和步行游览。在布鲁克林区，展望公园的**奥杜邦中心**（见209页）突出了公园地形的多样性

下图 人们在高线公园的一个区域休息，这是在一条废弃的火车线路上修建的高架公园

上图 日式山水花园中盛开的樱桃花，布鲁克林植物园

和栖息在这里的野生动物之美。**布鲁克林植物园**（见206~207页）和布朗克斯的**纽约植物园**（见230~231页）还提供了大量面向儿童的娱乐设施，包括广阔的草坪、花圃、森林，甚至有一座日式山水花园（位于布鲁克林植物园）。**哈得孙河公园**（见81页）有篮球、网球和沙滩排球场，外加极佳的游乐场，全部免费。

纽约的四季

纽约的四季，从短暂的夏季到漫长的冬季，都有其独特的魅力。虽然春季刚到来时似乎与冬季无异，但你已经可以在联合广场的**绿色市场**（见82~83页）看到农民们在交易枫糖浆、蜂蜜、芝麻和山羊奶酪，也可以在**高线公园**看到从4月就开始欣欣向荣的绿色植物，这些无一不在表明一个重生季节的到来。

如果你想乘船环绕曼哈顿岛、在哈得孙河乘坐皮艇，或者去**洋基体育场**（见239页）体验棒球比赛，那么夏季无疑是最完美的时候。自然爱好者们还可以赶上展望公园的奥杜邦乘船观鸟游览。

当秋季到来，夏季的随和天气即将消散，取而代之的是清新的空气和浓浓的文化气息。你可以前往**美国国立印第安人博物馆**（见60~61页）了解一下该国的原始居民，那里会有内容丰富的展出和一个很好的礼品店，偶尔还会有音乐和舞蹈表演。

秋季也是探索**唐人街**（第76~77页）最完美的季节，还可以参观**无畏号航空母舰博物馆**（见120页），或是走过中央公园**漫步区**的荒野。远足旅行后，爬上**眺望台城堡**（见140~141页）的阶梯，便可从三个雄伟的瞭望点之一欣赏到令人惊叹的全景图。

冬季自然需要在室内待更长时间。除了城市里丰富的博物馆资源，皇后区的**纽约科技馆**（见224~225页）也不容错过。不过，去**沃尔曼溜冰场**（见130页）进行户外溜冰也许更能对孩子们的胃口。到了12月，**洛克菲勒中心**的圣诞树以及百货商场装饰华丽的节日窗户，将令所有游客体会到独特的季节魔力。

右图 贝塞斯达观景台上的水之天使雕塑，中央公园

纽约的季节与节庆

纽约一年四季都有丰富的活动。每个季节都有其自己的节奏和诱惑：冬季有溜冰博览会，春季有花朵和游行，夏季的运动、音乐会和划船是户外运动的大好时机，而秋季则会迎来百老汇新一轮的演出季。从 11 月下旬开始，纽约将举行全国最华丽的感恩节游行和节日展览。

春季

在春季正式来临以前，这座城市已经涌现出许多活动。随着天气回暖，纽约精神与其花园的花朵一起绽放开来，各种游行也增加了节日的气氛。

3月

在纽约植物园一年一度的**兰花展**（见 228 页）上，可以观赏到来自世界各地的精选兰花。

军械库艺术展（Armory Art Show）呈现出当代的艺术，为期三周的**纽约国际儿童电影节**（见 38 页）会放映各种独立电影来吸引不同年龄段的孩子，而篮球迷们则会把精力集中在**大东联盟锦标赛**之上。

在 3 月 17 日的**圣帕特里克节游行**（见 92 页）中，音乐家、游行者和身着绿色服装的人们将用一整天的游行来给冬天一个激动人心的送别，这将是纽约最古老也最庞大的游行。一年一度的**希腊独立日**游行展示了五颜六色的服装，而**梅西花展**（见 95 页）则将商店变成了花香的仙境。

4月

在一年一度的**樱花祭节日**（见 201 页）上，色彩是其一大看点，有超过 200 株盛开的樱花树，此外还有日本传统艺术展示。玲玲马戏团的到来会为所有年龄段的人们带来惊险刺激。而当棒球季开始回归时，与纽约洋基队相约于洋基球场（见 239 页）或和大都会棒球队相约花旗球场，都会迎来欢呼的人群。

在复活节当天，纽约会有盛大的**复活节游行及复活帽子节**，这将是一个好机会，可以观赏戴着各种梦幻般的帽子的游行队伍。此外，在由罗伯特·德尼罗创办的久负盛名的**翠贝卡电影节**（Tribeca Film Festival）上，会放映 100 多部充满潜力的新电影。

5月

作为美国最优秀的舞蹈团之一，**纽约市芭蕾舞团**通过每年的春季表演带给观众美妙的体验。**第九大道美食节**是全市最大的美食聚会，汇聚了来自世界各地的食品生产商。

在**纽约舞蹈巡礼**上，舞者们会表演桑巴、华尔兹以及爱尔兰踢踏舞，嬉闹于市中心的路上，然后汤普金斯广场公园尽情舞蹈，每个人都可以参与进来。在**纽约海军周**

左下图 纽约植物园的兰花展上令人惊叹的展品之一
右下图 在麦迪逊广场花园中，来自玲玲与马戏团的亚洲象在表演平衡节目

期间的阵亡将士纪念日时，数千名穿着制服的海军船员会抵达这座城市，欢迎游客免费参观他们的船只。

夏季

伴随着夏季而来的，是免费的露天剧场和音乐会、工艺品展销会、乘船游，以及令人眼花缭乱的独立日烟花。棒球运动如火如荼，附近的海滩也在向你招手，赛龙舟则让这座城市感受到了亚洲的喜庆气氛。

6月

一年一度的**博物馆一英里艺术节**受到了文化爱好者们的期待，在此期间有9个博物馆不收门票，而免费停车的第五大道则到处可见音乐和表演。6月还有丰富多彩的**美人鱼游行**（见211页），这标志着海滩季节的非正式开始，同时伴随着的是花车和"海盗"。**波多黎各日游行**是全市最大的拉丁美洲节日，一整天的狂欢将吸引成千上万的观众。

美国工艺品节在两个周末举行，会吸引许多艺术家到场展示自己的作品。而在格林尼治村，**同性恋光荣大游行**（见79页）将在集会和街头庆祝他们的同性恋骄傲周。

7月

独立日庆祝活动的最大看点是7月4日进行的**梅西烟花汇演**，梦幻般的烟火照亮了夜空。**盛夏夜舞会**的现场乐队则将户外广场变成了一个舞池。在中央公园德拉科特剧院欣赏免费的**公园莎士比亚节**同样是一种享受，每次会为观众上演两出戏剧。在中央公园举办的免费的**爱乐乐团音乐会**上，观众可以在星空下一边野餐一边聆听美妙的音乐，安可时还会看到绚烂的烟花。大都会歌剧院也会在户外举行系列音乐会。他们在林肯中心广场的现场高清表演和在许多城市公园举行的音乐会是带给夏日的珍贵礼物。

8月

作为一场户外的狂欢盛会，一年一度的**林肯中心户外免费演出**（见167页）将有100多场免费演出。**香港龙舟节**也是最不寻常的事件之一，在法拉盛草原－可罗娜公园里，可以看到草甸湖的赛龙舟。**哈林周**（见179页）的狂欢和文化活动也将持续数天。月底开始举行的**美国网球公开赛**（见42页）是一年当中的最后一个大满贯赛事，你可以看到世界上最顶尖球员间的较量。

秋季

劳工节标志着夏季的结束，但这并不代表再也没有户外娱乐活动。秋高气爽对节日和游行来说简直是理想的日子。百老汇的演出季将在秋季进入高潮，博物馆也会举办激动人心的新展览。

9月

在劳工节的周末，作为全市规模最庞大的游行之一，**西印度嘉年华**将穿过布鲁克林，以钢铁乐队、花车和奇装异服为特色，可吸引多达100多万的观众。同样在劳工节的周末，大量家庭会涌向**里士满县博览会**，这是纽约唯一现存的历史村庄，提供老式的嘉年华游乐设施和音乐。

在9月初，**圣真纳罗节**（见71页）每年到会向那不勒斯的守护神致敬，同时带来长达11天的游行和丰富美味的意大利食品。**小飞象艺术节**（见195页）通过开放

左下图 香港龙舟节的比赛选手们，法拉盛草原－科罗娜公园，皇后区
右下图 肚皮舞演员，一年一度的纽约舞蹈巡礼上将呈现各种舞蹈风格

的工作室、设施和街头表演等活动，为布鲁克林区提供了一个展现其艺术一面的机会。**纽约电影节**会在沃尔特·里德剧院举行，电影爱好者们可趁机对获奖电影先睹为快，并见到它们的创作者们。

10月

本月的第一个周日，圣约翰大教堂将庆祝欢快的**圣弗朗西斯节**，会有骆驼、孔雀、山羊，以及更为人熟悉的宠物等，为人们送上每年的动物祝福。在第二个周一的**哥伦布日游行**上，将有3.5万名游行者和100多个乐队向意大利裔美国人致敬。

在**纽约开放参观建筑**的周末，你可以免费参观有趣的建筑和遗址，这其中有很多平时都是不对外开放的。年轻的漫画迷们肯定想去贾维茨中心的**纽约动漫节**逛逛，这里将展出和销售漫画、图文小说、动画、视频游戏、玩具和电影。

格林尼治村会举行著名的**村庄万圣节游行**（见79页）来庆祝万圣节，届时路上的人们穿着奇形怪状的服装是很普遍的。

11月

随着滑冰季节的到来，**布赖恩特公园的免费池塘**和著名的**洛克菲勒中心溜冰场**都有可供租用的溜冰鞋。大约一周以后，中央公园的**沃尔曼溜冰场**就到了开放的季节。当溜冰运动在户外开展的时候，**纽约尼克斯队**在麦迪逊广场花园的活动也为室内的篮球赛季揭开了序幕。虽然11月天气已经转冷，但这并不能阻止成千上万的参与者跨越5个行政区从斯塔滕岛到中央公园的42.1千米马拉松长跑。

为期4天的**纽约喜剧节**将带来大牌演员们的表演，只为博观众们一笑。巧克力粉丝们热切期盼在大都会馆举行的**纽约巧克力展**，那里将有以巧克力为主题的一切——装饰、时装、艺术品和更多的东西。

在当月第4个周四举行的**梅西感恩节大游行**（见92页），80年以来都是圣诞季正式开始的标志。洛克菲勒中心的**圣诞树亮灯仪式**（感恩节之后的第一个周三）也是一项备受大家喜爱的传统活动，一棵巨大的树上将点亮30000盏灯，另外还配有一个230千克的水晶星星。如果缺少了无线电城市音乐厅的**圣诞晚会**，这个季节将是不完整的，这里有惊险刺激的特效和高踢踏舞团表演。

11月下旬~12月24日，联合广场的度假集贸市场、中央车站、布赖恩特公园和哥伦布环岛广场将以其精美的工艺品展示吸引消费者，为人们带来假日的感觉。

在一年一度的纽约植物园**假日火车展**（见229页）上，一列模型火车将从由140个标志性建筑构成的"纽约市"呼啸而过，其中包括布鲁克林大桥和洋基体育场，而这一切都是由树皮和植物材料打造的。

冬季

圣诞节期间的纽约是一个神奇的地方——甚至卧在纽约公共图书馆门口的石狮子也会身披花环，商店的橱窗也会变成艺术品展台。市里的庆祝活动比比皆是，在摩天大楼的背景中，身穿五颜六色服饰的溜冰者们在城市中穿梭。

12月

圣诞节并不是12月唯一的庆祝活动。**犹太光明节**的灯台照亮了第五大道，这是世界上最大的灯台。12月下旬，一年一度的宽扎节在美国自然历史博物馆举行，这里将属于非裔美国人的音乐、舞蹈和工艺品。

左下图 纽约植物园假日火车展上的游客
右下图 梅西感恩节大游行中，巨大的海绵宝宝气球悬浮在空中

数以万计的人们聚集在时报广场观看**新年夜落球**（见116页），这也预示着新年的开始。

1月

寒冷的天气也阻挡不了纽约人的热情。由德尔巴里奥发起的**三王节游行**（见157页）于1月6日在拉美裔博物馆举办，深受孩子们的喜爱，这里有骆驼、绵羊、木偶，还有大人们打扮成的三王形象。本月的晚些时候，作为有着100年历史的城市传统项目，**纽约游艇展**将提供令人目不暇接的航海工艺显示，从皮艇到游艇，一应俱全。

2月

所有人都喜欢**中国农历新年花车巡游**，通常在2月初举行，会有令人眼花缭乱的舞龙通过唐人街的街道。另外，狗狗爱好者们将从四面八方聚集在麦迪逊广场花园，看看谁能够在**威斯敏斯特养犬俱乐部狗展**中勇夺桂冠。

游客须知

春季

军械库艺术展
www.thearmoryshow.com
大东锦标赛 www.bigeast.org
复活节游行和复活帽子节
www.ny.com /holiday/easter
电影节 www.gkids.com
纽约海军周 fleetweeknewyork.com
希腊独立日游行
www.greekparade.org
纽约市芭蕾舞团 www.nycballet.com
纽约舞蹈巡礼 www.danceparade.org
纽约国际儿童第九大道美食节
www.ninthavenuefoodfestival.com
玲玲马戏团
www.ringling.com
翠贝卡电影节 www.tribecafilm.com

夏季

美国工艺品节日
www.craftsatlincoln.org
香港龙舟节 www.hkdbf-ny.org
大都会歌剧院
www.metoperafamily.org
盛夏夜舞会 www.lincolncenter.org
博物馆大道节
www.museummilefestival.org
爱乐乐团公园音乐会 www.nyphil.org
波多黎各日游行
www.nationalpuertoricandayparade.org

秋季

圣诞晚会 www.radiocity.com
纽约电影节 www.filmlinc.com
纽约巧克力展
www.chocolateshow.com
纽约马拉松比赛
www.nycmarathon.org
纽约喜剧节
www.nycomedyfestival.com
纽约动漫节
www.newyorkcomiccon.com
纽约周末开放参观建筑 www.ohny.org
里士满县交易会
www.richmondcountyfair.org
圣弗朗西斯节
www.stjohndivine.org/ce_cathedra-levents.html
西印度嘉年华 www.wiadca.com

冬季

中国农历新年游行
www.chinatown-online.com
光明节灯台
www.nyctourist.com / hanukkah_new_york_city.htm 的
宽扎节 www.amnh.org
纽约游艇展 www.nyboatshow.com
威斯敏斯特养犬俱乐部狗展
www.westminsterkennelclub.org

全美及纽约
国家节庆日

元旦 1月1日
马丁·路德·金纪念日 1月的第3个周一
林肯诞辰纪念日 2月12日
总统日（华盛顿生日） 2月的第3个周一
阵亡将士纪念日 5月的最后一个周一
独立日 7月4日
劳工节 9月的第1个周一
哥伦布日 10月的第2个周一
选举日 11月的第1个周二
退伍军人节 11月11日
感恩节 11月的第4个周四
圣诞节 12月25日

左下图 落日公园附近的中国农历新年活动，布鲁克林唐人街
右下图 纽约马拉松比赛，全世界最负盛名的年度长跑赛事，布鲁克林第四大道

前往纽约

对于世界很多地方来说，纽约是通往美国的主要门户，每年有超过 4800 万的游客来到这里。城市的交通工具可能会很拥挤，但无论通过海、陆、空哪种方式达到纽约，你都将体验到高效、友好的欢迎。明确到达的时候应该做些什么，会使你的纽约之旅更加顺利，因此请阅读本须知，并准备好包括儿童在内的必要证件。

护照与签证

从 2013 年 3 月 16 日起，**美国驻华大使馆**简化了赴美签证的办理流程，想办理个人赴美旅游签证，可以登录**签证中心网站**在线登记，或通过**签证申请服务预约中心**电话登记。在签证中心网站填写非移民签证电子申请表 (DS-160)，支付 160 美元签证费用后预约面试时间。需要准备的相关材料在签证中心网站上有详细介绍，材料不全申请将不予受理，请仔细核对。最后，请在约定时间到美国大使馆或总领事馆进行面谈。你也可以委托旅行社代为办理填写表格、预约面试等一系列事宜。

从 2014 年年底起，中国游客赴美旅游签证的有效期从之前的 1 年有效多次往返改为最长 10 年有效多次往返。获得签证的游客将享受 4 年免面签的资格。

乘飞机抵达

约翰 · F. 肯尼迪机场（JFK）和位于新泽西州的**纽瓦克机场**（EWR）是前往纽约的两个主要国际机场，但同时也起降美国国内航班。第三个主要机场是**拉瓜迪亚机场**（LGA），主要为美国国内航班。大多数航空公司，包括**中国国际航空**、**美国航空**、**美国联合航空**、**达美航空**等都提供飞往纽约的航班，目前可从中国的北京、广州、香港等地直飞纽约。

机票价格在淡季（11 月 ~ 次年 3 月）比较便宜，节假日期间除外，机票销售网站除了大家熟知的去哪儿网、携程网外，还有 www.kayak.com、www.expedia.com 或 www.orbitz.com 等，建议比较后再购买。

机场接送

纽约机场服务（New York Airport Service）提供曼哈顿区和肯尼迪机场（15 美元，往返 27 美元）或拉瓜迪亚机场（12 美元，往返 21 美元）之间的巴士服务。**奥林匹亚机场客运巴士**（Olympia Trails Airport Express）往返于纽瓦克机场和港务局客运站、滨州车站，以及大中央车站之间（15 美元，往返 25 美元）。每个下客点附近都有出租车。Super Shattle 或

左下图 在大中央车站的四面钟附近查询列车时刻表
右下图 通勤列车停靠在站台上，前往宾州车站

Air Link 提供所有机场和曼哈顿之间的点对点共享式迷你巴士服务，约为每人 20 美元，但这需要花费更长的时间。从机场也有到市中心的出租车，还可以选择私人豪华轿车接送服务，如 Carmel 或 Allsate。如果你携带有婴儿车或者沉重的行李，可以考虑叫一辆货车。

轻轨火车（Air Train）票价虽便宜，但不方便携带行李。从肯尼迪机场要先乘轻轨到达 Howard Beach 或 Jamaica 站，然后再乘坐地铁 A、E、J 或 Z 线去曼哈顿。

火车线路

美国铁路公司（Amtrak）是一个全美性的铁路系统，列车可以抵达**宾州车站**（Penn Station），比较拥挤。从纽约州北部和康涅狄格州前来的通勤列车抵达中央车站。请提前在网上预订美铁车票，可以看看每周特价。

汽车线路

灰狗巴士（Greyhound）是美国最大的城际公交线路，其经济的服务遍布全美各地。新配备的巴士十分舒适，提供了充足的腿部空间。你可以在网上提前购票，并通过电子邮件接收。在纽约，所有长途车的总站都设在**港务局巴士总站**（Port Authority Bus Terminal），那儿一般都可以叫到出租车。

游客须知

美国入境要求
海关和边境保护局 www.cbp.gov
运输安全管理局 www.tsa.gov

乘飞机抵达
机场
肯尼迪机场 718 244 4444; www.jfkairport.net
拉瓜迪亚机场 7185333400; www.laguardiaairport.com
纽瓦克自由国际机场 9739616000 www.panynj.gov/airports/newark-liberty.html

航空公司
中国国际航空公司 95583; www.airchina.com.cn
美国航空公司 800 433 7300; www.aa.com
美国联合航空公司 www.united.com
机场接送
Air Link 2128129000; www.goairlinkshuttle.com
机场轻轨 8775352478, www.airtrainjfk.com8883974636; www.airtrainnewark.com
Allstate 租车服务 2123333333; www.allstatelimo.com
Carmel 租车服务 2126666666; www.carmellimo.com
纽约机场服务 2128758200 www.nyairportservice.com
奥林匹亚机场客运巴士 8778 8639275; www.coachusa.com/olympia
Supper Shuttle 8002583826; www.supershuttle.com

火车线路
美国铁路公司 8008727245; www.amtrak.com
宾州车站 33rd St,between Seventh Ave & Eighth Ave;2126306401; www.transitcenter.com

汽车线路
灰狗巴士 800 2312222; www.greyhound.com
港务局客运站 Eighth Ave.at 42nd Se;2125648484; www.panynj.gov

左下图 邮轮在上湾处，背景远处是自由女神像
右下图 旅客们抵达约翰・F. 肯尼迪国际机场

畅游纽约

借助发达、高效的公共交通系统，畅游纽约是很便利的。当需要乘坐公交车或地铁时，大都会捷运局（MTA）网站的交通规划可以为你提供地图和方向。四处逛逛曼哈顿尤其方便，因为其绝大部分都是被一个规则的方格图形所覆盖。不过，偶尔迷失在纽约也许不失为另一种惊喜——每块地方都可能藏着意想不到的发现。

确定方向

东西向的曼哈顿（Manhattan）街道都有一套编号——往住宅区（北）方向，数字编号越来越大；而往市中心（南）方向，数字则越来越小。整个岛的宽度仅有12个街区，被南北向的大道隔开。这些大道并非单纯由数字表示，而是有其自己的名字，不过大多数还是位于网格之上的。第五大道将“横向”的街道分割为“东”或“西”（例如“东40街”）。对格林尼治村、唐人街和金融区这种城市中历史比较悠久的地区来说，确定你的方向将会是更大的挑战。酒店前台可能提供曼哈顿黄页电话簿，其中的折叠式街道地图能够很好地帮助你在市里定位街道号码。

捷运卡

乘坐地铁时需要捷运卡（Metro Card），在巴士上也可使用（省去了找零的麻烦）。所有地铁站窗口或自动售货机都可以买到捷运卡，主要接受信用卡付款。单次花销2.5美元，多次卡有4.5美元及以上面值。如果有3名以上的儿童身高都在112厘米以下，可以有一位成人免费同行。一次性往卡里充值10美元以上，会额外充入7%的优惠。如果你花29美元购买一张7天不限次通行卡，可以大幅度节省成本，即使行程不足7天同样可以省钱。

乘坐地铁

地铁是畅游纽约最快捷的方式，不过要注意避开高峰时段，在9:30之前和16:30~18:30列车总是挤满了人。地铁线路由一个字母或数字表示，此外每条线路也采用了不同的颜色，所以很容易找到地铁图上的线路——你可以让孩子们尝试一下。主要地铁线路南北向依次途经列克星敦、第八大道，百老汇/第七和第六大道。N线和R线沿东西方向穿越曼哈顿中部；还有一列东西向的列车连接中央车站和第42街的时报广场。无论是本地线路（停靠所有站）或快速线路（仅停靠部分站），都可以从符号看出列车的运行方向——去往住宅区（北）或者市区（南）。在轨道边的标志和列车车厢内，都张贴着始发站和终点站。所有车站都贴有大型系统图，还可以从服务窗口获得免费的单条线路图。

进入地铁闸门时需要刷卡，出

左下图 在纽约地铁站入口处的旋转门刷捷运卡

右下图 哥伦布环路的纽约公交车，下东区

站时则不必。在高峰期，列车两端车厢的人最少。在工作日的高峰时段（6:00~9:00，16:30~ 19:30），列车每隔 2~5 分钟发一班，其他时间则每隔 10~15 分钟一班，一直持续到午夜。周末的频率则会有所降低。

在铁路和公交车服务站以及较繁忙的车站，如洛克菲勒中心站，设有专为残疾人和婴儿车通行的电梯和坡道。然而，大多数车站的台阶都比较陡，站台和列车之间也会有空隙。在 MTA 网站上可以找到提供服务的站台列表。

乘坐公交车

尽管在交通繁忙的时候比较缓慢，乘坐公交环游城市仍然是一种放松的方式。如果没有捷运卡，2.5 美元的车费只接受硬币。在前门上车，刷卡或者用司机旁边的票箱投入零钱。如果需要换乘另外一趟公交车来完成行程，而且已支付现金，你必须索取票据来进行换乘；如果换乘地铁则需要再次买票（请注意，在换乘另一趟公交车或者地铁时，捷运卡是自动免费的）。当换乘同一条公交线路时，不能再乘坐同一辆车。第一和第二大道部分车站开通的“选择巴士服务”是一种新的省时系统——乘客可以使用捷运卡或现金在人行道上的自动票箱购买车票，然后从公交车的前门或者后门上车。

公交车站都在高处张贴有蓝色圆形标志，上边显示巴士图片，下边显示路线编号。大多数车站还有地图，标出了每条线路的车站和时间表。除了中央公园和第 12 大道，所有主要的街道都有南北向的公车经过，每隔两三个街区都会在街角清楚地标明停靠站。穿城线（东西方向）公交途径 7 或 8 个街区，每个街区都会停靠。所有曼哈顿线路都以字母 M 打头，B 代表布鲁克林，BX 代表布朗克斯，Q 代表皇后区。每辆公交车前面有电子标志指示线路编号及“区间车”（Limited）。在站与站之间，公交车是不能停车上人的。

如果想下车，可以按下车窗之间的黄色墙条。一些公交车也会在中央设有停车按钮。当你提出请求，司机会清晰地喊出你要下车的地方。从后门出去，按下门上的黄色带，门就会自动打开。许多公交车都是 24 小时运行，部分在 2:00~5:00 停运。大多数公交车在早晚高峰时段每 3~5 分钟发一班车，中午 ~16:30 以及 19:00 后每 7~12 分钟一班，而午夜至凌晨 6:00 则每 30~60 分钟一班。周末和节假日发车频率会降低。

有些公交线路能够提供愉快且廉价的城市观光游览。其中，M5 路是最好的观光线路之一，它向着市区的方向，从西北边出发沿着河滨车道开上第五大道，然后沿着百老汇到曼哈顿上区，最后再沿第六大道回到住宅区。开往市区的 M1 路车从博物馆大道出发，沿第五大道上部，穿越市中心到达东村，然后再通过麦迪逊大道回到住宅区。M42 路穿城线从联合国总部出发，途经大中央车站和新纽约公共图书馆，到达时报广场；这是一条双行线，所以你可以往任何一个方向旅行。

残疾人专用

所有公交车都设有斜坡升降机，可供轮椅或步行的人进出。当乘客上车后，司机会确保轮椅的安全，需要时可请求停止。在车到站后，司机也会帮助残疾人下车。残疾人只需支付一半车费。

左下图 城中马路的十字路口路牌
右下图 港务局客运站地铁站的乘客

乘坐出租车

纽约的出租车也被叫作 Cab，根据其黄色外观和独特的标志很容易识别。在纽约打车很方便，但是很贵，尤其是在交通繁忙时，仪表一直嘀嗒作响。一定要乘坐市政府许可的、正规跑表的出租车——可以去 NYC.gov 网站查询。如果你喜欢坐所谓的“吉普赛的士”——无牌出租车——在行程结束后可能需要付很多钱。

在市区的任何地方，你都可以向顶部亮灯的出租车招手，让其停靠在路边。“off-duty“指示灯意味着这辆车暂时不工作。出租车往往聚集在酒店门外，或是火车站和公交车站。当酒店门卫帮你叫到出租车时，你通常需要付 1 美元的小费。

一辆出租车最多可容纳 4 名乘客。起步价 3 美元，之后每 300 米加收 0.4 美元。 周一至周五的 16:00~20:00，需要额外加付 1 美元，20:00~ 次日 6:00 则需要 0.5 美元的附加费。和附加费一样，通行费也需要在最终的票价基础上另付。所有出租车都收现金，部分接受信用卡付款。行李不需要额外收费。一般来说，下车前需要给司机 15% ~ 20% 的小费。

Carmel 和 Allstate（见 19 页）等公司也可以提供汽车和司机的接送服务，在你选择的地方任意停靠，每小时收费 38 美元。

步行

由于纽约交通拥堵问题严重，有时候步行反而成为了旅行时最快的方式。不过，你只能在拐角处过马路，并且服从“走”和“停”电子标志。为了更便捷地衡量距离，南北向的 20 个街区约为 1.6 千米。每个跨市区（东西方向）的街区大约为南北向街区长度的两到三倍，这样算起来约为 1.6 千米 6~10 个街区。

在人行道上行走会让脚不舒服——小腿也会很快感到劳累——所以，一定要穿着舒适的鞋子。城市中有很多地方可以让疲惫的双腿休息一下。时报广场和先锋广场附近的空间都预留并且提供了休息区，在林肯中心周围还有充足的座位。市中心的“背心袋”型景观公园，如第 53 街的佩利公园以及第二和第三大道之间的格林埃克公园，也是颇受欢迎的绿地，还有布赖恩特公园。第六大道上的许多办公大楼前也有带座椅的休息广场，供人休息放松。

自驾车

要想畅游纽约，自驾车是效率最低的方式。司机们都很暴躁，车流量大，路边停车位很少（停车费用也很吓人），加油站很少，商业停车场和车库也都非常昂贵：25 美分 20 分钟，并有可能最多只能停 1 小时。想了解更具体的信息，请致电**交通运输部**（DOA）。如果确实需要使用汽车，你可以在所有机场和市里很多地方找到大型租车公司的柜台，比如 Hertz、Avis 和 National。

要想租一辆车，你必须年满 21 岁并持有有效的国际驾驶执照和一张主流信用卡。请务必确保你提前购买了合适的撞车和个人责任保险——也可以从汽车租赁公司购买保险。

骑自行车

纽约街道上的自行车道数量一直在不断增加，但是在拥堵的交通间骑行是需要勇气的，尤其是带着小孩子。中央公园和沿东边以及

左下图 纽约独特且令人愉悦的黄色出租车驶过时报广场
右下图 渡轮停靠在新斯塔滕岛渡轮码头

哈得逊河畔的休闲自行车道更适合家庭。需要租自行车，可以去**中央公园自行车店**或**城市自行车出租处**。

渡轮及水上出租车

斯塔滕岛渡轮每 50 分钟一班，往返于下曼哈顿区的 Whitehall 街和斯塔滕岛上的圣乔治，这是市里最好的免费出游方式，你能欣赏到曼哈顿的天际线、自由女神像和埃利斯岛等美妙的风景。不用买票，你只需要出现在渡轮码头，登上下一班轮船即可。总督岛（见 45 页）的免费渡轮（5 月底 ~10 月初）也是一个不错的选择。

纽约水上出租车（New York Water Taxi）周末提供免费游船（工作日需 5 美元）。将带领游客前往布鲁克林区红钩社区的宜家商店，让游客有机会探索一个新的区域。在夏季的周末，布鲁克林 / 曼哈顿快线是一个很好的短途旅游线路，往返于南街海港和布鲁克林（中途停靠富尔顿渡口 / 小飞象街区和大西洋大道），可随时上下船。每周五船也会停在总督岛：往返 3 美元，家庭（2 名成人和 2 名儿童）共 6 美元；周末往返 10 美元，家庭共 15 美元。可以通过网络或电话订购门票，或直接上船购买。水上出租车也有去往布鲁克林和皇后区的通勤线路，以及从市区沿东河行驶线路，根据预定的时间表在各站停靠。

观光旅游

不断上车 - 下车的巴士之旅让游客们看到了这座城市的很多美景。巴士线路覆盖住宅区、市中心、哈莱姆区和布鲁克林区。你可以下车随意探索，而且心里很清楚另一辆巴士即将开来。Gray Line 和 City Sights 是领先的两家运营商：去它们的网站获取资讯，或者当你去出发点买票的时候咨询信息。车票的有效期为 48 小时。票价为成人 54 美元、儿童 44 美元，网上预订可以优惠 5 美元。

徒步在纽约市里逛一逛也是深入欣赏这座城市的另一种方式，只要你的孩子们仍然在婴儿车里或者已经能够自己散步。Municipal Art Society 和 Big Onion Tours 都可以提供这种旅行。

游客须知

乘坐地铁
大都会捷运局（MTA）
718 330 1234；www.mta.info
通勤线路
Long Island Railroad 718 2175477; www.mta.info
Metro North 212 532 4900; www.mta.info
New Jersey Transit 973 275 5555; www.njtransit.com

乘坐公交车
www.mta.info/nyct/bus/

乘坐出租车
311 www.nyc.gov/taxi

自驾车
交通运输部（DOA） www.nyc.gov

骑自行车
中央公园自行车店 315 West 57th St, between Eighth Ave & Ninth Ave;212 315 2610
城市自行车租赁 28 West 60th St, off Columbus Circle; 917 355 1086；917 355 1086; www.pedalcentralpark.com

渡轮及水上出租车
纽约水上出租
www.nywatertaxi.com
斯塔滕岛渡轮 www.siferry.com

观光旅游
Big Onion Tours 8886069255; www.bigonion.com
City Sights 212 812 2700; www.citysightsny.com
Gray Line 212 445-0848; www.newyorksightseeing.com
Municipal Art Society 212 935 3960; www.mas.org

左下图 骑自行车穿越中央公园五颜六色的树林，上西区
右下图 搭乘格雷线观光巴士的游客正在拍照

实用资讯

作为世界上最主要的超级城市之一，纽约为游客提供了他可能需要的一切，它创造了所有的现代条件，包括无线网络连接、手机连接和自动柜员机。不过，来自其他国家的游客应该意识到旅游保险是明智的投资，而且需要明白，即使纽约是美国最安全的几个城市之一，也必须掌握一些常识性的预防措施。

保险

非本国居民在美国的医疗成本很高，发生航班延误或者行李丢失事件也会让人陷入困境，这都意味着旅游保险是必不可少的。最好在出发前就购买有效的保险——保险公司或者旅行社可以帮你，还可为你的行程推荐合适的套餐。保险政策中最重要的部分是紧急医疗和牙科护理、行程取消赔偿、行李及证件丢失赔偿。万一出现紧急情况，如何返回家也是另一个需要考虑的选项。如果你已购买的保险覆盖了个人财产损失保险，看看当你出国旅游时其是否仍然有效。

健康

带齐处方药，保持药物盛放在原来的容器中并贴好药房标签更容易通过机场安检。有特殊物品应该及时通知安全人员，如糖尿病治疗器械。如果有胰岛素或其他处方药，就可以携带未使用的注射器。记得带一些治疗头痛、过敏或胃部不适的药品，以及防晒霜和帽子。如果在纽约需要医疗援助，酒店通常可以推荐医生，或使用**医生在线**（Doctor on Call）或**快速出诊**（House Call Express）等服务。多准备些医药费，另外，虽然部分医生会接受信用卡，却更愿意以现金支付。

急诊

在纽约电话簿黄页上可以找到医院急诊室的位置。市中心的主要医院有 NYU、Beth Israel 和 Roosevelt Hospital。在上东区有 Mount Sinai、Lenox Hill 和 New York Presbyterian-Weill Cornell 等医院。在本书的地图页面也列出了药房的位置。如果需要救护车，请拨打 911。

食物过敏

小麦、牛奶和黄油是美国的烹饪主要原料，如果有特殊的饮食需要，请注意一下。一些餐馆可以做素食和无麸质菜肴。如果有家人对坚果过敏，记得事先说明，并且随时带着应急的药物。

人身安全

虽然纽约是美国最安全的城市之一，也需要提高警惕，尤其要小心扒手。为安全起见，请把钱包放在内侧口袋，不要放在身后的口袋中。如果抱着孩子的话，最好背一个斜挎包；如果没有，请把包挂在胳膊肘上，而不是挂在肩膀上。

左下图 纽约市某条繁华街道上的一家 24 小时营业药店
右下图 美国护照，很容易通过其蓝底、金字和压花标志进行识别

把护照放在酒店的保险箱里最安全，顺便再在里边放一张信用卡和一些现金。笔记本电脑也可以放进保险箱中。如果可能在晚上拜访附近的邻居，在出门之前跟酒店礼宾部或服务生交代一下。把行李交给酒店工作人员的时候，一定记得要收据。在外边逛的时候，不要佩戴华丽的首饰或携带昂贵的小玩意儿，以免引起歹徒的注意。

如果不幸受伤，请拨打 911 报警或寻求帮助。如果贵重物品丢失或被盗，记得复印警方的报告，以便在家进行保险索赔。

失物招领

大中央车站和宾州车站均设有失物招领处。如果把东西丢在了公交、地铁或出租车上，请拨打 **311** 向出租车公司管理公司或交通局挂失。

金钱相关

在每个机场或者市中心的相关办事处，例如**通济隆**（Travelex），可以将外币兑换成美元。大多数银行的 ATM 机都是全球联网的，且 ATM 机的汇率通常是最佳的。用信用卡取现意味着要支付利息，不过银行的机器和几乎所有的企业和餐馆都可以使用主流信用卡，如 MasterCard、Visa、American Express 及我国的银联卡。为了预防犯罪的发生，请使用银行里面的 ATM 机，而不是在街头随便找一个机器。

货币

这里的基本货币单位是美元，1 美元等于 100 美分。硬币有 1 美分（penny）、5 美分（nickel）、10 美分（dime）和 25 美分（quarter）面额，每种的尺寸都不相同，很容易进行区分。1 元硬币也存在，但很少有人使用。尽管存在像 50 美元、100 美元或更大面额的纸币，但是最常见的纸币仍然是 1 美元、5 美元、10 美元和 20 美元的。

信用卡和支票

美国全国都已经广泛接受主流的信用卡和借记卡。最好的方法是使用信用卡购买昂贵的商品，这样发生问题时还有可能追回，同时也避免了携带大量现金。旅行支票已经逐渐被预付费的可充值旅游卡取代。可以提前选择一定的面额进行充值，刷卡时就相当于使用了现金；但这项服务需要收取一定费用。旅游卡由主流信用卡公司发行，比如 Visa 或 MasterCard，使用起来与其他的信用卡一样方便。

还有一点需要注意，目前磁条信用卡已处于逐步被淘汰替换的阶段，在美国的一些商场、餐馆可能无法使用。另外，由于美国的信用卡盗刷情况比较严重，出于安全考虑也更建议使用芯片信用卡。

营业时间

通常店铺的营业时间是 9:00~17:00。市里几乎所有的商店都在 10:00 开门，小商店可能在 18:00 或 19:00 打烊，但是百货商店会一直开到 20:30 或 21:30。不过，周日的营业时间一般是 11:00~18:00 或 19:00。银行在工作日的营业时间一般为 8:00~15:00，但多数都会再多留一段时间，周六的营业时间通常为 9:00~15:00。

游客信息

纽约市旅游会展局是该市的官方旅游局，管理着两个主要的游客中心，还有一个游客中心由**纽约时报广场联盟**运营。

左下图 如果有任何的食物过敏史，在市里的地摊买小吃的时候要小心
右下图 纽约市警察局制服上的臂章，体现部门的标志

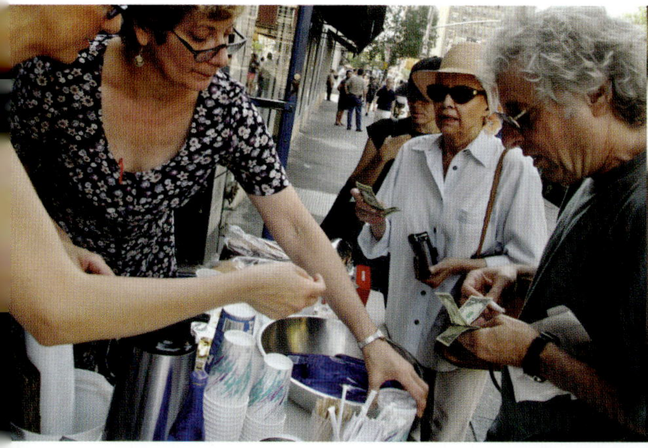

通信

在拨任何电话号码之前请加拨 1，即便拨本地电话也是如此。例如，拨打纽约的电话时，需要拨打 1-212 再加电话号码。如果需要帮助，请拨 0 呼叫运营商。需要查询电话号码时，请拨 411，不过请注意该项服务是收费的。免费电话有 800、866、877 或 888 等呼叫前缀，但是仍然需要先加拨数字 1。若要拨打海外号码，先拨 011，然后拨国家代码、城市区码，最后是电话号码。

手机和互联网

现在的大多数手机与美国的通信网络兼容，不过可能产生相当高昂的漫游费用。如果你现在的手机与美国系统不兼容，也仍然能够通过更换 SIM 卡继续使用。请在出行之前与你的移动通信服务提供商咨询。你可以从某些公司租用手机，比如 **Roberts Rent-a-Phone**，也可以在大多数报刊亭买一张预付费电话卡，这样比较省钱——这些电话卡每分钟的话费要比大多数服务提供商更低。不同电话卡的话费标准不一样，建议货比三家。大多数酒店都提供互联网接入和 / 或 Wi-Fi 连接，有的免费有的收费。费用可能高达每天 10 美元或更多，因此在预订酒店之前要问清楚。所有的市立图书馆、Barnes & Noble 连锁书店、星巴克、麦当劳、布赖恩特公园、炮台公园、大中央车站的广场以及时报广场附近的百老汇，都可以提供免费的 Wi-Fi 连接。

邮政服务

许多酒店都出售邮票，并帮你邮寄卡片或者明信片。或者，你还可以前往任意一家市中心的邮局。**邮政总局**是 24 小时开放的。

媒体

“纽约时报”（The New York Times）是全市最主要的日报，报道范围涵盖了国际以及本地新闻。报纸的周五版拥有丰富的娱乐目录，可供家庭进行选择。每周出版的《Time Out New York》杂志的内容全面覆盖了全市正在发生的事情。《Village Voice》每周更新，提供面向年轻人的娱乐和新闻。三大电视网络分别是哥伦比亚广播公司（CBS）、全国广播公司（NBC）和美国广播公司（ABC）。两个主要的有线电视新闻媒体分别为美国有线电视新闻网（CNN）和福克斯广播公司（Fox）。孩子们可以尽情观看 Nickelodeon 儿童频道、迪斯尼频道和 Cartoon Network 动画频道。

助残设施

所有公交车、大多数餐馆都有电梯，但只有少数几个主要的地铁站也提供此服务。多数街区的街角都设有轮椅斜坡。

卫生间

市里的公园和游乐场都有卫生间，但在纽约，公共卫生间是不常见的。要想在市里寻找洗手间，你可以去百货商店、酒店、火车站和巴士站、时代华纳中心、星巴克、麦当劳或者 Barnes & Noble 连锁书店。

供电

美国的标准电压为 110 伏。如果使用中国电器，还需要一个运行在 220~240 伏的变压器。

左下图 购物者在某藏书丰富的书店浏览书籍　**下图** 市中心色彩鲜明的蓝色信箱，上边印有美国邮政服务标志
右下图 市区的咖啡馆通常会提供免费的 Wi-Fi 接入

游客须知

健康
在线医生 212 737 3136; www.doctorcallny.com
快速出诊 212 315 0300; www.housecallexpress.net

医疗紧急情况
Beth Israel First Ave at 16th St, 10003; 212 420 2000
Lenox Hill 100 East 77th St near Lexington Ave, 10075; 212 434 2000;
Mount Sinai 1190 Fifth Ave at 100th St, 10029; 212 241 6500;
New York Presbyterian–Weill Cornell 525 East 68th St at York Ave, 10065;212 746 5454;
NYU 550 First Ave at 31st St, 10016; 212 263 7300
Roosevelt Hospital 1000 Tenth Ave at 59th St, 10019; 212 523 4000;

人身安全
公共失物招领
交通运输 311
警察、救护车、消防 911

金钱相关
通济隆 1271 Broadway at 32nd St,10001; 212 679 4365
1578 Broadway at 47th St，10036; 212 265 6063 ww.us.travelex.com

游客信息
纽约市旅游会展局 810 Seventh Ave, 10019; 212 484 1200，212 484 1222; www.nycgo.com
时报广场百老汇联盟 1560 Broadway, 46th St & 47th St,10036; 212 869 1890 www.timessquarenyc.org

移动电话
Roberts Rent-a-Phone 226 East 54th St,10022; 800 964 2468; www.roberts-rent-a-phone.com

邮政服务
邮政总局： 421 Eighth Ave at 33rd St, 10001; 212 330 3296;

媒体
纽约时报
www.nytimes.com
Time Out New York
http://newyork.timeout.com
Village Voice www.villagevoice.com

助残设施
市长办公室残疾人办事处 100 Gold St, 2nd Floor,10038; 212 788 2830; www.nyc.gov/html/mopd/home.html

时区

纽约处于西五区，比东八区的北京时间晚 13 个小时。春季到秋末期间的夏令时期间，时钟将提前 1 小时。

礼仪

市里的大多数地方都非常欢迎儿童。从酒店职员到公交车司机，每个人通常都会对小游客们示以友好的微笑，但这些热烈的欢迎都取决于父母需要提前培养孩子的礼貌和尊重意识。如果在公共场所出现大声哭闹或发生嘈杂的争吵，尤其是在餐馆，这时候家长就应带着孩子去外边，直到他们冷静下来。

小费

在美国，应该付给服务人员小费。通常来讲，给服务员、出租车司机、理发师或发型师支付全额 15% ~20% 的小费。酒店的账单一般加入了客房服务的小费。酒店行李员一般每件行李给 1 美元左右，女佣每天 1~2 美元，衣物寄存每件 1 美元。即使通常对方没有付小费的要求，当服务员或其他人放下自己的事情来帮助你的孩子们时，一小笔额外的小费总是让人心情愉悦的。

下图 一家人在纽约某餐馆享受晚餐，市里许多餐馆都接待并欢迎有孩子的家庭

住宿信息

在纽约有着很广泛的住宿选择。很多住所还会为儿童提供特殊的欢迎款待，还有大量的套房可给家庭提供充足的空间。不过即便是“廉价房”，一晚的花费也有可能超过 200 美元，其通常会提供所有的基本设施，包括电视和互联网接入。在本书 240~249 页将住宿信息按照区域进行了分类介绍。

去哪儿住

在市里的每个社区都能找到一些住处，但是某些地方对游客来说有着独特的吸引力。由于影院有较大的魅力，因此大量的酒店坐落在时报广场的剧院区，你可在那一带找到一些价格适中的选择。但是，这个区域有点过于热闹了。如果带着小孩子，上东区和上西区虽然不太方便，但是比较安静，附近还有公园。另外，那里的餐馆和咖啡馆会更加便宜，气氛也通常比市中心更加休闲，适合接待儿童。

为了省钱，你可以选择周末入住金融区的酒店，乘坐公共交通工具去市中心。由于主要面向商务旅客，这里的酒店会经常在周末提供特别优惠来吸引顾客。孩子们在这一带也有机会去沿河的一些公园自由奔跑。市中心的商务酒店也会在周末提供优惠的价格。

市中心有一些城里最高级的酒店，如果你的经济条件能够负担得起，这些地方会提供很多儿童设施，如迷你浴袍和拖鞋。

挨着市中心下方的格拉姆西区和切尔西区是住宿很方便的地方，但这里的酒店并非都具备较高的标准。对于热衷于探索城市时尚街区的游客来说，可以去看看下东区有什么选择。

折扣以及附加花销

穿着冬衣在淡季来到纽约可能是明智的选择，因为迄今为止，酒店在 1~3 月（2 月长假期间除外）都会提供最佳房价。你可以查一下有折扣的预订网站，这比酒店实际所挂的价格要低。不过，直接向酒店咨询优惠包和折扣信息也是不错的。

在计算酒店的花销时，不要忘了纽约高额的房产税。市税、州税和其他税合起来高达 14.75%，再加上每晚 3.5 美元的入住费。行李搬运小费是每件 1 美元，每晚的服务员小费是 1~2 美元。

家庭客房和套房可提供两个双人床或者一张双人床加一张沙发床。有些酒店规定共同入住的孩子必须在 12 岁以下（有时是 17 岁以下）；如果孩子超龄或需使用婴儿床的话，可能要交附加的费用。选择的酒店如果包括免费早餐、Wi-Fi 或互联网接入，以及做饭的炊具，将很大程度上节省你的开销。同样地，不要使用酒店房间的电话，而是直接使用手机。要想了解使用手机或者寻找免费网络接入的信息，请参阅本书第 26 页。

左下图 位于城市核心地带的 Hotel 41 酒店，离百老汇很近
右下图 TriBeCa Smyth 酒店复古风格的酒吧，有皮革软垫沙发

酒店

在纽约选择酒店时，是否拥有额外的空间和厨房设施，是两个重要的考量因素。很多酒店即使没有配备齐全的厨房，也会提供方便的微波炉和小冰箱。这是一个省钱的手段，可以在房间里享受物美价廉的早餐和小吃。还需要检查的是婴儿床是否能够使用；是否提供儿童菜谱；以及到邻近公园或游乐场的距离。大多数大型酒店会提供可靠保姆的名单，但是最好事先查询一下。如果预算充足，最好选择一家带室内游泳池的酒店，因为游泳池是孩子们嬉戏的天堂，而且不受天气的影响。开车来的家庭应该考虑一下Skyline酒店（见245页），它是曼哈顿唯一的汽车旅馆。而在布鲁克林或者长岛，酒店提供车库的概率比较低。

公寓

一套带家具的闲置公寓往往比酒店的房间便宜，并且能够提供更多的空间。这可能是主人暂时没有入住，或是专门为此目的而设立的。公寓内设有齐全的厨房和洗衣机，但一般没有服务生。公寓遍布全市，从工作室到三居室都可以找到。可以通过房产代理机构进行预订，如Abode Apartment Rentals或者Manhattan Getaways。

民宿

纽约只有为数不多的民宿，但城市的公寓也可以提供床和早餐。这些体现了纽约真正的味道，但可能不允许太多的隐私，而且对小孩子来说可能过于狭小，因此一定要说明你的需求。通过Bed and Breakfast网站，可以在网上预订民宿。

房屋互换

许多家庭都有房屋互换的成功案例。比如，如果你来自欧洲，一个纽约家庭可能会乐意跟你互换房屋，为彼此同时节约大量开销。房屋交换都是通过专门的机构进行的，比如**易家**（Home Exchange）和**链家**（Home Link）。通过每月缴纳很少的费用，有意交换者注册成为会员，并列出他们的家。会员可以浏览他们想要去的地方，点击可能的房屋，并直接向房东发送一个隐私受到保护的电子邮件。最好在签订合同之前先用电子邮件联系一下，或者进行电话沟通、问一些问题，以及交换房屋的照片，等等。

游客须知

酒店折扣
www.expedia.com，www.travelocity.com，
www.quikbook.com，www.hotels.com，www.getaroom.com

公寓
Abode Apartment Rentals 212 472 2000 www.abodenyc.com
Manhattan Getaways 212 956 2010；www.manhattangetaways.com

民宿
Bed and Breakfast 网站
800 900 8134; www.bedandbreakfast.com/manhattan-new-york.html

房屋互换
易家 www.homeexchange.com
链家 www.homelink.com

左下图 现代时尚的Room Mate Grace酒店，位于时报广场
右下图 Mandarin Oriental酒店的大堂

餐饮信息

纽约的餐馆质量都很高，但真正使这个城市的美食与众不同的是其令人难以置信的多样性。这里有几乎世界上各个国家的特色菜肴。从手工冰激凌到口感清爽的越南菜，纽约的厨师可以为每个人，包括孩子们，做出可口的饭菜。下文所列的价格允许一个四口之家的午餐中包括两道菜，不包括葡萄酒，但包括非酒精饮料。

外出就餐

大多数餐馆在午餐、晚餐以及两餐之间的时间都营业，也有很多熟食店和餐馆24小时营业。通常，如果餐馆晚餐前打烊的话，那它午餐供应时间是从11:30或12:00到14:30或15:00，如果供应晚餐的话，晚餐时间是从17:30或18:00一直到22:00、23:00，甚至午夜。

午餐一般不需预订，价格低廉的餐馆一般也不需要，但在新开张或比较受欢迎的餐馆就餐通常必须提前预订。打电话预订最简单，在线网站www.opentable.com可提供7×24小时服务，通常还可优先挑选座位。

在纽约，外出就餐比较贵。路边的餐馆和亚洲或中东的小餐馆是室内餐馆中价格最低的，最便宜的则是街头小吃和比萨切片。请事先确认，不是所有地方都允许婴儿车进入。几乎所有的餐馆、咖啡馆和酒吧都执行禁烟令。作为惯例，在美国的任何一间非自助型餐馆，都是要给小费的。可接受的最低小费标准是15%，如果服务较好，一般情况下给20%的小费。

早餐和早午餐

熟食店，尤其是位于市中心的，一般会有一个柜台供应鸡蛋、百吉饼、三明治和咖啡，再加上桌椅，是一个快捷但不昂贵的吃饭之选。像Au Bon Pain、Le Pain Quotidien、Sarabeth's Kitchen这样的连锁店专做烘焙食品，包括羊角面包和松饼。纽约人喜欢All-American diner餐馆，其名字来源于火车上的餐车。在这里，谷物、水果、法式烤面包、煎饼等早餐主食和煎蛋通常是7×24小时供应和订做的。Bubby's、Galaxy、Café Edison及Bel Aire Diner等餐馆更适合全家前往享用。

很多工作日不提供早餐的餐馆供应会在周末供应早午餐，一般10:00~16:00都有。像Clinton Street Baking Company、Dublin 6、Joe Allen和Buttermilk Channel，及其他很多地方都供应早午餐。

美国南方/灵魂菜

灵魂料理，起源于美国南部的非裔美国人群，与美国南方菜有着极深的渊源。两者都采用了特殊的烹调方法，如烧烤或篝火，以及特色菜肴，如玉米面、红薯、鲇鱼、

左下图 Taverna Kyclades希腊餐馆的门面，位于皇后区的阿斯托里亚
右下图 La Lucha五颜六色的内部装饰，它是东村的一家墨西哥餐馆

手撕猪肉、羽衣甘蓝。最好的灵魂菜餐馆有 Amy Ruth's（见 181 页）、Miss Maude's Spoonbread Too（见 182 页）、Rack & Soul、Pies-N-Thighs 和 Red Rooster Harlem 等。

新美式菜

纽约新兴菜肴种类——使用当地时令食材进行创新，强调新鲜、味道和精心的食材配菜。更受家庭欢迎的此类餐馆有 Cookshop、Mesa Grill 及 The Farm on Adderley 等。

墨西哥及泛拉美菜

纽约有一些特别受家庭欢迎的墨西哥餐馆。La Lucha 的开胃菜和玉米饼味道极棒。Maya 供应美味的食物，而 Tortillería Nixtamal（见 226 页）以其白手起家制作自己的玉米饼而受到称赞。

纽约有很多来自中美洲和南美洲的移民，他们带来的美食丰富了餐馆的种类。Cheery Ideya 的烤虾、墨西哥玉米棒、馅饼及大蕉都不错，还有一个很棒的早午餐菜单。孩子们一定会喜欢 Empanada Mama 超级新鲜的馅饼，里边包有蘑菇、奶酪、虾等类似的食材。

希腊菜

在皇后区的阿斯托里亚可以找到纽约最好的希腊餐馆。还可以穿过东河去 Ovelia Psistaria 或 Taverna Kyclades 就餐，其特色是烤海鲜晚餐。其他选择包括熨斗区的 Periyali 以及市中心的 Molyvos。

意大利菜

在 Cacio e Pepe（见 82 页）和 Max 可以吃到不错的意大利面食，而 Gennaro 也有很多价格合适的菜肴。如果想吃到绝味的开胃菜和美妙的比萨，阿德里安娜的 Adrienne's Pizza Bar（见 59 页）是无与伦比的。

西班牙菜

纽约人喜欢西班牙小吃，而且这股热潮丝毫没有减弱的迹象。Tía Pol 是一个很小的巴斯克小吃店，有许多美味的传统小菜，Boqueria 同样如此。Socarrat Paella

下图 Bubby's 餐馆休闲的室外座位，它是纽约翠贝卡社区十分受欢迎的餐馆

儿童专栏

不容错过……

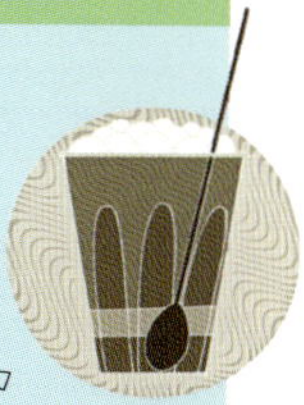

1. 鸡蛋奶油是 19 世纪的发明，最初是东城的移民所享用的。这是一种用苏打水、巧克力糖浆和牛奶制作的碳酸奶昔。
2. City Bakery 的热巧克力简直是一个传奇。它很厚，就像一个巧克力组成的液体棒，如果你喜欢的话，跟棉花糖一起吃堪称人间美味。
3. 曾几何时，汉堡包的大小都是一样的，但这是 Slider 出现之前的事儿了。Slider 是用一个小的软面包制作的迷你汉堡。它们现在又有了许多形式，如蟹饼、素食汉堡，甚至把龙虾捆在里面。
4. 尝试一下 Doughnut Plant 提供的 Tres Leches 甜甜圈。最外层是香酥糖，里边是蓬松的蛋糕，包裹着软奶油进行烘烤，而非在烘烤后才添加。

咬开有汤！

中国的汤包并非是盛在汤里面的。相反，是包子里边有汤，当你咬开包子时，会有汤喷出来。

越多越好

纽约有各种各样美味的冰激凌可以供你品尝。软香乳冻（Frozen Custard）是一种厚厚的，用蛋黄制作的奶油冰激凌。Gelato 是意大利式冰激凌，通常不用鸡蛋或奶油进行制作。相比普通的美式冰激凌，上述冰激凌通常都比较重，因为里边加入的空气要少一些。

Bar 提供有创意的肉类、海鲜和西班牙素食海鲜饭，以及 fideuà（西班牙面条饭）。

埃塞俄比亚菜

孩子们喜欢用手抓着吃饭。埃塞俄比亚美食能够满足这个要求：injera（海绵状面包）可以用来舀起 wat（蔬菜或肉类炖菜）。Meskerem、Awash 和 Meskel 是三家不会让人失望的餐馆。

印度菜

Curry Hill 位于东村和东 6 街，在列克星敦大道附近，是整座城市最受欢迎的印度餐馆。Saravanaas 和 Tiffin Wallah 有很棒的全素食菜肴。Brick Lane Curry House 是吃正宗咖喱菜的好去处，Banjara 则以其慢煮的特色菜闻名，比如 sharabi kababi，这是一种美味多汁的黏土烤鸡。

中国菜

去唐人街可以找到纽约最好的中国餐馆。Golden Unicorn 和 Dim Sum Go Go 的点心都很好，在 Joe's Shanghai 可以吃到汤包。海鲜是 Oriental Garden 的特色菜。

泰国菜

泰国菜在纽约很受欢迎。Republic（见 83 页）有很多面汤和其他传统泰式美食可供选择。纽约最负盛名的泰国餐馆是 Sripraphai，口味十分正宗。

越南菜

虽然有很多人喜欢越南菜的清淡和精致，但是纽约没有太多的越南菜餐馆。最好的有 Nha Trang（见 77 页）和 Omai，两家都以面条汤、牛肉、海鲜和蔬菜主菜而出名。

日本料理

纽约有各种各样的日本餐馆。想吃面条的话，去 Ajisen Noodle 吃拉面或去 Cocoron 吃荞麦面。想吃寿司，可以去 Japonica（见 83 页）或 Jewel Bako。孩子们比较喜欢在中央车站附近的 Oms/b 享受小吃。

街头小吃

有些最鲜美也最便宜的食物是由街边小贩提供的。Calexico 有卷饼、玉米饼和烤玉米。Alan's Falafel 则有盘装的鹰嘴豆泥和茄泥芝麻糊。N.Y. Dosas 出售好几种素食的 dosas（南印度煎饼）。而流动的 Treats Truck 有什锦巧克力蛋糕和饼干，Van Leeuwen Ice Cream Truck 能够给你来一个理想的“美味”提神。

巧克力、冰激凌和面包店

拥有可口的纽约产巧克力的店铺并不多，但值得追寻。Jacques Torres（见 198 页）、Chocolate Bar、Li-Lac、及 Kee's Chocolates 这几家店的糖果零食可以给你完美的味觉享受。

纽约有一些很棒的冰激凌店，其中包括 Cones、Il Laboratorio del Gelato（见 74 页）Chinatown Ice Cream Factory 和 L'Arte del Gelato 等。想找甜食的话，可以去看看 Doughnut Plant(见 74 页）、Buttercup Bake Shop 及 Two Little Red Hens 的烘烤食品，还有 Patisserie Claude 的法式手工糕点。

左下图 一家人在布鲁克林的中餐馆享受各种海鲜
右下图 紫金军团广场附近的一家小吃店出售华夫饼

游客须知

早餐和早午餐

Au Bon Pain www.aubonpain.com
Bel Aire Diner www.belairediner.net
Buttermilk Channel www.buttermilkchannelnyc.com
Bubby's www.bubbys.com
Café Edison www.edisonhotelnyc.com
Clinton Street Baking Company www.clintonstreetbaking.com
Dublin 6 www.dublin6nyc.com
Galaxy：665 Ninth Ave at 46th St, 10036; 212 586 4885
Joe Allen www.joeallenrestaurant.com
Sarabeth's Kitchen www.sarabeth.com

美国南方 / 灵魂菜

Pies-N-Thighs www.piesnthighs.com
Rack & Soul www.rackandsoul.com
Red Rooster Harlem www.redroosterharlem.com

新美国菜

Cookshop www.cookshopny.com
The Farm on Adderley www.thefarmonadderley.com
Mesa Grill www.mesagrill.com

墨西哥及泛拉美菜

La Lucha www.laluchanyc.com
Maya www.richardsandoval.com/mayany/
Ideya www.ideya.net
Empanada Mama www.empmamanyc.com

希腊菜

Molyvos www.molyvos.com
Ovelia Psistaria www.ovelia-nyc.com
Periyali www.periyali.com
Taverna Kyclades www.tavernakyclades.com

意大利菜

Gennaro www.gennaronyc.com
Max www.max-ny.com

西班牙菜

Boqueria www.boquerianyc.com
Socarrat Paella Bar www.socarratpaellabar.com
Tía Pol www.tiapol.com

埃塞俄比亚菜

Awash 338 East 6th St, 10003; 212 982 9589
Meskel 199 East 3rd St, 10009; 212 254 2411
Meskerem 468 West 47th St, 10036; 212 664 0520

印度菜

Banjara www.banjaranyc.com
Brick Lane Curry House www.bricklanecurryhouse.com
Saravanaas 81 Lexington Ave, 10016; 212 679 0204
Tiffin Wallah 127 East 28th St, 10016; 212 685 7301

中国菜

Dim Sum Go Go 5 East Broadway, 10038; 212 732 0796
Golden Unicorn www.goldenunicornrestaurant.com
Joe's Shanghai www.joeshanghairestaurants.com
Oriental Garden wwworientalgardenny.com

泰国菜

Thai Market www.thaimarketny.com
Sripraphai www.sripraphairestaurant. com

越南菜

Omai www.omainyc.com

日本料理

Ajisen Noodle www.ajisenusa.com
Cocoron 61 Delancey St, 10002; 212 925 5220
Jewel Bako 239 East 5th St, 10003; 212 979 1012
Oms/b www.riceball-omsb.com

街头小吃

Alan's Falafel Broadway, between Cedar St & Liberty St, 10005
Calexico www.calexicocart.com
N.Y. Dosas 50 Washington Square South, 10014; 917 710 2092
Treats Truck www.treatstruck.com
Van Leeuwen Ice Cream Truck www.vanleeuwenicecream.com

巧克力、冰激凌和面包店

Buttercup Bake Shop www.buttercupbakeshop.com
Chinatown Ice Cream Factory www.chinatownicecreamfactory.com
Chocolate Bar www.chocolatebarnyc.com
The City Bakery www.thecitybakery.com
Cones 272 Bleecker St, 10014; 212 414 1795
Kee's Chocolates www.keeschocolates.com
L'Arte del Gelato www.lartedelgelato.com
Li-Lac www.li-lacchocolates.com
Patisserie Claude 187 West 4th St, 10014; 212 255 5911
Two Little Red Hens www.twolittleredhens.com

左下图 汉堡和炸薯条，Bill's Bar and Burger 餐馆的招牌
右下图 Jacques Torres，全纽约最好的巧克力店之一，同时也卖冰激凌

购物信息

纽约是购物的天堂，能够充分满足所有年龄段孩子的需求。在小服装精品店、玩具店、艺术商店甚至百货公司都能买到不寻常的、时尚的，甚至一些非常独特的商品。虽然大多数儿童商店都在曼哈顿，纽约的另外一个适合全家前往的区——布鲁克林也有很多不错的选择，特别是沿着史密斯街的店铺。

营业时间

大多数商店每周七天都营业。百货商店通常在周一至周六的10:00~19:00/20:00营业，周日则为14:00~18:00/19:00。私营商店的营业时间各不相同，但大多数在工作日是10:00/11:00~18:00/19:00，周末的开放时间更短一些，特别是周日。

交税

纽约的销售税结构是不断波动的，非服装类的采购，包括食品、手袋、电子产品以及其他类似的物品，征税额度平均为8.875%。另外，如果服装类的商品低于55美元，是免税的（税收不累加计算：如果总额超过55美元，但每件衣服不到55美元，则不用交税）。

退货

在商店或者连锁店购买的大部分商品，包括服装、玩具和户外装备等，可以在一定期限内退货退款，前提是还未被使用过。然而，私营商店这种情况比较少见。全价货品一般只能兑换现货或者提供store credit以换购其他商品，一般已经售出的商品被认为是不可退的。

打折出售

几乎每个服装销售店在6月和1月都会为过季的衣服提供25%~40%的折扣。接下来的7、8月或2、3月会有更高的折扣（50%~70%），但那时候选择就比较少了。玩具店很少会有大规模的打折销售，但某些商品可能会降价。

购物地点

上东区的卡内基山（Carnegia Hill），是众所周知的高档童装精品店区，比如Greenstones Too、Petit Bateau、Bonpoint和Catimini。

苏豪区位于曼哈顿西南角，有一些不错的儿童商店，包括Giggle、Patagonia（里边有很多不错的童装选择，从冬装到泳衣），还有Makié，一个日本风格的精品店，主要为孩子们提供超简约服装，也有部分商品可供父母选择。翠贝卡就在苏豪区的下边，是一个不落

左下图 FAO施瓦兹玩具店内丰富的玩具和毛绒动物
中下图 时报广场的玩具反斗城入口，这是世界上最大的玩具商店　**右下图** 地狱厨房跳蚤市场出售服装及饰品

尺寸表

女装			女鞋			男装			男鞋			童鞋		
英国	欧洲	美国	英国	欧洲	美国	英国	欧洲	美国	英国	欧洲	美国	英国	欧洲	美国
4	32	2	3	36	5	34	44	34	6	39	7	7	24	7½
6	34	4	4	37	6	36	46	36	7½	40	7½	8	25½	8½
8	36	6	5	38	7	38	48	38	8	41	8	9	27	9½
10	38	8	6	39	8	40	50	40	8½	42	8½	10	28	10½
12	40	10	7	40	9	42	52	42	9	43	9	11	29	11½
14	42	12	8	41	10	44	54	44				12	30	12½
16	44	14	9	42	11	46	56	46				13	32	13½
18	46	16				48	58	48				1	33	1½
20	48	18										2	34	2½

俗套、很有趣的地方，值得探索。Capucine 为妈妈和孩子们提供了时尚的服装和配饰，还有很棒的玩具和服装商店 Babesta。Paragon（见 82 页）的总店位于熨斗区，是全市最好的体育用品商店，**联合广场绿色市集**（见 P82）可以买到鲜花和农产品，Space Kiddets（见 82 页）和 Kidding Around 都是很酷的玩具商店。

市场

如果你对艺术家作品、手工工艺品及二手收藏品很着迷，那就准备出来走走吧。主要的露天市场是随季节开放的**地狱厨房跳蚤市场**（Hell's Kitchen Fleamarket），商品一应俱全，从手工针织的毛绒动物到老式相机都有卖。**古董车库**（Antiques Garage）是它的姐妹室内场地，以各类收藏品为特色，包括老式漫画书和古董珠。**布鲁克林跳蚤市场**（Brooklyn Flea）也有类似的地方，包括一个冬季的室内市场和两个室外市场。所有市场都适合家庭前往，还可买到丰富的零食。**纽约市场**（Market NYC）建在一所旧学校健身房原址上，一些很有前途的艺术家以及珠宝服装设计师周末在那里出售他们的作品，价格比较亲民。

玩具、游戏和小工具

时报广场的巨型**玩具反斗城**（见 119 页）有非常多的棋盘游戏、乐高积木、动作玩偶，甚至一些很酷的魔术道具；在其内部还有曼哈顿唯一的摩天轮。**FAO 施瓦兹玩具店**（见 109 页）的规划更合理，包括各类主题区——婴儿和学步玩具、Corolle 娃娃、托马斯火车、科学 / 教育玩具、Calico Critters 动物娃娃屋、布雷耶马模型、模仿服饰以及 1 楼的精彩动物标本，让每个人的购物体验都非常愉快。在动物模型的上面还有一架地板钢琴和一个糖果柜台。

下图 联合广场绿色市集售卖各种各样的鲜花和新鲜农产品，这是熨斗区著名的农贸市场

许多父母更喜欢小的独立玩具店的周边，比如 Kidding Around，那里集中了许多欧洲玩具和一个常年供孩子们探险的列车装置；还有 Dinosaur Hill，一个装饰着木偶的迷人地方，孩子们可以在那里找到丑娃娃、螺旋弹簧玩具“机灵鬼”，还有弹珠，等等。国际象棋爱好者不会错过 Village Chess Shop，可以浏览和尝试不同寻常的国际象棋。Half Pint Citizens 提供非常有想象力的工艺包和各种玩具汽车、卡车、火车和娃娃。

市中心聚集着一些大型主题/玩具商店，其中有全市唯一的**任天堂世界**（见 114 页），孩子们可以在那里体验新的 DS 游戏；**乐高玩具店**（见 113 页）同样也在洛克菲勒中心；在 Build-A-Bear Workshop 店里孩子们可以挑选并制作自己的动物玩具，最后再装上红绸布所做的心脏；**迪斯尼商店**（Disney Store）有主题玩具、游戏、服装及收藏品，如限量版别针。

婴幼儿用品

市里的几家商店专门销售婴儿和小孩子的一切产品，从生态玩具和服装到婴儿床、围兜和婴儿车都有卖。其中最大的商店是 Buy Buy Baby，有作为父母可能需要的一切东西：保温瓶、婴儿尿壶和 Boppy 护理枕头。Giggle 提供一些高档消费品，包括 Bugaboo 推车以及精挑细选的衣物和书籍等。Mini Jake 谈不上豪华但是十分实用，除了上述所有商品外，还有自行车、书籍、踏板车、活动玩具、玩偶、毛绒玩具和玩具屋等。

儿童服装

在纽约，从 Gap 等出售高端儿童用品的连锁店，到专卖店、百货公司，甚至样品销售，可选择的范围很广。Greenstones Too 里大多是欧洲品牌，外加各式各样的帽子、手套、雨伞和内衣。J.Crew's 的儿童系列 Crewcuts 有高品质的针织衫、连衣裙、T 恤、牛仔裤、运动鞋和其他鞋子。最受孩子和家长们欢迎的两家店，一家是 Pumpkin（见 81 页）有各式各样的服装；还有一家是 Yoyamart（见 87 页），为 6~12 岁的孩子提供时尚的选择。

另外，也有专卖青少年服饰的商家。Infinity 旗下有几个品牌，包括 Juicy 和 J Brand，外加睡衣和各种配饰。B'tween 旗下的服装品牌，比如 Tractor 及其浴衣和泳衣等。Style-Licious 品牌以配饰著称，从腰带和包到手表和珠宝，一应俱全。

市里的几家百货公司都有丰富的服装款式。Barneys 商店有全纽约设计最好同时也最昂贵的儿童商店。**Saks Fifth Avenue 精品百货店**的价格也差不多贵。Bloomingdale's 出售一些主流品牌，比如 Lacoste 和 Levi's，旁边也有一些名贵的时装，例如 Diesel 和 Burberry 等。Lord &Taylor 和 Macy's（见 95 页）出售一些不是特别时尚，但是更实惠可靠的品牌，比如 Guess、Nautica 和 Polo。Century 21 是一个超级折扣店，适合那些不愿意在狭窄的货架间挤来挤去的人。

鞋店

在专卖店和连锁店都可以买到运动鞋，如 Skechers、David Z 和 Foot Locker。如果想买其他鞋子，有许多鞋店可以逛逛。Ibiza Kidz 出售 Naturino、Primigi 和 Geox 等品牌。Shoofly 有着许多相同的品

左下图 全世界最大的商店之一 Macy's 的红白色标志
右下图 顾客在 East Villag e 书市场购买二手旧书

牌，而且在 6 月底和 1 月初会有 50 % 的折扣。Harry's Shoes 始于 1931 年左右，鞋子质量都很好。

书店

纽约的大多数书店都出售一些儿童书籍，类似于 Barnes & Noble 这样全国性的连锁书店为幼儿、少年和青少年都提供了比较广泛的选择。Scholastic Store 到处是各种书籍，并设有游乐区和玩具来引导孩子们。Bank Street Bookstore 是全市最好的独立儿童书店之一，面积巨大，提供许多的故事会时间。还有一家叫 Books of Wonder（见 82 页），这是全纽约唯一一家专门致力于儿童读物并且内设一个蛋糕店的书店。

艺术品商店

在阴雨天或冗长的旅行之中，有一个藏身之处来亲手画画东西是一个很棒的选择。Blick 有一个很实用的儿童区，那里有许多漂亮的笔记本，价钱也很合理。Michaels 是另外一个适合富有创造力的孩子的天堂，提供各种艺术品和工艺材料，还经常举办艺术和手工艺作坊。

游客须知

市场

古董车库
www.hellskitchenfleamarket.com
布鲁克林跳蚤市场
www.brooklynflea.com
地狱厨房跳蚤市场
www.hellskitchenfleamarket.com
纽约市场 268 Mulberry St,100112; www.themarketnyc.com

玩具、游戏和小工具
Build-A-Bear Workshop565 Fifth Ave,10017 www.buildabear.com
Dinosaur Hill 306 East 9th St; 10003; www.dinosaurhill.com
迪斯尼商店 1540 Broadway,10036; 2126262910; www.disneystore.com
Half Pint Citizens：41 Washington St,11201；7188754007;
Kidding Around 60 West 15th St;10011; www.kiddingaround.us
Village Chess Shop230 Thompson St, 10012; www.chess-shop.com

婴幼儿用品

Buy Buy Baby www.buybuybaby.com
Giggle www.giggle.com
Mini Jake www.minijake.com

童装

Babesta www.babesta.com
Barneys New York
www.barneys.com
Bloomingdale's
www.bloomingdales.com
Bonpoint 805 Madison Ave,10065; 2128790900 www.bonpoint.com
B'tween 354 DeGraw St, Cobble Hill, Brooklyn, 11231；7186837993;
Capucine www.capucine.com
Catimini www.catimini.com
Century 21 www.c21stores.com
Crewcuts www.jcrew.com
Gap www.gap.com
Greenstones Too 1184 Madison Ave,,10028; 212 427 1665
Infinity 1116 Madison Ave at 83rd St,10028; 212 734 0077
Lord & Taylor www.lordandtaylor.com
Makié 109 Thompson St, 10012; 212 625 3930; www.makieclothier.com
Patagonia www.patagonia.com
Petit Bateau www.petit-bateau.us
Saks Fifth Avenue
www.saksfifthavenue.com
Style-Licious
www.styleliciousnyc.com

鞋店

David Z 620 Broadway,10012
Foot Locker www.footlocker-inc.com
Harry's Shoes www.harrys-shoes.com
Ibiza Kidz www.ibizakidz.com
Skechers www.skechers.com
Shoofly www.shooflynyc.com

书店

银行街书店（Bank Street Bookstore）
www.bankstreetbooks.com
Barnes & Noble
www.barnesandnoble.com
Scholastic Store www.scholastic.com

艺术商店

Blick www.dickblick.com
Michaels www.michaels.com

体育用品商店

Paragon Sports:867 Broadway, 1003；212 255 8889

左下图 乐高玩具店内愉悦的环境，洛克菲勒中心
右下图 顾客提着从婴幼儿商场 Giggle 五颜六色的购物袋

休闲娱乐

参观地标景点是纽约之旅的一个重要组成部分，但是通过欣赏表演、电影和有趣的课程来融入这座城市的文化也很容易。从中央公园的音乐会、室外的夏季电影到首饰制作班、绘画工作室，每个人总能找到适合自己的活动，包括许多可以让全家人一起参与的活动。

实用资讯

儿童好去处“Time Out Kids”杂志及其网站有专门介绍电影和音乐及舞台活动的页面，附带最新评论。NYC Mommy 旗下的 Mommy Poppins 是另一个致力于让父母获取最新信息的网站。这两个网站一般也会提供票务网站链接。有些活动，如烹饪班和电影节展映，需要注册或提前购票。其他活动，如免费的户外音乐会和**现代艺术博物馆**的家庭艺术工作坊，遵循简单的先到先得规则。

音乐

整个城市都会定期举行专为儿童的音乐会，举办场地有 Joe's Pub 及住宅区的**交响乐空间**，其周六早晨的家庭文化系列（电影、音乐、戏剧和舞蹈的混合）非常棒。在**林肯中心**，孩子们可以报名参加室内乐协会的 Meet the Music！会议，选择融入不同种类的音乐里。

夏天，大都会歌剧院和纽约爱乐团会在中央公园的大草坪上举行免费的音乐会，而城市公园基金会的**夏日舞台**会在所有 5 个区的城市公园带来爵士、流行和世界融合音乐——这一切都是免费的。其他夏季音乐节包括**河到河艺术节**和**布鲁克林欢庆日！**。

电影院

纽约国际儿童电影节（3 月举办）会精选 100 部电影，包括主流电影和试验性作品。**BAMkids 电影节**在布鲁克林音乐学院举办（通常在 2 月底的一个周末），会聚集各种影片中的珍品。Cobble Hill Cinemas 会为 2 岁及以上的儿童放映电影（时间是隔周周一的 16:00）。

艺术

纽约许多令人称赞的博物馆都会展出儿童艺术作品，包括**纽约现代艺术博物馆**、**古根海姆博物馆**和**大都会艺术博物馆**。纽约现代艺术博物馆提供免费的家庭画廊讲座和艺术工作坊，还提供博物馆入场券。参观**儿童艺术博物馆**的话，看到就全部是孩子们创作的艺术品了。这里允许不限次数地进馆参加拼贴画、黏土工艺品、绘画等活动。它的旋转展览通常会突出展示孩子们创作的艺术品。

左下图 交响乐空间提供最新的舞蹈、表演艺术和前卫音乐
右下图 孩子们在 Taste Buds 的烹饪班制作五颜六色的蛋糕

文学

纽约公共图书馆有一个全面介绍文学活动列表的网站，其**布鲁克林区**和**皇后区**的同行也是如此，包括 Bank Street Bookstore、Books of Wonder 和 McNally Jackson 在内的各家书店有时会举办故事会，以及频繁的作者见面会和新书签售活动。Symphony Space 的 **Thalia 儿童图书俱乐部**会举办系列活动，主要聚焦在某个儿童作家和其作品之上。

工艺

孩子们可以去 Make Meaning 手工馆制作饰品、蜡烛、肥皂和纸工艺品（价格依项目价格不同，非会员要按人数收取费用）。Beads of Paradise 在周日下午有为 8 岁以上儿童开设的玻璃珠小班。Little Shop of Crafts（有两个不同地点）可以制作石膏工艺品、陶器绘画、马赛克及自己的玩偶，而 La Mano Pottery 为 7 岁以上的孩子们开设了周日上午班。

烹饪艺术

Institute of Culinary Education 为孩子们提供了比萨制作班（9 岁以上），"酷小孩的真正小吃"（8~12 岁）和"简单的法国美食"（14~18 岁）学习班。对于年龄更小的孩子来说，可以尝试参与 Art Farm in the City（2~8 岁儿童的随时学习班）。Taste Buds 将带领孩子们去城市中的各种餐馆，在那里他们可以向厨师学习做一个简单的菜。

游客须知

Art Farm in the City 419 East 91st St,10128；212 410 3117; www.theartfarms.org
BAMkids 电影节 BAM 30 Lafayette Ave, Brooklyn,11217; 718 636 4100; www.bam.org
Bank Street Bookstore Broadway & 112th St,10025；212 678 1654; www.bankstreetbooks.com
Beads of Paradise16 East 17th St,10003；212 620 0642; www.beadsofparadisenyc.org
Books of Wonder 18 West 18th St, 10011；212 989 3270; www.booksofwonder.com
布鲁克林公共图书馆 10 Grand Army Plaza, Brooklyn,11238; www.brooklynpubliclibrary.org
布鲁克林欢庆日! 647 Fulton St,11217，718 683 5600; www.bricartsmedia.org
Cobble Hill Cinemas 265 Court St, Cobble Hill, Brooklyn ,112 317 18596; 9113 www.cobblehilltheatre.com
Institute of Culinary Education 50 West 23rd St,10010；212 847 0700 www.iceculinary.com
Joe's Pub 425 Lafayette St,10003; 212 539 8778； www.joespub.com
La Mano Pottery 237 West 18th St,10011；212 627 9450; www.lamanopottery.com
Little Shop of Crafts 711 Amsterdam Ave, 10025；212 531 2723； 以及东 73 街 431 号，10021；212 717 6636
Make Meaning 329 Columbus Ave,10023；212 362 0350; www.makemeaning.com
McNally Jackson 52 Prince St, 10012; 212 274 1160; www.mcnallyjackson.com
Mommy Poppins www.mommypoppins.com
纽约国际儿童电影节 www.gkids.com
纽约公共图书馆 www.nypl.org 92nd Street Y，www.92Y.org
皇后区公共图书馆 www.queenslibrary.org
河到河节 www.rivertorivernyc.com
夏日舞台 www.summerstage.org
交响乐空间：百老汇 2537 号，10025；212 864 5400; www.symphonyspace.org
Taste Buds：109 West 27th St,10001；212 242 2248; www.tastebudscook.com
Thalia 儿童图书俱乐部：2537 Broadway,10025；212 864 5400; www.symphonyspace.org
Time Out Kids www.timeoutnewyorkkids.com

左下图 Bank Street Bookstore 的橱窗，儿童作家会在这里讲故事
右下图 一个小女孩儿在某工艺品培训班展示她的最新创作

戏剧和表演艺术

明亮的灯光和奢侈的音乐剧都是时报广场吸引人的地方。纽约是一个为戏剧而疯狂的城市，它有远远超出剧院区的表演艺术场景——绝对不仅仅是百老汇的戏剧。较小的场地全年都会安排儿童节目，当夏季到来的时候，免费的儿童节目如雨后春笋般遍布城中所有5个区。此外，还有巡游的马戏团和杂技表演，这些都会让孩子着迷。

演出及门票

Time Out Kids 杂志及其网站，还有 Theater Mania 网站，都列出了当前所有的节目和戏剧点评。选择节目后，在买票前先去 Broadway Box 网站查看一下百老折扣码，可用其在线支付或直接去剧院的票房使用，现场购买或者电话购票都可以。你也可以登录该节目的网站，该网站提供售票服务，也可以引导你链接到 Ticketmaster 票务网站。如果你觉得排队不是问题，可以去分别位于时报广场、南街海港和布鲁克林市区的三个 **TKTS 售票亭**，那里出售打折票。登录 TKTS 网站可查看详情。

在**百老汇儿童之夜**，购买一张成人票可以免费带一个儿童入场。在每年两次的 20at20 活动中（www.20at20.com），在演出开始前 20 分钟左右，很多非百老汇戏剧的票价降至仅售 20 美元，但不保证每场演出的门票都有优惠。

免费演出

大一点的孩子一定会喜欢公园莎士比亚在公园节系列活动，整个夏天都在中央公园的**德拉科特剧院**（见 141 页）上演。Theater-worksUSA 在西村的**露西尔·特洛尔剧院**提供免费表演，每年夏季持续约一个月。门票（每人最多 4 张）在当天第一场表演前一个小时发布，先到先得。作为其 Word for Word Kids 计划的一部分，布赖恩特公园为孩子们提供免费露天剧场进行“百老汇在布赖恩特公园”演出。**纽约古典剧院**的作品会在中央公园上演，或者作为**河到河艺术节**的一部分，包括其他免费的儿童戏剧和舞蹈表演。在各类公园上演的夏季节庆能够让家庭享乐其中，包括夏日舞台和布鲁克林欢庆日。

左下图 TKTS 售票亭外边排队的人群，这里发售百老汇、非百老汇和其他场馆的门票
右下图 在哈得孙河畔的河到河艺术节上，Baobab 乐队正在表演

上图 DR2 剧院上演的非百老汇剧目《亲爱的埃德温娜》（Dear Edwina）
左图 帝国剧院鼓舞人心的音乐剧《舞动人心》

百老汇

部分百老汇戏剧——也是所有戏剧中票价最贵——都是面向孩子的。其中最受欢迎的有《舞动人心》（Billy Elliot），讲述了一个煤矿工人的儿子梦想成为芭蕾舞演员的故事。《狮子王》（The Lion King）：小狮子辛巴历经重重考验最终成为狮子王。还有《绿野仙踪》的非官方前传剧《女巫前传》（Wicked）。

非百老汇及小型剧院

有些非百老汇剧院是家庭的理想选择，因为它们是专门面向儿童的。**新胜利剧院**全年上演系列有创造力的少儿作品，而**麦金凯泽尔剧院**是**活力剧院公司**的根据地，通常会在任何预定的时间演出 2~3 部作品。市中心的 **DR2 剧院**，**交响乐空间**会在周六早晨上演面向孩子们的作品，包括戏剧和音乐剧；**纽约大学斯格鲍尔中心**有一个名为《大红椅子》（Big Red Chair）的家庭系列剧目；还有 **TADA！青年剧院**，都会特别针对儿童进行表演。对了，**瑞典小屋木偶剧院**（见 142 页）也不能错过。

马戏团

每到秋天，**纽约大苹果马戏团**都会在林肯中心的达姆罗施公园搭几个月的帐篷，提供众多精彩有趣的节目。还有两个马戏团，**玲玲马戏团**和**太阳马戏团**，偶尔也会来拜访这座城市。以布鲁克林为基地的**斯特布运动力学实验室**会在整个城市上演惊人的杂技节目；所有的排练和其工作坊都可以免费参加。在**新胜利剧院**的舞台上，经常会上演面向儿童的节目，包含杂耍和空中飞人等表演。

游客须知

大苹果马戏团
www.bigapplecircus.org
Broadway Box
www.broadwaybox.com
百老汇在布赖恩特公园
www.bryantpark.org
太阳马戏团
www.cirquedusoleil.com
DR2 剧院 www.dr2theatre.com
百老汇儿童之夜
www.kidsnightonbroadway.com
Lucille Lortel 剧院
www.lortel.org
新胜利剧院
www.newvictory.org
纽约古典剧院
www.newyorkclassical.org
NYU Skirball Center
www.skirballcenter.nyu.edu
非百老汇表演
www.newworldstages.com
玲玲马戏团
www.ringling.com
河到河艺术节
www.rivertorivernyc.com
斯特布运动力学实验室
www.streb.org
交响乐空间
www.symphonyspace.org
TADA! 青年剧院
www.tadatheater.com
Theater Mania 网站
www.theatermania.com
TheatreworksUSA
www.theatreworksusa.org
Ticketmaster
www.ticketmaster.com
Time Out Kids
www.timeoutnewyorkkids.com
TKTS 售票亭 www.tdf.org
活力剧院公司
www.vitaltheatre.org
Word for Word Kids
www.bryantpark.org

体育赛事和活动

许多纽约人都非常热爱体育运动，他们大多是纽约两支棒球队的热心支持者。在温暖的天气下观看一场主场比赛——或者在冬天看曲棍球、篮球比赛——是件让人兴奋的事情。这座城市提供了大量的户外活动，从哈得孙河上的皮划艇到布赖恩特公园的滑冰，或者在市里新的自行车道骑骑车。加入运动的队伍不仅容易和相对便宜，而且是告别传统生活的一种很棒的方式。

体育赛事 （见 43 页）

棒球

纽约是两个美国职业联盟棒球队的主场——**纽约洋基队**和**纽约大都会队**。门票很容易在 MLB 官方网站上购买，也可以在比赛当天现场购买。乘坐地铁可以很方便地抵达两个体育场——南布朗克斯的 Yankee Stadium（见 239 页）和皇后区法拉盛的 Citi Field。尽量计划提前到达，以避免在最后一分钟冲刺。

网球

每年 8 月的最后一周和 9 月的第一周，**美国网球公开赛**在皇后区的法拉盛举行。最好在比赛的前 5 天购买场地通行证，这样就可以免费进入所有场地，再加上 Louis Armstrong 体育场和看台（但不包括庞大的 Arthur Ashe 体育场）。这些场地的座位都是先到先得的，所以也没必要提前买票，不过早去肯定是明智的。最好从西门进去，离地铁站比较远，所以不那么拥挤。

足球

美国职业足球大联盟已经在全国普及。球迷们可以在新泽西州哈里森的 Red Bull Arena 体育场欣赏比赛，这是**纽约红牛队**的主场。购买家庭四人套票比较优惠，从曼哈顿可以通过乘坐 PATH 通勤火车或乘公交车从市中心的港务局出发，很方便地抵达体育场。

篮球和曲棍球

Madison Square Garden 运动场是**纽约尼克斯**篮球队和全市唯一的冰上曲棍球队——**纽约流浪者**队的主场。如果你想有个好座位，

游客须知

体育赛事

纽约尼克斯队
www.nba.com/knicks
纽约大都会队
newyork.mets.mlb.com
纽约流浪者队
rangers.nhl.com
纽约红牛队
www.newyorkredbulls.com
纽约洋基队
newyork.yankees.mlb.com
美国网球公开赛
www. usopen.org

家庭体育与活动

Bike and roll www.bikeandroll.com
商业区公共船屋 Downtown Boathouse
www.downtownboathouse.org
New York's Waterfront Bicycle Shop 391 West St; 212 414 2453; www.bikeshopny.com
布赖恩特公园的 The Pond 溜冰场： West 40th St, between Fifth Ave & Sixth Ave; www.thepondatbryantpark.com
洛克菲勒中心溜冰场 601 Fifth Ave, 212 332 7654; www.therinkatrockcenter.com
天空溜冰场 Pier 61, 23rd St & the Hudson River; 212 336 6100; www.chelseapiers.com

下图 在中央公园的自行车道上骑双人自行车
右下图 冬天小孩子们在沃尔曼溜冰场滑冰

上图 Yankee Stadium 比赛中的鸟瞰图
作图 Madison Square Garden 的一场篮球比赛

最好的办法是事先在网上订票。看流浪者队的比赛时，记得穿些厚点的御寒衣物。

家庭体育与活动

骑车

哈得孙河林荫道位于曼哈顿西侧，是全市最集中也最繁忙的自行车道。沿炮台公园的部分是风景最好的一段，有草坪、游乐场和户外餐馆。除非你是经验丰富的城市自行车手，否则不要冒险骑到机动车道里去，因为司机们都很疯狂。沿着林荫道有两个自行车出租店，**New York's Water front Bicycle Shop** 和 **Bike and Roll**，租辆自行车骑行相当方便。租用两轮车时，必须记住，12 岁及以下儿童佩戴头盔是一条强制性的规定。

皮划艇运动

夏季皮划艇是纽约一项非常受欢迎的消遣运动。**市中心公共船屋**（Downtown Boathouse）是志愿性的、不以营利为目的的组织，在哈得孙河的三个地点向公众提供免费的皮划艇。15 岁以下儿童必须由成人陪同使用双人皮艇。登录网站可以查询相关规定的详细信息。

徒步旅行

纽约的树林是其最宁静的部分。其中最方便的是位于中央公园的漫步区（见 136 页），这是隐藏于城市中的一小片旷野。你可以加入一个旅游团或者自己独立探索（只能在白天）。皇后区的森林公园以及位于布朗克斯区最北端的范科特兰公园（Van Cortlandt Park）有数量众多的小径、华丽的檐篷，生活着各种温驯的野生动物。

溜冰

纽约市内共有 4 个户外溜冰场和 1 个室内溜冰场市。最具代表性的是**洛克菲勒中心溜冰场**（见 112 页），但也是价钱最贵的。**沃尔曼溜冰场**（见 130 页）位于中央公园的南端，是乡村和城市风景的完美结合。每年冬天，布赖恩特公园（见 103 页）都会设立一个名为**池塘**的免费溜冰场，清晨是人最少的时段。切尔西码头的**天空溜冰场**（Sky Rink）则是一个全年开放的室内选择。

纽约的夏日

纽约的一系列美丽景点再加上阳光——整座城市一到夏季就变成了一个令人难以置信的兴奋之地。白天变得更长，露天剧场、演唱会（见40页）、街头市集比比皆是，曼哈顿岛周围水域也在向你召唤，会给你带来海滨乐趣和跳岛游历险。当看过太多的美景之后，最佳选择是通过露天用餐或吃个冰激凌来放松。

上图 在中央公园的湖面上划皮筏艇，背景是摩天大楼

水面游

虽然曼哈顿和斯塔滕岛是纽约仅有的两座真正的岛屿，其所有行政区的河流都值得乘船去探索。其中最有趣的游览选择之一，是乘坐庞大的 **Circle Line 游船**环绕曼哈顿，或是登上 **Manhattan 号**，这是一艘供应早午餐的小船。乘帆船航行是令人兴奋的经历，比如 **Adirondack** 或 **Shearwater**，这会把你带入一个全新的闪闪发光的城市。从**南街海港**（见66~67页）起航的海港历史之旅让人们意识到纽约早期作为航运枢纽的重要性，中途还可能经过**自由女神**（见58~59页）、哈得孙河及东河。

除了沿哈得孙河的三个**市中心公共船屋**，在中央公园的湖面上，**勒布船屋**（Loeb Boat house）按小时出租划艇，可欣赏野生动物。另外，脚踏船和展望公园湖的观鸟之旅也十分精彩。

野生动物探险

奥杜邦中心（见209页）在展望公园的观鸟之旅也许是参观这座城市中罕见鸟类最亲密的方式，因为可以乘坐电动船滑行经过很多僻静的岛屿，而这些是无法通过任何其他途径过去的。不过，最惊心动魄的野生动物探险应属奥杜邦的 EcoCruise 了，这是奥杜邦中心和**纽约水上出租车**的合作项目，运行于夏季周日的傍晚，正好是苍鹭、白鹭及朱鹭从淡水捕捞一天之后返回它们的筑巢地点，即位于东河北部无人居住的兄弟群岛（Brother Islands）的时间。

跳岛游

康尼岛（见214页）自19世纪后期以来一直被当作是纽约市的非官方度假地。如今，纽约人都涌向康尼（不再是一个岛）进行一日游，该地区海滩沿岸的大片木板路旁布满餐馆，还可以参观**月神公园**（见214页），那里有街机游戏、

游客须知

Adirondack： Pier 62, Hudson River at 22nd St,10011; www.sail-nyc.com

Circle Line Pier 83, Hudson River at 42nd St,10036; www.circleline42.com

市中心公共船屋 Hudson River at 72nd St; Pier 96, Hudson River at 56th St; Pier 40, Hudson River at Houston St

总督岛 www.govisland.com

勒布船屋 inside Central Park, East 72nd St at Park Dr North; www.thecentralparkboathouse.com

Manhattan Pier 62, Hudson River at 22nd St,10011; www.sail-nyc.com

纽约水上出租车 Audubon EcoCruise, Pier 17 at the South Street Seaport;212 742 1969; www.nywatertaxi.com

Shearwater 385 South End Ave, North Cove Marina, Battery Park CIty;www.manhattanbysail.com

上图 游客在总督岛的水上出租车海滩
左图 小黄足鹬飞越浅水

巨大的过山车以及摩天轮。到了 6 月，美人鱼游行预示着康尼岛夏季的开始，与此同时，**纽约水族馆**（见 212~213 页）将为孩子们提供一个近距离观看海洋生物的机会。

纽约市最令人兴奋的事件之一莫过于**总督岛**（Governors Island）的开放了，其位于纽约港的中间，在夏季的几个月（周五、周六及周日），一班班免费渡轮从炮台海事大厦前往小岛。家庭可以在岛上野餐和游览，无论步行还是租自行车都可以。在整个夏季的周末，为孩子们举办的免费艺术工作坊、每年都有的迷你高尔夫球场设施和露天音乐都吸引了众多的游客。

很难相信**城市岛屿**（见 233 页）这样一个曾经以造船业闻名的沉睡小镇也是纽约的一部分。游客可以租一辆小艇出海捕一两个小时的鱼，或是流连于镇上的小画廊、商店、海鲜餐馆和冰激凌店。

左图 月神公园的游乐设施，康尼岛，布鲁克林
下图 Circle Line 号游船驶过自由女神像

纽约历史

这座美国人口最多的城市同时也是其最古老、历史最为丰富的城市。从生态资源丰富的沼泽地成为美国的第一个首都，纽约在其转型过程中发生了巨大的变化。在过去的 200 年里，这座城市成为了数百万移民抵达海岸之后的希望城堡，并继续以其标志性的天际线和无限的活力激励着新生的一代。

亨利 · 哈得孙沿着哈得孙河与美国土著人进行交易

早期居民和新移民

这片土地曾经是一群半游牧农民、渔民和猎人的家乡，它们被称为德拉瓦族（Lenape）。他们在这片陆地和海洋寻找食物，耕种玉米、南瓜、蔓生菜豆，随季节迁移到不同的露营地。部落的平静生活随着乔瓦尼·达韦拉扎诺于 1524 年的到来被打破了——这是第一个发现德拉瓦族的欧洲探险家。

又过了 85 年，下一个航海家也抵达了这里，这次是英国人亨利·哈得孙，他奉荷兰东印度公司之命在 1609 年航行到了新大陆。哈得孙成为了到现在的哈得孙河旅行的非本地居民，因此这条河后来以他的名字命名。正因为有了他的日志，荷兰才能够宣称这片肥沃的土地是属于自己的，并称之为新荷兰，迅速建立了战略贸易港口。1624 年，30 个荷兰家庭作为第一批欧洲移民抵达了现在的总督岛。一年后，他们搬到了曼哈顿南端——一个被称为新阿姆斯特丹的殖民地。1626 年从德拉瓦族买来的小岛和一个重新建设的巨大的堡垒守卫着这片岛屿。同年，非洲奴隶被荷兰西印度公司运往这里。

1647 年，新阿姆斯特丹的最后一任总督彼得·史岱文森接手了这座城市。在一次突袭之后，英国于 1664 年占领了这片殖民地，并将之改名为纽约，这是以约克公爵的名字命名的。与此同时，德拉瓦族的人口数量减少，逐渐被传染病、欧洲传播来的疾病，以及易洛魁族（Iroqu Ois）的毛皮贸易战争打倒。到 1700 年，仅有 200 左右德拉瓦族人口存留。

殖民地纽约

在变成殖民地后，整个城市被划分为三个新的郡：国王区（布鲁克林）、皇后区和里士满区（斯塔滕岛）。两次奴隶起义、参与七年战争（1756~1763 年）以及紧勒英国殖民地民众的“缰绳”导致了叛乱的发生，以反对横跨大西洋的君主专治。

1689 年，德国出生的商人雅各布·莱斯勒领导了一次起义，控

新阿姆斯特丹的最后一任总督——彼得 · 史岱文森的肖像

大事年表

1524年	意大利人乔瓦尼·达韦拉扎诺发现了纽约及其周围的土地
1609年	英国探险家亨利·哈得孙驶入纽约港
1624年	30 个荷兰家庭到达并定居在新阿姆斯特丹
1647年	彼得·史岱文森成为新阿姆斯特丹的总督
1664年	荷兰向英国投降，之后英国重新将这座城市命名为纽约
1689年	莱斯勒领导起义后从英国手中接过了控制权
1735年	约翰·彼得·曾格审判确立新闻自由

制城市近两年的时间，后被逮捕并处死。这是反对城市统治者的第一个起义实例。另一个标志性事件是1735对《纽约周刊》杂志出版商约翰·彼得·曾格的诽谤罪审判，他因发布匿名谴责纽约州州长的言论而被指控煽动诽谤罪。其辩护律师安德鲁·哈密尔顿认为，即使纸质材料中的内容会毁坏州长的名誉，但是其确是以事实为依据，因此不应被视为诽谤中伤。曾格赢得了这场官司，并且让新闻自由和言论自由加入了这座城市的人权胜利的名册之中。

然而，奴隶和贫穷白人的数量却一直在持续增长。1741的严冬，整个城市发生了一系列的火灾，造成了152名非洲人和20名白人被逮捕，他们中的大部分在公审之后都被处以了绞刑或者被活活烧死。这件事在历史上被称为1741年纽约阴谋，该事件反映了社会上下阶层之间日益扩大的鸿沟。

纽约的革命

法国和印度之间旷日持久的战争（1754~1763年）最终导致法国被驱逐出了这片大陆，结果英国领土获得了巨大扩张。在决定了殖民者应该向英国政府及其保护支付费用之后，英国议会实施了一系列受到越来越多反对的行动：1764年颁布的《食堂条例》要求征收糖蜜的关税；1765年颁布的《驻营条例》要求殖民者必须为英国士兵提供食物和住所；同样于1765年颁布的《印花税法》对殖民者使用的报纸、书籍、合同和法律文件都进行征税，而这些都是殖民地商业活动必不可少的东西。

反对印花税法的示威者在纽约市焚烧税票

殖民地迅速对此做出了反应。在《印花税法》生效的两周之前，13个殖民地中的9个派出了代表在纽约举行集会，成立了印花税法代表大会，这是最引人注目的第一次有组织的反英代表大会。大会认为，因为殖民者居民没有在议会表决，英国无权给他们强加征税的法律。被抗议震惊的英国废除了该法案，但随之又报复性地颁布了一系列新的法案来制服殖民地居民。

殖民地居民们的反应是发起了对英国货物的抵制，这导致了波

事实 & 依据

竣工比赛

帝国大厦和克莱斯勒大厦的建设者之间有一个比赛，看看谁能够先竣工。最后克莱斯勒大厦赢了，但帝国大厦却坐上了世界最高大厦的头把交椅。

名誉之墙

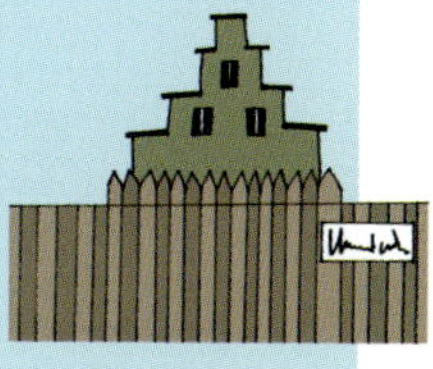

现在的华尔街曾经是一堵真正的石头墙，它最初是由州长彼得·史岱文森下令兴建，用来保护当时被称为新阿姆斯特丹的这座小城市。

马力

1873~1924年，中央公园的旋转木马是由一匹盲骡子或马推动的，后来才使用了电力。

大移民

1845~1852年间，大约65万人在爱尔兰大饥荒期间离开爱尔兰去了纽约。

里程碑事件

1925年，纽约成为世界上人口最多的城市，拥有近800万居民，取代了原来拥有这一称号的伦敦。

一首歌的价值

1626年，荷兰人彼得·米纽伊特只花了24美元就从德拉瓦族部落那里买下了曼哈顿岛。

- 00年：洲的疾病传播进来之只剩下了200个德拉人
- 1741年：1741年纽约阴谋，这次奴隶叛乱带来了残酷的后果
- 1765年：“自由之子”进行抗议；印花税法代表大会在纽约举行集会
- 1776年：乔治·华盛顿将军在布鲁克林战役中失败，但军队得以保存
- 1783年：英国被革命打败，离开了纽约

乔治·华盛顿宣誓就任总统

士顿的一系列暴力冲突，引发了马萨诸塞州列克星敦和康科德的战斗——这打响了美国革命战争的第一枪。在1776年将英国从波士顿驱逐出去之后，乔治·华盛顿将军解放了曼哈顿。然而，尽管他建造了防御工事和预警，在1776年8月17日晚上，华盛顿的大陆军被英国军队包围，史称布鲁克林战役，这是当年7月4日签订独立宣言以来的第一次军事战役。在夜间浓雾的掩护下，华盛顿将军在曼哈顿迎回了他的部队，最终与军队撤退到了宾夕法尼亚州。

作为英国中央发布命令的根据地，在接下来的7年里，纽约曾被作为英国皇家忠臣的避风港。英国也开始把战俘关在纽约。1万多名美国士兵和他们的家人因为疾病和饥饿，在停泊在沃拉伯特湾的东河上的船只中失去了他们的生命。终于，在1783年战争结束时，统帅华盛顿带着胜利来到了曼哈顿下城。

18世纪和19世纪的纽约

革命成功以后，在大陆会议召开4年之后的1789年，纽约成为了美国的第一个首都。1789年4月30日，美国的第一任总统乔治·华盛顿宣誓就职。虽然政府所在地于1790年迁至费城，纽约在那些年所发挥的作用也举足轻重。正是在这里起草了美国《人权法案》以及这个新的国家向西扩张的计划《西北条例》，此外美国国会和最高法院也是在这儿首次成立。

由于爱尔兰移民逃离大饥荒（1845~1852年）和德国人躲避1848年的革命风暴，这座城市的人口在19世纪中叶急剧增加。在美国内战（1861~1865年）之后，埃利斯岛成为了移民能获准进入纽约的唯一地点。

20世纪

1898年，纽约的5个区开始共同建造一个新的城市。20世纪20年代初开始了来自南方的大迁徙，移民主要是奴隶的后裔。哈林区成为一个充满活力的文化中心，形成了文学、音乐和视觉艺术，史称哈林文艺复兴运动。也是在同一时期，帝国大厦、克莱斯勒大厦和洛克菲勒中心开始逐渐打造出这座城市的天际线——即使期间有过大萧条的发生。

纽约在第二次世界大战期间发挥了重要作用：布鲁克林海军船厂所制造的战舰、航空母舰和登陆艇都能装载着坦克出国作战。

1945年从战争中返回的士兵，以及来自欧洲的不计其数的难民

布鲁克林战役之后，华盛顿的军队从长岛撤退（1776年）

大事年表

- **1789年** 乔治·华盛顿就任美国第一任总统
- **1811年** 曼哈顿电网系统计划提出
- **1825年** 连接纽约港和五大湖的伊利运河开通
- **1835年** 大火灾摧毁了曼哈顿的大部分地区
- **1842年** 克鲁顿水道系统完工，为城市居民提供新鲜用水
- **1863年** 纽约人民发起征兵暴动来抗议内战征兵
- **1883** 布鲁克林大桥经过1多年的建设后贯通

归零地——世贸中心双子楼的旧址

导致了另一个经济和人口的热潮。20 世纪 50、60 年代出现了许多有创意的艺术家和音乐家，如艾伦·金斯堡和鲍勃·迪伦，他们都定居在了格林尼治村。与此同时，种族关系紧张和贫困引起了大规模人口外流到郊区，还有不断增加的犯罪、暴力及公共救济，这些最终在 20 世纪 70 和 80 年代达到了顶峰。到了 1975 年，这座城市仅仅是为了避免破产而已。幸亏有了全国经济的增长、华尔街股市的繁荣和对犯罪的打击，纽约从 20 世纪 80 年代开始逐渐复苏，并最终在 20 世纪 90 年代扎好了根基。

现代纽约

2001 年 9 月 11 日，“基地”组织恐怖分子劫持的两家商用客机在世界贸易中心的双子楼坠毁。大多数人被困于建筑物内，在袭击发生后的几小时内，摩天大楼轰然倒塌，最终导致了近 3000 人死亡。之后的几年，纽约全市都被淹没在情绪低落和经济瘫痪中，但如今的纽约已经基本上从那次阴影中走了出来。

在过去的几十年里，纽约建设和重建了许多华丽的公园和娱乐设施，甚至连时报广场都从原来那个破旧的、只能让成人光顾的地方变成了一个旅游景点。不过曼哈顿的租金也变得过于昂贵，这使得原来可以让新来的人们轻松扎根的城市变得难以负担。另一方面，纽约居民现在喜欢留在本地抚养他们的小孩，而非搬出去，因此婴儿推车无处不在，市里的学校也感到压力很大。2008~2010 年期间华尔街的投机和滥发贷款的行为给了纽约沉重一击，让整个城市的抵抗能力再次受到考验；而纽约也再一次成功地通过了这次挑战。

39年：举办世界博览会

1969年：石墙暴动抗议同性恋歧视

1977年：大停电持续 25 小时，发生重大抢劫

2001年：恐怖分子劫持两架飞机撞向世界贸易中心

2012年：9·11 国家纪念馆开放

英雄 & 坏蛋

当代英雄

史蒂芬·西勒是纽约当代的伟大英雄。他是一个消防员，在 2001 年 9 月 11 日恐怖袭击发生后，炮台隧道已经不允许车辆通行，于是他穿过隧道一直从布鲁克林跑到了曼哈顿，去救助那些困在世贸中心的人们。

探索的功绩

英国人亨利·哈得孙曾经三次试图找到通往亚洲的西北航道。虽然这个航道从来没有存在过，哈得孙还是发现并探索了现在以他名字命名的河流。

革命烈士

21 岁的士兵内森·黑尔是美国革命期间大陆军队的间谍，在英国被逮捕。在即将被处以绞刑的那个早晨，他发表了一次勇敢的、充满挑战的言论。

“老大”特威德

有权势的政治家威廉·马扎·特威德从纽约纳税人手中偷走了 2500 万 ~4500 万美元的财富，于 1877 年被定罪，最后死在拉德罗大街监狱里。

在一个阳光明媚的秋日下午，人们漫步在中央公园湖面的拱桥上

探索

纽约

下城区

在 17 和 18 世纪，纽约的市中心位于曼哈顿岛的最南端，今天这片地区被称为下城区。1789 年，美国的第一任总统乔治·华盛顿在这里宣誓任职，这个区也是移民们抵达他们的新国家最先看到的地方。市区的很多景点都反映了他们的故事，这片地方也提供了大量的绿地以及适合家庭游玩的景点。

旅游重点

自由女神雕像和埃利斯岛

爬 354 级楼梯到达自由女神像的王冠，然后到临近的埃利斯岛了解纽约的多次移民潮。（见 58~60 页）

纽约港水上出租车之旅

乘船游览可以得到一个欣赏曼哈顿岛的全新视角，了解纽约作为一个世界级港口的历史。

移民公寓博物馆

参观这个迷人的博物馆，可以看到在 19 世纪末和 20 世纪初移民居住在这个城市人口最稠密飞地的困顿景象（见 72~73 页）。

华盛顿广场公园

探索格林尼治村核心地带的公园，它体现了这个热闹社区的精神（见 80 页）。

高线公园

顺便去看看这条经过重新改造的前货运铁路线，以前废弃时杂草重生，但现在已经变成了一个适合家庭游玩的空中公园。从 2009 年开始对公众开放后，高线公园成为了这座城市的皇冠明珠（见 86~87 页）。

左图 自由女神高高耸立，她一手握着火炬，另一只手中的册子上写有《独立宣言》的签署日期，自由女神纪念碑，自由岛

左上图 华盛顿广场拱门，位于华盛顿广场公园的北部边缘

最精华游点之
下城区

下城区是纽约最初发展的地方，至今它仍是这个城市的心脏。在它的最南端，可以乘船前往参观标志性的自由女神像，或纽约港。再往北坐落的是下东区迷人的相邻地带：格林威尼村和它的姐妹村东村和西村，以及肉类加工区。位于这里的高线公园架在半空，真的是实至名归。

水边游玩

探索纽约的最佳途径之一是通过城市的水路或者沿着水边。**南街海港**（见 66~67 页）是这个城市的主要航运枢纽，其中心是一个繁华的码头，第 17 号码头。前往北部边缘可以看到**布鲁克林大桥**（见 196~197 页）的壮丽景色，然后跳上水上出租车参观纽约港，了解纽约曾作为一个重要港口城市的历史作用。在北部，**格林尼治村**（见 80~81 页）的哈得孙河游乐场被亲切地称为水上公园或海盗公园，这里是孩子们夏季玩水的理想之地。你可以租自行车，沿水边骑回市区。通过**炮台公园城**（见 56~57 页）的沿途有无数的草坪、游乐场，很是迷人。

右图 布鲁克林大桥附近的水上出租车
下图 埃利斯岛移民博物馆的入口

上图 高线公园的混凝土小路，两边是绿树，四周环绕着高楼大厦

时间之旅

发掘纽约的过去是非常有意义的。下东区的**移民公寓博物馆**（见 72~73 页）曾是纽约附近人口最密集的地方，游览一处修复后的房屋建筑可以让你感受到过去的生活。有一些地区零售商，如 Russ & Daughters，依然存在。作为 19 世纪末 20 世纪初很多移民入境的口岸，**埃利斯岛移民博物馆**（见 60 页）的大厅让人们想起当初移民刚来定居时的困境。最后，可以在位于世界贸易中心双子塔旧址的 **9 · 11 国家纪念碑**（见 69 页）驻足看一看。这个新纪念碑是为了纪念美国历史上一个悲惨的时刻。

文化追溯

纽约**新当代艺术博物馆**（见 74~75 页）共有七层，以其别致的装修和幽默的风格著称。为了更好地亲近艺术，可以去一趟切尔西区位于第十大道和十一大道之间的西 22 街，这里聚集了世界一流的画廊，可带给你特别的体验。**美国国立印第安人博物馆**（见 60~61 页）展示了这个国家首批居民的文化生活。想要深入了解一个小男孩如何成长为这个国家最迷人的总统之一，可以去参观**西奥多 · 罗斯福出生地**（见 83 页）。

绿色空间

纽约的公园远远多于普通的绿地，它们是市民聚集的文化中心，能够减慢人们的步伐，让他们沉浸在宁静之中。**汤普金斯广场公园**（见 75 页）曾是垮掉派诗人艾伦 · 金斯堡的准办公室，现在依然是东村的心脏地带，在稀有的美国榆树的树冠下蔓延开来。正西边的**华盛顿广场公园**（见 80 页）曾经是乡下的农田，后来成为了一个窑匠的领地，而到了今天则是一个充满青春活力的市区重建的杰出代表。**格林尼治村**的杰斐逊市场花园是城市最漂亮的角落之一。这片绿色空间曾经是一座女子监狱，现在完全归属于社区，充满了郁郁葱葱，被细心照料的植物。作为整个城市真正具有突破性创造的公园，**高线公园**（见 86~87 页）坐落于一条原本废弃的铁路线上空。从 9 米高的铁路线上感受这座城市简直不可思议。

左图 安布罗斯号灯塔船，位于南街海港东河 17 号码头

自由女神像及周边

自由女神像和埃利斯岛都是纽约最热门的景点，且只能通过一个轮渡公司到达，因此拥挤的人群几乎是不可避免的。早点到达炮台公园，可以明显缩短等待渡轮的时间。一旦登上自由岛和埃利斯群岛，游客便可以轻松地步行到达景点。回到曼哈顿后还可以接着参观几个景点，从欢迎儿童的纽约市警察博物馆到不寻常的爱尔兰饥荒纪念馆，还有泪珠公园和保龄球草坪这样的绿色地带。

从哈得孙河对岸看到的纽约摩天大楼景观

美国国立印第安人博物馆入口

游客须知

地铁： N 和 R 线到 Whitehall St；1 号线到 South Ferry；4、5 线到 Bowling Green。**公交车：** M5 和 M15 路；Downtown Connection 免费穿梭巴士往返于炮台公园和南街海港间的多站：每天 10:30~19:30

游客信息： 纽约市旅游会展局（NYC & Company），810 Seventh Ave, 10019；212 484 1200；www.nycgo.com

超市： Gristedes 070（71 South End Ave & Battery Park,10280；212 233 7770）
市场： 保龄球草坪市场（Battery Place & Broadway；周二和周四 8:00~17:00）

节日： 河到河艺术节——音乐会、孩子们的节目、博览会和艺术展览（6 月 ~8 月）；www.rivertorivernyc.com 的

药店： Duane Reade（67 Broad St, 10004；2129433690；周一至周五 8:00~19:00）。Battery Park Pharmacy（327 South End Ave，10280；212 912 0555；周一至周五：8:00~20:00，周六：9:00~19:00，周日：10:00~18:00）

最近的游乐场： 炮台户外广场（Battery Park,10004）。泪珠公园（Teardrop Park）（between Warren Street & Murray Street, east of River Terrace,10007）

游客观赏迪拜塔的大模型，摩天大楼博物馆

孩子们在泪珠公园的滑梯和沙地上玩耍

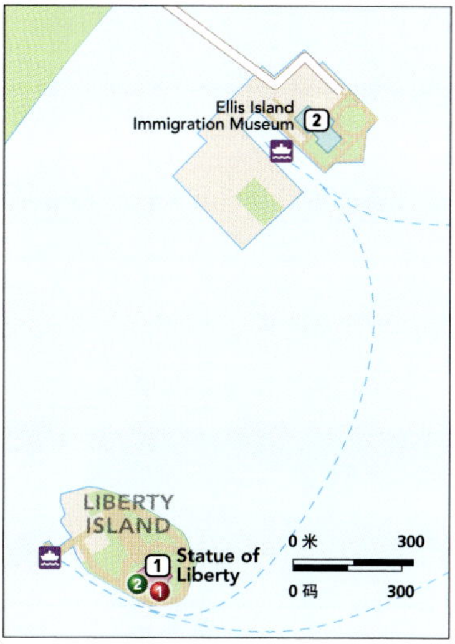

地图示意

景点

1 自由女神像
2 艾利斯岛移民博物馆
3 美国国立印第安人博物馆

4 摩天大楼博物馆
5 爱尔兰饥荒纪念馆
6 纽约市警察博物馆

餐饮点

1 Zaytuna Market
2 Crown Café
3 Adrienne's Pizza Bar
4 SHO Shaun Hergatt
5 Chipotle Mexican Grill
6 Ulysses' Folk House
7 Inatteso Pizzabar Casano
8 2 West
9 Blockheads Burritos
10 PJ Clarke's on the Hudson
11 Financier Patisserie
12 Mercantile Grill

另参见艾利斯岛移民博物馆（第60页）

购物点

1 自由女神博物馆商店

另参见纽约市警察博物馆（第63页）

住宿点

1 DoubleTree Financial District
2 Marriott New York Downtown
3 Millenium Hilton
4 The Ritz-Carlton, Battery Park
5 The Wall Street Inn

Blockheads Burritos 餐馆墙上丰富多彩的艺术装饰

① 自由女神像 Statue of Liberty

纽约的象征

巨大恢宏而又优雅平静的自由女神像是 1876 年美国百年庆典时法国送给美国的礼物。由法国雕塑家弗雷德里克·奥古斯特·巴托尔迪设计并最终建成了这项杰作，在巴黎完成了整座雕像之后，将其拆分运往了纽约市，然后于 1886 年再次将其组装回到一起，终于揭开了女神神秘的面纱。

自由岛 巴托尔迪将其视为放置雕像最好地方，因为这样每艘进港的船舶都能看见她

游客须知

地图： 1 A6
地址： Liberty Island，10004; www.thestatueofliberty. com

地铁： 1 线到 South Ferry；4、5 线 到 Bowling Green；R、W 线 到 Whitehall St。**公 交 车：** M5、M15 和 M20。**渡轮：** 雕像号渡轮 9:00 从炮台公园出发（最晚在 17:00 返回）

营业时间： 6~8 月：8:00~18:00；9 月 ~ 次年 5 月：9:30 分 ~17:00；12 月 25 日关闭

价格： 渡轮票价 36~46 美元，包括埃利斯岛和自由岛的门票；去基座、博物馆和皇冠的费用为每人 3 美元。

购票及入场提示： 在 www.statuecruises. com 提前购买渡轮票

导游导览： 在自由岛的旗杆下集合，可以参加免费的参观导览。语音导览：31~41 美元。

年龄范围： 4 岁以上；如果要攀登到雕像的王冠，小孩的身高必须高于 4 英尺（1 米）

活动： 为 7~12 岁小孩举办的“少年游侠”（Junior Ranger）活动，让他们了解雕像的相关知识。

预留时间： 4 小时

轮椅通道： 一直到观景台

咖啡厅： The Crown Café

商店： 自由女神博物馆商店

卫生间： 在纪念碑内

参观价值

参观这个美国最具标志性的“符号”是一次无与伦比的经历，即使需要漫长的排队等待也是值得的。

价格以一个四口之家为基准

主要看点

皇冠： 七个角围着皇冠呈辐射状，代表太阳的光芒和世界七大洋及七大洲。

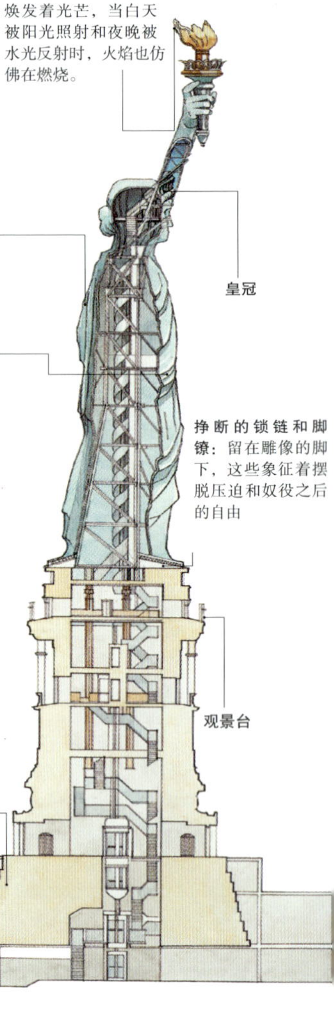

火炬： 象征着启蒙，现在的火炬是重新替换的，最初那个现在放置于博物馆大厅。现在的火炬铜护套表面覆盖着 24K 的金箔，看起来似乎焕发着光芒，当白天被阳光照射和夜晚被水光反射时，火焰也仿佛在燃烧。

衣服： 自由女神穿着长袍和斗篷，是罗马女神的风格

铜质皮肤： 雕像的“皮肤”是由 2.5 毫米厚的铜片制成的，连接到骨骼的框架设计，这样可以使皮肤在强风中活动。

《独立宣言》： 雕像所持的《独立宣言》表明，美国的法律制度将保护其公民的权利。

基座： 由美国建造，有 47 米高，内部有自由女神博物馆。

高架田公园，这是一个绿意盎然且充足户外座位的公园

休闲放松

在结束自由岛也许还加上埃利斯岛（见60页）的漫长之旅后，去**高架田公园**（Elevated Acre）（55 Water St，10041）吧，这是一个面积小但迷人的公园，不需要花心思去探究。走上一个陡峭的楼梯或自动扶梯（如果它运行的话），看看栽培花园，还有东河及其直升机场的美妙景色。

餐饮信息

野餐：20美元以下；小吃：20~35美元；正餐：35~70美元；家庭聚餐：70美元以上（以一个四口之家为基准）

野餐：Zaytuna Market（17 Battery Place, 10004;212 871 6300）位于鲍灵格林的北端，有热或冷自助餐，提供好吃的地中海美味，可以在自由岛享用。

小吃：Crown Café（Liberty Island, 10079；212 363 3180）提供食品——庭院式的用餐体验，有海鲜拼盘、汉堡、烤铁板三明治和打包食品。

正餐：Adrienne's Pizza Bar（54 Stone St, 10004; 212 248 3838）是一个舒适，风格成熟，但依然适合家庭用餐的好地方，拥有一流的现代意大利菜肴，包括出色的开胃菜、面食和比萨饼。如果天气允许，可以坐在免费停车的石街外边用餐。

家庭聚餐：SHO Shaun Hergatt（40 Broad St, Second Level, 10004;212 809 3993）供应亚洲和澳大利亚风味的法国美食，如舞茸蘑菇烩饭和扇贝牛肉蓝鳍金枪鱼片。

购物

自由女神雕像博物馆商店出售迷你雕像模型和T恤等纪念品。

更多信息

网络：网站 www.statueofliberty.net 提供互动的自由女神像旅游、记忆游戏和知识竞赛。

电影：《自由女神像》（1985年）由一部描述雕像历史的纪录片，由肯尼斯·伯恩斯制作。《美国鼠谭》（1986年）是一部冒险动画片，描述了一只俄罗斯小老鼠要跟它的家人分开，因为它们要移民到美国的故事。《后天》（2004年）适合大一点的孩子，展示了雕像淹没在雪和冰之中的场景，这是灾难性气候变化的后果。

在 Adrienne's Pizza Bar 用餐

下一站

纽约港：让我们乘船游览纽约港（New York Harbor）及东河和哈得孙河，来广泛地了解一下自由女神像及其设置。

儿童专栏

你知道吗……

1. 弗雷德里克·奥古斯特·巴托尔迪从第一次见到自由岛，也就是以前的贝德罗岛的那一刻起，就知道这是自由女神像安家的完美地点。那么，他为什么认定它是这样一个理想的地点呢？
2. 如果你不能爬上基座，就无法看到自由女神像脚下的断链和脚镣，它们有什么意义呢？
3. 自由女神像的皇冠上有几个角？它们象征着什么？

答案见本页最下角

通往顶端的漫长之路

要想到达女神像的皇冠，需要爬354级狭窄、蜿蜒的阶梯——大致相当于22层楼。

妈妈咪呀

自由女神的脸部据说是以设计师巴托尔迪的母亲形象为原型的。

漫长的等待

曼哈顿市中心的世界贸易中心大楼在2001年的恐怖袭击中被摧毁之后，自由雕像停止向公众开放，为期三年。而自由女神像的皇冠部分，更是到2009年7月4日才再次开放参观。

答案：1. 因为这样一来人们乘船抵达后的第一件事就是看到他设计的雕像。2. 它们象征冲破压迫的自由（新共和国），也暗示奴隶制的结束（自1865年起被定为非法）。3. 一共有七个角——代表世界的七大洋和七大洲。

从港口远眺艾利斯岛移民博物馆

② 艾利斯岛移民博物馆

Ellis Island Immigration Museum

曾经通往美国的入口

19 世纪末 ~20 世纪初，艾利斯岛（Ellis Island）是数百万移民来到美国的抵达点。今天，它是艾利斯岛移民博物馆所在地，博物馆将向你讲述那些历经艰险到达美国海岸的人们的故事，以及他们为什么要承受这一切，等待他们的又是什么。在 1892~1924 年期间，艾利斯岛移民站批准约 12 万人进入，让他们逃离歧视、贫穷的经济条件、宗教迫害和政治动荡。

博物馆的主体建筑是一个复杂的工艺结构，建于 1900 年，也是岛上唯一向游人开放的部分。曾经的行李室位于 1 楼，通过展品和文物向人们揭示了移民的经历；2 楼的检测中心，或者叫大厅，就是决定新来移民命运的地方。许多乘客来自统舱，也叫三等舱，旅途中一直待在拥挤不堪而且肮脏的轮船底部附近。大约有 2% 的移民会被拒绝入境，或者是因为疾病，或者是因为他们被视为可能从事非法行为或需要公共救济。头等舱和二等舱的乘客则不用经历这个过程，因为美国政府相信，那些能够负担得起昂贵船票的人不太可能成为美国人民的财政负担，抑或传播传染病。病患者将被送往岛屿南侧的医院大楼，有些病愈后获得了进入美国的机会，其他的则死在这里或是被驱逐回他们的原籍国。

1924 年，这个机构停止处理移民，成为了一个拘留中心，最终于 1954 年关闭。直到 1990 年投资 1.6 亿美元进行修复后，艾利斯岛移民博物馆开始向公众开放。在移民历史中心，游客可以访问数据库来查看家人中谁可能曾经通过艾利斯岛入境。今天，有超过 1.5 亿美国人的家谱可以追溯到来到这里的新移民。

休闲放松

孩子们可以在**炮台公园**（Battery Park I New York Plaza，10004）的纪念花园（Gardens of Remembrance）漫步。如果天气暖和，还可以去 12 米宽的花岗岩螺旋喷泉凉快一下，那里是一块圆形平地，有着不时喷出的水柱。如果天气较冷，则可以让孩子们去探索公园西北角的炮台迷宫（Battery Labyrinth），挨着 A 码头。

游客须知

地图： 1 A6
地址： Ellis Island，10004；212 561 4588；www.ellisi-sland.org。

地铁： 4、5 号线到 Bowling Green；1 线到 South Ferry。**公交车：** M5、M6 和 M15。**渡轮：** Statue 号渡轮从艾利斯岛出发到炮台公园：8:30~17:00，夏季延长时间

营业时间： 每天：9:00~17:00；12 月 25 日关闭

价格： 渡轮费 36~46 美元，包括登上埃利斯岛

购票及入场提示： 提前在 www.st-atuecruises.com 购买渡轮票，并且在家里打印好，或者直接拨打电话 877 523 9849 订票

导游导览： 参观导览免费；语音导览包含由 Marty the Muskrat 讲解的儿童游：31~41 美元。

年龄范围： 不限

活动： 家庭可以在移民历史中心追溯家族起源。还有为儿童提供的少年导览游。

预留时间： 3 小时（如果还包含参观自由女神像，总共时间为 6 小时）

轮椅通道： 有

餐饮： **正餐：** The Ellis Island Café：提供汉堡、海鲜拼盘、三明治和沙拉

卫生间： 主入口附近

价格以一个四口之家为基准

美国国立印第安人博物馆的展品

③ 美国国立印第安人博物馆

National Museum of the American Indian

古代部落和习俗保留至今

美国很少有城市以任何方式纪念这个国家最早的居民——美国印第安人。史密斯学会的美国国立印第安人国家博物馆（NMA）是全美这样做的首个博物馆。它于 1994 年开业，坐落在雄伟且富有艺术感的亚历山大·汉密尔顿美国海关大楼（Alexander Hamilton US Customs House）内。它的任务是不仅要保护全美原住民的

阿图罗·迪·莫迪卡的“金融牛”雕像

遗产，而且还要培育和扶持他们的当代文化追求。馆里的 80 万件艺术品和文物收藏品涵盖范围很广，包括美国的第一民族、加拿大的大部分和大多数中美、南美及加勒比地区民族，以及他们跨越 12000 年的历史。

印第安人的艺术和历史展（Infinity of Nations: Art and History in the Collections of the National Museum of the American Indian）是整个博物馆的核心展览，通过对文物和艺术作品的选择，将过去和现在的文化带入生活中来。此外，还保存有照片档案。博物馆会举办一些活动，包括美国印第安人舞蹈和音乐表演、当代艺术家特色工艺品集市，以及面向儿童的每日工坊。

不要错过博物馆商店，那里塞满了玩具、手工制作的珠宝、陶器、纺织品、文具，和各种各样的书籍和光盘。

休闲放松

纽约最古老的公共公园——**鲍灵格林**（Bowling Green）（Broadway & Whitehall St，10004）周围被 18 世纪的铁栅栏包围，适合散散步，然后去它的北端找找著名的青铜雕塑“金融牛”——华尔街的象征。

游客须知

地图：1 D5
地址：1 Bowling Creen，10004；212 514 3700 www.nmai.si.edu

地铁：J、M 和 Z 线 Broad St；R 线到 Whitehall St；4、5 线到 Bowling Green;1 线到 South Ferry。**公交车：**M5 和 M15

营业时间：周一至周三、周五至周日：10:00~17:00，周四：10:00~ 20:00

价格：免费

导游导览：每天 13:00 开始，偶尔在 15:00 开始，从 2 楼的游客信息台出发。每天都有博物馆导游带领的会员游览；请在信息台查询日程。

年龄范围：不限

活动：周二至周日的 10:00~12:00 及 13:00~15:00，在 1 楼的 Potomac Room 有各种由工作人员带领的动手活动。

预留时间：2 小时

轮椅通道：有

餐饮：小吃：Chipotle Mexican Grill（2 Broadway, 10004;212 344 0941）提供新鲜的墨西哥菜肴，店内用餐和外带均可。**正餐：**“Ulysses’Folk House（95 Pearl St/ 58 Stone St, 10004;212 482 0400）价格合理。

卫生间：位于 1 楼和 2 楼

Ulysses’Folk House 餐馆的露天座位

儿童专栏

更多信息……

1. 艾利斯岛移民博物馆里有一个铺着瓷砖地板的宏伟的大厅。这个地方叫什么名字？它是用来做什么的？
2. 一些抵达埃利斯岛的移民被拒绝进入美国。他们将在哪里被送走？
3. 英国人并不是到达这个国家的第一批居民。你知道谁是美国的原始居民吗？

答案见本页最下角。

有趣的食物真相

许多当今流行的食物，如玉米、辣椒、巧克力、香草和甜椒最初都是由美国土著人民种植和食用的。

恢复一段生锈的历史

1904 年建造的埃利斯岛渡轮负责将统舱里的乘客从他们的船到达移民中心的码头带走，当它在 1954 年退役后，被遗留下来，一直停泊在了埃利斯岛的轮渡引线上，最后于 1968 年沉没。2009 年它终于被打捞上来，重新浮出水面。

答案：1 移民大厅，移民将在这里受到询问和检查，以确定他们是否会被允许进入美国。2 他们将被驱逐回原籍国。3 美国印第安人。

一个小游客正在观看展品，摩天大楼博物馆

④ 摩天大楼博物馆
Skyscraper Museum

高层建筑的历史

摩天大楼博物馆始建于 1997 年，并于 2004 年搬迁到了其位于南端炮台公园地区永久的家；用自己的临时和永久展品来纪念这座城市的建筑遗产。其中几件展品的关注点就在博物馆的附近。从关于曼哈顿商业区的地图和照片展品中，可以了解到曾经大部分变成废墟的炮台公园内的西城码头是怎么在 20 世纪 60 年代实现转变的。博物馆记载了世界贸易中心的规划和建设过程，和其遭毁灭的悲剧，同样的还有由丹尼尔·里伯斯金设计建造的自由塔。

游客须知

- **地图：** 1 C5
  地 址： 39 Battery Place，10280；212 968 1961；www.skyscraper.org/home.htm
- **地铁：** 1、R 线到 Rector St；4、5 线到 Bowling Green；**公交车：** M5、M20
- **营业时间：** 周三至周日：中午 ~18:00
- **价格：** 20~30 美元
- **导游导览：** 请致电 212 968 1961 获取步行游览的信息
- **年龄范围：** 4 岁以上
- **活动：** 部分周六上午举行儿童研讨会；每个孩子 5 美元，周五 17:00 前发邮件到 education@skyscraper.org 注册
- **预留时间：** 1~2 小时
- **轮椅通道：** 有
- **餐饮：** **正餐：** Inatteso Pizzabar Casano（28 West St, Battery Park, 10004; 212 267 8000）供应砖炉烤比萨、肉类和鱼类主菜。**家庭餐：** 2 West（Ritz-Carlton Hotel, Two West St, 10004; 212 344 0800）特色菜有甜菜蓝奶酪沙拉、野生蘑菇烤扇贝烩饭，以及三明治和汉堡。
- **卫生间：** 位于主楼层

休闲放松

小罗伯特·F. 瓦格纳公园（Robert F.Wagner.Jr.Park）位于轮渡陆地的北部附近，这是一个小公园（位于炮台广场和哈得孙河之间），有修剪整齐的草坪和花园，孩子们可以在那里玩捉迷藏、放风筝，或者爬到一个公共屋顶的看台上欣赏埃利斯岛和自由岛的风景。

⑤ 爱尔兰饥荒纪念馆
Irish Hunger Memorial

马铃薯饥荒的纪念

在炮台公园地区分散的摩天大楼范围之内，有一片令人惊讶的绿地，这就是由布赖恩·托尔于 2002 年设计的一个永久性艺术设施——爱尔兰饥荒纪念馆。它纪念了 1845~1852 年爱尔兰大饥荒的 100 万名受害者，同时也关注于当前世界各地的饥饿危机。游客进入一个黑暗的楼道里，听着录制的声音讲述饥荒的恐怖，之后到达一条混凝土路，这会将他们带入一座 19 世纪初的爱尔兰梅奥郡石头小屋里去。纪念馆所在地是一片美丽的土地，旨在唤起对爱尔兰农村田地的记忆。

爱尔兰饥荒纪念馆入口

游客须知

- **地图：** 1 A3
  地址： Vesey St at North End Ave，10281；212 267 9700
- **地铁：** E 线到 World Trade Center。**公交车：** M20 和 M22 路
- **营业时间：** 每天：黎明至黄昏
- **价格：** 免费
- **年龄范围：** 不限
- **预留时间：** 15~30 分钟
- **轮椅通道：** 有
- **餐饮：** **小吃：** Blockheads Burritos（**地址：** Vesey St, inside the World Financial Center，10281；212 619 8226）位于环球金融中心内部提供酥饼、玉米饼，当然还有卷饼。**正餐：** PJ Clarke's on the Hudson（**地址：** 250Vesey St，10281；212 285 1500）同样位于环球金融中心内部，供应各种食品，包括三明治、迷你小排骨，还有鱼炸玉米饼。
- **卫生间：** 无

一家人在纳尔逊 A. 洛克菲勒公园里享受灿烂的阳光

休闲放松

向西到达哈得孙河的边缘，然后再向北就可以到达曼哈顿最有名的绿地——**纳尔逊·A. 洛克菲勒公园**（Nelson

价格以一个四口之家为基准

A.Rockefeller Park），可以在这里玩传球或飞盘游戏。

⑥ 纽约市警察博物馆
New York City Police Museum

警报器、警车、案件及更多

坐落在一个前警察局原址，这个博物馆凸显了纽约市警察局和它的历史。由于设置了“小军官探索区”展览以及庞大的儿童活动范围，它对孩子们有着超强的吸引力。孩子们都喜欢模拟警察分局和那两部假警车：一个是装备了带声音效果的油门踏板及按钮的紧急货车，还包括警笛和警灯；另一个是供孩子们乘坐的小警车。

大一点的孩子可以在警察学院区参与互动式记忆测验，在现有的三个基本指纹中发现他们掌握了谁的，并分析推理小说的犯罪情景。此外，还有实际的警用工具展示，以及两件让人感伤的展品，一件属于在9·11事件中丧生的警官，另一件是向这座城市过去一个世纪中因执行任务而牺牲的警察们致敬。

休闲放松

去**高架田公园**（见59页）可以欣赏到从布鲁克林大桥到总督岛的美妙的东河景色。这个公园有全年栽培的花园以及一大片漂亮的人工草皮。

模拟警察分局的车辆，纽约市警察博物馆

游客须知

地图： 2 E5
地址： 100 Old Slip, 10005；212 480 3100; www.nycpolicemuseum.org

地铁： 2、3 线到 Wall St；4、5 线到 Bowling Green; **公交车：** M15
营业时间： 周一至周六：10:00~17:00，周日：12:00~17:00；1月1日、感恩节及12月25日关闭
价格： 26~36美元；2岁以下免费
导游导览： 请致电 212 480 3100 或者查询博物馆网站来获取信息

年龄范围： 不限
预留时间： 1小时
商店： 纪念品商店，位于1楼
轮椅通道： 有
餐饮： **小吃：** Financier Patisserie（62 Stone St, 10004; 212 344 5600; www.financierpastries.com）早餐供应糕点和咖啡，午餐供应法国汤、蛋饼、沙拉和热压三明治。**正餐：** Mercantile Grill（126 Pearl St, 10005; 212 482 1221; www.mercantilegrill.com）提供大份的沙拉、汉堡、美式鸡肉派和鸡爪、土豆皮、蔬菜饺等开胃菜。

卫生间： 所有楼层均有

Financier Patisserie饼店展示着各式各样新鲜出炉的食品

儿童专栏

更多信息……

1. 在9·11事件之前，纽约最高的建筑是哪一栋？而在9·11事件之后又是哪一栋？其中又有多少故事呢？
2. 建筑师丹尼尔·里伯斯金在归零地设计了一个复杂的建筑物，这个项目的名称是什么？
3. 一般有三种类型的指纹图案：弓形纹（arch）、螺纹（whorl）和环形纹（loop），其中哪种最为常见？而哪种又是最稀少的？

答案见本页最下角。

指尖的奥秘
没有任何两个指纹是相同的——即使是同卵双胞胎也不一样。

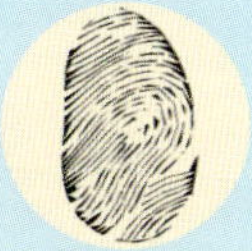

爱尔兰饥荒的真相

一种名叫枯萎病的植物疾病侵蚀了爱尔兰的马铃薯农作物很多年，但导致饥荒还有一个原因：由于英国议会在那段时间统治着爱尔兰，很多爱尔兰作物被出口到了英国。

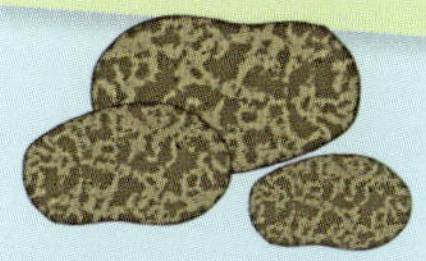

从翡翠岛国一路运来

爱尔兰饥荒纪念馆的所有植被、石头，甚至尘土，都是专为此项目而从爱尔兰西部直接运来的（爱尔兰因其植被繁茂的自然环境而被称为“翡翠岛国”）。

答案： 1. 世界贸易中心、帝国大厦，它有102层高。2. 这座建筑被称为“自由塔”。3. 最常见的是螺纹，最稀有的是弓形纹。

南街海港及周边

虽然许多纽约人把南街海港等同于17号码头——一个大商场、商店和餐馆的根据地，其实这里还有许多其他景点。这里也有很多适合全家参与的活动，从乘坐水上出租车或高速摩托艇来一个纽约港历史之旅，到沿着富尔顿街的鹅卵石游览迷人的海港博物馆和泰坦尼克号纪念灯塔。探索这片海滨区域最愉快的方式就是步行。

南街海港的街头艺人

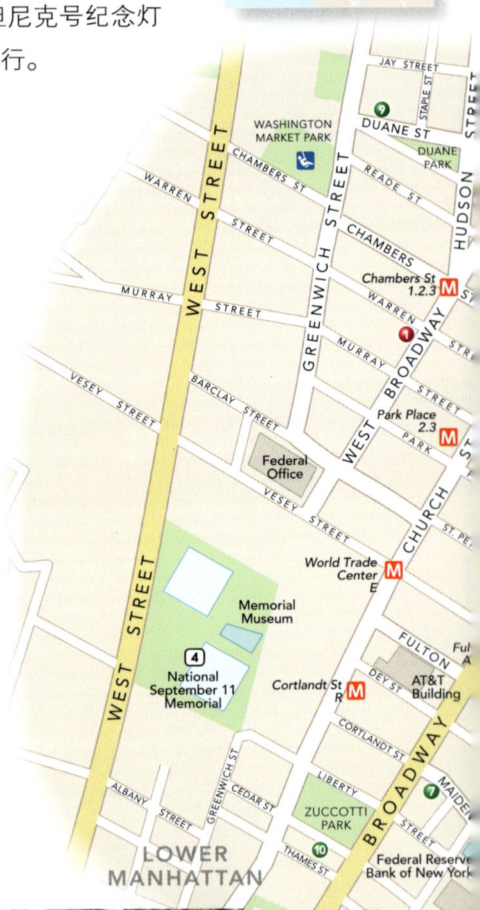

地图示意

景点

1. 南街海港
2. 纽约联邦储备银行
3. 联邦大厅
4. 911国家纪念馆

餐饮点

1. New Amsterdam Market
2. Cowgirl Sea-Horse
3. Acqua Restaurant & Wine Bar
4. Bridge Café
5. Zaitzeff
6. Brasserie les Halles
7. Alfanoose
8. Jerry's Café
9. Max Tribeca
10. Trinity Place

购物点

1. Babesta Threads
2. Midtown Comics

住宿点

1. Best Western Seaport Inn
2. Cosmopolitan Hotel
3. Duane Street Hotel

位于自由大街9·11国家纪念馆南边的Tribute WTC游客信息中心

游客须知

地铁： 2、3 线到 Fulton St；4、5 线到 Wall St；J 线和 Z 线到 World Trade Center。**公交车：** M1、M6、M9、M15、M109 和 M22 跨区公交；Downtown Connection 免费穿梭巴士

游客信息： 纽约市旅游会展局 810 Seventh Ave, 10019；2124841200；www.nycgo.com，另 见 www.southstree- tseaport.com

超市： Key Food Supermarket（77 Fulton St, 10038；212 227 410）。**市场：** Fulton Stall Market South St，Between Beekman St & Fulton St，10005；5 月 ~10 月； 周 日 11:00~17:00

节日： 河到河艺术节（6~8 月；www.rivertorivernyc.com）请致电 2124803100 或者查询博物馆网站获取信息

药店： 24 小时药房，位于纽约市中心医院入口（170 William St, 10038；212 312 5000）

最近的游乐场： 梦幻游乐场（见 68 页）。华盛顿市场公园（见 69 页）。

联邦大厅和美军士兵内森·黑尔的雕像

梦幻游乐场的滑梯和沙坑

① 南街海港 South Street Seaport

高大的船舶和其他航海工艺品

很少有景点能够像南街海港一样贯穿于纽约的历史之中，这是一片铺着鹅卵石的地区，曾是几个世纪的海上贸易枢纽。除了具有历史意义的船舶值得一探，为泰坦尼克号的遇难者设立的纪念物也吸引了大批游客。海港码头是很多船舶的基地，到了夏季，露天市场、人造沙滩和免费音乐会又会为其增添些许魅力。

历史悠久的船舶：海港博物馆陈列的船舶有：四桅帆船 Peking、拖轮 W. O Decker，以及一艘灯船 Ambrose。

主要景点

泰坦尼克号纪念灯塔（Titanic Memorial Lighthouse）：这座 19 米高的灯塔始建于 1913 年，泰坦尼克号沉没仅仅一年后。纽约市正是泰坦尼克号首次航行的目的地。

谢莫洪排屋（Schermerhorn Row）：这些砖房由一个商人家族 Schermerhorns 建于 1810 年，供出租给酒店和商店用。今天，这排房屋是海港博物馆和几家商店的所在地。

纽约海港博物馆（Seaport Museum New York）：前富尔顿渡轮酒店的一部分进行恢复后成为了这个永久展览的一部分。在其 1 楼和 2 楼，有几个大厅及精美的家具。

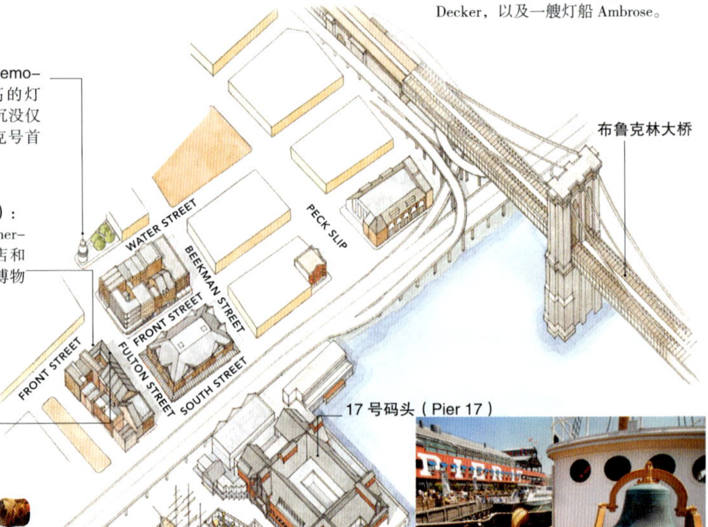

海事工艺品中心（Maritime Crafts Center）：作为海港博物馆的一部分，该中心是专为海上工匠们开设的工作间，里边有模型设计者们精心打造的小型舰艇和船只瓶。

安布罗斯灯船（Ambrose）：建于 1908 年，用来指导从大西洋来的船舶通过下纽约湾的浅滩和沙洲安全地进入。

游客须知

地图：2 E3
地址：纽约海港博物馆：12 Fulton St 10038;212 748 8725; www.seany.org（请致电获知博物馆内设施开放情况；或者查询博物馆网站来获取参观船舶的信息）

地铁：A、C、J、Z、2、3、4 和 5 线到 Fulton St（3 个不同的地铁站）；**公交车**：免费穿梭巴士 Downtown Connection（每天：10:00~20:00）

营业时间：海港博物馆的船舶：周四至周日：10:00~17:00。海上工艺品中心：每天：8:00~14:30

价格：船舶：40~50 美元，每月第三个周五的 18:00~20:45 免费

购票及入场提示：可以提前在网上购买船舶参观票

年龄范围：4 岁以上

活动：W. O. Decker号和Pioneer号都可以供私人租用2小时，价格在1000~2350美元

预留时间：2~4 小时

商店：博物馆在富尔顿街12号有一家商店；每天10:00~17:00开放

咖啡厅：无，但在这片历史性的地区有很多的咖啡馆和餐馆

卫生间：博物馆内部

参观价值

去参观这些船舶，或者在港口地区的街道逛一逛，也可以很方便地找到不错的餐馆，因此，如果舍得花钱的话，将会是家庭愉快的一天。

价格以一个四口之家为基准

休闲放松

在17号码头的北端，乘水上出租车停在拐角处，就是 Beekman Beer Garden Beach（South St, 10038; 212 896 4600；24:00~3:00）。这个季节性的室外餐馆设有一个人造沙滩，孩子们可以在那里制作迷你沙堡，玩桌上足球、乒乓球，或是来一盘大型的国际象棋。

餐饮信息

野餐：20美元以下；小吃：20~35美元；正餐：35~70美元；家庭聚餐：70美元以上（以一个四口之家为基准）

野餐：New Amsterdam Market（South St, between Beekman St & Peck Slip，10038；212 766 8688；11:00~16:00）是周日的一个露天市场，有城中最好的食品供应。包括手工干酪、面包、咸肉、手工馄饨和自家种的蔬菜。可以去高架田公园（见59页）或坐在绿色草坪周围的桌子那里用餐。

小　吃：Cowgirl Sea-Horse（259 Front St，10038; 212 608 7873）与其姊妹餐厅 Cowgirl 一样，有许多美味，包括美式快餐（炸鸡、迷你小排骨）、墨西哥菜（酥饼、玉米片）和海鲜（鱼炸玉米饼、蟹饼）。

正　餐：Acqua Restaurant & Wine Bar（21 Peck Slip at Water St，10038; 212 349 4433）是一个适合家庭休闲的地方，供应野菜和精心挑选的新鲜面食及比萨。

家庭餐：Bridge Café（279 Water St, 10038; 212 227 3344）是全纽约最古老的酒馆之一，位于布鲁克林大桥脚下，能让你享受到顶尖的新美式餐点。

Acqua Restaurant & Wine Bar 的入口处

购物

Babesta-Threads（66 West Broadway, 10007; 212 608 4522; www.babesta.com）有着令人惊喜的各式各样的时尚儿童服装、家具和工具。再往东是 Downtown Branch of Midtown Comics（64 Fulton St, 10038; 212 302 8192）在那儿可以买到漫画、人物模型和图画小说。

中城动漫店的货架上摆满了漫画和图画小说

下一站……

小飞机制作公司：顺便去看看小飞机制作公司（Little Airplane Productions）（207 Front St, 10038; 212 965 8999; www.littleairplane.com）吧，这是一个儿童动画电视节目的工作室，去此参观（周二和周四 11:00~16:00）可以让孩子们了解到一个动画节目的每一个制作环节，从书写和绘图一直到后期制作、配音。

儿童专栏

找一找……

1. 海事工艺品中心的艺术家使用木材雕刻船舶的船首像模型，你知道它们都是什么吗？
2. 当站在 Beekman Beer Garden Beach 时，你可以看到纽约的哪一座桥梁？
3. 海港中有一艘帆船被称为先锋号（Pioneer）。在火车出现之前，它是用来运送重物的。你知道它是由什么材料制成的吗？

答案见本页最下角

船上的学校

在1932年退役之后，北京号（Peking）帆船在英格兰的梅德韦河度过了40年，曾作为一男生的寄宿学校。

每日信号

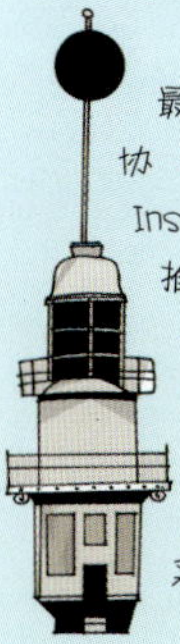

泰坦尼克号灯塔最初安放于海员教会协会（Seamen's Church Institute）顶上，最后被推倒了。它从来就不是一个真正的灯塔，但它确实给海港里的船舶发信号。每天中午，它顶端的球就会滚下来发出时间信号。

答案：1 船首像是一艘船的船头装备木雕装饰。它们显示了船主人的财富，往往象征着品质，或者还有船的名字——美丽的女子、希腊众神和凶猛的狮子。2 布鲁克林大桥。3 它的船体是由钢材和铁架制造的。

② 纽约联邦储备银行
Federal Reserve Bank of New York

金条和武装警卫

这个庞大的银行拥有成千上万根金条——美国联邦储备银行有 12 家分行，其中纽约分行的金库在地下 24 米深，里面储藏了约 700 吨金块。这座世界上最大的金库中大部分的金条不是美国的，而是属于外国的政府机构。家庭可以提前预订参观，从硬币间（Numismatic Room）开始旅程：找找著名的 1933 年双鹰硬币吧，全世界公开展览的独此一枚。造币厂想要销毁所有 1933 年制的双鹰硬币，但有一小部分被盗了，这枚就是其中之一。一位不愿透露姓名的投标者在 2002 年的拍卖会为这个珍品支付了超过 750 万美元，但他同意让其在此展出。

纽约联储银行的建筑风格像文艺复兴时期的宫殿

梦幻游乐场的滑梯、秋千和攀爬设备

在观看一个关于美联储的简短视频后，乘电梯到储存库。要到达储存库，只能通过一个 8 米长的走廊，该长廊是一个 90 吨重钢筒的一部分，在紧急情况下可以根据命令立即关闭。进去以后，就可以看到 122 个存储金库中的一部分了，每一个都由铁架进行保护，其中填满了成堆的 12 千克重的金条，还有一个用来称重黄金的巨大天平，及用镁金属制成的特殊鞋套。一双鞋套约 500 美元，用来保护工人的脚，以防在运输过程中金条掉下砸伤脚。财政部的其他工作之一是销毁破旧的货币——孩子们在出去的时候会收到一包切碎的美元钞票。

休闲放松

梦幻游乐场（Imagination Playground at Burling Slip, John St & Front St，10038）周围环绕着木质通道，游乐场有沙子、水、巨大的泡沫块、手推车以及水桶供孩子们玩耍。

游客须知

地图： 1 D4
地址： 33 Liberty St（visitor entrance at 44 Maiden Lane），10005；212 720 6130；www. newyo- rkfed. org

地铁： A、C、4 和 5 线到 Fulton St，4、5 线到 Wall St. **公交车：** M5、M15

营业时间： 金库参观游览：周一～周五：11:15~12:00、13:15~14:30、15:15~16:00；请在参观开始之前 20 分钟到达，以进行安检。其他展览的个人参观：10:00、11:00、12:00、13:00、14:00 及 15:00。

价格： 免费

购票及入场提示： 必须提前预订才可参观

导游导览： 美联储银行建议至少提前一个月预订参观，在线预订必须在预订 3 天之内前往，否则将失效。

年龄范围： 10 岁以上

预留时间： 1 小时

餐饮： **正餐：** Zaitzeff（72 Nassau St, 10038；212 571 7272）在公共餐桌供应汉堡和三明治。**家庭餐：** Brasserie les Halles （15 John St, 10038；212 285 8585）供应法国小酒馆经典食物，包括牛排配炸薯条和淡菜配炸薯条。

卫生间： 每层均有

价格以一个四口之家为基准

③ 联邦大厅
Federal Hall

美国第一任总统的就职点

几乎每个人都知道华盛顿特区是美国的首都，但它从前并不是。实际上，第一任美国政府设于纽约市，在华尔街上被称为联邦大厅的这栋楼里。在这里举行了第一届国会并写下了《人权法案》。1789 年 4 月 30 日，乔治·华盛顿将军在这里的阳台上宣誓就职，成为美国第一任总统。

在大楼门前的台阶上，有一个宏伟的华盛顿雕像在迎接游客，这是仿照雅典的帕特依神庙而建的。在美国国会搬到费城（1790 年）很久之后，最初的联邦大厅在 1812 年被拆毁了。即便如此，这栋曾发挥重要作用的历史建筑很值得一看，为其巨大的圆形大厅和代表纽约历史的展品。

休闲放松

祖科蒂公园（Zuccotti Park）位于百老汇及教堂街之间，点缀着树木和长凳，是野餐或跑步的好去处。

游客须知

- **地图：** 1 D4
  地址： 26Wall St，10004；212 825 6990；www.nps.gov/feha
- **地铁：** J、Z 线到 Broad St；4、5 线到 Wall St。**公交车：** M5、M15 路
- **营业时间：** 周一至周六 9:00~17:00
- **价格：** 免费
- **导游导览：** 导游引导参观：10:00、11:00、14:00、15:00
- **年龄范围：** 4 岁以上
- **活动：** 从联邦大厅出发的市中心步行游览；请上网查询活动时间。
- **预留时间：** 1 小时
- **餐饮：** 小吃：Alfanoose（8 Maiden Lane, 10038；212 528 4669）提供美味便宜的中东开胃菜和标准菜，如沙拉三明治。**正餐：** Jerry's Café（90 Chambers St，near Church St，10007；212 608 1700）提供高于平均水平的煎蛋、沙拉、汉堡和三明治，还有儿童菜单。
- **卫生间：** 位于入口

④ 9・11 国家纪念馆

National September 11 Memorial

为了纪念

在 2001 年 9 月 11 日，也就是"基地"组织恐怖分子驾驶两架商业客机撞击世界贸易中心双子塔之后，归零地（Ground Zero）附近没有地方可以让游客们了解那个灾难性的一天。然而，在袭击十周年纪念之际，9・11 国家纪念馆成为了自 2001 年以来的第一个世界贸易中心遗址向公众开放。

两个巨大的方形瀑布池坐落在双子塔曾经耸立的地方，四周由青铜板环绕，板上刻着那些在 9 月 11 日，以及较早之前的 1993 年世贸中心袭击中失去生命的人们的名字。广场周围环绕着大概 400 棵树。玻璃幕墙的博物馆包含两个钢的三叉戟，形成进入 1 号塔的入口。

休闲放松

华盛顿市场公园（Washington Market Park）位于钱伯斯街（Chambers St）与格林尼治街交会处（Greenwich St），有一个巨大的草坪，也是适合各年龄人群的运动场。

游客须知

- **地图：** 1 C3
  地址： 1 Liberty Plaza,10006; 212 312 8800; www.911memorial.org
- **地铁：** E 线到 World Trade Center；R 线到 Cortlandt St。**公交车：** M5、M20
- **营业时间：** 随季节而变，请上网站查询具体时间
- **价格：** 免费，但游客必须提前到 www.911memorial.org 网站登记护照
- **年龄范围：** 不限
- **预留时间：** 1~2 小时
- **餐饮：** **正餐：** Max Tribeca（181 Duane St，10013；212 966 5939）是一家乡村餐馆，有正宗意大利面。**家庭餐：** Trinity Place（115 Broadway, 10006; 212 964 0939）供应新鲜面食，别出心裁的沙拉、金枪鱼和鞑靼牛排。
- **卫生间：** 无，但是附近的世界贸易中心里有

在用于建造 9・11 国家纪念馆的钢梁上边签名

儿童专栏

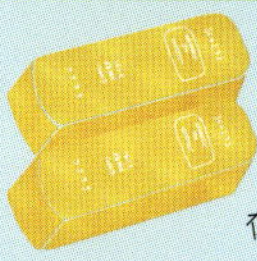

更多信息……

1. 价值数 10 亿美元的黄金被存储在联邦储备银行。所有这些黄金都属于美国政府吗？
2. 在联邦储备银行可以看到由镁金属制作的鞋套，它们的作用是什么？大约多少钱一双？
3. 华盛顿特区是美国今天的首都，当乔治・华盛顿成为该国第一位总统时，首都又在哪里呢？

答案见本页最下角。

你的体重是多少？
如果每根金条的重量是 12 千克，那么，多少根金条和你一样重呢？

联邦档案

每个在纽约联邦储备银行工作的联邦军官同时也是一名神枪手。他们在建筑内部的一个场地练习射击；每年参加两次射击能力测试。

冉冉升起希望的象征

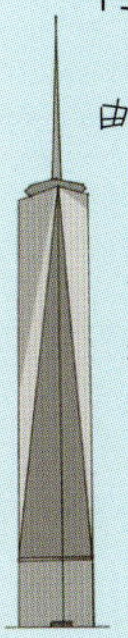

建于世贸中心遗址的自由塔（Freedom Tower）有 1776 英尺（541 米）高，这也象征着美国《独立宣言》由国会批准的那一年。这座塔是建筑师丹尼尔・利伯斯金的构思，在 2003 年决定该地址如何重建时，他的设计赢得了比赛。

答案： 1. 不是，其中大部分属于其他国家和机构。2. 它们的功能是保护工人们的脚，以防被金条掉落砸伤。其成本为 500 美元一双。3. 当时的首都是纽约市。

移民公寓博物馆及周边

在 19 世纪末和 20 世纪初，下东区曾经是纽约最大的移民根据地，今天则是新与旧、传统与时尚的迷人组合。其历史景点中心位于移民公寓博物馆，这是一系列重建的移民公寓，通过预订旅游向公众开放。由于其粗野的夜间生活，尤其是在周末，家庭游客最好在白天去参观这片区域。

纽约市消防博物馆展览中的法国燃煤蒸汽机引擎

地图示意

景点

1. 移民公寓博物馆
2. 下东区
3. 新当代艺术博物馆
4. 小意大利
5. 漫画及卡通艺术博物馆
6. 儿童艺术博物馆
7. 唐人街
8. 纽约市消防博物馆

餐饮点

1. Despaña
2. Cheeky Sandwiches
3. Katz's Delicatessen
4. Alias Restaurant
5. Yonah Schimmel Knishery
6. 88 Orchard
7. Freemans
8. Peasant
9. Two Boots to Go-Go
10. Balthazar
11. Lombardi's Pizza
12. Caffe Falai
13. Nha Trang
14. Peking Duck House
15. Ear Inn
16. Mooncake Foods

另参见新当代艺术博物馆（见74~75页）

购物点

1. Earnest Sewn
2. Ted's Fine Clothing

另参见移民公寓博物馆（见72页）

住宿点

1. Blue Moon
2. Bowery Hotel
3. The Gem Hotel Soho
4. Hotel on Rivington
5. Off Soho Suites

繁忙的埃塞克斯街上的一家商店

传奇的 Katz's 熟食店里新鲜出炉的点心

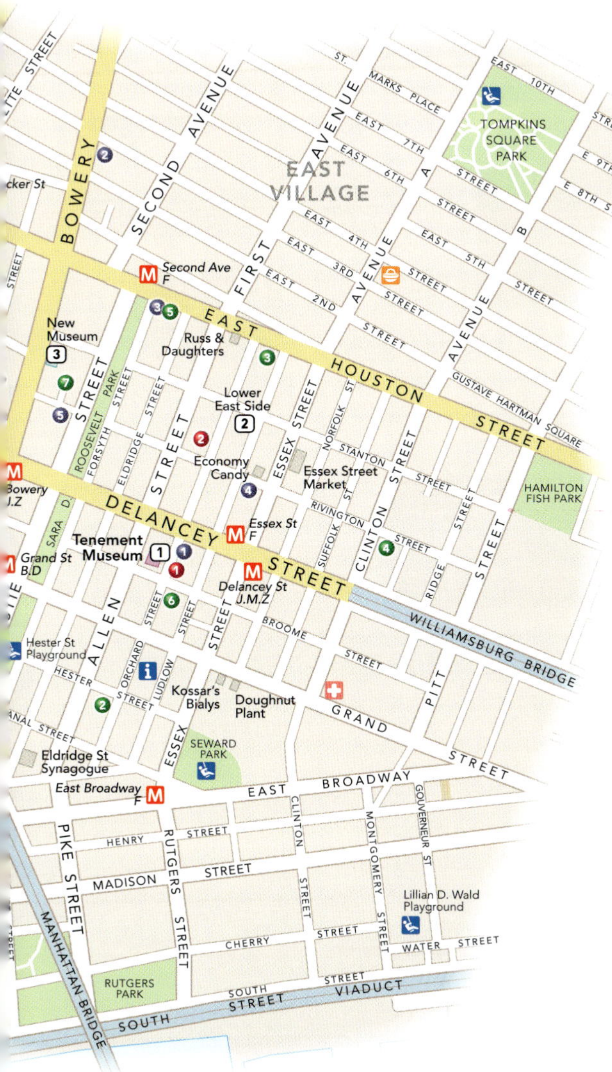

游客须知

地铁：B、D 线到 Grand St；J、M 和 Z 线到 Delancey St；F 线 Second Ave；6 线到 Spring St；B、D、F 和 M 线 到 Broadway-Lafayette St。**公交车：**M9、M15、M21 和 M14A 路

游客信息：下东区游客中心：54 Orchard St, 10002; 212 226 9010; www.lowereastsideny.com；周一至周五：9:30~17:30，周六及周日：9:30~16:00。

超市：Key Foods（52 Ave A, 10009; 212 477 9063）**市场：**Essex Street Market（120 Essex St, 10002；周一至周六：8:00~19:00，周日：10:00~18:00）

节日：下东区艺术节（通常在 5 月的最后一个周末）：设有戏剧和舞蹈表演。春卷和蛋奶汁联欢会通常在 6 月的第一或第二个周日）。圣真纳罗节（9 月）：会有游行、音乐、舞蹈和杂耍。

药店：Rite Aid（408 Grand St, 10002; 212 529 7115；24 小时营业）

最近的游乐场：苏厄德公园（Seward Park）（east of Essex St, between Grand St & East Broadway, 10002）。莉莲·D. 沃尔德游乐场（见 73 页）。海斯特街游乐场（见 74 页）。德萨维奥游乐场（见 75 页）。詹姆斯·J. 沃克公园（见 77 页）。汤普金斯广场公园（见 75 页）。哥伦布公园（见 76~77 页）。

① 移民公寓博物馆 Tenement Museum

一艘 150 年的时间舱

移民公寓博物馆将带游客穿越回约 1863 年，那时这栋楼刚刚建好；然后再到 20 世纪 30 年代，那时它的主人将其封起来。在那段岁月里，有接近 7000 名工薪阶层的人住在这栋公寓楼里，当时美国的移民潮也到达了顶峰。1988 年，人们发现有 6 所公寓还是完好无损的，对它们进行了精心的修复工作，现在，博物馆通过参观导览和场景重现，把移民的经历带到现实生活中来。每个游览项目仅仅包含一两所公寓。

移民公寓博物馆的入口

导游导览

维多利亚·卡菲诺（Victoria Confino）：该游览时间为 1 小时，将会参观 1 楼的希腊犹太移民公寓。一位化装后的导游扮演 14 岁的维多利亚·卡菲诺，而游客们则体验着新到达移民的角色。

爱尔兰外来者（Irish Outsiders）：这间公寓曾经是一个爱尔兰移民家庭的住所，他们在 19 世纪后半叶搬到了这里。

血汗工厂的工人（Sweatshop Workers）：该游览项目将通过参观莱汶家的制衣店和位于 3 楼的罗格施瓦斯基家来探索犹太移民的生活。

艰苦岁月（Hard Times）：2 楼有两个独立的游览项目。时长 1 小时的艰苦岁月游览将参观德国犹太人甘普兹家庭的公寓，他的父亲在大萧条的 1873 年失踪了；还有经历过 20 世纪 30 年代大萧条的巴迪斯。时长 2 小时的版本（12 岁以上）将更加深入仔细地探索这两个家庭故事。

3 楼

2 楼

1 楼

入口

游客须知

地图：5 C5
地址：108 Orchard St, 10002; 212 982 8420; www.tenement.org

地铁：B、D 线到 Grand St；F 线到 Essex St；J、M 和 Z 线到 Delancey St

营业时间：每天：10:00~18:00；最后一次游览在 17:00

价格：70~80 美元，同时购买公寓游览的话步行游览可以打折。

购票及入场提示：在 www.tenement.org/ tours.php 订票或者致电 866 606 7232

导游导览：除了上述游览项目以外，“走出家门”（Outside the Home）是一个专为 8 岁以上孩子设置的时长 90 分钟的游览项目；去参观一个公共小学；“以前和现在”（Then and Now）是一个时长 2 小时的游览项目，也是专为 8 岁以上孩子设置的，重点关注下东区的历史以及移民在这里定居后的生活。

年龄范围：5 岁以上

活动：游客中心有朗读和场景重现活动；商店有免费讲座

预留时间：2 小时

轮椅通道：无

商店：博物馆商店出售反映移民和公寓生活的儿童书籍

卫生间：位于游客中心

参观价值

尽管门票价格比较贵，移民公寓博物馆能够为孩子们提供一次非常宝贵的经历，他们一定会喜欢这种与真实历史的互动方式。

价格以一个四口之家为基准

在篮球场上投篮，莉莲 · D. 沃尔德游乐场

休闲放松

为了纪念一名最先争取儿童权利的女士而命名的、四周环绕着树木的**莉莲 · D. 沃尔德游乐场**（Lillian D. Wald Playground）（Gouverneur St，between Monroe St & Water St，10002）提供手球、篮球和排球场，还有秋千和丛林健身房。

餐饮信息

野餐：20 美元以下；小吃：20~35 美元；正餐：35~70 美元；家庭聚餐：70 美元以上（以一个四口之家为基准）

野餐：Despaña（408 Broome St, between Lafayette St & Cleveland Pl, 10013; 2122195050），供应西班牙腌肉、干酪和玉米饼，周末还有甜甜圈。可以去莉莲 · D. 沃尔德游乐场野餐。

小吃：Cheeky Sandwiches（35 Orchard St, near Hester St, 10002）提供克里奥尔菜和凯郡菜，美式风味，选择不多但环境迷人。

正餐：Katz's Delicatessen（205 East Houston St，10002；212 254 2246），成立于 1888 年，以复古的氛围和传统的菜单延续了移民的主题，供应汤、百吉饼和传说中的牛腩、熏牛肉，以及美味的咸牛肉三明治。

家庭餐：Alias Restaurant（76 Clinton St，10002；212 505 5011）非常出色，装饰现代化、令人愉快，有热情的工作人员及创新的美式佳肴。

购物

Earnest Sewn（90 Orchard St，10002；212 979 5120）出售美国乡村风格的优质儿童和成人牛仔衫。**Ted's Fine Clothing**（155 Orchard St，10002；212 966 2029）可买到新款、复古风格的摇滚 T 恤，及适合成人和孩子的纪念品。

下一站……

埃尔德里奇街犹太教堂：宏伟的埃尔德里奇街犹太教堂（Eldridge Street Synagogue）（12 Eldridge St, 10002）距此仅几个街区之遥，于 1887 年由下东区移民社区成员建造。教堂在周日～周五下午提供参观，周一免费入场。

Katz's Delicatessen 餐馆墙壁上的名人照片留念

儿童专栏

更多信息……

1. 该公寓于 1896~1905 年间使用了煤气照明，1918 年后的某个时间安装了电力供应设备。那么在此之前，这里的居民使用什么照明方式？
2. 直到 19 世纪 80 年代后期，该公寓壁炉的大部分都是密封的。那么在冬季，这些家庭是如何为他们公寓供暖的？
3. 公寓于 1905 年安装了两个抽水马桶。在此之前它们使用什么样的卫生间？他们对其的称呼又是什么？
4. 女人们在外边的一个水龙头附近洗衣服，你认为这是为什么？

答案见本页最下角。

致命的装修

这些公寓中的一间于 20 世纪 80 年代重新装修了一下，为以前警方拍摄的一张犯罪现场照片做参考，其中谋杀案的受害者身体是趴在地板上的。

老无所依

许多移民将自己一生的积蓄存在 1873 年加姆罗斯基银行里。可悲的是，在 1914 年第一次世界大战爆发时，他们失去了自己所有的钱，因为德国投资者撤回了资金，用来把自己的亲人送到国外。

答案：1. 煤油或油灯。2. 他们使用厨房里用于做饭的煤炉来取暖。3. 后院里的原始厕所，被称为 outhouses。4. 她们在室外洗衣服，这样就不用把沉重的水背进屋里了。

各种各样的水果和蔬菜正在出售，埃塞克斯街市场

② 下东区

Lower East Side

甜食和熟食的乐趣

由于其飞地住满了工薪阶层移民，下东区有着不同于其他附近区域的气氛。一些几乎是 100 年前在这里出现的独立小店铺，随着从冰激凌到手工制作面包圈为代表的手工业的兴起，如今依旧在经营。

从探访历史最悠久、最负盛名的 Russ&Daughters（179 East Houston St）开始了解那些店铺吧，这家开业于 1920 年的店铺专营烟熏咸鱼干、鱼子酱等美味。接下来去看看 Essex Street Market（120 Essex St），那里有许多室内大排档。下一站是 Saxelby Cheesemongers，商品除了帕尔马干酪之外，几乎都是美国国内养殖场小批量生产的。Economy Candy（108 Rivington St）是市里顶级的甜食商场，几乎有所有种类的棒棒糖，以及一堆堆的巧克力。埃塞克斯街的几个街区后面是 Kossar's Bialys（367 Grand St），自 1936 年来就生产一种小卷，叫作 bialy，是用一小块洋葱夹在百吉饼中间，很可口。这个纽约特色食品曾一度需求量很大，甚至拥有自己的工会。接着是 Doughnut Plant（379 Grand St），老板的祖父在 20 世纪 30 年代开始烘烤甜甜圈，他将甜甜圈提升到了一种艺术形式，还拥有一个核心配方。最后一站是 il laboratorio del gelato（95 Orchard St），有近 200 种现场制作的高档冰激凌。

游客须知

地图： 5 C 4
地 址： Houston St to Manhattan Bridge, between Bowery & FDR Drive
地铁： F 线到 East Broadway，2nd Ave 或 Essex St； J、M和 Z 线到 Delancey St； B、D线到 Grand St。**公交车：** M9、M14A、M15 和 M103
导游导览： 在 www.lowereastsideny.com 可以下载个人参观的导览音频。

年龄范围： 不限
预留时间： 2~3 小时
餐饮： **小吃：** Yonah Schimmel Knishery （137 East Houston St；212 477 2858）的特色是古老的东欧菜肴，比如开胃的水果馅饼（香薄荷或甜味）、薄烤饼、罗宋汤。**正 餐：** 88Orchard （88 Orchard St；212 228 8880）提供汤、三明治、沙拉和咖啡。

卫生间： 位于海斯特街游乐场和各个餐馆内

休闲放松

在**海斯特街游乐场**（Hester Street Playground）（betweeu Chrystie St 和 Forsythe St，10002），孩子们可以跑过一系列的喷雾淋浴，玩秋千，攀爬巨大的游戏建筑物，还可以试试各种吊环设施。

③ 新当代艺术博物馆

New Museum

独特的艺术和建筑

这是纽约市中心有史以来的第一个艺术博物馆，也是这个城市唯一一个致力于新兴艺术家的博物馆。虽然是在 1977 年建成的，但博物馆直到 2007 年在它的新家揭幕时才命名。

游客须知

地图： 5 B4
地址： 235 Bowery 10002；212 219 1222；www.newmuseum.org
地 铁： F 线 到 Second Ave；N、R 线 到 Prince St；6 号 线 到 Spring St。**公交车：** M5、M21 和 M103 路
营业时间： 周三、周五、周六和周日：11:00~18:00，周四：11:00~21:00
价格： 24~34 美元；18 岁以下免费
购票及入场提示： 提前在 www.newmuseum.org 上买票

导游导览： 免费讲解员带领参观，12:30，周末 15:00 也有；前台提供免费 iPod 语音导览。

年龄范围： 5 岁以上
活动： 5 层的资源中心提供书籍、杂志、电子材料和电脑。允许临摹。

预留时间： 2 小时
轮椅通道： 有
餐 饮： **小 吃：** Birdbath Café（内部）提供三明治、沙拉和烘焙食品。**家 庭 餐：** Freemans（Off Rivington, between the Bowery & Chrystie，10002；212 420 0012）有季节性的经典乡村菜单。

卫生间： 不同楼层均有

新当代艺术博物馆铝质表面的立方体建筑仿佛雕刻一般

价格以一个四口之家为基准

新当代艺术博物馆有 7 个楼层，看上去仿佛摇摇欲坠地层叠起来，每层的宽度和高度都不同，最外边是一个闪闪发光的铝制网状外皮。它是纽约最现代化的展览空间之一，包含了一个多媒体休息室，提供数字艺术和视频装置。博物馆的展品（所有都是临时性展品）通常是互动形式的，尤其受到孩子们的欢迎。

休闲放松

东村的最东部是**汤普金斯广场公园**（Tompkins Square Park）（East Seventh St & Ave A，10009）。生长着巨大、稀有的美国榆树，这里有三个游乐场、几个长期的棋牌桌和一条狗狗跑道，是游玩和野餐的好去处。

④ 小意大利

Little Italy

意大利的颜色和味道

这处纽约曾经最大的意大利移民聚居地，今天已经在很大程度上消失了，变成了唐人街或精品店的领地，比如其北部的诺利塔区（Nolita）周围的一片地方。然而，其文化象征依然存在，最为显著的就是沿着桑树街（Mulberry St）在格兰德街（Grand St）和海斯特街（Hester St）间的区域，这里非常受欢迎，有很多意大利餐馆。有些小店依旧保留了传统口味，其中 Piemonte Ravioli（190 Grand St，10013190）出售创新性的新鲜干面条。意大利奶酪店 Alleva（188 Grand St，10013）于 1892 年开业，一直由家族四代人经营。另一个主要做奶酪的店是 Di Palo's（200 Grand，10013）约有 300 个品种。马路的正对面就是 E. Rossi & Co.（193 Grand St，10013），一个塞满了意大利商品的杂货店，从宗教雕像到足球球衣，一应俱全。

每年 9 月，圣格纳罗节将占据桑树街，到处是音乐、食品摊位、娱乐活动和游行，外加一片红色、白色和绿色的海洋——以向意大利国旗致敬。

休闲放松

德萨维奥游乐场（Desalvio Playground）（at the corner of Mulberry St & Spring St, 10002）有组合的游乐设施、固定象棋桌和篮球场。

游客须知

地图： 5 A5

地址： From Houston St to Canal St, between Bowery Lafayette St

地铁： N、R 线到 Prince St；B、D、F、M 线到 Broadway–Lafayette St；6 线到 Spring St。**公交车：** M21、M103

预留时间： 1~2 小时

餐饮：正餐： Despaña（408 Broome St，10013；212 219 5050） 供应美味的西班牙餐前小吃、汤、沙拉和三明治。**家庭餐：** Peasant（194 Elizabeth St，10012；212 965 9511）的特色是明火烹饪和意大利菜单。

卫生间： 不同餐馆内均有

在汤普金斯广场公园的长凳上休息

儿童专栏

更多信息……

1. 下东区的家族小商店以什么而出名？
2. 在 19 世纪，有非常多的面包师制作这种传统的小面包圈，他们甚至形成了自己的工会。这种面包圈叫什么？它跟百吉饼有什么不同？
3. 为什么七层高的新当代艺术博物馆要按照不同的角度一层叠着一层？
4. 有一种奶酪是传统意大利烹饪的一部，至今仍在纽约的小意大利大量制作。它叫什么？

答案见本页最下角。

牛奶和奶酪

意大利干酪可以用奶牛的奶制作，令人惊讶的是用水牛的奶也可以。水牛奶的脂肪含量较高，非常适合制作奶酪。

狗狗们的天堂

汤普金斯广场公园以其奢华的狗狗跑道而闻名，曾花费近 50 万美元来进行修复。它有三个狗狗专用游泳池，以及一个带软水管的沐浴区，还有野餐桌（供人使用）。此外，它还是这个国家最大的狗狗盛装万圣节的举办地。

答案： 1. 他们中的许多人致力于专注一件商品的制作，比如甜甜圈。2. 它叫 bialy；与百吉饼不同，bialy 的中心压入了洋葱馨，而非钻一个孔。3. 这样的话，阳光就可以在一天的不同时间照射进不同的画廊。4. 马苏里拉奶酪。

漫画和卡通艺术博物馆展出的卡通绘画

⑤ 漫画和卡通艺术博物馆

Museum of Comic and Cartoon Art

让人开心

漫画迷们看到这个博物馆里那些被称作"世界上最流行的艺术形式"的展品，一定会很开心。这里可以欣赏到现存的一切漫画艺术——从日本动漫和动画到政治漫画、连环画、图文小说，以及计算机生成的艺术。博物馆陈列了历史和当代的展品，有的突出艺术家和绘画者，例如《疯狂》杂志的Al Jaffee；有的突出连环画，例如蜘蛛侠；有的突出漫画书屋，例如哈维漫画屋；以及新的艺术流派，包括网络漫画等。

游客须知

地图： 4 H4
地址： 594 Broadway,Suite 401; 10012; 212 254 3511; www.mo-ccany.org
地铁： B、D、F和M线到Broadway Lafayette St。**公交车：** M5
营业时间： 周二至周日中午～下午17:00
价格： 24~34美元；10岁以下免费
年龄范围： 5岁以上
活动： 每周四举行与漫画卡通作者及评论家的讨论和演讲活动
预留时间： 1~2小时
轮椅通道： 有
餐 饮： **小 吃：** Two Boots to Go-Go（74 Bleecker St, 10012; 212 777 1033）供应比萨和po'boys三明治。**家庭餐：** Balthazar（80 Spring St, 10012; 212 965 1414）供应传统的小酒馆食物
卫生间： 位于主楼层

价格以一个四口之家为基准

休闲放松

沿着休斯顿街（Houston St）向西走几条街，就可以看见贝聿铭设计的银塔（Silver Towers）（100 Bleecker St, 10012）。这座大楼以毕加索的作品《斯维特的雕像》而自豪。孩子们可以绕着它跑来跑去，从不同的角度馆欣赏这件艺术品。

⑥ 儿童艺术博物馆

Children's Museum of the Arts

表演和艺术展品

这是一个为孩子和他们的家庭准备的下雨天参观地。929平方米的空间中摆满了新兴和知名艺术家的作品，例如凯斯哈林、河井美咲和涂鸦艺术家斯沃恩。其他展品还包括一个以其音效室为特点的新媒体实验室、一间黏土酒吧，以及让这家博物馆的媒体节目屡获殊荣的视频制作和动画设备。

除此之外，还有一个表演艺术画廊，孩子们可以在那里打扮自己，创作一个戏剧作品。图书角则为文静的孩子们提供了一个享受故事书的选择。博物馆还有2000件国际儿童艺术藏品，可以追溯到20世纪30年代。

休闲放松

博物馆的球体池塘是一个封闭的区域，里面充满了巨大的五颜六色的彩球，孩子们可以爬上爬下，尽情玩耍。

唐人街冰激凌工厂入口上方明亮的标牌

游客须知

地图： 4 E5
地址： 103 Charlton St, 10013; 212 941 9198; http://cmany.org
地铁： 1线到Houston St；C、E线到Spring St。**公交车：** M20、M21
营业时间： 周一和周三：中午～17:00，周四和周五：中午～18:00；周六及周日：10:00~17:00
价格： 40~50美元；周四16:00~18:00免费
年龄范围： 不限
预留时间： 1~2小时
轮椅通道： 有
餐 饮： **正 餐：** Lombardi's Pizza（32 Spring St, 10012; 212 941 7994）供应炭炉普通比萨及白比萨及沙拉。**家庭餐：** Caffe Falai（265 Lafayette St, 10012; 212 274 8615）提供烤鸡蛋、意式三明治、汤、沙拉、小菜及面食
卫生间： 位于不同楼层

⑦ 唐人街

Chinatown

繁华的街市和神奇的冰激凌

唐人街是一片不断蔓延扩大的地区，给人的感觉像是到了另一个完全不同的城市。超级拥挤的运河街（Canal）盛产各种假冒的名牌货物，从太阳镜和手袋到珠宝，一应俱全。从诺利塔区开始沿着莫特街（Mott St）向南，当你进入唐人街之后，能够感觉到西方逐渐让位给了东方的风格。

这片地区充满了各色店铺，出售异国情调的蔬菜、新鲜水果、鱼和大米——价格远低于当地的超市。继续穿越运河街到莫特街，可以找到更多有意思的商店，比如小孩子们肯定会喜欢的Sanrio Hello Kitty商店，以及茶馆和餐馆。在**唐人街冰激凌工厂**（Chinatown Ice Cream Factory）（65 Bayard St, 10013）停下脚步，尝尝黑芝麻或荔枝口味的特制小批量冰激凌，然后再前往哥伦布公园。

休闲放松

迷人的哥伦布公园（Columbus Park）（between Baxter St, Ba-yard St, Worth St & Mulberry St,

纽约市消防博物馆，里面收集了大量消防设备

游客须知

地图： 2 E1
地址： Grand St to Worth St, between Lafayette St & the FDR Drive

地铁： B、D 线到 Grand St；J、Z 线到 Canal St。**公交车：** M22、M103
年龄范围： 不限
预留时间： 1~2 小时
餐饮： **正餐：** Nha Trang（87 Baxter St, 10013; 212 233 5948）是一个朴实无华的家庭式越南餐馆，饭菜非常美味，可以给所有家庭带来享受。**家庭餐：** Peking Duck House（28 Mott St, 10013; 212 227 1810; www.pekingduckhousenyc.com）是唐人街罕见的高档餐馆，专业供应从北京烤鸭晚餐到铁板大虾的各样美食。

卫生间： 哥伦布公园内

10013）本身就是一个小世界，当地人在这里练太极拳、下中国象棋，或者只是过来发呆。有一个游乐场和草坪可以供孩子们奔跑嬉戏。

⑧ 纽约市消防博物馆
New York City Fire Museum

胶皮管、消防栓和英雄

美国内战前的手泵消防车、胶皮管和消防栓、涂皮桶及老式头盔是这个博物馆展出的部分文物，这是专门为体现这座城市消防队员们的英雄气概而建造的。位于斯普林大街（Spring St）1904 年的一座消防站内，通过深褐色的照片和文件，向人们讲述着一个个故事。整个 1 楼是一个展览，专门纪念 343 名为了努力营救 2001 年 9 月 11 日世界贸易中心恐怖袭击幸存者而牺牲的消防员们，包括一个消防队员用于搜索幸存者的玻璃工具，以及一个交互式计算机站。

休闲放松

詹姆斯·J. 沃克公园（James J. Walker Park）（St. Lukes Pl at Hudson St, 10014）有秋千、攀岩设备，夏季还有喷泉和树荫下的长椅。旁边的公共游泳池叫 Carmine Pool（1 Clarkson St, 10014），6 月下旬~8 月期间开放。

游客须知

地图： 4 F5
地址： 278 Spring St, 10013; 212 691 1303
地铁： C、E 线到 Spring St；1 线到 Houston St。**公交车：** M20、M21
营业时间： 每天：10:00~17:00；1 月 1 日、复活节、7 月 4 日、感恩节和 12 月 25 日关闭。
价格： 26~36 美元；2 岁以下免费
导游导览： 为 10 人以上团队提供，参观包括消防安全培训：成人 5 美元，儿童 3 美元；如需预订，请致电 212 691 1303。
年龄范围： 3 岁以上
预留时间： 1 小时
轮椅通道： 有
餐饮： **小吃：** Ear Inn（326 Spring St, 10013; 212 226 9060）供应价格合理的食物，例如白色葡萄酒酱贻贝、汉堡、沙拉及其他几款主菜。**正餐：** Mooncake Foods（28 Watts St., 10013; 212 219 8888）供应亚洲风味食物，包括沙拉、夏季卷和鸡翅。

卫生间： 位于 1 楼

儿童专栏

找一找……

1. 卡通博物馆里的蜘蛛侠，你知道是谁创造了他吗？
2. 头在飘动却没有身体——你可以自己在儿童艺术博物馆找到那个绿色屏幕，并研究一下这是如何做到的。

3. 人们以缓慢优雅的动作运动着。如果你在哥伦布公园看到这样的情形，他们很可能在练习一种非常古老的运动。你知道它叫什么吗？

答案见本页最下角。

趣味问答

问：纽约市与蝙蝠侠有什么共同点？
答：蝙蝠侠的家在高谭市——而这是纽约以前的一个绰号。

通用语言

曼哈顿的唐人街是中国在西半球最大的“飞地”。一直到 1980 年左右，大多数中国移民来自香港，故习惯于讲粤语。不过从那以后，大多数人来自中国大陆并且讲普通话。今天，普通话成为了唐人街更加普遍的语言。

答案： 1. 斯坦·李。2. 站在绿色屏幕的前面，用绿色的布盖住你的身体，但把头露出来。3. 太极。

格林尼治村及周边

格林尼治村绿树成荫的街道和随和的氛围，即使对土生土长的纽约人也极具吸引力。徒步在附近游览是一个不错的选择：西村是历史悠久的心脏地带，而东村和旁边的熨斗区也有其自身的魅力，尤其是联合广场和圣马克广场一带。这片区域日夜都很热闹，需仔细规划行程。

沿着华盛顿广场公园周边的房屋

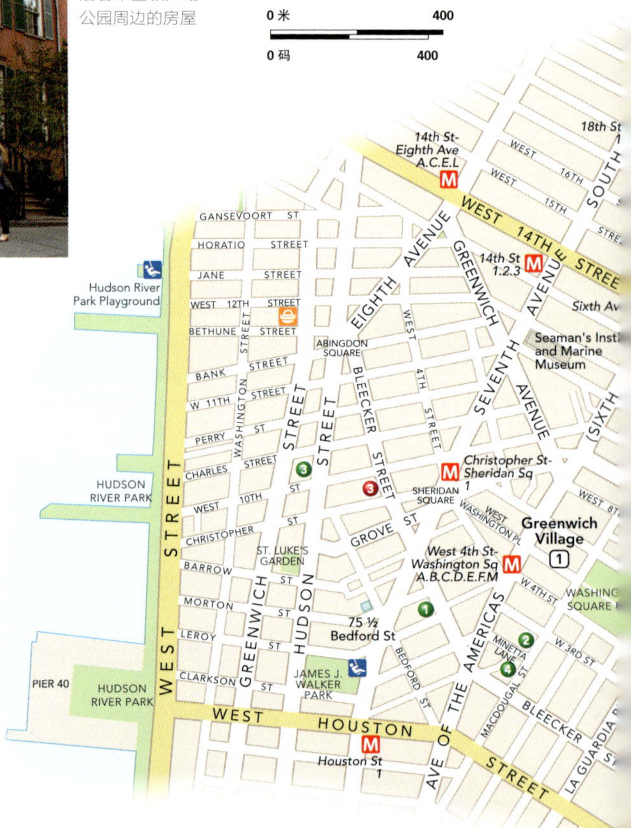

地图示意

景点

1. 格林尼治村
2. 东村
3. 熨斗区及联合广场绿色市场
4. 西奥多·罗斯福出生地

餐饮点

1. Murray's Cheese
2. Mamoun's Falafel
3. Cowgirl
4. Minetta Tavern
5. Artichoke Basille's Pizza & Brewery
6. Cacio e Pepe
7. Maoz Vegetarian
8. Japonica
9. Dogmatic
10. Republic

购物点

1. Ibiza Kidz
2. Forbidden Planet
3. Pumpkin

另参见熨斗区（82页）

住宿点

1. Cooper Square Hotel
2. East Village Bed & Coffee
3. Gramercy Park Hotel
4. Hotel 17
5. Inn on 23rd Street
6. Larchmont Hotel
7. Marcel at Gramercy
8. St Marks Hotel
9. W New York Union Square

Republic 餐馆的入口，在联合广场公园对面

一家唱片店，东村

游客须知

地铁：A、B、C、D、E、F 和 M 到 West 4th St–Washington Sq；N、R 线到 8th St–NYU；F、M 线到 14th St；6 线到 Astor Place。**公交车：**M2、M3、M5、M8

游客信息：纽约市旅游会展局，810 Seventh ave, 10019；212 484 1200； www.nycgo.com,

超 市：D'Agostino 超 市（790 Greenwich St, 10014; 212 691 9198）。**市场：**联合广场绿色市场（周一、周三、周五、周六：8:00~18:00）。Abingdon 广场绿色市场（Hudson St, between Eighth Ave & West 12th St；周六：8:00~14:00）

节日：华盛顿广场户外艺术展阵亡将士纪念日和劳工节的周末）。万圣节游行（10 月 31 日）。同性恋光荣大游行（6 月的最后一个周日）

药店：Duane Reade（4 West 4th St, 10012; 212 473 1027; 周一至周五：9:00~19:00，周六：10:00~17:00

最近的游乐场：麦迪逊广场公园（见 83 页）。联合广场公园（见 82~83 页）。汤普金斯广场公园（见 75 页）。华盛顿广场公园（ between West 4th St & Waverly Pl，10003）。哈得孙河公园游乐场（Pier 51 across West 12th St，10014）。

① 格林尼治村 Greenwich Village

迷你小巷和蜿蜒街道

格林尼治村在 18 世纪初时还是一个小村庄，当时的市中心在遥远的北方，直到现在它仍然有一种小镇的感觉，有着弯曲的小巷和保护完好的建筑。其放荡不羁的顶峰时期是在 20 世纪 50 年代后期 ~60 年代，垮掉派诗人蓬勃发展，出现了像鲍勃·迪伦那样杰出的民间艺术家，民权运动的动力也集中在这里。如今，虽然它已经失去了激进的一面，但其魅力依然存在。

华盛顿广场北（Washington Square North）这片地区宏伟的排房是希腊复兴建筑的杰出代表。

主要景点

布利克街（Bleecker Street）：该地区最有趣的街道之一，街边有音乐酒吧与咖啡馆丰富多彩的组合，还有一些独立店铺，如穆雷干酪店（Murray's Cheese）和艾米面包店（Amy's Bread）。

华盛顿广场公园（Washington Square Park）：这是一个充满活力、悠闲的地方，音乐家登上舞台即兴表演，家庭随处进行野餐。华盛顿广场拱门（Washington Square Arch）是为了乔治·华盛顿 1789 年就职百年纪念而建的。

谢里登广场（Sheridan Square）：这里的一尊雕塑是为了纪念 1969 年的石墙暴动而建，该暴动被公认为同性恋权利斗争中的转折点。

圣路加花园（St. Luke's Garden）：公园隐藏于人们的视线之外，但是向公众开放的。这一小片绿地有蜿蜒的小路、花圃，生活着多种鸟类。

贝德福德街（Bedford Street）：这条街充满了历史遗迹，例如 75 ½ 贝德福德是全市最窄的房子，只有 3 米宽。还有 77 贝德福德，该农舍建于 1799 年，是全村最古老的建筑。

米内塔巷（Minetta Lane）：在最安静、风景最优美的某一个角落里，可以找到米内塔巷剧院（Minetta Lane Theater），这是一座外百老汇剧院；还有米内塔酒馆（Minetta Tavern），这是 20 世纪 30 年代的作家，如海明威、狄兰·托马斯和尤金·奥尼尔等人经常出没的地方。

游客须知

地图： 4 E2
地址： Broadway to the Hudson River, between Houston St & 14th St

地 铁： A、B、C、D、E、F 和 M 线到 West 4th St Washington Sq；1 线到 Christopher St Sheridan Sq。**公交车：** M1、M5、M8 和 M20

导游导览： 大洋葱步行游（Big Onion Walking Tours）（www.bigonion.com）突出了该地区的历史和建筑。纽约美食之旅（Foods of New York）（www.foodsofny.com）将参观整座城市，沿途会在各个餐馆停下来尝一小口。

年龄范围： 不限

预留时间： 3~4 小时

卫生间： 华盛顿广场公园和谢里登大街的星巴克里。

参观价值

格林尼治村与市里的其他地区不一样。家庭们会喜欢上这里的公园和安静的角落，还有小型餐厅、独特的商店，以及最重要的，它那悠闲逍遥的氛围。

价格以一个四口之家为基准

休闲放松

一直往西走到哈得孙河，就可以到达**哈得孙河公园**（Hudson River Park），这个城市最好的公园之一。西村侧面的延伸地带环境优雅，有两个码头——一个位于西10街（West 10th St），另一个地处（Charles St）北部。后者有一个小型人工草场，适合野餐或者踢球。

餐饮信息

野餐：20美元以下；小吃：20~35美元；正餐：35~70美元；家庭聚餐：70美元以上（以一个四口之家为基准）

野餐：Murray's Cheese（254 Bleecker St, 10014; 212 243 3289）出售农舍奶酪、橄榄和长棍面包。带着野餐用品，去华盛顿广场公园尽情野餐吧。

小吃：Mamoun's Falafel（119 MacDougal St, 10012; 212 674 8685）以其好吃便宜的中东食物而出名，包括法拉费、鹰嘴豆泥和皮塔饼。店面很小，所以外带是一个不错的选择。

正餐：Cowgirl（519 Hudson St at West 10th St, 10014; 212 633 1133;）供应美味的南方风格美食，美国西部的装饰风格十分闲适。

家庭餐：Minetta Tavern（113 MacDougal St, 10012; 212 475 3850;）是一个高档小酒馆，食材都超级新鲜。可以试试菊苣沙拉、法国奶油吐司、填料乌贼和风干牛扒汉堡。

小孩子们正在尝试绘画，儿童艺术博物馆

购物信息

Ibiza Kidz（830 Broadway, 10003; 212 228 7990）是一家鞋店及玩具店。**Forbidden Planet**（840 Broadway, 10003; 212 473 1576）是一家漫画及日本动漫店，值得一看。**Pumpkin**（334 Bleecker St, 10014; 212 352 0109）是一家儿童精品店，出售奇特的玩具和各种儿童服饰。

更多信息

电影：希区柯克的电影《后窗》（1954年）就是在这里拍摄的；NBC情景喜剧《老友记》也曾在此取景。

室内景点

去儿童艺术博物馆（见76页）逛逛吧，孩子们可以在那里尽情发挥自己的想象力，参与各种艺术项目和戏剧演出。

温馨舒适的Cowgirl餐馆

下一站……

商人之家博物馆：商人之家博物馆（Merchant's House Museum）是一座由红砖和大理石建成的联排住宅（29 East 4th St，10003；2127771089），在这座“时间胶囊”中可以体验难得一见的19世纪中期的纽约生活。所有家具、装饰物品和个人纪念品都是原版。

儿童专栏

更多信息……

1. 村里的一条街有着全市最窄的建筑，还有全村最古老的建筑。这条街叫什么名字？
2. 华盛顿广场拱门是全村最具有帝王标志性的建筑之一。这是为了纪念哪一位名人而建的？
3. 一位著名的音乐家在20世纪60年代初在这里开始了自己的事业，他叫什么名字？

答案见本页最下角。

疯狂的规划

20世纪50年代初，城市规划师罗伯特·摩西铺设了巨大的林荫大道，毁坏了许多曼哈顿街区。他想让第五大道直接从华盛顿广场公园中间穿过，但是居民阻止了这种情况的发生。

令人不寒而栗的事实

传说华盛顿广场公园西北角的榆树在19世纪是用来执行绞刑的，那时这个公园还是一个窑匠的领地——对于那些买不起墓地的人来说，这里就是他们的葬地。

可怕的过去

在19世纪下半叶，米内塔巷周围的拥挤和贫穷达到极端情形，该街道的刺伤、抢劫和谋杀率是全纽约最高的。

答案：1. 贝德福德街。2. 乔治·华盛顿。3. 鲍勃·迪伦。

联合广场公园游乐场的秋千和其他设施

② 东村
East Village
小东京和朋克之乡

东村也被称为 Evill，曾因其从事艺术行业的居民而著称，他们中有嬉皮士和音乐家，也有演员和垮掉派诗人，另外东村的租金也很便宜。它的东南端被称为字母城（Alphabet City），与下东区交界。

汤普金斯广场公园（见 75 页）和圣马可坊（St. Marks Place）（East 8 th St，between Second Ave & Ave A）是两个音乐之旅的景点，街上还保留着不少 20 世纪 70 年代朋克摇滚乐的遗留物，包括纹身店和各色商店、唱片店以及小巧隐蔽的咖啡馆。在第二和第三大道之间的东 9 街的一小片区域被称为**小东京**有很多日本杂货店、餐馆和商店。往北仅一个街区之遥，就是历史悠久的**圣马可教堂**（St. Mark's Church）了，鹅卵石建造的格鲁吉亚建筑和宽敞的庭院仿佛把游客带到了另一个世纪。它坐落的土地曾是荷兰的史岱文森家族所拥有的农田。

游客偶然会碰到 24 小时的诗歌朗诵、舞蹈和戏剧表演，因为现在东村是许多著名艺术组织的根据地。那种随意、懒散的感觉使它深受家庭游客的喜爱。

圣马可坊街边的商店，这是东村一条著名的街道

游客须知

地图： 5 B2

地 址： Broadway to the East River, between Houston St & East 14th St

地铁： L 线到 Third Ave 或 First Ave；N、R 线到 8th St–NYU；6 线到 Astor Pl。**公交车：** M8、M9、M14A、M15 和 M103

导游导览： 大洋葱步行游：提供一个东村的步行游，时长为 2 小时；价格 50~60 美元；网上注册或拨打旅游热线 888 606-WALK（9255）。

年龄范围： 不限

预留时间： 1~2 小时

餐饮： **正餐：** Artichoke Basille's Pizza & Brewery（328 East 14th St, 10003; 212 228 2004；www.artichokepizza.com）提供乡土气息的意大利—美国口味：主要是比萨，但是也有菜单外的临时食品，可能包括肉丸串和莱花煎饼。**家庭餐：** Cacio e Pepe（182 Second Ave, 10003; 212 505 5931; www.cacioepepe.com）是一家饮食店，供应很棒的开胃菜和美味的意大利面食。

卫生间： 位于各个公园和餐厅内

价格以一个四口之家为基准

休闲放松

斯泰弗森特广场（Stuyvesant Square，Second Ave & 15th St，10003）是一个公共公园，于 1836 年建在曾经的农田上。一个游乐场、各式各样的雕塑和宽阔的马路，使其成为孩子们的完美乐园。

③ 熨斗区和联合广场绿色市场
Flatiron District & Union Square Greenmarket
一个高大的三角形和一个食物天堂

熨斗大厦于 1902 年建在第 23 街的百老汇和第五大道交汇处，是一座三角形的高大建筑。以其定位和命名的熨斗区虽小，但商业很繁荣。这有很多购物地，比如 Paragon Sports 就是纽约最大的体育用品店。还有 Books of Wonder（18 West 18th St, 10011; 212 989 3270），是一个儿童书店，拥有一个内置的蛋糕面包店。另一个值得一看的商店是 Space Kiddets（26 East 22nd St, 10010; 212 240 9879），这是一家玩具店，有各种复古及衍生风格的玩具。

南边仅几个街区之外，就是 Union Square Greenmarket 西边著名的**联合广场绿色市场**了，位于第 14 街和第 17 街之间，来自纽约州北部、宾夕法尼亚州和康涅狄格州的商贩们在此向纽约的顶级厨师和常客们推销自己的产品；在市场上可以买到超级新鲜的农产品，包括苹果和苹果汁、自制面包、奶酪、鸡蛋、肉类和家禽、枫糖浆、饼干、鲜花、温室植物，还有红酒。

休闲放松

经过全面翻新的**联合广场公园游乐场**（Union Square Park playground）（between Broadway & Fouth Ave, Ease 14 St to East 17th St，100003）充满了高科技设施，比如橡胶地砖、可供孩子们尝试攀爬的银光闪闪的金属圆顶，以及有着未来派元素的旋转茶杯。

游客须知

地图：9 A6
地址：Sixth Ave to Park Ave, between 14th St & 23rd St
地铁：L、N、Q、R、4、5、6线到14th St-Union Sq；F、M 线到 14th St；N、R 线到 23rd St。**公交车：** M1~M3、M5、M6、M8、M14A 和 M23
年龄范围：不限
预留时间：2 小时
餐饮：**小吃：** Maoz Vegetarian（38 Union Sq East, 10003;212 260 1988）供应沙拉条、法拉费和比利时薯条。**家庭餐：** Japonica（100 University Pl at 12th St, 10003;212 243 7752）供应荞麦面、天妇罗及超级新鲜的寿司和生鱼片等。
卫生间：各个公园和餐馆内

④ 西奥多·罗斯福出生地
Theodore Roosevelt Birthplace

虚弱的小孩、伟大的总统

西奥多·罗斯福也许是美国总统中拥有最丰富多彩个性的一位，在 1901 年威廉·麦金利总统被暗杀后，当时的副总统罗斯福成为了美国第 26 任总统，也是有史以来最年轻的总统，年仅 42 岁。人们都称呼罗斯福为 Teddy，他是一位著名的历史学家及和平主义者——由于和平调解了日本和俄罗斯之间的冲突，他于 1905 年赢得了诺贝尔和平奖。同时他也是一位多产的作家、自然爱好者及自然资源保护论者，还是一个居家好男人。他也是唯一一位出生于纽约市的美国总统。

罗斯福于 1858 年 10 月 27 日出生在东 28 街 20 号的联排别墅，并在那里生活至 14 岁。他幼年体弱多病，因此一直在家自学。今天位于这里的历史性房屋并不是他家原来居住的地方，那里早在 1916 年就被拆毁了。然而，在罗斯福 1919 年去世之后，他的姐妹和妻子决定把这片地方买下来，并以 Teddy 的名义重建了家庭，用许多原来的物件和家具进行了装修。重建后的房子包含 5 间历史展示房和两个画廊——其中一个展

麦迪逊广场公园周围修剪整齐的花圃和树木

出罗斯福的漫画，给游客一个奇特的视角来了解这位前总统，另一个是一家书店。

休闲放松

向北直走几个街区就可以到达**麦迪逊广场公园**（Madison Square Park）。这片郁郁葱葱的公园内有喷泉，有许多宽阔的马路可以漫步，北端还有一个有趣的游乐场，夏天还会喷水。

游客须知

地图：9 A6
地址：28 East 20th St, between Broadway & Park Ave South
地铁：L、N、Q、R、4、5 和 6 线到 14th St-Union Sq；N 和 R 线到 23rd St。**公交车：** M1~M3、M5 和 M23 路
营业时间：周二至周六：9:00~17:00
价格：免费
导游导览：时长 30 分钟的历史展示屋参观：10:00~16:00（中午没有）
年龄范围：不限
预留时间：1 小时
轮椅通道：无
餐饮：**小吃：** Dogmatic（26 East 17th St, 10003; 212 414 0600）供应猪肉腊肠热狗、鸡肉和羊肉，素食主义者可以吃芦笋和各种酱汁。**正餐：** Republic（37 Union Sq West, 10003; 212 627 7172）供应东南亚食品，包括海鲜、面条汤和各种米饭。
卫生间：位于一层

儿童专栏

你知道吗……

1. 东村东边的字母城是根据几条街道来命名的。它们都叫什么名字呢？
2. 约翰·F. 肯尼迪 43 岁上台，成为当选的美国最年轻总统。如果说罗斯福 42 岁就任总统的话，这还是真的吗？
3. 纽约市的哪一栋标志性建筑有以它命名的一片地区？

答案见本页最下角。

三角形奇迹
熨斗大厦的最尖端仅有 2 米宽。

泰迪熊的故事

泰迪熊（Teddy Bear）是为向“Teddy”罗斯福致敬而发明的，他曾经拒绝射杀狩猎助手为他绑在树上的一只熊。一部讽刺这件事的卡通片引起了布鲁克林玩具制造商的注意，后来获得了总统的允许以使用他的名字。

各种宠物

西奥多·罗斯福和他的家人搬进白宫时，带来了一匹名为阿冈昆的小马、一头名为乔纳森·爱德华的小熊、五只豚鼠、一只蓝色金刚鹦鹉、一头猪、一只獾、一只公鸡、一只母鸡、一只鬣狗、一只谷仓猫头鹰和一只兔子。

答案 1. A大道、B大道、C大道和D大道。2. 罗斯福没有被选为总统，但当时前任总统被刺杀后，就自动成为了总统。3. 熨斗大厦。

高线公园和肉类加工区

作为曾经的无人区，肉类加工区和西切尔西现在聚集着曼哈顿的顶级画廊，此外还点缀着时髦的俱乐部、别致的娱乐室及精品酒店，挤满了出来放松的纽约人。高线公园是沿着以前的一条铁路线而建的一座高架公园，它的开放为这片地区增加了文化吸引力。高线公园共有 9 个入口，间隔分布在甘斯沃尔特街和西 30 街之间。

沿着高线公园分布的长凳为人们提供了坐下来和放松的地方

游客须知

地铁： A、C、E 和 L 到 14th St Eighth Ave；1、2 和 3 线 到 14th St。**公交车：** M11、M14、M20、M23 和 M34

游客信息： 纽约市旅游会展局（810 Seventh Ave 10019；212 484 1200）。需要高线公园的详细信息，请致电 212 500 6035 或登录 www.thehighline.org 查询

超 市： Western Beef（431 West 16th St between Ninth Ave & Tenth Ave, 10011；212 924 1401）

市 场： 阿宾顿广场绿色市场（Hudson St, between Eighth Ave & West 12th St, 10014；全年的周六：8:00~14:00）。切尔西市场（75 Ninth Ave, between 15th St & 16th St，10011；周一至周六：7:00~21:00，周日：8:00~19:00）

药店： CVS/pharmacy（272 Eighth Ave at 24th St, 10011；212 255 2592；周一至周五：8:00~22:00，周六及周日：9:00~18:00）

最近的游乐场： 哈得孙河公园游乐场（见 86 页）。切尔西公园（Chelsea Park）（Ninth Ave & Tenth Ave, between West 27th St & West 28th St，10001）。切尔西水边公园（Chelsea Waterside Park）（west 23rd Se，10011）

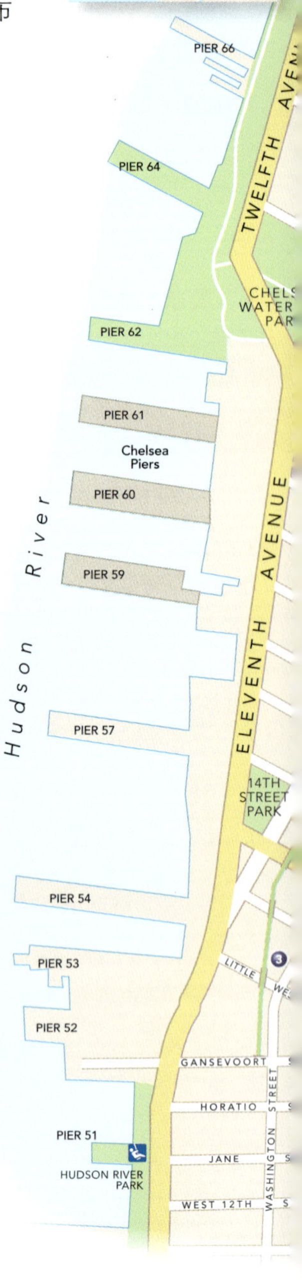

The Lobster Place，切尔西市场一家受欢迎的海鲜零售商店

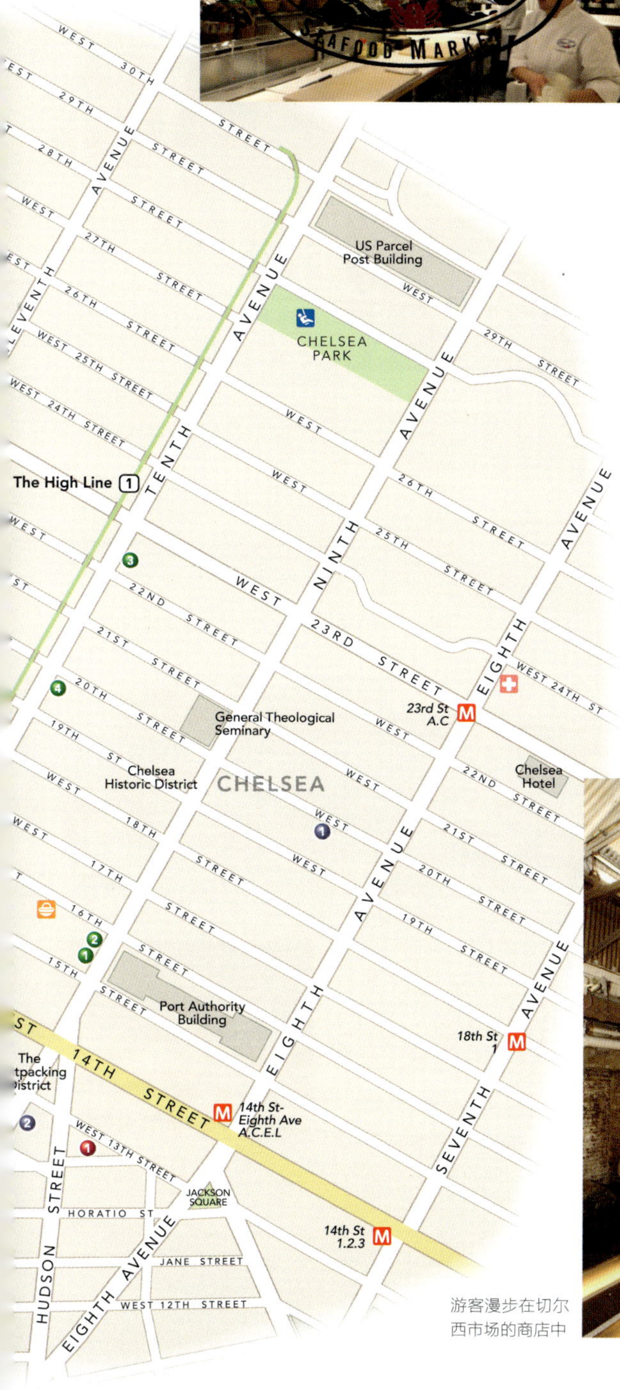

地图示意

景点

1 高线公园

餐饮点

1 切尔西市场
2 The Lobster Place
3 Don Giovanni Ristorante
4 Cookshop

购物点

1 Yoyamart

住宿点

1 Chelsea Lodge
2 Hotel Gansevoort
3 Standard

游客漫步在切尔西市场的商店中

① 高线公园 The High Line

一座空中公园

作为曾经的一条往市工业区运送货物的货运铁路支线，这座废弃的铁路高架桥已经静静躺了近 30 年，长满了野草和树木。20 世纪 80 年代后期，土地的主人宣称要把高架桥推倒，这时两个切尔西的居民——约书亚·大卫和罗伯特·哈蒙德开始组织活动，希望把它改造成一个公共公园。最终他们的梦想实现了，市里同意资助该项目。改造工作始于 2006 年，2009 年，高线公园竣工开放了。

架空的高线公园是一个很特别的公共空间

主要景点

① 甘斯沃尔特林地（Gansevoort Woodland）：位于甘斯沃尔特街（Gansevoort St）入口处，在高架铁路的南段被大量拆除后，这里种起了密密麻的灰色桦树林。

③ 第十大道广场（Tenth Avenue Square）：这片露天座位区如剧场一般，远远地望着第十大道，有效地将街道变成不断变化的动态图像。

④ 草坪（Lawn）：这片 455 平方米的草坪是高线公园里边唯一允许人们坐在草地上的地方。

⑤ 森林天桥（Woodland Flyover）：森林天桥位于高线公园地面上方约 3 米，带领游客们穿过一片森林树冠层。下方的地面上覆盖着苔藓植物和草坪。

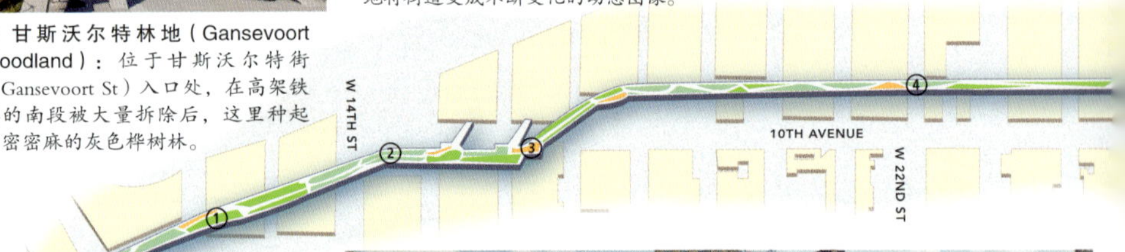

② 迪勒·冯芙丝汀宝阳台（Diller–von Furstenberg Sundeck）：宽敞的大阳台上有很多凳子和躺椅供人们休息。

休闲放松

哈得孙河公园游乐场（见 81 页）有几个吸引孩子的去处，其中有一个巨大的喷泉，可以让他们活泼起来。还可以去海滨自行车店（Waterfront Bicycle Shop）（391 West St, between Christopher St & West 10th St）租几辆自行车，沿着哈得孙河骑行。

切尔西市场通道边排列的万圣节饰品

餐饮信息

野餐：20 美元以下；小吃：20~35 美元；正餐：35~70 元；家庭聚餐：70 美元以上（以一个四口之家为基准）

野餐：切尔西市场（Che lsea Market）（75 Ninth Ave, between 15th St & 16th St, 10011）是这座城市的烹饪宝藏。去 Amy's Bread 买块面包，再去 Buon Italia 买些冷盘食品和干酪，就可以在高线公园的长椅上尽情野餐了。

The Lobster Place 出售的新鲜龙虾，切尔西市场

小吃： The Lobster Place（Chelsea

游客须知

地图： 3 C1
地址： Gansevoort St to 30th St, between 10th & 11th Ave; www.thehighline.org

地铁： A、C 和 E 到 14th St；L 线到 Eighth Ave；2、3 线到 14th St & Seventh Ave；入口位于甘斯沃尔特街、第 14 街、第 16 街、第 18 街与第 20 街、第 23 街、第 26 街、第 28 街与第 30 街。**公交车：** M11、M14、M23 和 M34

营业时间： 每天：7:00~23:00；最晚 22:45 进入。

价格： 免费

购票及入场提示： 尽量在一天的早些时候到达，或者在下午迟一些或晚上过去。

年龄范围： 不限

活动： 请上网查询园艺、家庭、历史和艺术项目的日程安排。

预留时间： 1~2 小时

轮椅通道： 有

咖啡厅： 可以在高线公园穿越切尔西市场的那一段购买到食品及饮品

商店： 无；不过有一家网上商店，请上网查询

卫生间： 位于第 16 街入口处

参观价值
高线公园为欣赏其下方的历史性地区提供了一个全新的视角，可以同时让孩子和成人都兴奋起来。

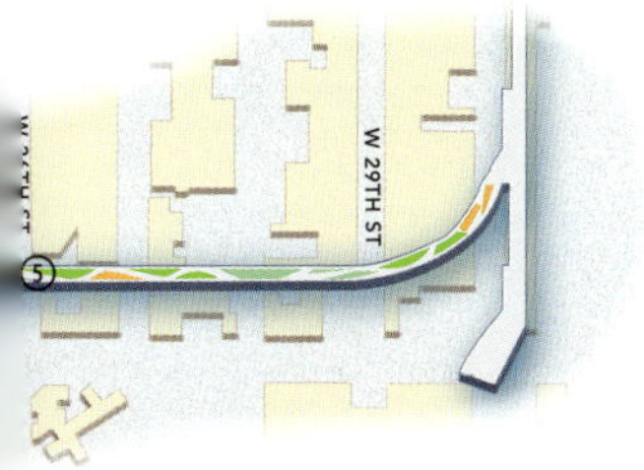

铁路栈桥（Railroad trestle）： 这段高 9 米的钢制栈桥被剥离下来，添加了防水工艺、填回土，然后铺设了混凝土的木板走道，形成了人行道。所有的铁轨都被拆除下来放回到其原始的位置，融入了那里的植物中。

植物： 各种各样的草、野花和树木种植在这里，以模拟这段废弃 30 年的铁路杂草丛生的景观。

Market, 10011; 212 255 5672）提供寿司和美味的海鲜杂烩浓汤。

正餐：Don Giovanni Ristorante（214 Tenth Ave, between 22nd St & 23rd St, 10011; 212 242 9054）环境舒适，可以享受砖炉比萨、意大利面和鸡肉主菜。

家庭餐：Cookshop（156 Tenth Ave, 10011; 212 924 4440）提供由季节性食材制作的地中海风味美国菜肴。

逛街购物

Yoyamart（15 Gansevoort St, 10014; 212 242 5511），可以买到鞋子、衣服（6~12 岁）和各种各样的玩具。

下一站……

切尔西码头： 切尔西码头（Chelsea Piers）实际是个适合全家人的体育场地（Piers 59~61，10011）有一个室内保龄球馆和溜冰场；季节性的室外设施包括一个高尔夫练习场和棒球的击球笼。

儿童专栏

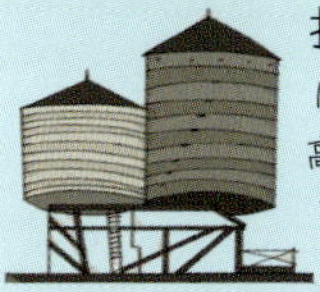

找一找……

1. 看一看环绕高线公园的建筑顶部，你会看到屋顶上有一些老式木制结构。它们叫什么名字？是用来干什么的？
2. 向哈得孙河眺望过去，你可以看到另一边的土地。那里也是纽约市的一部分吗？叫什么名字呢？
3. 你知道高线铁路运送的最后一批货物是什么吗？

答案见本页最下角。

巴黎的孪生姐妹

纽约并不是拥有高线公园的唯一城市。2000 年巴黎开放了一个废弃的高架桥公园，它被称为绿荫步道（Promenade Plantée）。

一箭双雕

最初建造高线铁路的目的是使货运列车沿着西区进入城市，这样就不会在人们和车辆通过大街时碰到他们。而这给肉类加工区的商人们带来的另一个好处则是一路下滑的失窃率，因为列车直接把货物拉到了 2 楼的存储区。

答案：1. 它们被称为水塔，可以用来存储水和给居民楼制造水压。2. 不是，这是另外一个完全不同的州，被称为新泽西州。3. 三车皮的冷冻火鸡。

CHER IN EVERY ART
D TO MORTAL A MEA

中城区

中城区是曼哈顿的精华地区，这里有若隐若现的摩天大楼（包括克莱斯勒和帝国大厦）、时报广场耀眼的灯光以及历史悠久的大中央车站。它也为孩子们提供了一系列的景点和活动，可以参观洛克菲勒中心、在绿树成荫的布赖恩特公园骑古老的旋转木马，还可以爬到纽约第一高楼的顶部。

旅游重点

帝国大厦

乘坐高速电梯登上世界最有名的摩天大楼的顶部，向下远眺望这座城市的灯光（见 94~95 页）。

大中央车站

参观这个城市最知名的火车站，欣赏宏伟的 20 世纪早期建筑（见 100~101 页）。

纽约公共图书馆

这座城市最受市民喜爱的机构之一，可以浏览大量的书籍和手稿（见 102 页）。

现代艺术博物馆

在这座独特的博物馆里，可以欣赏到世界上最多的现代艺术和雕塑藏品（见 106~107 页）。

洛克菲勒中心

可以探索该中心的著名景点和艺术品。到了冬天，高大的圣诞树和闪闪发光的溜冰场会让孩子们着迷（见 112~113 页）。

时报广场

探索这个充满活力的广场，那里有霓虹闪烁的灯光、热闹的餐馆和商店（见 118~119 页）。

左图 在令人印象深刻的普罗米修斯镀金雕像前面滑冰，洛克菲勒中心
左上图 纽约公共图书馆的阅览室

最精华游点之
中城区

中城区有着经典的曼哈顿风格：高耸的建筑、一流的博物馆、美丽的城市公园，熙熙攘攘的火车站和时报广场的旋转舞台。有很多让孩子们兴奋的地方，他们可以乘坐电梯到洛克菲勒中心的顶部，也可以在纽约公共图书馆翻阅儿童读物，或者漫步在玩具商店丰富多彩的走廊里，如 FAO 施瓦兹玩具店和玩具反斗城。

建筑的仙境

中城区是纽约著名建筑的“盛会”，包括高耸的**帝国大厦**（见 94~95 页），它是全纽约最高的摩天大楼，甚至拥有自己的邮政编码。高速电梯可以将游客很快地送达顶端，在那里可以看到奇妙的 360° 全景。稍微矮一点但同样令人印象深刻的，是**大中央车站**（见 100~101 页），作为纽约最繁忙的交通枢纽之一，这座 20 世纪初建筑杰作如今依然十分漂亮，优雅的天花板里镶嵌着星座图样，还有一座四面钟为大厅提供时间。另一个著名地标**洛克菲勒中心**（见 112~113 页），拥有美丽的装饰艺术设计、凉风习习的公共广场，以及俯瞰这座城市美景的最佳观赏点之一——**巨石之顶**（见 112 页）。

血拼到底

中城区到处都是顶级购物场所，包括一些纽约最好的玩具商店。进入 **FAO 施瓦兹玩具店**（见 109 页）就像进入了另一个世界，有彩虹色的糖果、巨大的毛绒动物及各种棋盘游戏在等待着你。在洛克菲勒中心，大型**乐高玩具商店**因其创新的展示、热闹的游乐区和活动深受孩子们的喜欢。游戏迷会涌向**任天堂世界**（见 114 页）试玩最新款的游戏。梅西百货公司在先驱广场（见 97 页）有其最为闪亮的商店，而时报广场（见 118~119 页）也林立着许多一定会让

下图 黄昏中的布鲁克林大桥和中城区曼哈顿区的天际线

上图 一条繁忙街道两旁的商店和霓虹灯
中图 孩子们骑在玩具反斗城明亮的彩色摩天轮上
下图 孩子们在时报广场的新胜利剧院等着表演

孩子们喜欢的餐馆和商店，包括玩具反斗城和迪斯尼商店。

艺术相关

中城区的艺术景观由杰出的**现代艺术博物馆**（见 106~107 页）领衔。其收藏以大量的名家画作为特色，从毕加索的《阿维尼翁的少女》梵高的《星夜》，而醒目的建筑则以露天画廊和一个室外雕塑园为特色。**摩根图书馆暨博物馆**（见 96 页）是这座城市最好的小型博物馆之一，展出有珍贵的手稿和经典的儿童读物。此外，**纽约公共图书馆**（见 102 页）也在这片地区，它坐落在辉煌的学院派大厦里，是一个消磨雨天时光的好去处。

时尚表演和电视节目游览

从电视到戏剧，曼哈顿中城区应有尽有。在**新胜利剧院**（见 118 页）可以欣赏到有趣的表演，它是这个城市首屈一指的儿童戏剧院，或者去**佩利媒体中心**（见 115 页）观看喜爱的电视节目。参观 NBC 在**洛克菲勒中心**总部的尖端电视演播室（见 113 页），或者与**无线电城音乐大厅**（见 112 页）标志性的门面合个影，纽约最流行的节日舞蹈表演之一就在这里举行，由火箭女郎表演。

帝国大厦及周边

帝国大厦是纽约最热门的旅游景点之一，因此每天都挤满了游客，尤其是在摩天大厦周围的街道。此外，还有各种各样的商店，吸引当地人和游客源源不断而来。这里通过地铁与市里的其他地区方便地连接起来：乘地铁到第34街站，之后就可以步行探索这片地方了。要在午后尽早过来，或者可能的话傍晚来这儿，这时人流往往会少一些。

游客须知

地铁： B、D、F、M、N、Q和R线到34th St Herald Sq. **公交车：** M1~5、M16、M34 和 Q32，www.mta.info

游客信息： 时报广场游客中心（1560 Broadway, between 46th St & 47th St, 10036；212 869 1890；www.timessquarenyc.org；每天：8:00~20:00）

超市： D'Agostino（578 Third Ave, 10016; 212 972 4892）**市场：** 街边全年都设有小摊，出售食品和工艺品

节日： 圣帕特里克节游行（3月）、哥伦布节游行（10月）、梅西感恩节游行（11月）。

药店： Duane Reade（1350 Broadway, 10018; 212 695 6346; 周一至周五：8:00~ 22:00，周六：9:00~19:00，周日：10:00~17:00）

最近的游乐场： 麦迪逊广场公园（Madison Square Park）（between Madison Ave & 23rd St,10010）。

斯堪的纳维亚展馆商店中的服装和家居装饰商品

跨越东河眺望帝国大厦景观

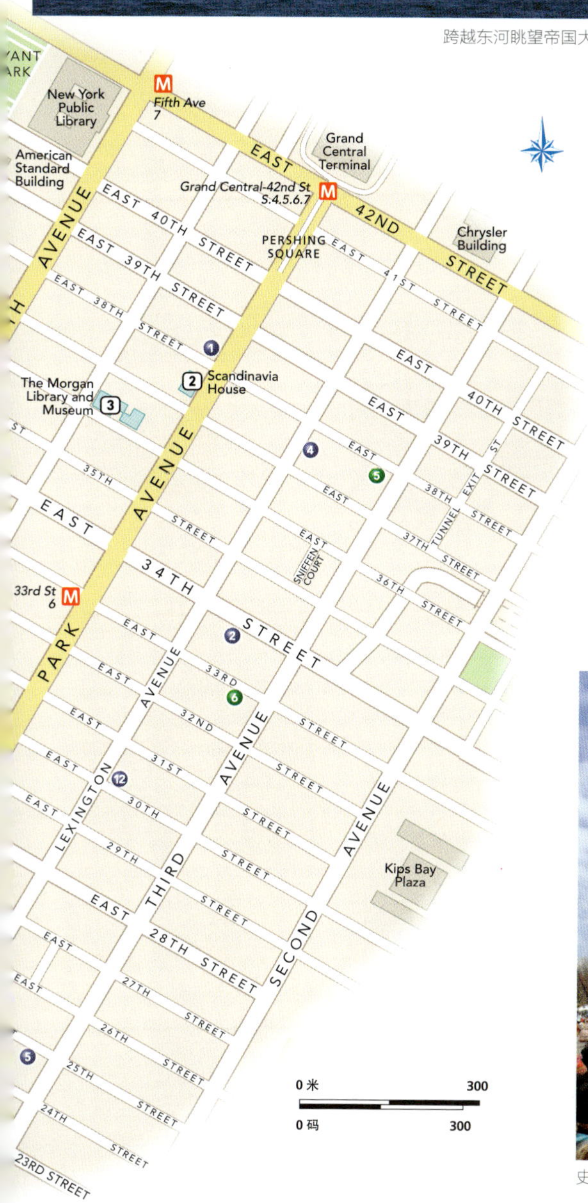

地图示意

景点

1. 帝国大厦
2. 斯堪的纳维亚展馆
3. 摩根图书馆暨博物馆
4. 先驱广场

餐饮点

1 ’wichcraft
2 Shake Shack
3 Circa
4 Heartland Brewery
5 El Rio Grande
6 2nd Avenue Deli
7 Macy’s Cellar Bar & Grill
8 Keens Steakhouse

另参见斯堪的纳维亚展馆（见96页）和摩根图书馆暨博物馆（见96页）

购物点

1 曼哈顿购物中心
2 梅西百货

住宿点

1 70 Park Avenue Hotel
2 Affinia Dumont
3 Affinia Manhattan
4 Affinia Shelburne
5 Carlton Arms
6 DoubleTree Hotel New York City – Chelsea
7 Eventi
8 Gershwin Hotel
9 Hotel Giraffe
10 Hotel Lola
11 Hotel Metro
12 NYMA, the New York Manhattan Hotel
13 Ramada Eastside
14 Residence Inn by Marriott
15 The Mave

史莱克在梅西感恩节大游行中赫然耸立

① 帝国大厦 Empire State Building

向上，向上，再向上

高达 443 米，有 102 层的帝国大厦是纽约市最高的摩天大楼。1931 年建造时，它是当时世界上最高的建筑，直到 20 世纪 70 年代才让出了这个称号。前往观景台高速电梯之行与抵达时的全景一样令人难忘，尤其是在夜晚周围闪烁的灯光下。在晴朗的天气里，从这里可以远眺新泽西州、宾夕法尼亚州、康涅狄格州和马萨诸塞州。

主要景点

曼哈顿天际线： 观看这座城市摩天大楼景观的最好角度之一是从东河州立公园（East River State Park）远眺。

62 米高的碇泊杆（mooring mast）： 最初设计为飞船的降落点，现在则用来发送无线电和电视信号。

彩灯： 最顶部 30 层楼的彩色照明泛光灯用来纪念特别的日子：在圣诞节它们会发出红色和绿色的光芒。

观景台（Observation）： 在 86 层的观景台远眺，你会惊讶于曼哈顿梦幻般的全景，从克莱斯勒大厦到洛克菲勒中心，尽收眼底。

高速电梯： 以高达每分钟 305 米的速度冲上顶端。

窗户： 铝合金板环绕着 6500 扇窗户。

砌砖： 建造整栋建筑用去了 1000 万块砖。

大厅壁画： 主大厅有装饰艺术风格的浮雕，用钢材、铝材和金箔制作的帝国大厦模型。

游客须知

地图： 8 H3

地址： 350 Fifth Ave, 10118; 212 736 3100；www.esbnyc.com

地铁： B、D、F、M、N、Q 和 R 线到 34th St Herald Sq。**公交车：** M4、M16、M34 和 Q32

营业时间： 每天：8:00~2:00；最后一班电梯在 1:15

价格： 76~86 美元；5 岁以下免费；快速通道（Express Pass）每人 45 美元，可以让游客移到每个队伍的最前面

购票及入场提示： 最佳参观时间是清晨、15:00 左右，或午夜以后

导游导览： “纽约空中之旅”（New York Skyride）是一个 30 分钟的虚拟旅行，覆盖了这座城市的著名景点；每天：8:00~21:30；成人票 29 美元；12 岁以下 19 美元；212 299 4922; www.skyride.com。

年龄范围： 5 岁以上

预留时间： 2 小时

轮椅通道： 有

咖啡厅： 1 楼的 Rosa's Pizza & Pasta

卫生间： 2 楼

参观价值

有趣的电梯之行和不可思议的美景会让其成为一次难忘的旅行经历。

休闲放松

距帝国大厦仅10分钟步行路程，就可以到**麦迪逊广场公园**（见83页），这是一个很棒的休息地，有很多长椅和充足的空间供孩子玩耍。之后再去 **Eataly**（200 Fifth Ave, 10010；每天：10:00~23:00）尝尝奶油冰激凌。

游客们在 Shake Shack 大快朵颐，这是麦迪逊广场公园一家颇受欢迎的咖啡馆

餐饮信息

野餐：20美元以下；小吃：20~35美元；正餐：35~70美元；家庭聚餐：70美元以上（以一个四口之家为基准）

野餐：'wichcraft（11 East 20th St, between Fifth Ave & Broadway, 10003; 212 780 0577）供应全脂三明治，可以在附近的麦迪逊广场公园享用。

小吃：Shake Shack（Southeast corner of Madison Square Park, near Madison Ave & East 23rd St, 10010; 212 889 6600）有树荫下的户外座椅，提供便宜的多汁汉堡和美味甜点。

正餐：Circa（22 West 33rd St, 10001; 212 244 3730; 周一至周六：7:00~17:00）供应各种美食，从铁板三明治和意大利面到寿司、沙拉和汤。

家庭餐：Heartland Brewery（350 Fifth Ave at 34th St, 10003; 212 563 3433; 周日至周三：11:00~22:00，周四：11:00~10:30，周五和周六：11:00~23:00）是一家酒馆型餐馆，供应泡沫品脱啤酒及牛排、缅因州蟹肉蛋糕和虾米意大利扁面条。

Heartland Brewery 酒吧镶木地板的温暖风格室内设计

逛街购物

曼哈顿购物中心（Manhattan Mall）（Broadway at 33rd St, 10001; 212 465 0500; 周一至周六：9:00~21:30，周日：10:00~20:30）有许多商店，从 JCPenny、Hallmark、Gamestop、玩具反斗城到皮具商店，一应俱全。**梅西百货**（Macy's）（151 West 34th St, between Broadway & Seventh Ave）是世界上最大的商场之一，有11层楼，出售从食物、玩具到服装、珠宝的一切商品。

更多信息

网络：帝国大厦的官方网站 www.esbnyc.com 设有一个儿童页面，提供可打印的活动页面，然后自行上色。

电影：在电影《金刚》（1933年）中，巨猿从捉拿者手中逃脱，爬上了帝国大厦顶部。

克莱斯勒大厦尖顶上的梯田拱门，嵌有三角窗

下一站……

高度的追寻：要想看到更壮观的风景，建议前往**洛克菲勒中心**（见110~111页），可以360°观赏纽约市。接着去**克莱斯勒大厦**（Chrysler Building）（405 Lexington Ave, 10017）欣赏它汽车散热器格栅样的塔夫。最后去探访大中央车站（见100~101页）。

儿童专栏

找一找……

1. 你能看到帝国大厦的尖顶吗？在1933年的一部著名电影中，一只巨猿在这里与军队作战。这只巨型猿的名字是什么？
2. 尝试数一下楼层，说出观景台在哪一层？
3. 你能猜出要到达帝国大厦的最顶端，共有多少级台阶吗？
4. 你知道帝国大厦有多少个窗户吗？
5. 从帝国大厦的顶部，你能看到多少个州？试着说出它们的名字。

答案见本页最下角。

攀顶比赛

帝国大厦攀爬大赛（The Empire State Building Run-Up）自1978年来每年举行一次，是一个从地面到86层观景台的步行攀爬比赛。比赛纪录是9分33秒。

雷击

帝国大厦的设计使其充当了周边地区的避雷针。每年它会被闪电击中100次左右。在天气状况不好的时候，观景台会被关闭。

答案：1.金刚。2.第86楼。3.从街面至第102楼共有1860级台阶。4.共有6500个窗户。5.五个州：宾夕法尼亚州、新泽西州、纽约州、康涅狄格州和马萨诸塞州。

② 斯堪的纳维亚展馆

Scandinavia House

乐高玩具店、童话和精灵

一排北欧的旗帜分别代表丹麦、瑞典、冰岛、挪威、芬兰，成了斯堪的那维亚展馆的标志。俏皮、温馨的室内风格似乎在设计时就已经把孩子们放在了心中。仰望天花板，可以看到著名的“菊芋吊灯”，像许多斯堪的纳维亚的创作一样，其根本设计理念是简单和功能。丹麦最有名的出口产品——乐高（LEGO）积木同样如此。孩子们可以在儿童乐园里玩 LEGO 积木，同时听着安徒生的童话故事。

斯堪的那维亚展馆在圣诞节期间是最诱人的，将挂满红色、绿色和金色的彩带，以及许多雪花装饰品和调皮的小 nissar（精灵），平时则可以在礼品店里看到它们戴着尖尖的红色帽子。

休闲放松

在**麦迪逊广场公园**（见 83 页），坐在树荫下小憩。它的游乐场为孩子提供了许多游戏和活动。

游客须知

- **地图：** 9 B2
- **地址：** 58 Park Ave, 10016; 212 847 9737; www.scandinaviahouse.org
- **地铁：** 6 线 到 33rd St。**公交车：** M1~M4、M16、M34、M101~M103
- **营业时间：** 周一至周六：中午～18:00，周日：中午～17:00；儿童中心：周六：中午～17:00；展品厅：周六：中午～18:00
- **价格：** 免费；儿童中心 5 美元
- **年龄范围：** 4 岁以上
- **活动：** 儿童中心通常在周六下午举办讲故事活动；节日会有儿童项目和派对
- **预留时间：** 1 小时
- **轮椅通道：** 有
- **餐饮：小吃：** El Rio Grande（160 East 38th St, between Lexington and Third, 10016;212 867 0922）供应墨西哥和美国食物。**正餐：** Smörg ås（展馆内）供应多汁的瑞典肉丸、新鲜三文鱼和美味的丹麦糕点。
- **卫生间：** 位于 B 层

摩根大通位于摩根图书馆的研究室，其内部高大的屋顶

③ 摩根图书馆暨博物馆

The Morgan Library and Museum

寻找疯狂的收藏家

传奇的金融家皮尔庞特·摩根创立了摩根图书馆暨博物馆，来展示他收集的独一无二的藏品，共有超过 1 万件手稿、绘画本、图纸和古代印章。展品中有世界上最早的手写稿，包括来自埃及和近东地区的标签、印章和莎草纸碎片。看看那些著名儿童书籍的原始手稿吧，包括《小象巴巴的故事》和《爱丽丝梦游仙境》令人愉快的图纸。同时展出的还有著名的《古腾堡圣经》（该博物馆拥有 11 个幸存原件中的 3 件）、伦勃朗和德加的画作，更有贝多芬的最初乐谱和狄更斯的手写稿。同样令人印象深刻的是图书馆漂亮的玻璃和钢铁门廊。

休闲放松

在曼哈顿中部能够发现一个隐藏的宝石——位于东 36 街 150~158 号的这个迷人庭院里有 10 座建于 19 世纪 50 年代的罗马风格马车库，这能让你感到仿佛时光倒流。

游客须知

- **地图：** 9 A2
- **地址：** 225 Madi- son Ave, 10016; 212 685 0008; www.themorgan.org
- **地铁：** 6 线 到 33rd St。**公交车：** M1~M5（跨区）、M16、M34
- **营业时间：** 周二至周四：10:30~17:00，周五：10:30~21:00，周六 10:00~18:00，周日 11:00~18:00
- **价格：** 50~60 美元；12 岁以下免费；周五免费（19:00~21:00）
- **购票及入场提示：** 虽然很少需要排队进入，还是可以提前在网上购票
- **导游导览：** 可以申请免费的语音导览；周二至周五有免费的展览和参观
- **年龄范围：** 6 岁以上
- **活动：** 博物馆有时会举办面向儿童的活动项目
- **预留时间：** 2 小时
- **轮椅通道：** 有
- **餐饮：小吃：** 2nd Avenue Deli（162 East 33rd St, 10016; 212 689 9000）的特色是熏牛肉、牛肉三明治和奶油土豆沙拉。**正餐：** Morgan Café（位于博物馆的中央大厅里）供应三明治和甜点。
- **卫生间：** 位于主楼层

儿童中心一间摆有乐高积木的游戏室，斯堪的那维亚展馆

梅西感恩节大游行上的史努比造型氦气球

④ 先驱广场

Herald Square

购物疗法

这个繁忙的三角形广场是根据著名的报纸——《纽约先驱报》而命名的，1884~1921 年，它的办公室都在这里。事实上，那些日子的一小段历史仍保留着——先驱报大楼具有历史意义的时钟就位于现在百老汇和第六大道的交会处。

如今，广场的特点就是热闹的人群、不停按喇叭的出租车和最受欢迎的商场。其中首推梅西百货（Macy's）（151 West 34th St, 10001）了，这是世界上最大的百货商店，购物狂人们会迷失在商场中。到了 11 月，梅西感恩节大游行会让整个街道充满了巨大的氦气球和仪仗队。

广场旁还有一处活泼的地方：小韩国（Little Korea），位于西 31 街和第 32 街，遍布韩国商店、酒店和餐馆。第七大道延伸的部分被命名为时尚大道，位于第 34 街附近，这处纽约服装区的心脏地带是家庭时尚展厅、著名设计师和批发商的乐土。

休闲放松

想要逃离购物的人群，可以躲到小小的**格里利广场公园**（Greeley Square Park）（Sixth Ave, between West 32nd St & West 33rd St, 10001）。为你提供了一片绿意盎然的宁静之地。

游客须知

地图： 8 G3
地址： At the intersection of 34th St, Broadway & Sixth Ave, 10001。梅西百货：212 695 4400; www.macys.com

地铁： B、D、F、M、N、Q 和 R 线到 34th St–Herald Sq。**公交车：** M1~M5、M7、M16、M20 和 M34

营业时间： 周一至周六：10:00~21:30，周日：11:00~20:30

价格： 免费

购票及入场提示： 梅西百货以及先驱广场的全部区域总是十分拥挤，对策是在上下午的早些时候来这里。

预留时间： 2 小时

年龄范围： 4 岁以上

餐饮： **小吃：** Macy's Cellar Bar & Grill 有新鲜的三明治和好吃的汉堡。**正餐：** Keens Steakhouse（72 West 36th St, 10018; 212 947 3636; 供应多汁的上等腰肉牛排、菲力牛排和汉堡。

卫生间： 位于不同楼层

格里利广场公园，从繁忙的街道享受一次宁静的小憩

儿童专栏

更多信息……

1. 世界上最大的百货公司叫什么名字？你能猜出它有多少层楼吗？
2. 梅西百货主办纽约最有名的游行之一：梅西感恩节大游行。该游行以什么而出名？
3. 北欧五国的国旗悬挂在斯堪的那维亚展馆外。你能将国旗与对应的国家相匹配吗？

答案见本页最下角。

珍贵的手稿

去摩根图书馆暨博物馆找找另一本著名的儿童读物的原始手稿，即安托万·德·圣埃克苏佩里的《小王子》（The Little Prince）。

飘扬的猫咪

梅西感恩节大游行最初举办于 1924 年，以活的动物为特点。而在 1927 年，第一个气球动物被引进了，那就是菲利克斯猫。

几项第一名

1862 年，梅西百货第一次在美国设置了店内圣诞老人，从此受到了孩子们的欢迎。纽约的专卖店/店铺以其多彩的橱窗陈列而闻名——尤其是在节假日期间。这其实也要归功于梅西百货，它于 1864 首次引进了窗口展示。

答案：1.梅西百货，它有 11 层楼。2.巨大的气球动物、人物和彩车。3.找找瑞典、挪威、冰岛、芬兰和丹麦的国旗。

大中央车站及周边

作为繁忙的商业区，曼哈顿中城在平日里被上班族占领，其中很多都从大中央车站进出——它是中城区的主站，通有好几条地铁线，以及通勤铁路。该地区有方便的公交线路，但由于大部分景点都在车站步行距离范围内，可以徒步探索这片地区。来这里的最佳时间是在晚上和周末，那时人群数量会大大减少。

装饰有水星、大力士和密涅瓦守护神的雕像，中央车站

地图示意

景点

1. 大中央车站
2. 图书馆大道
3. 纽约公共图书馆
4. 布赖恩特公园

餐饮点

1. Grand Central Market
2. Magnolia Bakery
3. La Fonda del Sol
4. Oyster Bar & Restaurant
5. Sarabeth's
6. Café Zaiya
7. Hale & Hearty
8. DB Bistro Moderne
9. Bryant Park Café
10. Koi

购物点

1. 大中央市场
2. 伊纪国屋书店

住宿点

1. Affinia 50
2. Best Western Hospitality House
3. Kimberley Hotel
4. Library Hotel
5. Mansfield Hotel
6. Roger Smith Hotel
7. Room Mate Grace Hotel
8. The Alex Hotel
9. The International New York Barclay
10. The Muse Hotel
11. Waldorf Astoria

绿树成荫的布赖恩特公园，一处受欢迎的户外空间

西 42 街的 Hale & Hearty 餐馆

游客须知

地铁： S、4、5、6 和 7 线到 Grand Central 41rd St. **公交车：** M1~M5、M42、M9、M101~ M103、Q32

游客信息： 时报广场游客中心（1560 Broadway, between West 46th St & West 47th St, 10036；212 869 1890；www.timessquarenyc.org；每天：8:00~20:00）

超市： 大中央市场（87 East 42nd St, 10017）**市场：** Zeytinz（24 West 40th St, between Fifth Ave & Sixth Ave,10018；周一至周五：7:00~19:00，周六：8:00~16:00）

节日： 布赖恩特公园秋季艺术节（9 月）

药店： Duane Reade（1470 Broadway 10036；646 366 8047；周一至周五：8:00~21:00，周六：9:00~18:00，周日：10:00~17:00）。Duane Reade（535 Fifth Ave, 10017；212 687 8641；周一至周五：8:00~19:00）。

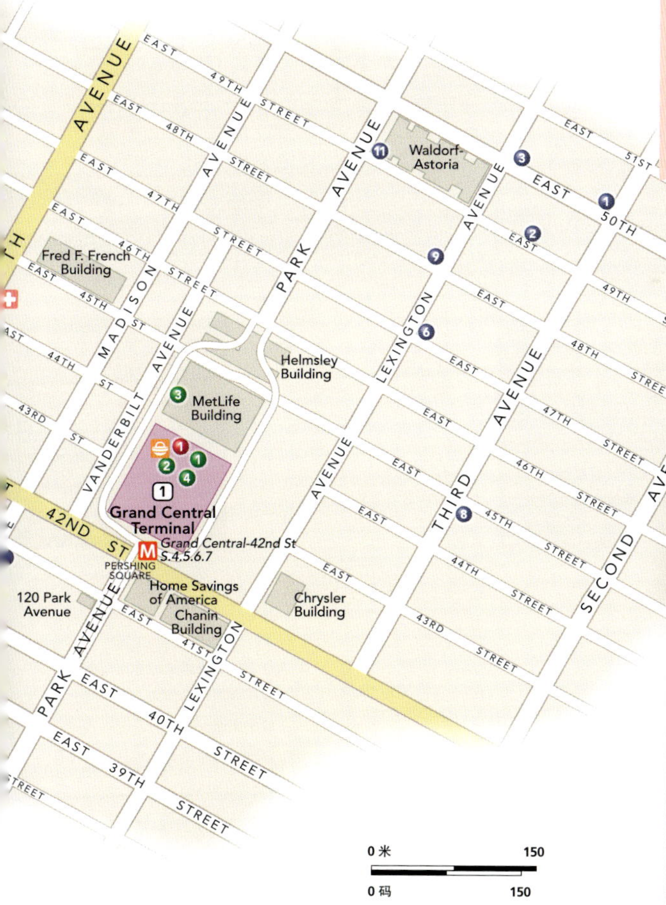

广阔的大中央车站内行色匆匆的乘客

① 大中央车站 Grand Central Terminal

全部上车！

铁路大王康内留斯·范德比尔特的雕像

这是纽约最有名的火车站，也是最繁忙的交通枢纽之一。你只需要漫步通过这个嘈杂的车站，就能够明白为什么有一句话越来越流行了：“就像大中央车站一样拥堵！”该车站于 1903~1913 年建成，同时以其古典风格建筑和运输链而闻名于世。抬起头可以看到照亮拱形天花板的明亮星座，低下头去可以发现楼层之间的秘密地下通道。

主要看点

雕像： 中央车站正门顶端冠有水星雕像，两侧有大力士和密涅瓦守护神。

巨型拱窗： 三扇高达 18 米的拱形窗俯瞰着众人。

范德比尔特大厅（Vanderbilt Hall）： 以建造车站的家族命名，装饰着粉红色的大理石和金色吊灯。

地铁

星座天花板： 超过 2500 个黄金叶星星组成了各个知名的星座，包括双鱼座，都可以在这里看到。

主广场： 每天有超过 50 万人通过这个巨型大厅，其中大多数是乘车上班族。

四面时钟： 这个标志性的时钟位于主广场信息亭的顶部，有四个蛋白石钟面，掌管着车站的中心。

游客须知

地图： 9 B1
地址： Park Ave & East 42nd St, 10017; 212 532 4900; www.grandcentralterminal.com

地铁： S、4、5、6、7 线到 Grand Central 42nd St. **公交车：** M1~M5

营业时间： 每天 24 小时开放

价格： 免费

购票及入场提示： 如果是工作日的话，最好在早晨稍晚些或者 15:00 左右来参观，周末上午尽早，或者周六晚上也可以。

导游导览： 市艺术协会（The Municipal Arts Society）每周三 12:30 会提供旅游活动（建议捐款 10 美元）；在主大厅的信息亭集合。大中央车站合作组织（Grand Central Partnership）每周五 12:30 会安排旅游活动；从公园大道 120 号的雕塑广场（Sculpture Court）出发。

年龄范围： 4 岁以上

活动： 在地下大厅（Oyster Bar & Restaurant 外面）的耳语廊（Whispering Gallery），可以把秘密悄悄告诉房间对面角落里的人。

预留时间： 1 小时

轮椅通道： 有

咖啡厅： 在市场和美食广场都有

卫生间： 位于主大厅外

参观价值

免费活动和景点，如耳语墙，使之成为家庭游的超值景点。

价格以一个四口之家为基准

休闲放松

想逃离大中央车站的人潮，可以前往**布赖恩特公园**（见 103 页），它提供了葱郁的草坪、充足的树荫座位，还有一个古老的转盘。

游客在布赖恩特公园的喷泉周围享受夏日的一天

餐饮信息

野餐：20 美元以下；小吃：20~35 美元；正餐：35~70 美元；家庭聚餐：70 美元以上（以一个四口之家为基准）

野餐：大中央车站市场（Park Ave & East 42nd St, 10017; 212 532 4900）有许多很棒的专卖店，提供美味的材料。在 Zaro's Bread Basket 买些面包，还有 Greenwich Produce 的新鲜水果和 Murray's Cheese 的辛辣奶酪，带去布赖恩特公园野餐。

小吃：Magnolia Bakery（位于地下餐饮广场；212 682 3588；周一至周五：7:30~22:00，周六、日：9:00~22:00）以其美味的杯子蛋糕出名，上边有五颜六色的奶油，还有其他经典美国甜点。

Oyster Bar & Restaurant，一家纽约著名海鲜餐馆

正餐：La Fonda del Sol（MetLife Building, 44th St & Vanderbilt Ave, 10166; 212 867 6767; 周一至周六：11:30~15:00，17:00~22:30）供应西班牙菜，从小吃到丰盛的菜肴，比如大蒜虾、金枪鱼炸玉米饼和肉菜饭。

家庭餐：Oyster Bar & Restaurant（位于地下广场；212 490 6650; 1 周一至周五：11:30~21:30，周六：中午 ~21:30）是纽约最有名的海鲜餐馆之一，供应多达 30 种牡蛎，以及几乎同样多种类的新鲜鱼类。

逛街购物

大中央车站市场有一系列精致的小店，尤其是在列克星敦通道（Lexington Passage）。看看 Tia's Place 的创意配饰及礼品，从可爱的手袋到厚重的珠宝、时髦的帽子，还有围巾。LaCrasia Gloves

Zaro's Bread Basket 面包店里新鲜出炉的面包，大中央车站市场

and Creative Accessories 可以买到软手套、帽子、手袋、围巾、围裙和雨伞。

下一站……

纽约交通博物馆：纽约交通博物馆（见 199 页）的配楼就位于大中央车站的穿梭通道附近，那里有关于这座城市交通历史的有趣展品。博物馆商店出售一切带有交通标志的东西，从 T 恤到磁铁都可以买到。

儿童专栏

更多信息……

1. 大中央车站的站台数量比世界上任何其他火车站都要多。数一数一共有多少个？
2. 滴嗒：在主大厅的中心找找著名的四面钟。哪面分别是朝北、南、东、西的呢？
3. 大中央车站不是只有火车的。环顾四周，你能看到什么其他类型的交通工具吗？

答案见本页最下角。

丢东西了？

大中央车站有一个世界上最大的失物招领部门，其中有 80％的东西最终都完璧归赵了。

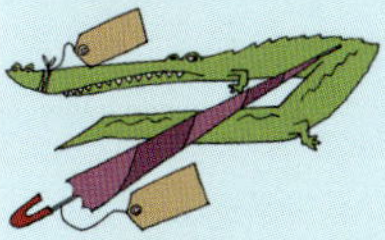

悄悄说出你的秘密

跟某人说说悄悄话——穿过整个房间，找找车站里的耳语廊，面对一个角落低声说几句话。斜对角的人能够听得很清楚。

天空中的洞

大中央车站著名的天花板被星座覆盖着，但仔细观察不难发现，在所有星星的中间有一个奇怪的洞。1957 年红石导弹在大中央车站进行展览时，由于导弹对于车站来说太高，天花板被它的尖端给刺穿了。

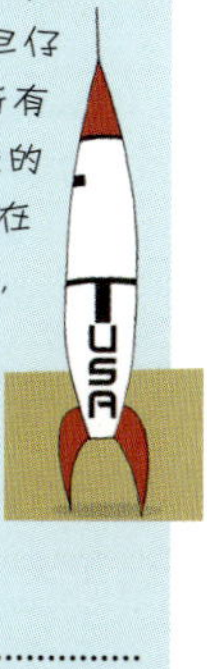

答案：1. 共有 44 个站台，以及 67 条铁轨。2. 朝向第 42 街的钟面向着北方，由此你就可以判断出其余的方向了！3. 地铁、公交车、出租车——甚至人力车。

纽约公共图书馆天花板上悬挂的大吊灯

② 图书馆大道

Library Way

通向狮子的道路

东 41 街已被改造成“图书馆大道”，它是一条通往纽约公共图书馆的有趣长廊。有 96 块青铜色的人行道瓷砖，上面展示了一众知名作家的文学名言：从远端开始，在步行到图书馆的过程中，可以一路阅读名言。大道通往两只坐在图书馆门口的著名的狮子，分别名为“耐心”和“坚韧”。

室内景点

在**阿尔冈昆酒店**（Algonquin Hotel）（见 246 页），可以看见 Matilda 猫，它经常卧在大厅里。Matilda 是这家豪华爱德华风格酒店里的居民。你可以躺在舒适的沙发上，来一杯鲜榨橙汁。

游客须知

- **地图：**9 A1
- **地址：**East 41st St, between Park Ave South & Fifth Ave, 10018;212 930 0800; www.nypl.org
- **地铁：**S、4、5、6 和 7 线到 Grand Central 42nd St；7 线到 fifth Ave
- **营业时间：**每天：24 小时开放
- **价格：**免费
- **年龄范围：**4 岁以上
- **预留时间：**30 分钟
- **餐饮：小吃：**Sarabeth's（424 Fifth Ave, 10018; 212 827 5068）供应松饼、羊角面包、沙拉和其他食物。**正餐：**Café Zaiya（18 East 41st St, 10017; 212 779 0600）供应日式便当——盒装午餐和烘焙食品
- **卫生间：**无，但附近的纽约公共图书馆里有

③ 纽约公共图书馆

New York Public Library

全世界最大的图书馆

纽约公共图书馆是全市首屈一指的机构之一，有骄傲的狮子守卫入口，迷宫般的书架上是令人难以置信的藏书。图书馆坐落在一个美术大楼里，于 1911 年开业。其收藏堪比伦敦大英图书馆的水平。这里收藏了许多珍贵的作品，比如托马斯·杰斐逊的《独立宣言》手稿副本，还有经典的儿童书籍及其初版。

同时展出的还有属于克里斯托弗·罗宾·米尔恩的小熊维尼玩具原型。他的父亲 A.A. 米尔恩受这些玩具启发，创作了一本著名的小熊维尼的故事。

丰富多彩的纽约公共图书馆儿童中心有一系列精彩的书籍、音乐 CD、故事会、现场文艺演出以及一些诸如“Game On”的任天堂游戏活动，会让所有年龄段的孩子们都玩得很开心。

Algonquin Hotel 酒店的入口，这是纽约市最具历史性的地标之一

游客们在 Café Zaiya 咖啡馆舒适的环境中享受美食

休闲放松

经过图书馆的文学探索之后，前往**布赖恩特公园**（见下页）的旋转木马一带进行一些户外活动吧，就在图书馆的后面。攀登上老式的木马，它会随着法国歌舞音乐的声音原地旋转。

游客须知

- **地图：**8 H1
- **地址：**Fifth Ave, between 40th St & 42nd St,10018; 917 275 6975; www.nypl.org
- **地铁：**B、D、F 和 M 线到 42nd St Bryant Park；7 线到 fifth Ave
- **营业时间：**周一、周四至周六：10:00~18:00，周二、周三：10:00~20:00，周日：13:00~17:00；开放时间可能随季节变化
- **价格：**免费
- **购票及入场提示：**基本不用排队
- **导游导览：**有免费的 1 小时参观；周一至周六 11:00~14:00
- **年龄范围：**4 岁以上
- **活动：**有故事时间、艺术和工艺品，还有电影。请上图书馆网站获取具体信息。
- **预留时间：**1.5 小时
- **轮椅通道：**有
- **餐饮：小吃：**Hale & Hearty（49 West 42nd St, 10036; 212 575 9090）供应汤和三明治。**正餐：**DB Bistro Moderne（55 West 44th St, 10036; 212 391 2400）供应美味的法国菜。
- **卫生间：**位于不同楼层

④ 布赖恩特公园

Bryant Park

飞翔的木马

布赖恩特公园是曼哈顿中城区最具吸引力的场所之一，其古色古香的旋转木马最受孩子们欢迎。公园以郁郁葱葱的草坪、细长的树木、成对的长廊及点缀着绿色折叠椅的鹅卵石小路为特色，绿叶繁茂、优美且漂亮。

这里也有其他很多供孩子玩耍的有趣活动，包括国际象棋、乒乓球，冬季还可以滑冰。夏季，公园上午举办舞蹈班，日落之后则是电影之夜，会在室外屏幕上播放现代或经典电影。

室内景点

在丰富多彩的纪伊国屋书店（Kinokuniya Bookstore）（1073 Sixth Ave；2128691700；www.kinokuniya.com）里，可以浏览整整三个楼层的日本漫画（manga）、书籍、玩偶、DVD光盘和人物公仔——再加上迷人的文具，如手工折纸。

上图 纪伊国屋书店里一叠叠的日文和英文书籍 **下图** 旋转木马，布赖恩特公园

游客须知

地图： 8 G1
地址： Behind New York Public Library, between 40th St and 42nd St & Fifth Ave and Sixth Ave,10018; www.bryantpark.org

地铁： B、D、F和M线到42nd St–Bryant Part；7线到fifth Ave

营业时间： 11月～次年2月：周日至周四：7:00~10:00，周五、周六：7:00~12:00；3月：1:00~19:00；4月：7:00~22:00；5月～9月：7:00~12:00；10月：7:00~21:00。

价格： 公园免费；溜冰鞋租金52美元（一个四口之家）；旋转木马8美元；国际象棋每半小时12美元。

购票及入场提示： 午餐时间人是最多的；上午晚些时候和15:00左右相对安静一些。

年龄范围： 3岁以上

活动： 乘坐旋转木马、溜冰和参加免费的舞蹈班

预留时间： 1小时

餐饮： **野餐：** Bryant Park Café（42nd St side of the Upper Terrace, 10018; 212 840 6500）供应沙拉和三明治。**家庭餐** Koi（40 West 40th St, 10018; 212 642 2100）有很棒的日本料理。

卫生间： 位于公园最西侧附近

儿童专栏

找一找……

1. 在纽约公共图书馆的图书架漫步之后，你能猜出这儿的书有多长吗？
2. 守卫图书馆的狮子，每只都有一个特别的名字，描述了一种品格。它们分别是什么？
3. 小熊维尼最喜欢的食物是什么？

答案见本页最下角

寒冷和欢笑

每到冬季，布赖恩特公园的溜冰场——花旗池塘会向公众开放，同时会举办一年一度的假日商店活动。

源于中世纪

旋转木马的起源可以追溯到12世纪的阿拉伯运动游戏，这项活动旨在增强骑手的力量，并为他们的战斗做好准备。欧洲十字军把这种理念带回了欧洲。在西班牙，这被称为carosella，意思是"小的战斗。"到了16世纪，这种游戏传播到了法国，那里的工匠开始雕刻木马来供骑手练习。后来，马就变成了旋转木马上的固定装置，又陆续加入了其他的动物，比如鹿和猪等。

答案：1.有约142千米长的书架。2."耐心"和"坚韧"。3.蜂蜜。

现代艺术博物馆及周边

现代艺术博物馆坐落在中城的心脏地带，与很多热门景点都在步行距离的范围之内，包括第五大道上的高端商铺、洛克菲勒中心，以及郁郁葱葱的中央公园。这片地区整天都非常繁忙，挤满了当地人和游客，通常只有到晚上人群才会慢慢散去。可以乘地铁过来——有好几个站都距离博物馆不远。

游客须知

地铁：E、M线到Frfth Ave– 53rd St；B、D和E到Seventh Ave。**公交车：**M1~M5、M7、M31和M57

游客信息：时报广场游客中心（1560 Broadway, between 46th St & 47th St, 10036；212 768 1560；www.timessquarenyc.org；周一至周五：9:00~19:00，周六和周日：8:00~20:00）

超市：Gristedes（907 Eighth Ave & 54th St, 10019; 212 582 5873）

药店：Duane Reade，（100 West 57th St, 10019; 212 956 0464；周一至周五：7:30~20:00，周六：9:00~18:00，周日：10:00~17:00）

最近的游乐场：Heckscher游乐场（between 61st St & 63rd St, Central Park Conservancy 10022; 212 310 6600；每天：9:00~18:00）

第七大道上著名的Carnegie Deli餐馆的入口

孩子们在Heckscher游乐场享受飞溅的水花，中央公园

地图示意

景点
1. 现代艺术博物馆
2. 卡内基音乐厅
3. 第五大道苹果店
4. FAO施瓦兹玩具店

餐饮点
1. Carnegie Deli
2. Burger Joint
3. China Grill
4. Aquavit
5. The Halal Guys
6. A Voce
7. The Plaza Food Hall by Todd English
8. Landmarc
9. La Bonne Soupe
10. Mickey Mantle's

购物点
1. Henri Bendel
2. Gap

住宿点
1. Courtyard by Marriott
2. Flatotel
3. Four Seasons Hotel
4. Hotel Elysée
5. London NYC
6. Peninsula New York
7. Warwick Hotel

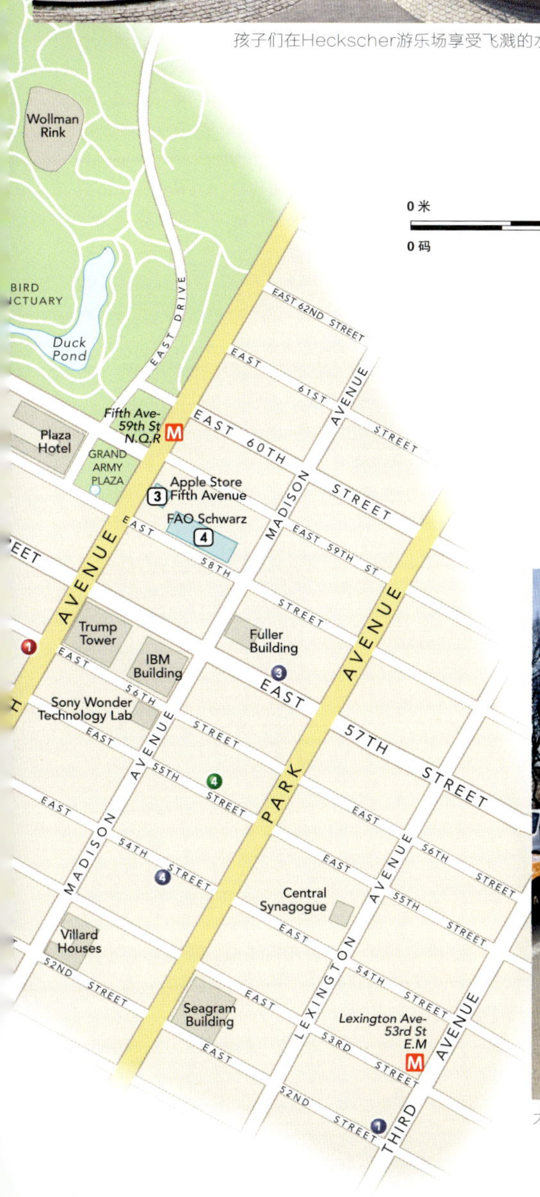

大军广场传统的马拉马车，中央公园

① 现代艺术博物馆 The Museum of Modern Art

形状和颜色的大爆炸

现代艺术博物馆（MOMA）有着双重的吸引力：一方面，它是世界上最大的现代艺术收藏展馆；另一方面，其独特的建筑本身也是一件当代杰作。博物馆成立于 1929 年，博物馆建筑（建于 2004 年）设有天窗、画廊与高耸的天花板，还有一个由日本建筑师谷口吉生设计的雕塑花园。馆内展出的都是名家作品，包括毕加索、梵高和萨尔瓦多·达利的名画。

主要看点

① 艾比·奥德里奇·洛克菲勒雕塑花园（Abby Aldrich Rockefeller Sculpture Garden）：不仅有引人注目的雕塑，还有树木和赏心悦目的倒影池。

② 纽约（New York 1938 年）：摄影师海伦·莱维特的这个黑白系列作品记录了纽约的街头生活，特别关注了儿童。

6 楼：专题展览

5 楼：绘画和雕塑

4 楼：绘画和雕塑

3 楼：建筑设计、绘画、摄影和专题展览

2 楼：打印、媒体、绘本和当代艺术

1 楼：雕塑花园

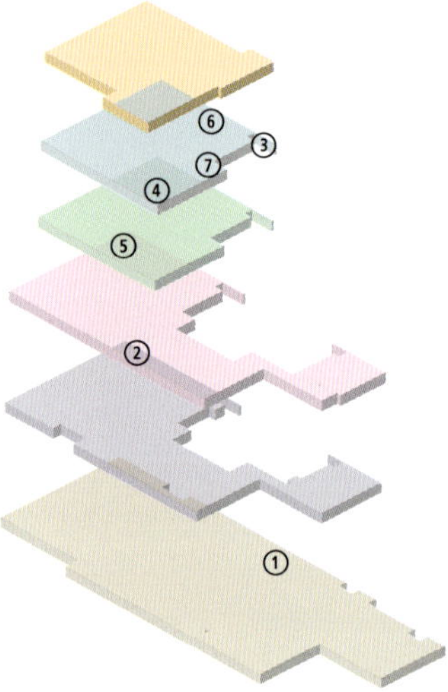

③ 星夜（The Starry Night，1889 年）梵高笔下浮动的夜景，描绘了疗养院窗外的景色。这件作品被公认为是他的杰作。

④ 克里斯蒂娜的世界（Christina's World，1948 年）安德鲁·怀斯的这件作品将广阔的景观与温柔的特写肖像做了对比，图中人物是他的一位患有小儿麻痹症的邻居。

⑤ 坎贝尔汤罐（Campell's Soup Cans，1962 年）：安迪·沃霍尔是美国最伟大的流行艺术家之一，这一系列作品第一次展出在安装在墙壁的架子上，看起来像个杂货店。

⑥ 阿维尼翁的姑娘（Les Demoiselles D'Avignon 1907 年）：毕加索的立体主义作品，描绘了五个巴塞罗那妇女。

⑦ 记忆的永恒（The Persistence of Memory，1931 年）在超现实主义画家萨尔瓦多·达利的这幅作品中，时钟融化在干枯的树木和荒凉的悬崖上，形成了一幅怪异的场景。

游客须知

地图： 12 H5

地址： 11West 53rd St，10019；212 708 9400；www.moma.org

地铁： E、M 线到 Fifth Ave 53rd St。

公交车： M1~M5、M31 和 M57

营业时间： 周三至周一：10:30~17:30（9 月 ~6 月：每月第一个周四开放至 20:30），周五：10:30~20:00

价格： 50~60 美元；16 岁以下免费；每周五：16:00~20:00 免费

购票及入场提示： 在周中期参观可以错开拥挤的人群。提前上网购票可以不用排队等待。

导游导览： 艺术历史学家和策展人可为你提供导游服务；想要获取更多信息及预订服务，请登录博物馆网站。

年龄范围： 6 岁以上

活动： 博物馆提供儿童工作坊、画廊讨论和电影

预留时间： 2~3 小时

轮椅通道： 有

咖啡厅： 有一间露台餐馆，以及 The Modern 餐馆

商店： 1 楼的 MoMA Design and Book Store

卫生间： 位于 1 楼

参观价值

众多大胆和丰富多彩的艺术品，再加通风良好的空间及选择多样的餐馆，让这里成为了一个很好的外出选择。

价格以一个四口之家为基准

现代艺术博物馆的入口

休闲放松

博物馆树荫下的雕塑花园为孩子提供了宜人的室外环境。这是一个可爱的地方，孩子们可以自由奔跑，或者漫步在倒影池周围。花园里设有众多艺术家的雕塑和装置，还会经常举办爵士乐和古典音乐会。

餐饮信息

野餐：20 美元以下；小吃：20~35 美元；正餐：35~70 美元；家庭聚餐：70 美元以上（以一个四口之家为基准）

野餐：Carnegie Deli（854 Seventh Ave at 55th St，10019; 212 757 2245; 每天：6:30~3:30）出售高耸的熏牛肉三明治和奶油芝士蛋糕甜点，可以在中央公园享受。

小吃：Burger Joint（119 West 56th St, 10019; 212 245 5000；周日至周四：11:00~23:30，周五、周六：11:00~0:00）是 Le Parker Méridien 酒店内一个令人愉快的餐厅，供应多汁的汉堡和厚切薯条。

正餐：China Grill（60 West 53rd St at Sixth Ave，10019；212 333 7788；周一至周五：11:00~22:30，周六：11:00~23:30，周日：15:00~22:00）是一家颇受欢迎的餐厅，供应泛亚洲美食，从辣子鸡到热汤面。

家庭餐：Aquavit（65 East 55th St, 10022; 212 307 7311；周一至周五：12:00~14:30、17:30~22:30，周六：17:30~22:30）有单独的用餐区及斯堪的纳维亚菜单，包括一切现代和传统风味，从瑞典肉丸到冷熏的苏格兰鲑鱼，外加一些异国的混合风格情调。

逛街购物

从现代艺术博物馆出来，走几步就能在第五大道看到林立着一些这座城市最好的商店。适合不同年龄层的 **Henri Bendel**（712 Fifth Ave，10019; 212 247 1100）可以买到名牌服装，包括童装。想要找五颜六色的儿童服装和配饰，那就去 **Gap**（680 Fifth Ave, 10019；212 977 7023），GapKids 和 babyGap 两个副牌都找得到。华丽的 **FAO 施瓦兹玩具店**（见 109 页）位于现代艺术博物馆北边几个街区之外。

下一站……

索尼神奇科技实验室：去索尼神奇科技实验室（Sony Wonder Technology Lab）（Sony Plaza at 56th St & Madison Ave, 10022; 2128338100; 免费）来一次数字历险吧，这是一座 4 层楼高的技术和娱乐中心，深受各个年龄段人的喜爱。在这里可以和动画人物一起玩视频游戏或者执行舞蹈动作。建议提前预订。

孩子们在索尼神奇科技实验室的一个展品上尝试移动他们的手

儿童专栏

找一找……

1. 在现代艺术博物馆的众多艺术作品中，你能找出一个熔化的钟表吗？你知道它是哪位艺术家画的吗？

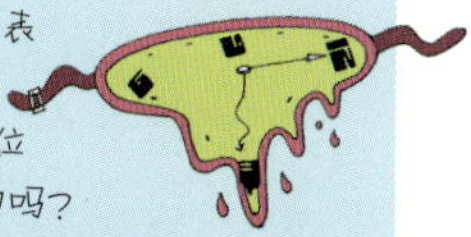

2. 在可爱的雕塑花园周围逛一逛，你在最中间看到了什么？你在哪里可以看到自己的影子？
3. 在绘画和雕塑部分，找到梵高的一幅画，上面是涡旋的天空，充满了明亮的星星。你知道它描绘的是哪个镇吗？

答案见本页最下角。

不计其数

现代艺术博物馆最初只有 8 张印刷品和 1 幅画的赠品，但如今，博物馆已经逐渐积累了 15 万件绘画、雕塑、版画和照片，以及 30 万册藏书和期刊。

日常生活的艺术

纽约现代艺术博物馆是世界上第一座将日常生活用品纳入其收藏范围的博物馆，包括家用电器、收音机、玻璃器皿、餐具和家具。

答案：1. 它是萨尔瓦多·达利的著名作品《记忆的永恒》。2. 倒影池。3. 梵高的《星夜》描绘了法国小镇圣雷米，这是凡高生病住院时，从疗养院的窗户望出去的景色。

卡内基音乐厅，纽约伟大的音乐会场地

② 卡内基音乐厅
Carnegie Hall

音乐，音乐，处处皆是！

从古典到现代，人们在辉煌的 19 世纪的卡内基音乐厅里庆祝音乐盛会。音乐界的显赫人物——从乔治·格什温、甲壳虫乐队和玛丽亚·卡拉斯到法兰克辛纳屈、阿图罗·柴可夫斯基和马勒，都曾经在这里表演过。

花 1 小时来参观幕后，探索宏伟的舞台，可以发现剧院内部是如何运作的，还能了解所有关于卡内基音乐厅的惊人历史。

1991 年，在这家顶级音乐厅旁开放了一家博物馆，讲述这座“用音乐建造的房屋”成立后 100 年的历史及故事。来自世界各地的顶级乐团和表演者占满了音乐厅，走廊两边摆满了在这里演出过的艺术家的纪念品。

游客须知

- **地图：** 12 G4
  地址： 154 West 57th St at Seventh Ave, 10019; 212 903 9765; www.carnegiehall.org
- **地 铁：** N、Q 和 R 到 57th St；B、D、E 线到 Seventh Ave。**公交车：** M5~M7、M20、M30 和 M31
- **营业时间：** 10 月上旬 ~6 月：周一至周五 11:30、14:00 和 15:00，周六 11:30 和 12:30，周日 12:30
- **价格：** 10 美元；学生和老年人 8 美元，12 岁以下 4 美元
- **购票及入场提示：** 一般不需要排队
- **导游导览：** 博物馆提供导游讲解（见上文内容）
- **年龄范围：** 8 岁及以上
- **活动：** 大厅偶尔举办儿童专场音乐会；请上网查询具体信息
- **预留时间：** 2 小时
- **轮椅通道：** 有
- **餐饮：** **小吃：** The Halal Guys（53rd & 6th St，10019; 212 586 7000; www.53rdand6th.com）提供美味的街头食品。这里最受欢迎的一道菜是鸡肉拌饭。**正餐：** A Voce（10 Columbus Circle, 3rd Floor，10019; 212 823 2523; www.avocerestaurant.com）提供美味的意大利菜，环境优美。
- **卫生间：** 位于主大厅外

休闲放松

想要享受城市的户外空间，那就去中央公园（见 122~123 页）的**池塘**（The Pond）吧。那里是一处奇妙的地方，走在拱桥上吹吹风，看着鸭子在水面上沿着树荫下的池塘边安静地游动。

火爆的 Landmarc 餐馆，时代华纳中心（见 170 页）的一部分

③ 第五大道苹果专卖店
Apple Store Fifth Avenue

一切皆 Mac

这间店很容易被发现，因为它有一个巨大明亮的玻璃立方体入口。进入这个 10 米高的大家伙，乘着圆形电梯或走螺旋形楼梯下去，就来到了一个充满笔记本电脑、台式机、iPhone 手机和 iPod 的巨大空间中。在这里，“天才吧”（Genius Bar）信息台周围时刻都热闹非凡，专业的工作人员会解答所有有关 Mac 的问题。为小 Mac

第五大道苹果专卖店引人注目的玻璃立方体入口

游客须知

- **地图：** 12 H3
  地址： 767 Fifth Ave at 59th St, 10153; 212 336 1440; www.apple.com
- **地铁：** N、Q 和 R 线到 Fifth Ave59th St。**公交车：** M1、M2、M4 和 M5
- **营业时间：** 24 小时开放
- **价格：** 免费
- **购票及入场提示：** 最好在大清早或者晚上迟些时候过来，以避免拥堵的人群
- **年龄范围：** 5 岁以上
- **活动：** 想了解青少年计划，请上网查询 www.apple.com/retail/youth
- **预留时间：** 1 小时
- **轮椅通道：** 有
- **餐饮：** **正餐：** The Plaza Food Hall by Todd English（One West 59th St, Concourse Level；212 986 9260）供应各种美食，从牛排到寿司都有。**家庭餐：** Landmarc（10 Columbus Circle, 3rd Floor，10019; 212 823 6123;）供应沙拉、牛排和意大利面食。
- **卫生间：** 位于 1 楼

秋季中央公园的拱形石桥和池塘中的鸭子

爱好者们设立的儿童角提供了一系列供孩子们尝试的产品。游客们还可以在这里玩一整天的电脑游戏。

休闲放松

在中央公园风景优美的**池塘**边，孩子们可以尝试辨认各种水鸟，如翘鼻麻鸭、短颈野鸭和针尾鸭等。这里风景如画，可以度过一个下午。

④ FAO 施瓦兹玩具店

FAO Schwarz

玩具，玩具，更多的玩具

巨大的 FAO 施瓦兹玩具店销售各种玩具，从古典到现代，从旧时学校的棋类游戏、毛绒动物到最新的视频游戏和电子产品，应有尽有。户外游戏区包括动力滑板车、滑板和蹦床，工艺品区则拥有五颜六色的珠子、黏土和画架。在糖果区，孩子们可以从各种糖果中选择自己喜欢的，这里排满了果冻小桶、口香糖和巧克力夹心饼干。不过，最吸引孩子的还要属那架巨大的地板钢琴，孩子们可以在那里用自己的双脚跳出喜爱的音乐。

休闲放松

去**大军广场**（Grand Army Plaza）（at the intersection of 59th St & Fifth Ave，10153）逛一圈，或者只是静静地看看世界流转。这座椭圆形的美术广场于 1916 年落成，内设有一尊美国南北战争中的英雄将军威廉·特库姆塞·谢尔曼的骑马雕像，旁边还有胜利女神举起手掌为他指明方向。

游客须知

地图： 12 H3
地址： 767 Fifth Ave at 58th St，10153；212 644 9400；www.fao.com
地铁： N、R 和 Q 线到 Fifth Ave–59th St。**公交车：** M1、M2、M4 和 M5
营业时间： 周一至周四：9:30~19:00，周五、周六：9:30~20:00，周日：10:00~19:00
价格： 免费
购票及入场提示： 在节假日、圣诞节和新年期间，店里的人是最多的
年龄范围： 3 岁以上
轮椅通道： 有
餐饮：正餐： La Bonne Soupe（48 West 55th St，10019；212 586 7650）供应丰富的意式咖啡店食品，从法式薄饼和三明治到汤，还有一个"初级菜单"。**家庭餐：** Mickey Mantle's（42 Central Park South，10019；212 688 7777）是一家活跃的体育酒吧和意式咖啡店。
卫生间： 位于顶层

儿童专栏

找一找……

1. 一个非常著名的英国 4 人乐队于 1964 年首次在卡内基音乐厅表演。你知道这个乐队的名字吗？
2. 在苹果专卖店的入口处有一个明亮的玻璃结构。它是什么形状的呢？
3. 在 FAO 施瓦兹玩具店里跟随动听的音乐声找到那架巨型的地板钢琴。哪一部著名的电影里出现了这架钢琴呢？

答案见本页最下角。

玩具总动员

FAO 施瓦兹玩具店始创于 1862 年，不仅是美国最古老的玩具商店，还是这个国家历史最悠久的零售商店之一，由德国移民弗瑞德利克·奥古斯特·奥图·史瓦兹在巴尔的摩创建。

音乐之声

卡内基音乐厅的故事始于一艘大船上的一次简单的交谈。在 1887 年，从纽约到伦敦的一艘船上，25 岁的指挥家沃尔特·达姆罗施遇见了非常富有的著名实业家安德鲁·卡内基——卡内基音乐厅的想法就此诞生了。

答案： 1. 甲壳虫乐队。2. 它的入口是一个玻璃立方体。3.《飞越未来》，由汤姆·汉克斯主演。

孩子们在 FAO 施瓦兹玩具店的巨型地板钢琴上玩耍

洛克菲勒中心及周边

这一带满是商店、餐馆、办公室，还拥有一个繁华的广场和一个受欢迎的屋顶观景台，对当地人及游客都有着很大的吸引力。孩子们也能乐在其中，因为有任天堂世界和一个巨大的乐高专卖店。在高峰时段（早晨和傍晚），这片地方也会由于上班族变得很拥挤，在 15:00 过来就可以躲避拥堵的人群。最好乘地铁前来，然后步行探索这片地区。

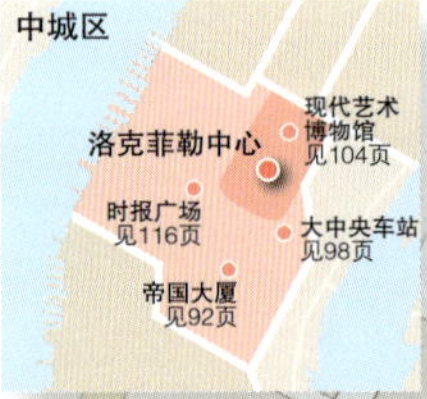

地图示意

景点

1. 洛克菲勒中心
2. 任天堂世界
3. 圣帕特里克大教堂
4. 佩利媒体中心

餐饮点

1. Rockefeller Center Concourse and Food Court
2. Burger Heaven
3. American Girl Café
4. The Sea Grill
5. Bill's Bar and Burger
6. Rock Center Café
7. Karam II Restaurant
8. Oceana
9. Cosi
10. Ellen's Stardust Diner

购物点

1. 乐高玩具店
2. NBC Experience Store

住宿点

1. DoubleTree Guest Suites
2. Novotel
3. Omni Berkshire Place
4. Renaissance New York Times Square
5. The Broadway Times Square
6. The Jewel
7. The New York Palace

洛克菲勒中心外一棵巨大的圣诞树

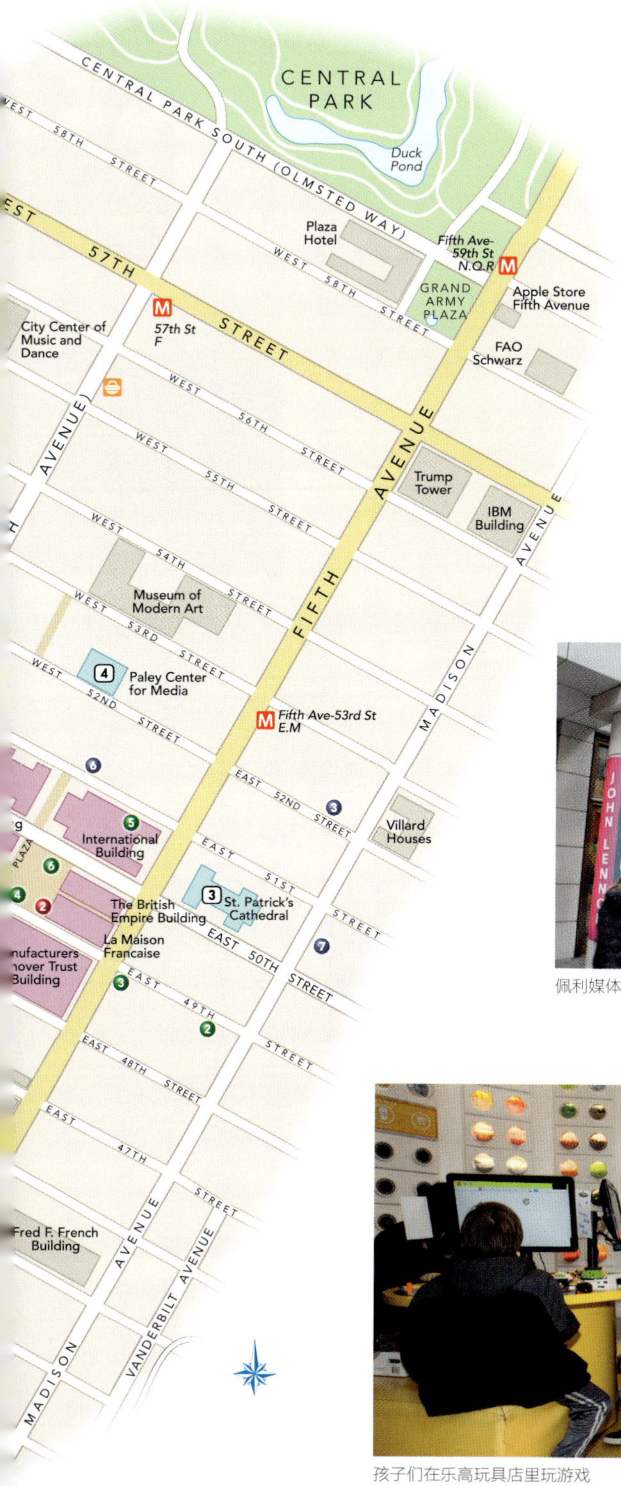

游客须知

地铁：E、M 线到 Fifth Ave–53rd St；B、D、F 和 M 线 到 47–50th St–Rovkefeller Center；N、Q 和 R 线到 49th St。**公交车：**M1~M5、M7 和 M50

游客信息：时报广场游客中心（1560 Broadway, between 46th St & 47th St, 10036；212 869 1890；www.timessquarenyc.org；每天 8:00~20:00

超市：Ernest Klein & Co（1366 Sixth Ave，10019；212 245 7721；www.ernestklein.net）

药店：Duane Reade（1150 Sixth ave，10036；212 221 3588；周一至周五：8:00~晚上 20:00，周六：9:00~18:00，周日：10:00~17:00）。Duane Reade（1627 Broadway，10036；212 586 0374；周一至周五：7:00~21:00，周六、周日：8:00~20:00）。

佩利媒体中心的入口

孩子们在乐高玩具店里玩游戏

① 洛克菲勒中心 Rockefeller Center

令人惊叹的景观和装饰雕塑

作为城市规划中的一颗璀璨的明珠，洛克菲勒中心在纽约人的心中长期占据着特殊的地位。这个装饰艺术风格的大厦由慈善家小约翰·D. 洛克菲勒建于 1930 年，其内充满了令人印象深刻的雕塑和艺术作品，还有一流的餐馆和纪念品商店，周围是一个凉风习习的大广场。在这里，可以去后台参观著名的 NBC 电视演播室，或者乘着电梯上到巨石之顶，这是整个城市美景的最佳观赏点之一。

阿特拉斯背着整个世界

主要看点

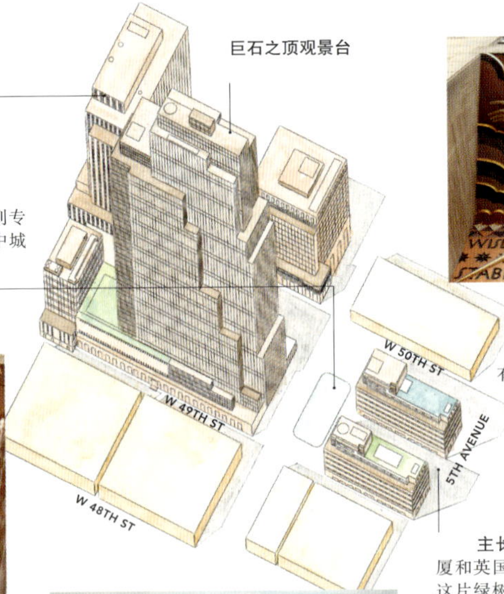

无线电城音乐厅（Radio City Music Hall）：这栋装饰艺术风格建筑位于中心靠第六大道的一侧，是全纽约最有名的剧院。

溜冰场：冬季开放，吸引从初学者到专业人士的众多溜冰者，他们一般在中城建筑的阴影左右晃来晃去。

通用电气大厦（GE Building） 这是中心的主要结构之一，高耸的大厦里有李·劳瑞的著名浅浮雕《智慧》，以及荷西·玛丽亚·塞尔特的壁画《时间》和《美国的进步》，虽然已经褪色但仍不失庄重。

主长廊：由于其将两旁的法国大厦和英国大厦分离开来，因此中心的这片绿树成荫的地方被命名为海峡花园（Channel Gardens），借英吉利海峡之意。

普罗米修斯雕像（Statue of Prometheus）：这尊给人类带来火种的希腊神镀金雕像坐落在下层广场上，是保罗·曼希普的作品。

巨石之顶观景台（Top of the Rock）：快速电梯冲上观景台，这里可欣赏到纽约天际线令人难以置信的美景。

游客须知

地图：12 H5
地址：Between Fifth Ave & Sixth Ave and 48th St & 51st St, 10020；212 332 6868；www.rockefellercenter.com；巨石之顶的入口在第 50 街；212 698 2000

地铁：B、D、F 和 M 线到 47–50th St–Rockefeller Center。**公交车**：M1~M5、M7 和 M50

营业时间：广场：每天：24 小时开放；巨石之顶：每天：8:00~12:00，最后一趟电梯在 23:00

价格：进入洛克菲勒中心及其大厦免费；巨石之顶 82~92 美元；NBC 之旅 90~100 美元

购票及入场提示：巨石之顶的门票上是带时间戳的，所以游客要在指定的时间进入。可以选择网上购票或者在洛克菲勒中心买票。

导游导览：网上购票可以获取巨石之顶的自行导游广播。

年龄范围：5 岁以上

活动：冬季可以溜冰，还有巨石之顶的“目标互动连廊”（Target Interactive Breezeway）

预留时间：3 小时，包括参观

轮椅通道：有

咖啡厅：位于地下美食广场

商店：中心有各种各样的商店

卫生间：位于不同楼层

参观价值

从屋顶观景台到溜冰场，这里的景点对大人和孩子们都具有吸引力，使其成为全家旅游一个不错的选择。

价格以一个四口之家为基准

目标互动连廊里五颜六色的灯光

休闲放松

目标互动连廊（Target Inter-active Breezeway）将巨石之顶的观景台连接起来，是一个运动捕捉走廊，它的天花板和墙壁全部由LED灯系统点亮。孩子们在传感器前蹦来蹦去，会看到颜色随着他们的动作而变化，他们一定会喜欢这个地方。

餐饮信息

野餐：20美元以下；小吃：20~35美元；正餐：35~70美元；家庭聚餐：70美元以上（以一个四口之家为基准）

野餐：洛克菲勒中心工场及美食街（212 632 3975；每天：8:00~19:00）供应三明治、墨西哥烤饼及烘焙食物，可以带去广场树荫下的长椅慢慢享受。

小吃：Burger Heaven（20 East 49th St, near Madison Ave, 10019；212 755 2166；周一至周五：7:00~20:00，周六：7:30~18:00，周日：9:00~17:00）专门制作大而美味的汉堡，全加入培根到鳄梨的各种配料。

正餐：American Girl Café（609 Fifth Ave at 49th St，10019; 877 247 5223；提前打电话预约时间）位于

著名的American Girl Place的门面，American Girl Café所在地

一家洋娃娃商场内，供应套餐早午餐、午餐、下午茶和晚餐。菜单包括通心粉、奶酪和铁板生鱼片。

家庭餐：The Sea Grill（Rockefeller Plaza, 19 West 49th St，10020; 212 332 7610；周一至周五：11:30~15:00、17:00~22:00，周六：仅17:00~22:00）是一家时尚的餐馆，供应种类丰富的海鲜。

逛街购物

洛克菲勒中心内有多家商店，包括一个大型**乐高玩具店**（LEGO Store）（620 Fifth Ave，10020; 212 245 5973）、纪念品商店及Anthropologie、Ann Taylor和Brooks Brothers等服装店。电视迷一定喜欢**NBC Experience Store**（洛克菲勒广场30号，10112；212 664 3700），主要销售品牌商品，从杯子、磁铁到运动衫都有。

顾客在洛克菲勒中心里的乐高玩具店购物

下一站……

NBC演播室之旅：每天时长1小时的NBC演播室之旅（NBC Studio Tour）为游客提供了一个去后台参观NBC演播室的机会，还可以看到它的热播节目，如“周六晚间直播”（Saturday Night live）和“美国足球之夜”（Football Night in America）。想要获得一次免费的清晨电视节目体验，就加入现场观众，来一同观看NBC的热门节目“今日秀”（Today Show）吧。

儿童专栏

找一找……

1. 洛克菲勒中心的许多建筑物都装饰着雕刻的神话人物。在国际大厦的入口处上方也有一个雕塑。你知道这个人物是谁吗？
2. 找一找无线电城音乐厅那些戴着花俏头饰的高踢腿舞演员。你能猜出她们被称为什么吗？
3. NBC Experience Seore充满了NBC纪念品，其中许多印有丰富多彩的标志。你能猜到NBC的标志是什么吗？

答案见本页最下角。

欢迎圣诞

洛克菲勒中心在冬天是最迷人的，届时著名的洛克菲勒圣诞树会在欢庆的喧闹声中被点亮，宣告节日的到来。

舞动的脚步

自1925年以来，火箭女郎舞蹈团一直进行着每周7天、每天5场的表演。该舞蹈团是在密苏里州的圣路易斯成立的，最初被称为“密苏里火箭”。

答案：1. 希腊大力神阿特拉斯。2. 火箭女郎舞蹈团。自1933年以来，她们就一直在这里进行表演。3. 一只孔雀。在1962年彩色电视第一次引入时，NBC采用了固定格式的彩色孔雀作为其标志。

② 任天堂世界

Nintendo World

游戏天堂

视频游戏玩家来到“任天堂世界”一定会十分开心，这里是美国最大的任天堂专卖店。店面大小超过 930 平方米，拥有各式各样的控制台游戏，以及十分流行的 Wii 游戏，从 Just Dance 到 Donkey Kong。除此之外，还有神奇宝贝主题系列，包括生动的游戏、丰富多彩的卡片及配件。

休闲放松

经过几个小时的游戏之后，走到第五大道沿着中央公园南路欣赏沿路的橱窗，看看停在公园边上的马和马车。孩子们会很高兴能够和动物近距离接触，有些马车主人甚至可能允许他们抚摸自己的宠物马。

洛克菲勒广场对面的任天堂世界的入口

第五大道 Bill's Bar and Burger 餐馆的桌台

游客须知

- **地图**：12 H6 **地址**：10 Rockefeller Plaza,10020；646 459 0800；www.nintendoworldstore.com
- **地铁**：B、D、F 和 M 线到 47-50th St-Rockefeller Center **公交车**：M1 和 M5
- **营业时间**：周一至周四：9:00~20:00，周五、周六：9:00~21:00，周日：11:00~18:00
- **价格**：免费
- **年龄范围**：4 岁以上
- **活动**：有许多游戏会让孩子们爱不释手
- **预留时间**：1 小时
- **轮椅通道**：有
- **餐饮**：**正餐**：Bill's Bar and Burger（15 West 51st St at Fifth Ave，10019；212 705 8510）供应多汁的汉堡和热狗。**家庭餐** Rock Center Café（20 West 50th St，10020；212 332 7620）供应意大利菜。
- **卫生间**：位于 1 楼

③ 圣帕特里克大教堂

St. Patrick's Cathedral

城市心脏的巍峨教堂

哥特复兴式的圣帕特里克大教堂耸立在充满魅力的第五大道，作为全美国最大的天主教教堂，也是最重要的教堂之一，它是世世代代爱尔兰、意大利和其他天主教移民的精神家园。沿着大教堂走一圈，看看雄伟的白色大理石外观，以及巨大的青铜门——重达 9000 千克，令人惊叹，上边装饰有宗教人物。要想远离熙熙攘攘的人群，那就去大教堂后面简单而宁静的圣母堂（Lady chapel）吧。

休闲放松

前往附近的**乐高商店**（见 113 页），这里从上到下都堆满了丹麦最著名的出口产品。店内设有一座 pick-a-brick 墙壁和流行的建筑大师吧（Master Builder Bar），乐高迷们可以在这里玩游戏、建造模型，以及参与冷知识测验游戏（trivia quizzes）。

游客须知

- **地图**：12 H5 **地址**：Fifth Ave, between 50th St & 51st St, 10022；212 753 2261；www.saintpatrickscathedral.org
- **地铁**：E、M 线到 Fifth Ave–53rd St。**公交车**：M1~M5、M27 和 M50
- **营业时间**：每天：6:30~20:30
- **价格**：免费
- **导游导览**：为 10 人以上团队提供导游；请提前致电
- **年龄范围**：5 岁以上
- **活动**：会举行音乐会和表演；请上网查询具体信息
- **预留时间**：1 小时
- **轮椅通道**：有
- **餐饮**：小吃：Karam II Restaurant（24 West 45th St，near Fifth Ave，10036；212 354 7400；www.karam2restaurant.com）美味的中东菜，包括鹰嘴豆泥盘和烤羔羊肉。家庭餐：Oceana（120 West 49th St，near Sixth Ave，10020；212 759 5941；www.oceanarestaurant.com）提供全中城区最新鲜的海鲜。
- **卫生间**：位于主教堂外

圣帕特里克大教堂正在进行主日弥撒

无线电城音乐厅前的喷泉，洛克菲勒中心

④ 佩利媒体中心

Paley Center for Media

小屏幕的历史

曼哈顿再没有比佩利媒体中心更受小屏幕爱好者们欢迎的地位了，它在同一个屋檐下记录了整个美国的电视史。该中心拥有超过15万个电视节目、广播和广告的档案，从20世纪50年代的情景喜剧《我爱露西》到当代话剧，全部都有，其中大部分可以放在个人电视游戏机上观看。儿童节目在这里也有很好的体现。孩子们在这里可以看到到从过去到现在的一系列节目，包括《芝麻街》，以及由历任前美国总统主持的面向儿童的电视问答栏目。

佩利媒体中心大堂里的游客座椅

游客须知

地图： 12 H5
地址： 25 West 52nd St, between Fifth Ave & Sixth Ave，10019；212 621 6800；www.paley-center.org

地铁： E、M 线到 Fifth Ave–53rd St。**公交车：** M1~M5 和 M7

营业时间： 周三至周日：12:00~18:00，周四至 20:00

价格： 34~44 美元

年龄范围： 4 岁以上

活动： 中心会举办多种活动，从媒体小组讨论到情景喜剧放映；每天的午餐节目"精神食粮"（Food for Thought）中有流行的独幕话剧

预留时间： 1 小时；参加活动或看表演会花费更多时间

轮椅通道： 有

餐饮：正餐： Cosi（1633 Broadway, at 51st St, 10036; 212 397 9838; www.getcosi.com）提供创新型的三明治和汤。**家庭餐：** Ellen's Stardust Diner（1650 Broadway, at 51st St, 10019；212 956 5151; www.ellensstardust-diner.com）提供可口的食物，例如鸡肉派，采用复古的餐车座位。

卫生间： 位于 1 楼

休闲放松

在无线电城音乐厅对面的喷泉处消消暑吧，它位于第六大道和第50街的角落处。作为纽约最繁忙的十字路口之一，这是一个观看人来人往的最佳地点。

儿童专栏

找一找……

1. 乐高产品现已销往全球130多个国家。你知道它最初来源于哪个国家？
2. 佩利媒体中心收藏了大量的电视节目。哪一个是全世界最受广泛关注的儿童电视节目？
3. 仔细看看圣帕特里克大教堂的巨型管风琴。你能猜出它有多少根管吗？

答案见本页最下角。

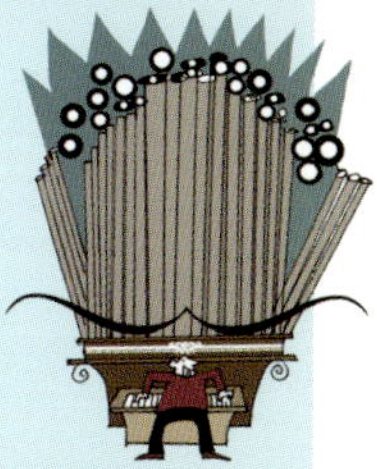

有趣的历史

1850年，当休斯大主教决定在这片地方建造圣帕特里克大教堂时，人们觉得他把教堂建在离市区这么远的范围之外，简直是疯了。而现在呢，它就位于纽约的中心，这也体现出这座城市已经扩张了多少。

辨认小技巧

佩利媒体中心的建筑非常引人注目，这个16层的石灰岩结构是由建筑师菲利普·约翰逊于1989年设计的。许多人觉得其门面酷似老式收音机。你觉得呢？

答案：1.丹麦。2.《芝麻街》——它在超过120个国家和地区进行了转播。3.共有7000多根。

时报广场及周边

作为纽约市最繁忙的十字路口，无论是白天还是晚上，时报广场永远充满活力。坐落在“不夜城”的心脏地带，没有比这里更好的欣赏人群的地方了。百老汇是全市最长的街道，也被称为“白色大道”，因为它是美国最早开始点亮电子广告的地区之一。时报广场通有多条地铁线路，可以步行或乘坐公交车到达哈得孙河沿岸的景点。

游客须知

地铁：B、D、F 和 M 线到 42rd St–Bryant Park；1、2、3 线到 Times Sq–42rd St；A、C 和 E 到 42nd St–Pore Auth。**公交车：**5、M7、M11 和 M42（跨区）

游客信息：时报广场游客中心（1560 Broadway, between 46th St & 47th St, 10036；212 869 1890；www.timessquarenyc.org；每天：8:00~20:00

超市：Food Emporium（810 Eighth Ave at 49th St，10019；212 977 1710）

节日：时报广场会举办全美国最大的新年夜庆祝活动，届时成群的狂欢者会聚集于此，观看著名的水晶球在午夜钟声敲响时从点亮的旗杆上降落下来。

药店：Rite Aid（301 West 50th St，10019; 212 247 8384; 24 小时营业）。

最近的游乐场：德威特 克林顿公园（De Witt Clinton Park）（between West 52nd St to West 54th St and 11th Ave to 12th Ave）。

TKTS 售票亭上引人注目的宝石红色楼梯，时报广场

食客们正在享受美食，Angus McIndoe 餐馆

地图示意

景点

1. 时报广场
2. 无畏号航空母舰博物馆
3. 环岛游船
4. 国际摄影中心

餐饮点

1 Carve
2 Virgil's Real Barbecue
3 Angus McIndoe
4 Aureole
5 Five Napkin Burger
6 Joe Allen
7 West Bank Caf é
8 Becco
9 Le Pain Quotidien

另参见国际摄影中心（见121页）

购物点

1 玩具反斗城
2 Sanrio
3 Hershey's
4 M&M's World

住宿点

1 414 Hotel
2 Algonquin Hotel
3 Belvedere Hotel
4 Best Western President Hotel
5 Edison Hotel
6 Hilton Garden Inn Times Square
7 Hilton Times Square
8 Intercontinental New York Times Square
9 Skyline Hotel
10 The Hotel @ Times Square
11 The Westin New York at Times Square

布赖恩特公园的肖·洛厄尔纪念喷泉

① 时报广场 Times Square

明亮的灯光，巨大的乐趣

作为纽约的霓虹灯中心，时报广场是一个不可阻挡的活动旋涡中心，永远都有忙碌的人群、出租车、双层旅游巴士和街边摊贩。它延伸在第 42 街和第 47 街之间，是世界上最热闹的十字路口之一。这里坐落着令人眼花缭乱的游乐场玩具反斗城，以及高大的糖果店，比如香气诱人的 Hershey's 和五颜六色的 M&M's 糖果店，再加上令人瞠目结舌的雷普利信不信由你博物馆和新胜利剧院，因此广场对大人和孩子都充满了诱惑力。

主要景点

雷普利信不信由你博物馆（Ripley's Believe it or Not! Museum）： 在这座奇异的博物馆里，可以欣赏到各种神秘和奇妙的东西，如白化的长颈鹿、缩头术等。

新胜利剧院： 时报广场坐落在剧院区的中间，这里拥有许多历史性的剧院，包括新胜利剧院（见下页），它是全市首屈一指的儿童剧院。

红色阶梯（Red Steps）： TKTS 售票亭位于达菲广场（Duffy Square），有 27 级宝石红色的玻璃台阶，时时聚集着数以百计的人，提供了独特的、灯火通明的街道全景。

电子广告牌： 广场上有许多醒目的霓虹灯广告牌，摩根士丹利 LED 广告牌上的数字达 3 米高。

时代大厦（Times Tower）： 在最南端的边缘，屹立着 25 层的时代大厦，最初这里是纽约时报的总部所在地。

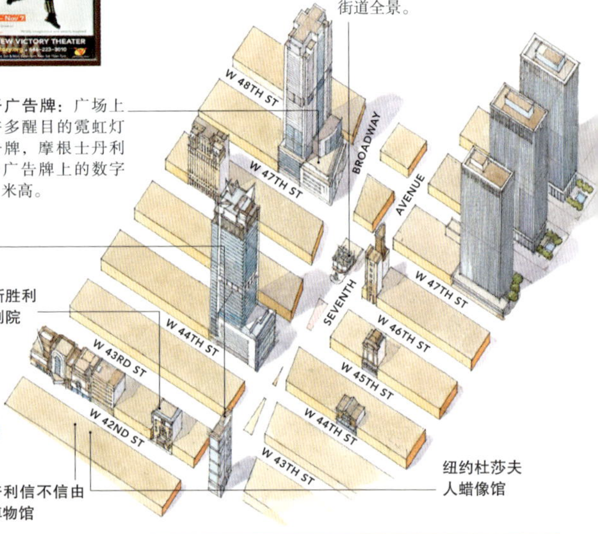

新胜利剧院

雷普利信不信由你博物馆

纽约杜莎夫人蜡像馆

纽约杜莎夫人蜡像馆（Madame Tussauds New York）： 在这里可以接触蜡质的明星复制品，从碧昂丝、甲壳虫乐队到穆罕默德·阿里，及各种流行漫画人物。

游客须知

地图： 8 G1
地址： Between 42nd St & 47th St, where Seventh Ave and Broadway converge 雷普利信不信由你博物馆：234 West 42nd St，10036；212 398 3133；www.ripleys.com。杜莎夫人蜡像馆 Madame Tussauds, 234 W 42nd St, between Seventh & Eighth Ave, 10036；800 246 8872；www.madametussauds.com

地铁： B、D、F 和 M 线到 42rd St–Bryant Park；1、2 和 3 线 到 Times Sq–42nd St；7、N、Q、R 和 S 线到 Times Sq–42nd St；A、C 和 E 线到 42nd St–Port Auth。**公交车：** 总站

营业时间： 雷普利信不信由你博物馆 每天 9:00~1:00。杜莎夫人蜡像馆 周一至周四、周日：10:00~20:00，周五、周六：10:00~22:00。

价格： 雷利普信不信由你博物馆：105~115 美元。杜莎夫人蜡像馆：130~140 美元

购票及入场提示： 达菲广场的 TKTS 售票亭位于红色阶梯下方（Broadway & 47th St，10036；212 912 9770；周一、周二、周四和周五：15:00~20:00，周三和周日：10:00~14:00，周日：11:00~19:30；www.tdf. org）这里出售剧院的打折票，经常是整个时报广场排队最长的地方。来这里的最佳时间是刚刚开门之后，或者是关门之前。

年龄范围： 3 岁以上
预留时间： 1 小时及以上
轮椅通道： 有
咖啡厅： 广场上
商店： 时报广场有许多商店，从玩具反斗城到纪念品商店，应有尽有
卫生间： 位于广场周围很多景点、商店和餐馆内部，包括玩具反斗城

参观价值
尽管时报广场消费高、十分商业化也很拥挤，但它能为孩子们带来很多的快乐和享受。

价格以一个四口之家为基准

玩具反斗城里，孩子们坐在摩天轮上

室内景点

无论是孩子还是大人都会喜欢**玩具反斗城**，它是世界上最大的玩具商店，拥有一个18米高的摩天轮和一个电子恐龙，对于小女孩来说，一个真人大小的芭比娃娃屋肯定会让她们欢喜。

餐饮信息

野餐：20美元以下；小吃：20~35美元；正餐：35~70美元；家庭聚餐：70美元以上（以一个四口之家为基准）

野餐：Carve（760 Eighth Ave at 47th St，10036; 212 730 4949; 24小时营业）供应各种用新鲜肉类、水果和有机巧克力制作的三明治。可以带去“红色阶梯”或时报广场的步行街野餐，那里摆满了桌椅子。

小吃: Virgil's Real Barbecue（152 West 44th St，10036; 212 921 9494; 周一：11:00~23:00，周二至周五：11:30~0:00，周六：9:00~0:00，周日：9:00~23:00）是一个品尝德州烧烤的好地方。记得带一些图画书，让孩子们也能坐得住。

正餐：Angus McIndoe（258 West 44th St，near Eight Ave，10036; 212 221 9222; 周日和周一：12:00~22:30，周二至周四：12:00~23:30，周五、周六：12:00~0:30）特色是丰盛、上档次的美式菜肴，从莎朗牛排到熏肉蒸贻贝。孩子们尤其喜欢这里的厚切薯条。

家庭餐：Aureole（135 West 42nd St，between Sixth Ave & Broadway，10036; 212 319 1660; 周一至周五：11:45~14:15、17:00~23:00，周六：17:00~23:00，周日：17:00~22:00）供应地中海口味的美式菜肴，从五花肉块到西班牙凉菜汤。

逛街购物

数层高的**玩具反斗城**（1514 Broadway，10036；6463668800）屹立在广场上，附近还有闪闪发亮的**Sanrio**（233 West 42nd St, 10036；212 840 6011），陈列着可爱的Hello Kitty。**Hershey's**（1593 Broadway，10036；212 581 9100）充满了巧克力的香气，同样的还有**M&M's World**（1600 Broadway，10019；212 295 3850）除了可以买到各色糖果，还有一个互动游乐区。

下一站……

新胜利剧院：想度过一个绚烂的夜晚吗，那就去新胜利剧院（New Victory Theater）（209 West 42nd St, 10036; 646 223 3000）看演出吧，这里是纽约的第一个，也是唯一一个专门面向孩子们的表演剧院。坐落在一栋历史可追溯至1900年的建筑里，为观众们呈现出多样化的表演，包括来自全世界的戏剧、舞蹈、杂技、木偶，及音乐。

Angus McIndoe餐馆的入口，时报广场

儿童专栏

找一找……

1. 著名的“红色阶梯”就在时报广场的中心位置，它总共有多少级？
2. 找到高25层的时代大厦。这里每年会举办什么活动？
3. 每到新年，一个闪闪发光的球就会从时报广场1座的顶部滑落下来。你能说出总部设在这栋楼的报纸的名字吗？
4. 该广场以眼花缭乱的标志最为出名，每天24小时都闪闪发光。这些标志被称为什么呢？
5. 玩具反斗城是世界上最大的玩具店。说出店里三个最受孩子们欢迎的卡通角色。

答案见本页最下角。

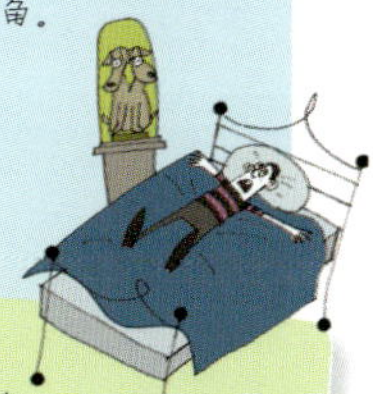

雷普利效应

在1933年的芝加哥世界博览会上，当雷普利信不信由你博物馆的创作者罗伯特·勒罗伊·雷普利首次向公众展示他的收藏时，他还专门为那些因为看这些古怪东西晕倒的人提供了床。

时间旅行

这片地区曾经是繁忙的街道和高档住宅的混合区。最初它被称为Longcare广场，直到1904年纽约时报在广场1座建立了新的总部，时报广场诞生了。

答案：1. 共有27级台阶。2. 全美国最大的新年夜庆祝活动。3. 纽约时报。4. 被称为Spectaculars。5. 探险家朵拉（Dora the Explorer）、我的小马（My Little Pony）和巴布工程师（Bob the Builder）是最受欢迎的三个卡通角色。

② 无畏号航空母舰博物馆

Intrepid Sea, Air & Space Museum

飞船和间谍飞机

在哈得孙河第 86 码头赫然停放着巨大的无畏号航空母舰，拥有一段非凡的历史，如今是无畏号海洋、航空及航天博物馆。航母上展有一系列的飞机和船舰，包括一架 A-12 “黑鸟”，它是世界上飞行速度最快的侦察机。孩子们将享受可以带观众“飞越”太空的 3D 电影，以及“G-force”等仿真设备。2012 年，博物馆在飞行甲板上增添了原美国宇航局的人造太空飞船“企业号”（Enterprise），作为其常设展览的一部分。到下层可以探索船员的宿舍，并观察导航设备。在纽约海军周期间，来自全世界的船舶和船员将聚集于此。

休闲放松

在第 40 和 96 号码头，**市中心船屋**（5 月中旬~10 月中旬）将提供沿着哈得孙河的免费皮划艇课程，参加培训班的唯一要求是会游泳。皮划艇爱好者们可以去船屋前面的岸湾保护区周围进行一次短途旅行，欣赏河岸风光，寻找一个观看纽约市景的新视角。

游客须知

地图： 11 B6
地址： Pier 86, Twelfth Ave & 46th St, 10036；212 245 0072；www.intrepidmuseum.org
地铁： A、C 和 E 线到 42nd St-Port Auth. **公交车：** M42 和 M50。
营业时间： 4~9 月：周一至周五 10:00~17:00，周六、周日 10:00~18:00；10~3 月：周二至周日：10:00~17:00
价格： 86~96 美元；3~6 岁儿童 12 美元；3 岁以下免费
导游导览： 语音导览 5 美元；入口处可以买票。
年龄范围： 3 岁以上
预留时间： 1 小时
轮椅通道： 有
餐饮： **小吃：** Burger（630 Ninth Ave, between 44th St & 45th St, 10036; 212 757 2277）提供美味的汉堡。**正餐：** Joe Allen（326 West 46th St, near Ninth Ave, 10036; 212 581 6464）供应意大利特色菜肴和三明治。
卫生间： 每层均有，飞行甲板除外

Five Napkin Burger 餐馆外观，一个受欢迎的汉堡聚集地

③ “环线号”游轮巡游

Circle Line Cruise

沿着海岸航行

观看曼哈顿的最好视角是从水上看。踏上曼哈顿著名的”环线号”游轮，沿着海岸航行，欣赏城市的天际线，漂浮过壮丽的自由女神像。从优雅的布鲁克林大桥（见 196~197 页）到绿树成荫的斯塔滕岛，是一次观赏纽约港最漂亮风景的全岛观光游。“环线号”还提供了生动的音乐巡游和日落之旅。

那些想体现肾上腺素激增感觉的人应该跳上“野兽号”，这是一艘印有鲨鱼牙齿的快艇，会给乘客们提供一次哈得孙河上湿淋淋的野蛮旅行。

休闲放松

沿着哈得孙河向南走时，留意一下在空中，**纽约空中飞人学校**（Trapeze School of New York）（518 West 30th St，10001; 212 242 8769）会在河岸上开设飞行课程。学校能为你提供几个小时的独特乐趣，几乎面向所有年龄段的人开放；4 岁及以上的都可以参加。

游客须知

地图： 7 B1
地址： Pier 83, West 42nd St & Twelfth Ave, 10036；212 563 3200; www.circleline42.com
地铁： 1、2、3、7、N、Q、R 和 S 线到 Time Sq-42nd St；B、D、F 线到 Fifth St 和 42nd St。**公交车：** M42
营业时间： 除 1、2 月的周二、周三，以及 3 月的周二外，全年开放
导游导览： 4 月 ~9 月：10:00、12:30、14:00、16:30；10 月 ~3 月：随时调整（上网查询）
价格： 全岛游览 126~136 美元；3 岁以下儿童免费；“野兽号”92~102 美元
购票及入场提示： 夏天旺季时尽量网上订票。不过游客登船仍需排队。
年龄范围： 3 岁以上；“野兽号”：儿童乘坐快艇，身高需至少 100 厘米
预留时间： 全程游览：3 小时；短程游览：1~2 小时
轮椅通道： 有
餐饮： **正餐：** West Bank Café（407 West 42nd St, near Ninth Ave, 10036; 212 695 6909）的特色是美国和法国菜。**家庭餐：** Becco（355 West 46th St, near Ninth Ave, 10036；212 397 7597）供应健康的意大利美食。
卫生间： 位于船底层的甲板上

游客们乘坐“环线号”游轮欣赏曼哈顿的风景

Le Pain Quotidien 遮阳伞下的户外座位

④ 国际摄影中心
International Center of Photography

镜头的另一边

在宏伟的国际摄影中心可以一瞥美国及全世界各地的生活。该中心成立于 1974 年，由传说中的战地摄影师罗伯特·卡帕的弟弟康奈尔·卡帕建立，目的是纪念国际摄影师，以及展示一切摄影相关物品，从纽约的历史快照，到加勒比海的现代节庆。该中心的 1.25 万张永久照片藏品中不乏众多知名的作品，包括法国摄影师亨利·卡蒂埃－布列松和美国报社记者亚瑟·菲利格的作品。菲利格的绰号叫 Weegee，他因为拍摄名人和犯罪现场而在 20 世纪三四十年代出了名。

该中心还举办每周一次的活动、电影培训班，包括为崭露头角的青少年摄影师而开设的工作坊。

休闲放松

往西走到**哈得孙河**，可以沿着岸边悠闲地散步，享受河流的微风，静看人来人往。人行道总是挤满了轮滑和骑自行车的人，但是也不乏树荫下的长凳、绿草坪，甚至网球场。这里也永远有着充沛的河水来供游客欣赏。

游客须知

地图： 8 G1
地址： 1133 Ave of the Americas, at 43rd St, 10036 212 857 0000; www.icp.org
地铁： B、D、F 和 M 线到 42nd St–Bryant Park；7、N、Q、R 和 S 到 Times Sq–42nd St；A、C 和 E 线到 42nd St–Port Auth。**公交车：** 总站；M5、M6 和 M7
营业时间： 周二、周三：10:00~18:00，周四、周五：10:00~20:00，周六、周日：10:00~18:00
价格： 40~50 美元；12 岁以下免费；周五 17:00~20:00 有志愿者服务

年龄范围： 7 岁以上
预留时间： 1~2 小时
轮椅通道： 有
餐饮： **小吃：** Catherine K. Café（中心内）的特色是美味三明治和热汤。**正 餐：** Becco Le Pain Quotidien（70 West 40th St, at Sixth Ave, 10018; 212 354 5224）供应地中海食物、三明治和沙拉。

卫生间： 位于 1 楼

哈得孙河沿岸的人行道，深受滑板爱好者的喜爱

儿童专栏

你知道吗……

1. 登上无畏号，看看它的展品，其中包括战斗机。你能说出世界上最快的间谍飞机叫什么名字吗？
2. 无畏号里有许多模拟器，包括"G-force"，你可以在这里爬进驾驶舱，"驾驶"自己的飞机。你知道"G-force"代表什么意思吗？
3. 乘坐"环线号"观光旅游途中至少能看到 5 座主要桥梁。你能一一识别它们吗？
4. 乘坐"野兽"号来一次惊心动魄的旅行，你能看到哪座世界著名的雕像？

答案见本页最下角。

拍下来

在国际摄影中心有惊人的 10 万项展品。为什么不使用你的纽约假期游照片来举办自己的展览呢？

闪光一瞬！

亚瑟·菲利格是国际摄影中心展出的摄影师之一，绰号"Weegee"，是用显灵板游戏（Ouija board game）的单词"Ouija"进行变换得来的，因为他似乎能够"看到未来"。菲利格能够经常在犯罪发生仅仅几分钟之后到达现场。在他的汽车后备箱中有一个完整的暗室，这样他就可以迅速洗出照片，以节省时间。

答案： 1. A-12"黑鸟"。2."G-force"代表"Gravitational-force"（万有引力）。3. 布鲁克林大桥、曼哈顿大桥、威廉斯堡大桥、乔治华盛顿大桥和尼维拉扎诺桥。4. 自由女神像。

中央公园

大片的田园山丘、树林、湖泊和溪流绵延 50 块街区，形成了纽约最珍贵的绿色空间——中央公园。它于 1860 年对公众开放，是全纽约首个大型公共公园，被称为所有纽约人的“后花园”。在这片绿色中有很多值得探索的地方，包括眺望台城堡和贝塞斯达观景台，还有一个动物园和几处很棒的游乐场。

旅游重点

中央公园动物园

你会看到敏捷的企鹅、懒洋洋的北极熊，还有来自喜马拉雅山的神秘的雪豹，非常适合孩子们（见 128~129 页）。

弗莱德山姆纪念旋转木马亭

这个旋转木马建于 1908 年，周围有色彩鲜艳、手工制作的木马伴随欢快的曲调在原地打转（见 130~131 页）。

贝塞斯达喷泉

从贝塞斯达观景台或毗邻的湖中划艇时，欣赏一下这片优雅的天使喷泉（见 134~135 页）。

眺望台城堡

探索仿佛来自童话中的城堡，这个仿中世纪风格的眺望台城堡不仅是好看而已，还为你提供了壮观的景色（见 140~141 页）。

瑞典小屋

这座于 1876 年由瑞典带来的木制平房，为孩子们奉上精彩的木偶表演（见 142 页）。

保护水域

在这片因为《精灵鼠小弟》而出名的湖中，可以按小时租借迷你遥控船（见 136 页）。

左图 海狮在其围墙的岩石上边露头，中央花园和海狮池，中央公园动物园

左上图 眺望台城堡童话般的外观，中央公园

最精华游点之
中央公园

正如纽约的天际线是其重要的象征一样，中央公园将田园诗般的自然之美与文化景点很好地结合了起来。几乎公园的每一个角落都能带给你惊喜——散散步，寻找野生动植物，或者选一处适合家庭游玩的景点，比如动物园。孩子们一定会享受在溜冰场驰骋的感觉，那里已经成为了一个夏季娱乐公园。甚至还有一个儿童剧场，可以欣赏到木偶戏。

生态探险

从**眺望台城堡**（见140~141页）中的亨利·卢斯自然观测站开始，了解一下公园的动植物群，然后租一个探险者背包，去附近的乌龟池观鸟。接下来，前往**漫步区**（见136页），这是一个树木繁茂的自然保护区，到处散落着蜿蜒的小径，沿着溪流穿越森林和空地。在整个公园随处可见的热狗车停下来吃点东西，接着去蒂希儿童动物园（见128页），喂喂大肚子的猪、骆驼和山羊。最后，以探索**中央公园动物园**（见128~129页）来收尾吧，那里的居民包括海狮、北极熊、雪猴和企鹅。

左图 中央公园动物园的巴布亚企鹅
下图 贝塞斯达观景台及其著名的喷泉

上图 横跨中央公园湖上的优雅的拱桥，水面上有人在划艇

纪念性标志物

公园中到处散落着各种纪念品，来纪念那些显著的事件、文化、人，甚至一条英勇的狗。**贝塞斯达观景台**（见 134~135 页）是一座豪华广场，有一个因可爱的水之天使雕塑而出彩的喷泉。然后往西南到**草莓园**（见 135 页），这是一个纪念前披头士乐队成员约翰·列侬的公园小角落。向正东方向漫步到**文学大道**（见 131 页），然后向南至**巴尔托雕像**（见 131 页），这是一只狗拉雪橇队的领队，在 1925 年在暴风雪中运送血清的过程中，完成了最后一棒接力，拯救了阿拉斯加一个小镇上得白喉的孩子们。然后，向北走到方尖碑（见 143 页）。这块 22 米高的纪念碑建于公元前 1450 年的埃及，上边的象形文字是在赞美法老的统治。1880 年，埃及政府将其作为礼物送给了纽约市。

水的世界

水能够给任何景观带来自然和安静的效果，秉持这一理念，中央公园的设计者之一，弗雷德里克·劳·奥姆斯特德，在整个公园中精心设置了池塘、湖泊和溪流，其中最大的当属中央公园湖了。最好在勒布船屋租一艘划艇来探索这片区域。接下来，向东步行到保护水域（见 136 页），租一个遥控帆船玩一玩，或者就看着别人是怎么进行航海探索的。接下来向北前往杰奎琳·肯尼迪·奥纳西斯水库（见 143 页），在水边小路旁欣赏壮丽的景色。找找看那些以湖为家的动物和鸟类。

戏剧活动

踏上旅程，来探索公园戏剧的一面吧！从**瑞典小屋木偶剧院**（见 142 页）开始，先看一场木偶戏。附近的眺望台城堡看起来像是来自中世纪一般，这是一个让孩子们自己玩一些扮演游戏的完美环境；还会在秋季举行令人毛骨悚然的万圣节庆祝活动。影院爱好者在夏季参观时，一定要去露天的**德拉科特剧院**（见 141 页）找一个座位，欣赏莎士比亚的戏剧——免费门票会在演出当天的 13:00 发放，但一般需排队。

右图 一个游客走过瑞典小屋木偶剧院的乡村之家

中央公园动物园及周边

中央公园最南端一带是最可爱也最繁忙的，到处都是景点，包括动物园、沃尔曼溜冰场和旋转木马，还有绵羊草坪和文学大道等自然景点。这里的开放空间是极佳的野餐地点，但大多缺乏树荫，阳光明媚时会非常炎热。周末的清早前来可避开拥挤的人群，还要错开大的游行日。高峰时段汽车不允许进入，但要小心骑自行车和滑板的人。

中央公园的文学大道宽阔的道路两旁绿树成荫

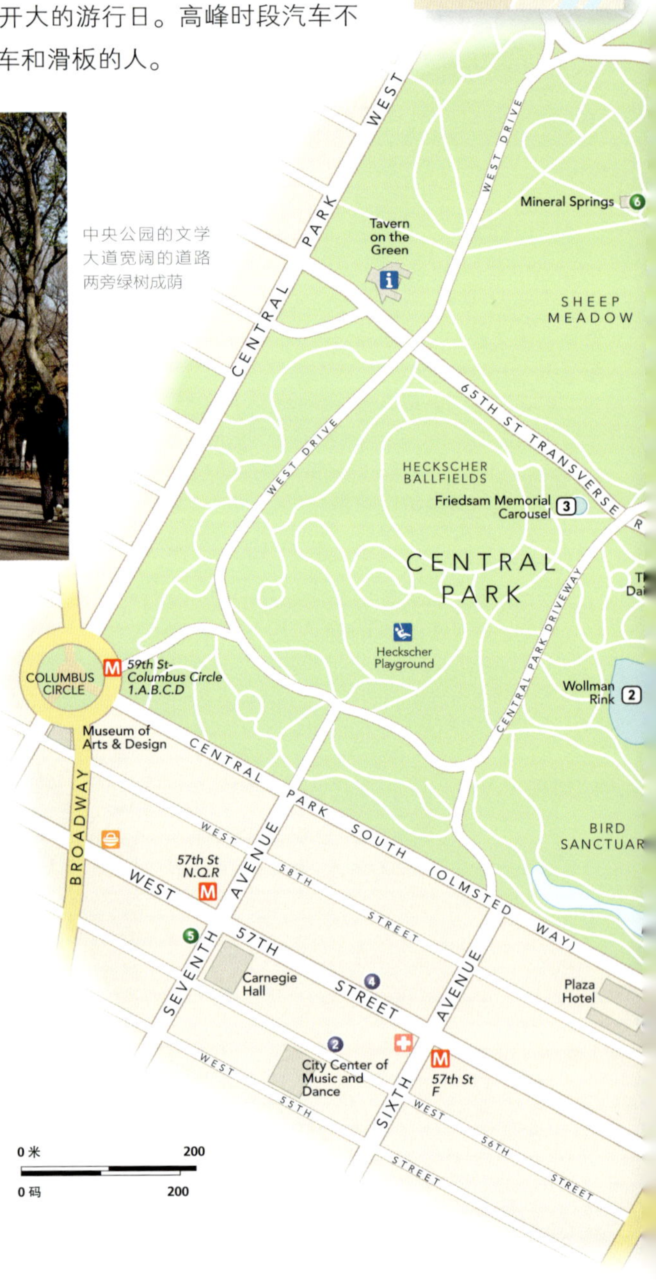

地图示意

景点

1. 中央公园动物园
2. 沃尔曼溜冰场
3. 弗莱德山姆纪念旋转木马亭
4. 巴尔托雕像和文学大道

餐饮点

1. Madison Gourmet Grocery
2. Dancing Crane Café
3. Viand Coffee Shop
4. Bistro Chat Noir
5. Trattoria Dell'Arte
6. Le Pain Quotidien
7. Mitchel London Foods

另参见沃尔曼溜冰场（见130页）

购物点

1. Zootique

住宿点

1. Loews Regency
2. Le Parker Meridien
3. Plaza Hotel
4. Salisbury Hotel

孩子们在热带雨林栖息地，中央公园动物园

游客须知

地铁： N、Q 和 R 线到 Fifth Ave–59th St；F 线到 57th St.

公交车： M1、M2、M3、M4、M5 和 M6

游客信息： Dairy Vistors Center（mid-park at 65th St, Central Park, 10022;212 794 6564；周一至周日：10:00~17:00；www.centralparknyc.org）

超市： Morton Williams（225 West 57th St，10019;212 581 7200）

市场： 57th St Greenmarket（Ninth Ave, between 56th St & 57th St,10019；5 月 ~11 月：周三和周六 8:00~18:00）

药店： Duane Reade（100 West 57th St，10019;212 956 0464；周一至周五：7:30~20:00，周六：9:00~1:8:00，周日：10:00~17:00）

最近的游乐场： 比利·约翰逊游乐场（见 129 页）。赫克歇尔游乐场（见 131 页）。

沃尔曼溜冰场是在冬季非常受欢迎的地方，中央公园

街中央公园内的 LE PAIN Quotidien 餐馆的户外露台

① 中央公园动物园 Central Park Zoo

鱼雷般的企鹅和雪猴宝宝

作为纽约最迷人的野生动物中心之一，中央公园动物园非常受孩子们的欢迎。它是全纽约首家动物园，在 19 世纪 60 年代作为一个非正式的捐赠动物园开始向公众开放，即使经过了两次改建，仍然保持着一种亲切的感觉。这里可以看到 100 多个物种，分为三个气候区——热带区、温带地区和极地圈。

一只东非金织雀正在筑巢

星级景点

① **热带屋（Tropils House）**巨大的乌龟、丰富多彩的鸟类、疣猴，以及小小的狮面狨，这片潮湿的热带区域生活着数量众多的非洲和南美动植物。

④ **北极熊：**透过玻璃屏，远远地看看这些濒危的北极大块头在岩石上享受日光浴、玩球和大的管子，或在水下翻来滚去。

⑤ **企鹅：**北极圈展览区是三种企鹅的家：巴布亚企鹅、帽带企鹅和帝企鹅。孩子们会喜欢这些来自南极的鸟类捕鱼，或者像鱼雷一般优雅地游过水面。

③ **雪豹：**占据了一个坚固的常绿栖息地，来重建像它们在中亚的家一样的环境，这些大猫在清晨和傍晚时最为活跃。

⑥ **中央花园和海狮池：**看着加州海狮优雅地在它们的玻璃封闭的栖息地游来游去。千万不要错过喂食的时间，那时它们会炫耀自己的潜水和其他捕鱼技能。

② **雪猴：**原产于日本，它们住在这里的一个岩石岛上。雪猴妈妈无论走到哪儿都带着自己的宝宝，直到它们足够勇敢能自己到处跑为止——不过，妈妈们可从来不会离它们太远。

⑦ **蒂施儿童动物园（Tisch Children's Zoo）**作为中央公园动物园的一部分，这里的小池塘有很多乌龟、锦鲤和鸭子。在动物园的东边，孩子们可以抚摸和喂养那些友好的羊和骆驼。

游客须知

地图：12 H2

地 址：East 64th St at Fifth Ave, 10065; 212 439 6500; www.centralparkzoo.com

地铁：N、Q 和 R 线到 Fifth Ave-59th St；F 线到 57th St。**公交车：**M57（穿过市区）、M1、M2、M3、M4 和 M5

营业时间：11 月 ~3 月：10:00~16:30；4 月 ~10 月：周一至周五：10:00~17:00，周六、周日：10:00~17:30

价格：38~48 美元

购票及入场提示：可以在网上购票；确保提前打印好门票

导游导览：想要获知家庭活动和参观导游信息，请登录公园网站查询

年龄范围：不限

活动：每天有两三次海狮喂食、斑海豹喂食和企鹅喂食。由于时间安排可能会变化，请上网查询具体的时间安排

预留时间：2 小时

轮椅通道：有

咖啡厅：动物园的 Dancing Crane Café 提供价格便宜的基本午餐。

价格以一个四口之家为基准

比利·约翰逊游乐场的大理石滑梯

休闲放松

比利·约翰逊游乐场（Billy Johnson Playground）(off Fifth Ave at 67th St, Central Park，10022）特别受当地人喜爱，其最有名的特色是一个深入小山的大理石滑梯。不要害羞，拿起附近放置的纸板坐在上边——它能够增加你滑下来的速度。园内还设有桶型秋千和一个小剧场。

餐饮信息

野餐：20 美元以下；小吃：20~35 美元；正餐：35~70 美元；家庭聚餐：70 美元以上（以一个四口之家为基准）

野餐：Madison Gourmet（766 Madison Ave, between 65th St & 66th St，10067;212 288 8276）是一家高档熟食店，提供三明治和其他野餐用品。然后在公园长椅或中央公园动物园咖啡馆的室外餐桌上享用吧。

小吃：Dancing Crane Café（East 64th St at Fifth Ave，10065;212 439 6500）全年营业，是在动物园用午餐的好地方。供应比萨、热狗、汤和沙拉，室内或室外座位都有。

正餐：Viand Coffee Shop（673 Madison Ave at 61st St，10021;212 751 6622）是一家老纽约餐馆，有汉堡包，还有蛋蜜乳在饮料菜单上已经有 100 年了。

家庭餐：Bistro Chat Noir（22 East 66th St，10065;212 794 2428）提供法国经典食物，如洋葱汤、山羊干酪蛋奶酥，还有精心准备的鱼、牛肉和羊肉主菜。

逛街购物

动物园的礼品店 Zootique 值得一逛，孩子们一定会喜欢这里的 T 恤和新奇物件，比如动物面具、小动物套件和粘糊糊的两栖动物玩具。

更多信息

网络：动物园网站 www.central-parkzoo.com 可以下载很多展品信息、动物资料、视频。

电影：《马达加斯加》系列电影中出现了这个动物园。

孩子们前往 Dancing Crane Café，中央公园动物园

下一站……

美国自然历史博物馆：孩子们可以在美国自然历史博物馆（见 174~175 页）探索动物世界。那里的实景模型从非洲大象到巨大的阿拉斯加熊，应有尽有。

商店：动物园外有礼品商店，不需要门票即可进入。

卫生间：自助餐厅旁边

参观价值

虽然门票价格有点高，但动物园是一个适合孩子的选择。规模虽然较小，但有丰富的动物种类。

儿童专栏

找一找……

1. 北极熊和企鹅生活在地球的两端，但它们的生存环境是非常相似的。为什么会这样呢？

2. 动物园里有斑海豹和加州海狮，这两者都是在北半球的海洋中发现的。其中哪种动物分别符合如下描述：

a. 它们长大后约有 1.85 米长。

b. 它们有厚厚的棕色皮毛。

c. 目前仅在沿北美西海岸的太平洋水域里被发现。

d. 它们的眼睛后面长着小耳道。

答案见本页最下角。

潜水狂热爱好者

巴布亚企鹅每天潜水达 400 次，以捕食甲壳类动物、磷虾、鱿鱼和小鱼。

打着掩护

北极熊黄白色的毛皮有助于它们在猎取海豹时在冰雪中进行伪装，不过，它们的皮肤实际上是黑色的，使它们能够在白天尽可能多地吸收太阳的热量。

冬季穿戴

因为栖息地位于高海拔地区，雪豹是所有大型猫科动物中皮毛最厚的，它们的爪子下边有厚厚的垫子，可以把它们跟寒冷隔离开来，就像雪地靴一样。

答案：1. 因为它们都生活在极地环境——企鹅在南极，而北极熊在北极。2.a 斑海豹；b. 加州海狮；c. 加州海狮；d. 斑海豹。

冬季的沃尔曼溜冰场，树那边是中央公园南部的天际线

② 沃尔曼溜冰场

Wollman Rink

溜冰、游乐设施和游戏

在深秋和冬季，沃尔曼溜冰场是全纽约最好的滑冰场所，比洛克菲勒中心的溜冰场（见 112~113 页）更大，但不拥挤，而且还更便宜。沃尔曼溜冰场兼有田园和城市风光，相对市里其他滑冰场来说是一个不错的改变，中央公园南边的摩天大楼景色也是无与伦比的。

从 5 月最后一个周末的阵亡将士纪念日开始，这个地方就变成了一个小型游乐园，有游乐设施、一个巨大的滑梯和游戏展台，以及现场娱乐节目。相比康尼岛的游乐设施，这里很平常——没有过山车和摩天轮，但 12 岁以内的孩子可以享受速度冲击和传统游戏的挑战，比如打地鼠游戏。

休闲放松

溜冰场综合设施的东南边是一个可爱的池塘，四周绿树成荫。漫步在水边，可以让孩子们观察一下有多少只鸭子、天鹅和乌龟。

游客须知

地图： 12 G3 **地址：** Southeast corner of Central Park, between 62nd St & 63rd St,10065; 212 439 6900; www.wollmanskatingrink.com

地铁： N、Q 和 R 线到 Fifth Ave–59th St；F 线到 57th St。**公交车：** M5、M7 和 M31

营业时间： 溜冰：10 月末 ~4 月初：周一、周二 10:00~14:30；周三、周四 10:00~22:00；周五、周六 10:00~23:00；周日 10:00~21:00。游乐园：5 月末 ~9 月中：每天开放，时间不定；请上网查询

价格： 溜冰：周一至周四 33~43 美元，周五至周日 44~54 美元；租溜冰鞋：6.75 美元。游乐园：周一至周五 26~36 美元，周六、周日 30~40 美元；乘坐 3 美元、游戏 4 美元（随收随付）；不限次乘坐套票：周一至周五 14 美元，周六、周日 16 美元。身高低于 107 厘米的儿童须有一个成年人陪伴。

活动： 私人溜冰课程（30 分钟 65 美元）；请通过网络联系教练确认

年龄范围： 2 岁以上

预留时间： 溜冰：1~2 小时；游乐园：2~3 小时

餐饮： **小吃：** 小卖部提供汉堡、零食和饮料；有座位，所以游客可以在吃东西的时候观看别人溜冰。**家庭餐**：Trattoria Dell'Arte（900 Seventh Ave, between 56th St & 57 Fifth St,10019;212 245 9800）提供开胃小菜、意大利调味饭、面食和顶级的薄皮比萨。

卫生间： 在主楼内

价格以一个四口之家为基准

③ 弗莱德山姆纪念旋转木马亭

Friedsam Memorial Carousel

速度、音乐和嘈杂的乐趣

公园里对孩子吸引力最大的景点之一就是这个可爱的旋转木马，它声音很大，而且真的很快，也是美国最大的旋转木马之一。它于 1908 年在布鲁克林旋转木马工场制造，直到 1950 年公园原来的木马被烧毁，才被搬过来。其直径接近 15 米，有 58 匹马和两辆车在旋转运动，它们都是由艺术家索尔·斯坦和哈利·戈尔茨坦手工雕刻且手绘而成的。有些木马在旋转时会上下运动，有些则静止，所以

游客须知

地图： 12 G2 **地址：** Mid–Park, south of 65th St, 10065

地铁： N、R 线到 Fifth Ave–59th St；F 线到 57th St。**公交车：** M10 和 M20 路

营业时间： 1~3 月：周六、周日 10:00~傍晚；4 月 ~10 月：周一至周五 10:00~18:00，周六、周日 10:00~19:00；11~12 月：10:00 ~ 傍晚

价格： 10~15 美元

年龄范围： 不限

预留时间： 30 分钟

餐饮： **正餐：** Le Pain Quotidien（in the Mineral Springs Pavilion, north of Sheep Meadow at 69th St,10022）供应沙拉、三明治和美味的干酪盘。**家庭餐**：Trattoria Dell'Arte（见沃尔曼溜冰场）

卫生间： 位于赫克歇尔游乐场

弗莱德山姆纪念旋转木马亭手工雕刻的、五彩缤纷的木马

要仔细选择一下。由某个部件发出的流行击打音乐，让这个骑在马背上的游戏有了些许老式的冒险感。

休闲放松

赫克歇尔游乐场（Heckscher Playground）（61st St to 63rd St，10022）的大多数地板是由橡木制成的，即使孩子全速跑动也很安全。一个高高的老式滑梯和一个被称作裁判岩（Umpire Rock）的巨大攀登岩是最受欢迎的设施。

孩子们在郁郁葱葱的绵羊草坪享受一天的美好时光

④ 巴尔托雕像和文学大道

Balto Statue & Literary Walk

纪念一只英雄哈士奇狗，以及诗人和作家

在中央公园动物园（见128~129页）西北边一座小山上，屹立着巴尔托的雕像，这是一只来自西伯利亚的哈士奇狗。1925年1月，它完成了最后一次英雄之旅的最后一棒接力，在暴风雪中运送药品到了阿拉斯加的诺姆。致命的白喉在几周前爆发，当时狗拉雪橇队被认为是将血清运送到这个偏僻小镇最快且最可靠的手段。当然，巴尔托并非独自完成了这惊人的壮举，但由于它是将医药包交付到最后目的地的领头狗，于是它和它的挪威驾驶者 Gunnar Kaasen 受到了最多的关注。1925年12月，巴尔托雕像在公园亮相时，巴尔托和 Kaasen 都获得了荣誉。从巴尔托雕像开始的一条路通过公园东路下方的隧道，通向南北向的广场，这是公园的一个宽阔的散步广场。这条宁静道路被称为文学大道，在其最南端两侧是四排庄严的美国榆树和一些纪念诗人、作家的雕像，有点奇怪的是，这里还有哥伦布的雕像。这些非凡的树木是这种树在北美最高大、最后保留的部分之一。

沿着道路往北到中央公园壳形演奏台（Center Park Band-shell），看看作曲家贝多芬和赫伯特的雕像，还有《印度猎人》和《老鹰和猎物》等雕塑作品。

和巴尔托雕像合影，中央公园

休闲放松

绵羊草坪（Sheep Meadow）（West side, between 66th St & 59th St，10023）这片绿树环绕的翠坪自公园1864年成立至1934年间一直是绵羊吃草的地方，如今则适合孩子们踢足球或放风筝。

游客须知

- **地图**：12 H2
- **地址**：巴尔托雕塑：East Drive at about 67th St；文学大道、广场：just West of East Drive from about 67th St to 72nd St
- **地铁**：N、R线到 Fifth Ave–59th St；F线到 57th St. **公交车**：M1~M5、穿越市区的 M66 和 M72
- **年龄范围**：不限
- **预留时间**：1小时
- **餐饮**：**小吃**：Mitchel London Foods（22A East 65th St，10065；212 737 2850）供应沙拉、以色列蒸粗麦粉和蟹饼。**正餐**：Le Pain Quotidien（见弗莱德山姆纪念旋转木马亭）
- **卫生间**：位于 Dairy 游客中心

儿童专栏

找一找……

1. 辨认一下沃尔曼溜冰场北边的石屋，漆着橙色、黄色和红色。它叫什么？（提示：它的名字来自它的初衷——供应鲜奶）。
2. 莱德山姆纪念旋转木马亭于1940年建在康尼岛的一个废弃的有轨电车站里。为什么它在1950年被拿到中央公园去了呢？
3. 沿着中央公园广场生长的华丽树木是美国榆树。有些是在19世纪60年代设计公园时种下的。现在这些树大约有多大年龄了？

答案见本页最下角。

鲜花纪念

在广场的南端，是一个纪念奥姆斯德的地方，他是中央公园的合作设计师。奥姆斯特德花床种植着紫罗兰，周围栽种着美国榆树。

狗狗们的竞争

巴尔托的主人，莱昂哈德·塞佩莱，也是运送血清接力队的一分子。塞佩莱因巴尔托吸引了所有的注意力而大怒，他相信自己和他的领头狗多哥也应该享有名声。他觉得它们跑的那部分旅程更长、更辛苦。

事实上，共有约150只狗和20位驾驶者奔跑了约1085千米，花了大约5天半来运送拯救生命的血清。

答案：1. 乳制品（The Dairy）。2. 要更换原来被烧毁的木马。3. 有140~150岁。

贝塞斯达观景台及周边

这处中央公园的中心景观是位于中央公园湖边的大型露天广场，无论是从第 72 街横向路的阶梯走下来，还是通过壳形演奏台的骑楼隧道进入广场，看到的景色都蔚为壮观。观景台位于第五大道和中央公园西路的中间位置，从公园两侧都可以方便地到达。周末以及工作日的 10:00~15:00、19:00~ 次日 7:00 机动车禁行。

游客们在贝塞斯达喷泉周围休息

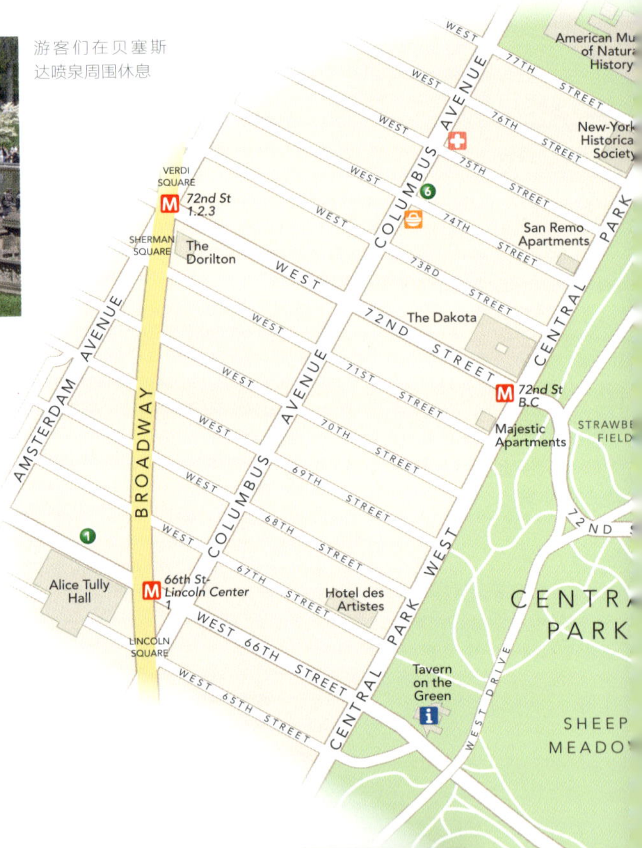

游客须知

地 铁：B、C 线 到 72nd St；6 线到 68th St。**公交车：**M10、M66、M72 和 M79

游客信息：绿野客栈游客服务（West Side, between 66th St & 67th St, Central Park,10023；212 874 7874； 每 天：10:00~17:00）

超市：Pioneer Supermarket（289 Columbus Ave，10023；212 874 9506）

市场：79th Street Greenmarket（Columbus Ave, between 78th St & 81st St,10023; 周日：8:00~17:00）

节日：夏日舞台：主舞台将有跳舞、戏剧和音乐剧表演，位于拉姆齐球场附近；www.summerstage.org。

药店：Duane Reade（325 Columbus Ave,10023；212 580 2017; 周一至周六：9:00~21:00，周日：9:00~17:00

最近的游乐场：东 72 街游乐场（见 136 页）。詹姆斯·迈克尔·莱文游乐场（见 137 页）。比利·约翰逊游乐场（Billy Johnson Playground）（Fifth Ave at 67th St,10065）。

中央公园湖的一部分，从拱形桥上看去

保护水域的遥控帆船

地图示意

景点

1 贝塞斯达观景台
2 漫步区
3 保护水域
4 爱丽丝梦游仙境与安徒生雕像

餐饮点

1 Gourmet Garage
2 Express Café
3 Boathouse Grill
4 Lakeside Dining
5 Mitchel London Foods
6 Patsy's Pizzeria
7 Kerbs Memorial Boathouse
8 Sant Ambroeus

住宿点

1 The Carlyle

① 贝塞斯达观景台 Bethesda Terrace

喷水的天使和成排的船只

作为一件建筑杰作，贝塞斯达观景台是一个受欢迎的聚会场所，充满了生机。广场的中心是一座宏伟的喷泉，顶上有一尊绝妙的带翅膀天使雕塑。虽然纽约人常常简单地称之为贝塞斯达喷泉，其实上它的名字是“水之天使”。一览无余的湖泊，以及跨越弓桥另一边的树林，给了这片地方几乎不可思议的魅力。

镶嵌在贝塞斯达拱廊天花板上五颜六色的马赛克

主要景点

① **中央公园湖（Central Park Lake）**：通过从沼泽地建造和依靠人工挖掘，这个湖的设计看起来十分自然，乘船探索起来感觉很棒。

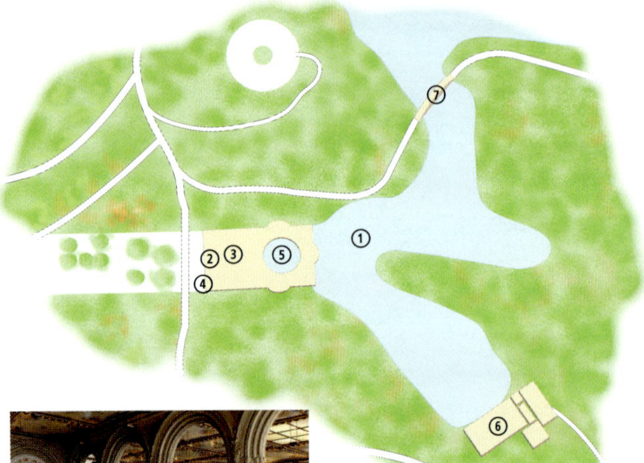

② **贝塞斯达拱廊（Bethesda arcade）**：这条有顶的通道位于72街的横向道路下边，采用摩尔风格的装饰，有着华丽的瓷砖天花板，将低处露台和购物中心连接起来。

③ **低处露台（Lower terrace）**：低处露台的广场上铺设了人字形的罗马风格砖块。

④ **高处露台（Upper terrace）**：高处露台位于第72街横向道路侧面，提供精致的广场景观，其下方还有一个喷泉。

⑤ **水之天使（Angel of the Waters）**：喷泉里这尊引人注目的天使在1873年揭开了其面纱。水池里长满了纸莎草、睡莲，到了夏天开遍荷花。

⑥ **勒布船屋码头（Loeb Boathouse dock）**：就在勒布船屋后面，有一个长长的木制码头，停满了供出租的划艇。

⑦ **弓桥（Bow Bridge）**：这座雄伟的铸铁桥横跨在中央公园湖面上，于1862年完成。它的一侧连接着樱桃山，而另一侧则是被称为漫步区的大片林地。

游客须知

地图：12 G1

地址：Mid Park at 72nd St，10024; 212 310 6600; www.centralparknyc.org

地铁：B、C线到72th St；6线到68th St–Hunter College。**公交车**：M1、M2、M3、M4和M72

营业时间：每天：6:00~1:00

价格：免费

导游导览：中央公园保护协会提供免费的穿越公园散步游（Cross Park Promenade）；请致电212 772 0210获取更多信息。

年龄范围：不限

活动：勒布船屋有划艇和自行车可租赁。

预留时间：2~3小时

咖啡厅：勒布船屋有Express Café

卫生间：位于勒布船屋内

参观价值

该观景台是理想的家庭旅游地，拥有田园诗的设置，可以多种方式来享受其广场、喷泉、湖和摩尔风格式的拱廊，如乘船、骑自行车，或者步行。

想象是位于中央公园草莓田的一块镶嵌图案，以纪念约翰·列侬

休闲放松

在湖面上的用船桨划着小艇——这是满足孩子们冒险渴望的最完美方式。划艇是一件辛苦的事情，但能欣赏岸边美景是最佳回报。

餐饮信息

野餐：20 美元以下；小吃：20~35 美元；正餐：35~70 美元；家庭聚餐：70 美元以上（以一个四口之家为基准）

野餐：Gourmet Garage（155 West 66th St, between Broadway & Amsterdam Ave,10023;212 595 5850）提供精心准备的沙拉、冷盘、法国长棍面包和各式奶酪。带上食物，然后去樱桃山（Cherry Hill）野餐，这是一个俯瞰湖面的小山坡。

小吃：Express Café（Loeb Boathouse, East 72nd St & Park Drive North, 10021; 212 517 2233）供应汉堡、热狗、汤、沙拉、酒水饮料和软冰激凌。

正餐：Boathouse Grill（Loeb Boathouse, East 72nd St & Park Drive north，10021;212 517 2233;）是一个 4~11 月开放的户外餐馆。供应鸡肉、烤牛肉串和虾鸡尾酒。

家庭餐：Lakeside Dining（Loeb Boathouse, East 72nd St & Park Drive north, 10021;212 517 2233）是一个全年营业的高档餐馆，周末还提供早午餐，这里供应大块的螃蟹蛋糕、蛋奶烘饼和蛋卷。午餐有甜菜熏三文鱼、虾卷和腌鸡胸肉。晚餐菜品随着季节而变化，可能有苏格兰鲑鱼、猪腰子和科罗拉多烤羊肉锅。

绿野客栈游客服务中心及礼品店出售的公园纪念品

更多信息

电影：贝塞斯达观景台已经出现在好几部儿童电影中，包括《精灵鼠小弟 2》和《小鬼当家 2》。

室内景点

如果赶上下雨天，就去**绿野客栈游客服务中心**（Tavern on the Green Visitor Center，见 132 页）吧。看看这里的一个公园模型，浏览公园信息，还可以逛逛礼品店。

下一站……

草莓园：甲壳虫乐队成员约翰·列侬的记忆永存于草莓园（West Side, between 71st St & 74th St, 10024）中。其核心展品是一个圆形的镶嵌图案，中间印有“想象”（Imagine）一词。

儿童专栏

找一找……

1. 贝塞斯达喷泉旁边的湖是为了给纽约人有机会夏季游泳、冬季滑冰而建造的。你知道其中哪个活动已经不再被允许了吗？
2. 摩尔式建筑起源于北非，但最好的一些摩尔式建筑位于西班牙。摩尔式建筑以拱门和马赛克贴砖闻名，贝塞斯达观景台的哪部分是摩尔风格的设计？
3. 中央公园散落着各种雕塑雕像。最先建造的是哪一尊呢？

答案见本页最下角。

喷泉人物

水之天使的手里握着象征纯洁的百合，象征着 1842 年完成的克鲁顿水道系统给城市带来了纯净的水。喷泉的建立就是为了庆祝这一事件。

弓桥的选择

公园的管理者原本想横跨中央公园湖面建一座带着塔和电缆的吊桥——就像布鲁克林大桥那样。卡尔弗特·沃克斯最终找到了自己的方式，并获准筹建弓桥。

答案：1. 出于安全考虑，不再允许滑冰了。2. 贝塞斯达廊道。3. 贝塞斯达观景台的喷泉。

② 漫步区
The Ramble

野生森林中的城市步道

在中央公园的北侧，穿过优雅的弓桥，等待你的将是一个全新的世界——一片被称为漫步区的巨大荒野。这里充满了参天大树、登山步道、岩石峭壁和安静的林间空地。不过虽然这些树林看起来像野生的，它们实际上是建园时人工栽种的。这是一个经过深思熟虑的奥姆斯特德视觉元素，也是首批具体化的实例之一。漫步区是一个很棒的散步地点，但要尽量避免在天黑后游逛。远足的人记得带上水和零食。

漫步在绿树成荫的漫步区，中央公园

由于附近有湖泊，这片 15 公顷的僻静区域实际上也是一个鸟类保护区，特别在近水地带。大约有 250 种鸟类在此生活或捕鱼，包括苍鹭和白鹭。它们中的许多鸟类都是候鸟，在夏季一路向北或者冬季向南时停在了这里。漫步区最好的一些部分是：被称为 Gill 的溪流，沿着整片土地一直流到湖水里；Point——一小片探入湖中的鸦喙突状土地；还有 Azalea Pond，就在漫步区的正中间。春天的时候可以看看这里盛开的杜鹃花和无数的鸣禽。

游客须知

- **地图：** 15 D6
- **地址：** Mid-Park, from about 74th St to 79th St,10021
- **地铁：** B、C 线到 72th St；6 线到 77th St。**公交车：** M10、M72、M79
- **营业时间：** 每天：6:00~1:00
- **导游导览：** 中央公园保护协会为该地区举办的免费参观 Amble Through the Ramble；致电 212 772 0210 获取更多信息。
- **年龄范围：** 4 岁以上
- **预留时间：** 1 小时
- **餐饮：小吃：** Mitchel London Foods（22A East 65th St，10065;212 737 2850）有汉堡、纸杯蛋糕和比萨。**正餐：** Patsy's Pizzeria（61 West 74th St，10023; 212 579 3000）供应开胃菜、面食、沙拉和比萨。
- **卫生间：** 位于漫游棚（mid-Park at 79th St）

室内景点

去漫步区西北边的**瑞典小屋**（见 142 页）木偶剧院看一场木偶剧表演。需要提前预约（www.cityparksfoundation.org/swedish-cottage.html）。

③ 保护水域
Conservatory Water

模型船和小型湖泊

一家人在保护水域玩模型帆船

在 E.B. 怀特的经典儿童书籍《精灵鼠小弟》中有一幕最令人难忘的场景，小老鼠在帆船比赛中自愿冒险驾驶被称为“黄蜂”的玩具船。这个场景的设定就是以这个名为保护水域的椭圆形池塘为基础的，它有时也被称为小船泊地（Boat Basin），以巴黎的卢森堡公园中一个类似的池塘为蓝本。在温暖的季节，它就变成了一个小型的模型船赛道，到处是大大小小的船，其中大部分是由岸边的人们用无线电遥控的。

游客须知

- **地图：** 16 E6
- **地址：** East Side from 72nd St to 75th St,10021
- **地铁：** 6 线到 77th St。**公交车：** M1、M2、M3、M4 和 M79
- **营业时间：** 每天：6:00~1:00
- **价格：** 小船租赁：每小时 25 美元
- **导游导览：** 免费的穿越公园散步游（Cross Park Promenade）；致电 212 772 0210 获取更多信息。
- **年龄范围：** 3 岁以上
- **活动：** 小船比赛：周六 10:00；致电 212 874 0656 获取租借信息
- **预留时间：** 1 小时
- **餐饮：小吃：** kerbs Memorial Boathouse（East Side at 74th St, Central Park，10022）提供三明治和汉堡。**正餐：** Patsy's Pizzeria（见漫步区）。
- **卫生间：** 位于克雷布斯纪念船库（Kerbs Memorial Boathouse）

尽管池塘边常客居多，但它并不是一个俱乐部。到了周末，游客们可以在这里租用遥控船。也许需要多一点的时间来适应，但可以得到很多的乐趣。爱好者们会把自己的迷你船寄存在船屋里，然后带着它们参加每周的比赛。

休闲放松

作为中央公园装备最好的游玩地点之一，**东 72 街游乐场**（East

72nd Street Playground）（*Fifth Ave at 72nd St*, 10021）是一个消耗热量的完美地方。它空间宽敞，有一个如同巨大蜘蛛网的攀爬结构，还有金字塔、秋千和一个沙盘。

④ 爱丽丝梦游仙境与安徒生雕像

Alice in Wonderland & Hans Christian Andersen statues

登山和讲故事

保护水域的北部边缘是刘易斯·卡罗尔心爱的《爱丽丝梦游仙境》四人黄铜雕塑：白兔、柴郡猫、疯帽匠，当然，还有爱丽丝。慈善家小乔治·德拉科特萌生这个想法是为了纪念他的妻子，她特别喜欢孩子们，还有卡罗尔的作品。西班牙裔艺术家José de Creeft根据卡罗尔第一版书中的插图构建了人物造型，并于1959年完成了雕塑。雕塑表面闪闪发亮，这是许多年来众多小手和小身体爬上这座雕像的结果。这也证明德拉科特的愿望终于成真——雕像是送给孩子们的礼物，供他们攀爬。

就在船坞对面，池塘的另一侧，是另一个儿童经典：讲故事大师安徒生的雕像，他创作了众多令人难忘的故事，如《丑小鸭》《小美人鱼》《豌豆公主》。雕像是雕塑家乔治·洛伯的作品，以庆祝这个丹麦人的150岁生日。

孩子们和他们的父母在东72街游乐场嬉戏

休闲放松

詹姆斯·迈克尔·莱文游乐场（James Michael Levin Playground）（East 77th St，10021）有另一个爱丽丝梦游仙境的雕像，孩子们可以找找看。在这里，爱丽丝被疯帽匠和公爵夫人变矮了。

游客须知

- **地图：** 16 E6
  地址： Eastern edge of the Park at 74th St & 75th St, 10021
- **地铁：** 6线到68th St–Hunter College。**公交车：** M1、M2和M72
- **营业时间：** 每天：6:00~1:00
- **年龄范围：** 不限
- **活动：** 5月~9月：周六11:00有讲故事节目
- **预留时间：** 1小时
- **餐饮：** **小吃：** Mitchel London Foods（见漫步区）。**家庭餐：** Sant Ambroeus（1000 Madison Ave，10021；212 570 2211）供应比萨、意大利调味饭、提拉米苏和芝士蛋糕。
- **卫生间：** 位于克雷布斯纪念船库

儿童专栏

找一找……

1. 漫步区对候鸟特别有吸引力。你能猜到为什么这片地方对于鸟来说是如此的完美吗？
2. 保护水域周围有两个纪念作家的雕像，其中一个上边刻有一首名为Jabberwocky的荒谬的诗。你知道其作者的名字吗？
3. 安徒生雕像正在看的故事叫什么名字？

答案见本页最下角。

失而复得

1973年，坐落在安徒生雕像脚下的小"丑小鸭"被偷走了。一位居住在第五大道雕像上方公寓的居民准备提供它的替代品，可能要花费大约7.5万美元，不过在此之前，这只青铜小天鹅在皇后区一个靠近谢伊体育场的废料场被找到了。

岩石路

2米宽的漫步拱门（Ramble Arch）是中央公园最窄、最美丽的桥梁，它位于两块岩石露头的缝隙之间。

答案： 1. 因为它提供了隐蔽地带，以及一个充满鱼的淡水湖，鸟类可以此为食。2. 刘易斯·卡罗尔。3.《丑小鸭》，讲述一只乱蓬蓬的小鸟变成美丽天鹅的故事。

安徒生和丑小鸭的铜雕像

眺望台城堡及周边

中央公园中部有大片的自然风光，比如乌龟池和大草坪，甚至还有一个充满野生动物的栖息地：杰奎琳·肯尼迪·奥纳西斯水库。这里也有很多面向孩子们的景点。眺望台城堡里有亨利·卢斯自然观测站，孩子们可以在那里亲近大自然，并欣赏到一些公园最迷人的景色，瑞典木偶剧院全年举办儿童节目。水和零食不是必需品，但在这里的户外探索中，它们可能会派上用场。

地图示意

景点

1. 眺望台城堡
2. 瑞典小屋
3. 莎士比亚花园
4. 大草坪和杰奎琳·肯尼迪·奥纳西斯水库

餐饮点

1 Zingone Brothers
2 Shake Shack
3 Celeste
4 Nice Matin
5 Cafe Blossom
6 Calle Ocho
7 Café Frida
8 Kefi Restaurant
9 Three Star Coffee Shop
10 La Mirabelle

购物点

1 Greenstones

住宿点

1 Hotel Wales
2 The Lucerne

眺望台城堡外的游客，中央公园

杰奎琳·肯尼迪·奥纳西斯水库周围的慢跑步道

游客须知

地铁： B、C 线到 81th St–Museum of Natural History 或 86th St。
公交车： M10、M11、M72、M79 和 M86

游客信息： 瞭望台城堡（mid–Park at 79th St，10024;212 772 0210）

市场： 79th Street Greenmarket（Columbus Ave, between 78th St & 81st St；周日 :8:00~17:00）

节日： 眺望台城堡的间碟（10月）：www.centralparknyc.org

药店： Duane Reade（380 Amsterdam Ave，10024；212 579 7246；周一至周五：8:00~22:00，周六：9:00~21:00，周日 9:30~19:30）。

最近的游乐场： 戴安娜·罗斯游乐场（见 142 页）。古代游乐园（见 142~143 页）。詹姆斯·迈克尔·莱文游乐场（见 137 页）。

孩子们在中央公园的大草坪上嬉戏

① 眺望台城堡 Belvedere Castle

地标瞭望台

在卡尔弗特·沃克斯的建筑创作中，最雄伟的当属于 1869 年完成的眺望台城堡了。它坐落在公园的第二高点，本来可以从贝塞斯达喷泉看到它从远处的树林里升起，但由于漫步区的树木现在已经长得特别高大，遮挡住了视线。城堡如今仍保留着其童话般的魅力，而且观景平台能够提供令人惊叹的景观。

探索乌龟池

主要景点

木制凉亭（Wooden pavilions）： 沃克斯原本计划在城堡再建一座塔，但是由于资金缺乏，导致他最终设计了一个凉亭。原来的凉亭年久失修，于 1983 年被替换。

前景岩（Vista Rock）： 沃克斯单独将这个 10 米高的岩石显露出来，成为了中央公园第二高点，将其作为城堡的地址，如此一来城堡就可以从各种有利的位置被看到。

乌龟池（Turtle Pond）： 这个人造池塘四周环绕着植物，如菖蒲、芦苇和龟头花，是鸭子、青蛙和大量海龟的栖息地，它们在这里产卵。

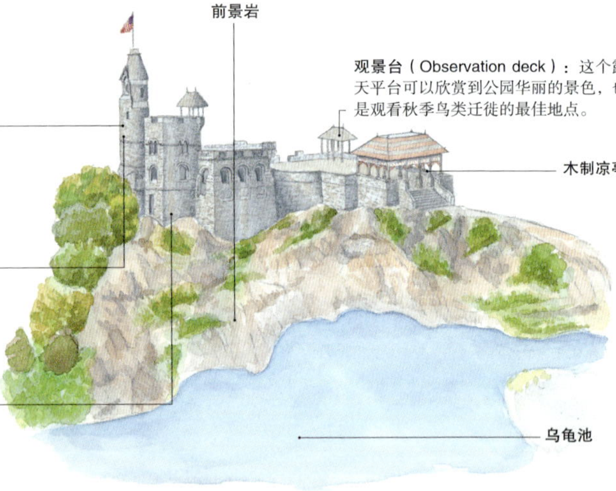

观景台（Observation deck）： 这个露天平台可以欣赏到公园华丽的景色，也是观看秋季鸟类迁徙的最佳地点。

天气视频（Weather video）： 几十年来，中央公园的气象站基地一直位于城堡内。今天，2 楼的视频根据附近的一个新型自动化装置更新收到的气象数据。

纸鸟模型(Papier–mâché birds)： 亨利·卢斯自然观测站的 2 楼是纸制的鸟模型展览，展示了公园里发现的所有鸟类。

正门（Facade）： 这座城堡为维多利亚时代的哥特式风格，使用被称为曼哈顿片岩的石村建造，前景岩也属于曼哈顿片光。浅色的石材是花岗岩板。

游客须知

地图： 15 D5 **地址：** Mid–Park at about 79th St，10024; 212 772 0210; www.centralparknyc.org

地铁： B、C 线到 81st St–Museum of Natural History；6 线到 77th St。
公交车： M1、M10 和 M79

营业时间： 11 月 ~ 次年 3 月：周三至周日 10:00~17:00；4~ 10 月：周二至周日 10:00~17:00

价格： 免费

导游导览： 中央公园保护协会为眺望台城堡及其周边地区举办了免费的步行参观，叫作“城堡和它的王国”（Castle and its Kingdom）；请登陆公园网站获取详情。

年龄范围： 不限

活动： 5 月会举办 Wing birdwatching 活动，包括工作坊和演讲；不用提前注册，但座位有限。

预留时间： 1~2 小时

轮椅通道： 仅在主楼层提供

咖啡厅： 无

价格以一个四口之家为基准

德拉科特剧院正在上演文艺演出

休闲放松

租一个探险者背包，带上捕鸟者的野外指南、指南针和望远镜，从**亨利·卢斯自然观测站**开始（Henry Luce Nature Observatory），带孩子发现鸟类吧。

餐饮信息

野餐：20 美元以下；小吃：20~35 美元；正餐：35~70 美元；家庭聚餐：70 美元以上（以一个四口之家为基准）

野餐：Zingone Brothers（471 Columbus Ave, between 82nd St & 83rd St，10024）有新鲜的面包、奶酪和水果。带上食物，去城堡脚下的乌龟池附近野餐吧。

小吃：Shake Shack（366 Columbus Ave at 77th St, 10024；646 747 8770）供应汉堡，包括素食的蘑菇汉堡（褐蘑菇）、炸薯条和很棒的奶昔。

正餐：Celeste（502 Amsterdam Ave, near 84nd St，10024；212 874 4559）供应提供新鲜、别出心裁的开胃小菜、沙拉、意大利面和木烤比萨。

家庭餐：Nice Matin（201 West 79th St，10024；212 873 6423）舒适的法国餐馆，提供小盘和大份的主菜，同时也有小酒馆三明治、汉堡比萨。

逛街购物

Greenstones（454 Columbus Ave，10024；2125804322，10:00~19:00）拥有大量童装（新生儿至 14 岁）。还有很多欧洲牌子、Naturino 鞋，以及帽子、雨伞和背包等配饰。

更多信息

电影：这座城堡在儿童电视节目《芝麻街》中发挥了重要作用——吸血鬼伯爵的家就在这里。

下一站……

德拉科特剧院：一种典型的纽约经历，是在眺望台城堡脚下露天的德拉科特剧场（Delacorte Theater）（Mid-Park at 80th St，10024）参加中央公园莎士比亚节。演员都是大牌明星，上演的都是非常优秀的节目。门票是免费的——在演出当天 13:00 发放（每人限两张）——不过，总是排着长队。建议在工作日的 8:30 前到，或是周末的 6:45 前到。或者找机会在 Virtual Line 注册，可以进行门票抽奖，网址是 www.publictheater.org。

卫生间：无，但是在附近的德拉科特剧院有洗手间

参观价值

拥有童话般外观的城堡及其令人惊叹的全景，加上亨利·卢斯自然观测站的室内展览，使之成为一处非常适合家庭游玩的景点。

儿童专栏

找一找……

1. 抬头看看通往城堡的门，看你能不能看到鸡身蛇尾怪，传说中像一条巨龙的生物。它和其他的龙有什么不同？
2. 为了使乌龟池看起来像一个天然的湖泊，它被设计为曲线形状，使你不能一下看全整个湖岸——只有一个点除外。你能猜出这一点在哪里吗？
3. 城堡看起来似乎是从它坐落的岩石中生长出来的。为什么会这样呢？

答案见本页最下角。

羽毛的故事

多达 1 万种食肉鸟类，共计 15 个不同的物种，会在每年秋季飞越中央公园前往南方过冬。单在 9 月的一天里，作为一个老鹰观赏活动的一部分，就有数以千计的广翅鹰、红隼、鱼鹰和秃鹰飞过。

窥探野生动物

乌龟池离德拉科特剧院最近的一侧是一个不显眼的地方，人们可以在这里观赏野生动物而不会被它们发现。观察一下巴西红耳龟，它是池塘里最常见的五个龟种之一。

答案：1. 它有两只脚，而非正常的四只。2. 可以在城堡的塔楼看到整个池塘。3. 因为城堡和前景岩都是用同一种岩石材料制作的：曼哈顿片岩。

瑞典小屋那充满幻想色彩的门面，建于 1876 年

② 瑞典小屋
Swedish Cottage

木偶戏法

房顶上飞扬着瑞典和美国国旗的那栋质朴的深色木质房屋实际上是瑞典的——或者更准确地说，是瑞典－美国的。这栋建筑是在瑞典用巴尔杉木建造，以校舍为原型。在 1876 年庆祝美国建国 100 周年纪念的费城百年博览会上，它被运到美国，展示了瑞典最好的土著建筑。当弗雷德里克·劳·奥姆斯特德在费城看到它时，就为它在中央公园设想了一个永久的家，并在展会结束后花了 1500 美元把它运了过来。自从到了这里之后，它曾承担了很多功能——工具棚、食堂和昆虫研究中心，终于在 1947 年，转变成了它最重要的角色——一座儿童木偶剧院，以此为根据地的剧团游遍整个城市为小学生们表演。这个超有创意的剧团是全美剩下为数不多的自己做木偶、自己编写和创作表演的木偶公司之一。其中大部分是童话故事，完全符合这个小木屋的风格。

游客须知

- **地图：** 15 D5
  地址： West Side at 79th St, Central Park，10024;212 988 9093; www.centralparknyc.org
- **地铁：** B、C 线到 81st St–Museum of Natural History。**公交车：** M10 和 M79
- **营业时间：** 演出：周二至周五：10:30、12:00（周三下午 14:30 也有）；周六、周日：13:00
- **价格：** 26~36 美元
- **年龄范围：** 演出面向 3~9 岁的儿童
- **预留时间：** 1 小时
- **轮椅通道：** 无
- **餐饮：** **正餐：** Cafe Blossom（466 Columbus Ave at 82nd St，10024;212 875 2600）供应新鲜、精心准备的素食菜肴，如脆面包和番茄罗勒酱玉米粥。**家庭餐：** Calle Ocho（45 West 81st St，10024;212 873 5025;www.calleochonyc.com）供应多种橘汁腌鱼（新鲜、生鱼腌在柑橘类果汁和辣椒里）、餐前小吃、加勒比主菜，以及丝兰薯条和大蒜菠菜等。
- **卫生间：** 瑞典小屋内

休闲放松

戴安娜·罗斯游乐场（Diana Ross Playground）（81st St, Central Park West,10024）是这位著名摇滚女歌手在她 1983 年的大草坪演唱会结束后资助建造的。孩子们可以爬上巨大的木质游戏结构、滑下消防滑竿、登上攀爬网，夏天还可以在喷头下冲凉。

③ 莎士比亚花园
Shakespeare Garden

绿色的诗

游吟诗人在他们的诗歌和戏剧中多会提及各种各样的植物、药草和花，就像世界上其他类似的地方一样，这片 2 公顷的莎士比亚花园仿佛一小片宁静的绿洲。季节性的绿色植物有春天的鳞茎类、夏季的一年生植物，而且年年都在变化。不过，有片被称为 Red Riding Hood 的花园始终保持不变，因为园中盛开的同名郁金香。莎士比亚提过的其他植物也可以在这里找到，包括大蒜、洋葱、迷迭香和百里香、土豆、薰衣草、大黄和甘菊。花圃里遍布着标记植物名称的青铜片，沿路还有长椅排成一排。在《哈姆雷特》中提到的茴香散发着香味，吸引了成群的凤蝶。

游客须知

- **地图：** 15 D5
  地址： West Side, between 79th St & 80th St, Central Park
- **地铁：** B、C 线到 81st St–Museum of Natural History。**公交车：** M10 和 M79
- **营业时间：** 每天：6:00~1:00
- **价格：** 免费
- **年龄范围：** 不限
- **预留时间：** 30 分钟
- **餐饮：** **正餐：** Café Frida（368 Columbus Ave, between 77th St & 78th St,10024;212 712 2929）供应新鲜的墨西哥菜，如辣酱玉米饼和法士达。**家庭餐：** Kefi Restaurant（505 Columbus Ave, between 84th St & 85th St,10024; 212 873 0200; www.kefirestaurant.com）提供乡村希腊特色菜，包括开胃菜脆炸鱿鱼、贻贝和烤章鱼，价格合理。
- **卫生间：** 无，但是在眺望台城堡附近的德拉科特剧院（见 141 页）可以找到洗手间

莎士比亚花园里成荫的绿树和季节性植物

休闲放松

穿过大草坪，向东是**古代游乐场**（Ancient Playground）（East Side at 85th St near Fifth Ave，10028；每天：8:00~傍晚）。实际上它是公园最新的游戏区之一，受了大都会艺术博物馆里埃及艺术品的启发。金字塔形登山装备、滑梯和隧道由混凝土结构相连，夏季启动的喷水器还可以让孩子们降温。游乐场还有轮胎和秋千。

④ 大草坪和杰奎琳·肯尼迪·奥纳西斯水库

Great Lawn & Jacqueline Kennedy Onassis Reservoir

方尖碑和歌剧

如果大草坪看起来似乎有点奇怪的对称，那是因为这是下游水库（Lower Reservoir）的原址，它是纽约的主要水源之一。在1842年克鲁顿水道系统在城市外建立以后，下游水库就荒废了。1930年这里被抽干、填充，并终于在1936年种了草。今天，草坪有很多用途，从野餐、日光浴到大都会歌剧院和纽约爱乐乐团的夏季音乐会户外场地。草坪东侧是特拉之针（Cleopatra's Needle），这是一块22米高的埃及方尖碑的绰号，据说是由公元前1450年的红色花岗岩上砍下来的一块制成的。

第86街横向的北边是另一个水库，没有被清空。城市规划者们让巨大的人工湖在1993年退役，并于1994年根据前第一夫人的名字将其命名为杰奎琳·肯尼迪·奥纳西斯水库。环绕湖岸3千米长的路径很受慢跑爱好者们的欢迎，它很可爱，并提供了一些独特的城市美景。湖中还生活着木鸭、潜鸟、鸬鹚、白鹭和苍鹭等鸟类。

休闲放松

在**北草甸康乐中心**（The North Meadow Recreation Center）（Mid-Park at 97th St，10028;212 348 4867），游客可以凭着带照片的身份证件借用飞碟、球拍和各种球类，在草坪散布的各类球场尽情玩耍。

游客须知

地图： 15 D5
地址： Great Lawn: Mid-Park, between 79th St & 85th St. JKO Reservoir: Mid-Park, between 85th St & 96th St

地铁： B、C 线到 81se St-Museum of Natural History。**公交车：** M1~M4、M10、M79 和 M86

营业时间： 大草坪：4月中旬~11月中旬，每天

价格： 免费

年龄范围： 不限

活动： 大草坪：放风筝和打棒球（需要获准）

预留时间： 2小时

餐饮： **正餐：** Three Star Coffee Shop（541 Columbus Ave at 86th St, 10024;212 874 6780）全天供应早餐和餐馆主菜。**家庭餐：** La Mirabelle （102 West 86th St at Columbus Ave，10024;212 496 0458）供应法国小酒馆菜品，如法式薄饼和独家黄油炸鱼。

卫生间： 位于古代游乐场

大片的绿意的和几个棒球场，大草坪

儿童专栏

找一找……

1. 瑞典小屋在建造时并不是作为一个剧场。它最初是什么类型的建筑呢？
2. 莎士比亚花园的园丁种植茴香的目的之一是靠其香味来吸引一种特定的昆虫，是什么呢？
3. 1880年用轮船从埃及城市亚历山大运送到美国的是哪一座纪念碑？

答案见本页最下角。

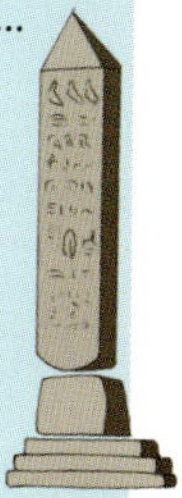

拉呀！

方尖碑重达218吨，将其从哈得孙河运往中央公园目的地的队伍共使用了32匹马。

象形文字

方尖碑的顶端有三只猎鹰，代表着埃及的神灵何露斯。这个古柱每一侧的象形文字都是以赞美他作为开头的。

写在石头上

中央公园的方尖碑是原本位于埃及亚历山大的一对方尖碑中的一个，它们于公元前17年被竖起，是克利欧佩特拉为了向马克·安东尼致敬而建造的一座寺庙的装饰品。此后不久它们就被推翻了，埋在地下几百年，这也是其象形文字保存完好的原因。

答案： 1. 一所学校。2. 凤蝶。3. 方尖碑，又称为特拉之针。

上东区

作为纽约市最高档的地区之一，上东区聚集了一些纽约最好的博物馆，其中一些在第五大道上形成了一条紧凑的地带，被称为博物馆大道（Museum Mile）。庞大的大都会艺术博物馆中展出着精美的古希腊和古罗马雕塑，而古根海姆博物馆坐落在由弗兰克·劳埃德·赖特设计的美妙建筑中。大都会艺术博物馆毗邻中央公园，因此可以在内部直接通行。

旅游重点

大都会艺术博物馆

参观这座宏伟的博物馆，你会为其众多的艺术、雕塑、纺织品、铠甲和更多收藏品而感到惊讶（见150~153页）。

弗里克美术收藏馆

在这座宏伟的豪宅里漫步游览，欣赏令人惊叹的展品收藏，你会沉迷于这里展出的绘画、雕塑等作品（见154页）。

所罗门·R. 古根海姆博物馆

好好看看弗兰克·劳埃德·赖特最著名的建筑创作，然后参观由其创始人收藏的杰出的现代艺术品展览（见158~159页）。

犹太博物馆

去犹太博物馆寻找令人印象深刻的各种各样的绘画、雕塑、摄影、考古文物，以及犹太人相关电影（见160页）。

拉美艺术博物馆

在拉美艺术博物馆可以了解拉丁美洲和加勒比地区的艺术和民俗，并探讨从前哥伦布时代至今，其对于现代纽约的影响力（见161页）。

左图 大都会艺术博物馆内的大楼梯
左上图 弗里克美术收藏馆生活馆的绘画、家具和装饰物品展示

最精华游点之
上东区

艺术、建筑、豪华住宅和林荫大道定义了上东区，这里是整个纽约最富裕的地区。家庭游客一定会喜欢这里的众多博物馆，从令人印象深刻的大都会艺术博物馆到迷人的纽约市立博物馆。沿着郁郁葱葱的中央公园西侧边缘这一带环境极佳，可以在野餐之后，回到宏伟的喷泉旁的喷雾里凉快一下。

艺术爱好者

这片区域是整个城市艺术浓度最高的地区。在**纽约大都会艺术博物馆**（见 150~153 页），可以仔细欣赏世界上最大的欧洲绘画收藏展览之一，以及古埃及的庙宇和雕塑作品。想要对当代艺术有一个概括性的了解，那就走进**所罗门 · R. 古根海姆博物馆**（见 158~159 页）的圆形坡道吧！**惠特尼美国艺术博物馆**（见 154 页）藏有城市首屈一指的美国艺术家作品，包括杰克逊 · 波洛克和格鲁吉亚 · 奥基夫。最后，在**弗里克美术收藏馆**（见 154 页）的古董家具和早期绘画大师作品展览中品味一下纽约精英们的生活方式。

右图 大都会艺术博物馆中的丹铎神庙
下图 犹太博物馆地板上镶嵌的马赛克

上图 大都会艺术博物馆建筑的凹槽柱和优美的拱门

多元文化的混杂

上东区的几家博物馆都展示了纽约文化的多样性，包括**拉美艺术博物馆**（见 161 页），它提供了一个窥视拉丁文化的机会，从最先在波多黎各和多米尼加共和国定居的泰诺印第安人，到当代墨西哥和新波多黎各的艺术。著名的**犹太博物馆**（见 160 页）坐落在第五大道的法国哥特式城堡内，记录了犹太文化在过去几个世纪的演变。**大都会艺术博物馆**展示了亚洲优雅的陶瓷和书法，还有来自非洲和大洋洲的充满活力的面具和珠宝；这里收藏的整片欧洲大陆的绘画作品涵盖了从西班牙到斯堪的纳维亚半岛，还可以通过欣赏它们来追溯欧洲文化丰富的时间表。

季节反差

上东区在每个季节都可体现出独特的一面。春季，中央公园跟随鲜花和蝴蝶一起苏醒过来。夏季，博物馆的室外酒吧和餐馆都开放了——包括**大都会艺术博物馆**的屋顶雕塑园，客人们在那里享受着在繁星点点的夜空下喝一杯的感觉。在温暖的天气里，许多博物馆还会举办有趣的户外音乐会，周五会在傍晚举办。到了秋冬季节，美术馆和博物馆经常推出新展品，而整个街区变成了雪域仙境，有大量的户外空间供孩子们堆雪人、滑雪橇。

历史迷

想要了解这个城市及其居民的历史，那就去参观**纽约市立博物馆**（见 160 页），这是一个宏伟的新乔治亚风格建筑。其他许多上东区的博物馆也收藏了来自纽约和世界各地的各种丰富的历史文物，从**弗里克美术收藏馆**到**拉美艺术博物馆**。中央公园里也有多种历史珍品，包括**方尖碑**（见 143 页），这是公园里最古老的人造设施。

左图 所罗门・R. 古根海姆博物馆的外观，一个标志性建筑

大都会艺术博物馆及周边

大都会艺术博物馆周边地区可以轻松通过地铁到达，非常适合步行游览。这是一个博物馆、餐馆和安静街道的组合，街道边林立着高档住宅——包括中央公园的东段。周末时这片地区最为繁忙，因为游客和当地人会成群结队地来到这里参观博物馆。一般在周中期人比较少，特别是上午晚些时候和下午的 15:00 左右。

大都会艺术博物馆的庭院

游客须知

地铁：4、5、6 线到 86th St；6 线 到 86th St-Hunter College。**公交车：**M1、M2、M3、M4、M15、M72、M79、M101 和 M102

游客信息：时报广场游客中心（1560 Broadway, between 46th St & 47th St,10036；212 768 1560；周一至周五：9:00~19:00，周六和周日：8:00~20:00）

超市：D'Agostino（1233 Lexington Ave, at 83rd St,10028；212 570 6803）

药店：Duane Reade（1524 Second Ave,10021；646 422 1023；周一至周五：8:00~21:00，周六 8:00~19:00，周日：9:00~17:00）。CVS/pharmacy（1241 Lexington Ave,10028；212 535 3438；周一至周五：8:00~21:00，周六、周日：9:00~18:00）。

最近的游乐场：古代游乐场（见 142~143 页）。

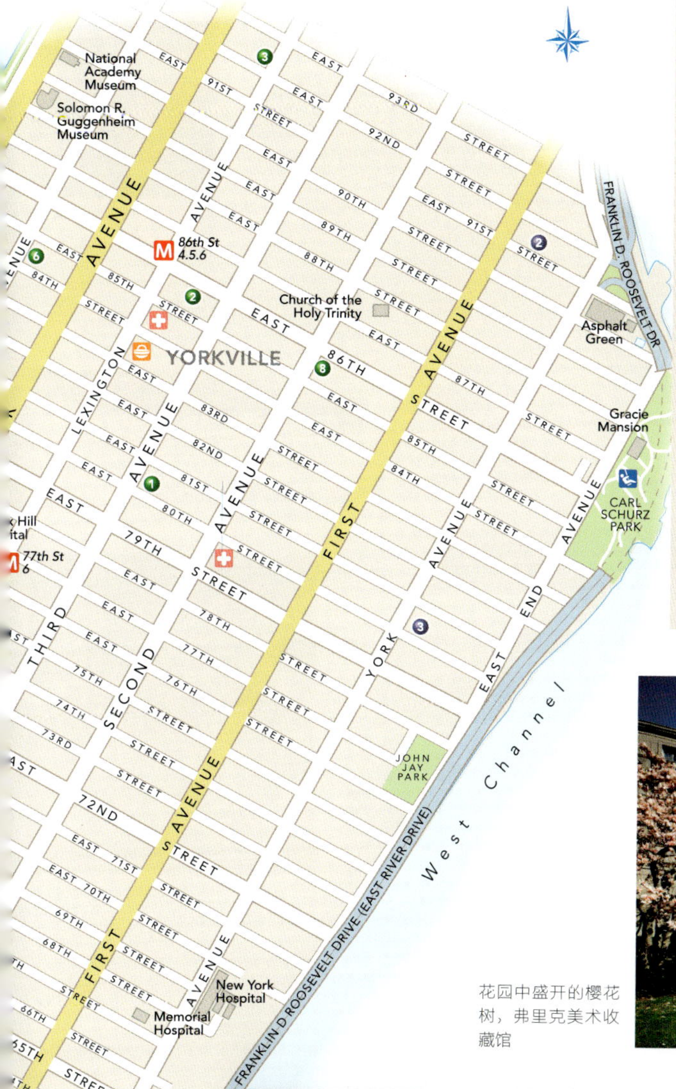

地图示意

景点

1. 大都会艺术博物馆
2. 惠特尼美国艺术博物馆
3. 弗里克美术收藏馆
4. 亚洲协会

餐饮点

1. Eli's Manhattan
2. Shake Shack
3. Sfoglia
4. Café Boulud
5. Vivolo
6. Le Pain Quotidien
7. Fig and Olive
8. Heidelberg

另参见惠特尼美国艺术博物馆（见154页）和亚洲协会（见155页）

购物点

1. Leo Castelli Gallery

住宿点

1. Affinia Gardens
2. Courtyard NY Manhattan
3. Gracie Inn

花园中盛开的樱花树，弗里克美术收藏馆

家庭艺术工作室，惠特尼美国艺术博物馆

① 大都会艺术博物馆 Metropolitan Museum of Art

绘画、雕塑和更多

大都会艺术博物馆中收藏的“珍宝”的历史跨越成千上万年，拥有超过200万件来自美洲、欧洲、非洲和远东的艺术品及古典作品和古代藏品。主入口将游客迎进令人印象深刻的新古典主义风格大厅，从这里开始，大阶梯通向博物馆最棒的展览——欧洲画廊。最受孩子们欢迎的展品是引人注目的丹铎神庙，来自古老的埃及。

丹铎神庙旁边的埃及雕像

主要看点

1楼：博物馆的1楼设有8个展区：埃及艺术；美国之翼；武器及防具；中世纪艺术；欧洲雕塑及装饰艺术品；现代艺术；非洲、大洋洲和美洲艺术品；希腊和罗马艺术。

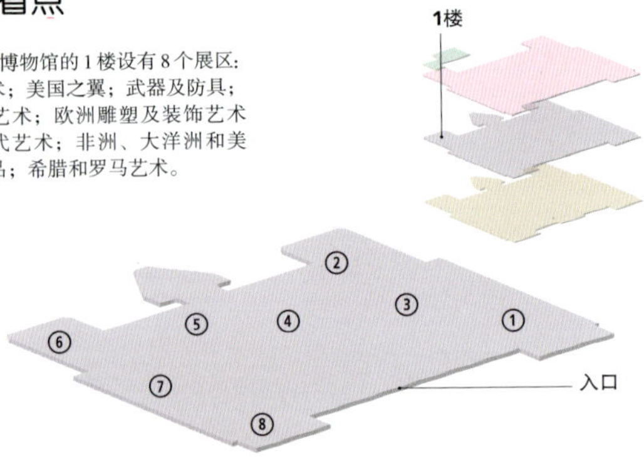

③ **武器及防具展区：**大罗马帝国皇帝查理五世（1519~1556年）的这把华丽雕刻的簧轮枪是第一把自动点火手枪。在这个展区可以看到。

① **埃及艺术展区：**该展区有令人惊叹的3.6万件展品。其中之一是丹铎神庙，这是一间公元前15世纪的寺庙，在夜间会被点亮。在1965年阿斯旺水坝建设期间，它被一块块地从埃及搬到了这里。同时展出的还有灿烂的珠宝和墓穴画作，包括欢快的蓝色河马——已经成为博物馆的吉祥物。

④ **中世纪艺术展区：**这种颜色鲜艳的彩色玻璃面板名为《天使转香炉》（Angels Swinging Censers），突出了在复杂的背景下飞翔的天使们。它可以追溯到大约1170年，是为法国特鲁瓦的圣艾蒂安学院教堂创作的。

② **美国展区：**温斯洛·霍默被公认为19世纪美国最伟大的画家之一，作为一个商业版画复制匠开始了他的职业生涯，然后开始创作，包括水彩画和油画。这幅作品《工作室》（1867年）是其经典油画作品。

⑤ **欧洲雕塑和装饰艺术品展区：**这里有5万件展品，包括罗丹精美的雕像、法国和佛兰德斯挂毯，以及具有历史意义的某一时期的房间，例如来自法国Hotel de Cabris旅馆的Boiserie，上边有雕刻和镀金镶板。

游客须知

地图：16 E5

地址：1000 Fifth Ave, near 82nd St,10028; 212 535 7710; www.metmuseum.org

地铁：4、5、6 线到 86th St。
公交车：M1、M2、M3 和 M4

营业时间：周二至周四、周日：9:30~17:30，周五、周六：9:30~21:00

价格：建议捐赠：成人 25 美元；12 岁以下免费

购票及入场提示：可以提前在网上购票

导游导览：每天都有免费的参观导览；主要展品的语音导览讲解：成人 7 美元，12 岁以下 5 美元。

年龄范围：5 岁以上

活动：博物馆举办一系列的家庭活动，包括“他们是如何工作的”（How did They Do That）和“从艺术开始”（Star with Art）家庭工作室，还有诺伦图书馆（Nolen Library）（周二至周五）儿童阅览室里的讲故事时间。

预留时间：一整天

轮椅通道：有

咖啡厅：博物馆 1 楼的自助餐厅提供各种三明治、比萨和沙拉；周一歇业。卡洛尔 和米尔顿·皮埃尔欧洲雕塑馆（Carroll and Milton Petrie European Sculpture Court）的 Petrie Court Café 有便餐和甜点，从鸡肉沙拉到厚厚的布朗尼圣代；周一歇业。

商店：博物馆商店有各种商品，从现代珠宝到独特的拼图都可以买到。

卫生间：位于不同层，包括 1 楼

参观价值
博物馆展出了众多世界顶级的美术作品，埃及展馆很精彩，还有一系列适合孩子的活动和手工作坊，因此十分适合家庭游客。

⑥ **现代艺术展区**：意大利画家阿米蒂奥·莫迪里阿尼为他的妻子珍妮·赫布特创作了 20 余件作品。在这幅作品中，据说她穿白色上衣是为了掩盖怀孕。他们的恋情最终悲剧收场：在 1920 年 1 月 24 日，莫迪里阿尼因肺结核去世，赫布特于第二天自杀了。

⑦ **非洲、大洋洲和美洲艺术品展区**：该展区中最好的作品包括前哥伦布时期的黄金、青铜雕塑，以及陶瓷、秘鲁的鼓，比如这只表面就有丰富的彩绘，画着一条蛇和一头虎鲸。

⑧ **罗马艺术展区**：巴德明顿石棺（Badminton Sarcophagus，260~270 年）描绘了酒神狄俄尼索斯骑在一头豹子身上，周围分别是信徒、有角的潘神和 4 名代表春、夏、秋、冬的青年。

儿童专栏

找一找……

1. 博物馆里最令人兴奋的展品之一是埃及艺术收藏品，从闪闪发光的金首饰到著名的丹铎神庙，应有尽有。你能说出蓝色河马的名字吗？

2. 在古希腊和罗马艺术展区，找一找 Badminton Sarcophagus 石棺，刻画了酒神狄俄尼索斯坐在一头豹子身上，四周围着各种人物，其中包括 4 个年轻人。他们代表什么？

答案见本页最下角。

手枪点燃

簧轮枪（Wheellock）听起来是一个有趣的词，但如果你把它分解成两个词——车轮和锁——就会发现真相。簧轮枪是世界上第一把自动点火手枪，使用一个旋转的钢制轮来提供点火。

令人难忘的壮举

丹铎神庙的石块总重量超过 800 吨。它们被装入 661 只箱子，然后运到美国。

咆哮的嘴巴和热情的眼睛

海洋艺术收藏展有一个来自太平洋岛屿，充满活力的艺术品展示。看看这些令人印象深刻的面具，其中一些是用树皮、贝壳、蜂蜡，甚至人类的头发等材料制作出来的。

答案：1. 蓝色河马已被命名为威廉（William）。2. 代表四个季节：春、夏、秋、冬。

① 大都会艺术博物馆续 ➤

大都会艺术博物馆（续）

主要特色

2 楼：博物馆的 2 楼展区包括：欧洲绘画；现代艺术；素描、版画和摄影作品；乐器；美国；亚洲艺术；肯特屋顶花园。

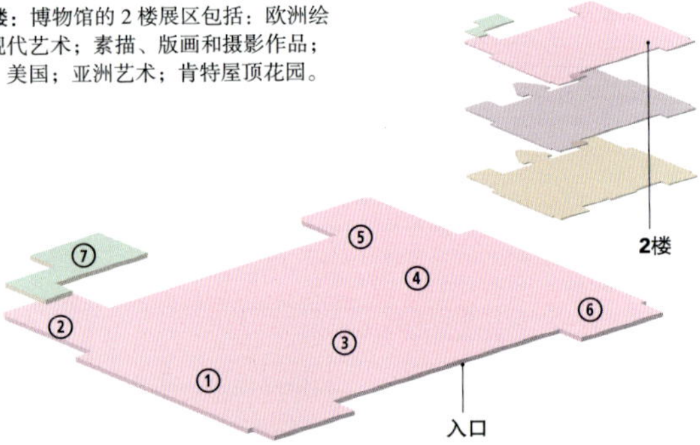

大都会艺术博物馆的宏伟外观

① **欧洲绘画展区：** 欧洲画廊有一系列令人惊叹的印象派和后印象派艺术品，包括 34 幅莫奈的和 18 幅塞尚的作品。法国画家埃德加·德加最喜欢的主题是芭蕾，从他众多漂亮的舞者之画就能看出，包括《芭蕾舞排演》（Rehearsal on the Stage，1874 年），呈现了舞台上身姿曼妙的年轻女孩。

② **现代艺术展区：** 大都会艺术博物馆的现代艺术收藏展在纽约不是最大的，但被公认为是欧洲和美国从 1900 年起的艺术品的最佳展览之一。这里有毕加索在其蓝色时期创作的《格特鲁德·斯坦因的画像》（Portrait of Gertrude Stein，1906 年）及《盲人的晚餐》（The Blind Man's Meal，1903 年）。还有一部分是专门展示马克·罗斯科和杰克逊·波洛克的大量抽象作品的。

③ **素描、版画和摄影作品展区：** 该部分包括照片、历史悠久的广告及绘本，尤其收藏了 15~19 世纪意大利和法国的众多艺术品。下图是由英国画家但丁·加布里埃尔·罗塞蒂创作的《莉莉斯小姐》（Lady Lilith，1867 年）。

④ **乐器展区：** 博物馆有许多历史性的乐器，包括安德烈斯·塞戈维亚的吉他（1937 年），他是一名来自西班牙安达卢西亚的吉他手，被公认是 20 世纪最优秀的古典吉他演奏家之一。

⑤ **美国展区：** 这部分的展品包括早期的印象派作品，如玛丽·卡萨特的《一杯茶》(The Cup of Tea，1880~1881 年)。这位艺术家的作品特点是描写日常生活，特别是妇女。

⑥ **亚洲艺术展区：** 这里展示了中国、日本、印度和东南亚的雕塑、绘画和陶瓷。找找日本展区由丰富周延创作的浮世绘。

⑦ **肯特屋顶花园：** 爱利丝和吉瑞德．肯特屋顶花园（The Iris and B. Gerald Cantor Roof Garden；5~10 月开放）展出的雕塑经常改变，包括蔡国强的《走开，这里没什么好看的》（Move Along, Nothing to See Here）。

休闲放松

中央公园迷人的**古代游乐场**（见 142~143 页）就在大都会艺术博物馆的北面，爬上金字塔可以找到一个日晷。虽然叫作古代游乐场，但其实这是公园最新的游乐场之一，它的设计灵感来自大都会艺术博物馆的埃及艺术收藏品。游乐场提供有趣的水上活动：观察水流如何从中央的方尖碑流经两座桥，然后汇聚形成了一个小型瀑布。孩子们也可以享受轮胎和秋千。

《珀西·杰克逊和奥林匹亚众神：闪电贼》的一张剧照

餐饮信息

野餐：20 美元以下；小吃：20~35 美元；正餐：35~70 美元；家庭聚餐：70 美元以上（以一个四口之家为基准）

野餐：Eli's Manhattan（1411 Third Ave at 80th St，10028；212 717 8100；每天：7：00~21:00）出售特制面包、奶酪和新鲜的沙拉，可以拿到中央公园的大草坪上享受。

小吃：Shake Shack（154 East 86 th St，10128;646 237 5035；每天：11:00~23:00）供应汉堡、厚切薯条和奶油冻。

正餐：Sfoglia（135 East 92nd St，10128；212 831 1402；周一：17:30~22:30，周二至周六：中午~14:30、17:30~22:30）供应可口的意大利美食，包括新鲜的意大利面、卡拉布里亚辣椒，还有奶油提拉米苏。

家庭餐：Café Boulud（20 East 76th St at Madison Ave，10021；212 772 2600 周一至周四：7:00~10:00、中午~14:30、17:45~22:30（周五、周六至 23:00），周日 8:00~11:00、中午~15:00、17:45~22:30）以名厨丹尼尔·布鲁做的法国菜为特色，从经典的鹅肝到一些创新菜肴，比如拌有五香摩洛哥蒸粗麦粉的烤鸭。

逛街购物

麦迪逊大道延伸地区有各种艺术画廊，包括著名的**利奥·卡斯特里画廊**（Leo Castelli Gallery）（18East 77th St，10075；212 249 4470）。该地区也有儿童和成人的高档服装精品店，以及咖啡馆和鲜花店。

更多信息

网络：博物馆网站 www.metmuseum.org 有很棒的儿童部分。

电影：《珀西·杰克逊和奥林匹亚众神：闪电贼》（2010 年）在博物馆的希腊画廊和博物馆的其他部分。

下一站……

方尖碑：前往中央公园看看方尖碑（见 143 页）。这是公园里最古老的人造物。

孩子们在令人印象深刻的中央公园方尖碑周围滑冰

儿童专栏

找一找……

1. 寻找埃德加·德加的雕塑《十四岁小舞者》（The Little Fourteen-Year-Old Dancer）。你知道她所摆出姿势的名称吗？
2. 博物馆不只藏有绘画和雕塑作品，还有令人惊叹的乐器收藏，其中包括世界上最古老的钢琴。你能说出它制作的时间吗？
3. 保罗·塞尚创作了一系列有名的苹果画。找找它们，看你能不能找出所有不同颜色的苹果。

答案见本页最下角。

自然禀赋

梵高是一个主要靠自学成才的艺术家，几乎没有受过任何正规训练。他拥有惊人的记忆力，这帮助他通过回忆创造出许多惊人的画作。

后印象派的天才

艺术家保罗·塞尚采用的绘画技术是非常密切地观察周围的一切事物，从苹果和花盆到桌布和凳子，这让他理解了它们的基本形状：球、立方体、圆柱体和锥体。他画作中的对象都基于这些简单的形状。

答案：1.它被称为"休闲的第四种姿势"（casual fourth position）2.制作于1720年。3.橙、红、黄，甚至还有些浅绿色，都呈现深浅不一的色调。

惠特尼美国艺术博物馆里的家庭艺术工作坊

② 惠特尼美国艺术博物馆

Whitney Museum of American Art

野蛮和滑稽的艺术

在惠特尼美国艺术博物馆收藏着丰富的 20 和 21 世纪的美国艺术家作品，共计近 2800 名艺术家的 1.8 万余件绘画、雕塑、照片和电影作品，其中包括爱德华·霍珀、乔治亚·奥基夫和罗伯特·劳森伯格。还可以看到约瑟夫·斯特拉的《布鲁克林大桥》和贾斯帕·约翰斯的《三面旗》。

不过，毫无疑问的是，惠特尼最著名的当属其双年展了，它首次举办于 1932 年，并一直延续下来，在偶数年份的 3~6 月间进行。它的设计目的是为美国当代艺术的发展状况提供一个概览。在双年展上总可以看到非同寻常的作品，如艺术家亚历克斯哈伯德的《Annotated Plans for an Evacuation》，他在这个作品中不断改变二手福特汽车的外观，从平衡发动机上的水壶到给窗户喷洒绘画。

游客须知

地图： 16 E6 **地址：** 945 Madison Ave at 75th St，10021;212 570 3600; www.whitney.org

地铁： 6 号线到 77th St。**公交车：** M1、M2、M3 和 M4 路

营业时间： 周三、周四、周六和周日：11:00~18:00，周五：13:00~21:00

价格： 36~46 美元；周五 18:00~21:00 可随意付费；18 岁及以下免费

购票及入场提示： 清晨博物馆刚开门之后的队伍通常是最短的

导游导览： 每小时都有免费参观，从 11:30 开始。

年龄范围： 6 岁以上

活动： 博物馆提供艺术工作坊、特别事件和面向儿童和青少年的活动；请查询网站了解详情。

预留时间： 2 小时

轮椅通道： 有

餐饮：正餐： 博物馆的内部咖啡馆，被称为 Untitled，供应美味的咖啡、华夫饼、煎饼、三明治和烘焙食品。**家庭餐：** Vivolo（140 East 74th St，10021;212 737 3533; www.vivolo.vivolonyc.com）在一间有着 1875 年气氛的联排别墅里，提供丰盛的面食。

卫生间： 位于 1 楼

休闲放松

感受上东区的一个很棒的方式就是沿着幽雅的**公园大道**（Park Avenue）向南散散步，仿佛该地区的缩影，一路都有迷人的景色，一直到大都会人寿大厦（MetLife Building.）。

弗里克美术收藏馆的弗拉戈纳尔客房中的绘画及 18 世纪家具

③ 弗里克美术收藏馆

The Frick Collection

某一时期的家具、绘画和雕塑

随着越来越多的公寓和高层建筑雨后春笋般地出现在城中各地，人们很容易忘记纽约昔日宏伟的豪宅。参观美国实业家亨利·克莱·弗里克的豪宅可以一窥纽约旧时的风情。

这座宅邸位于第五大道上，门前有一个绿树成荫的花园，如今是弗里克美术收藏馆。走进去之后，众多令人印象深刻的收藏精美地展示在 16 个画廊里，包括 18 世纪的法国家具、中国瓷器、镀金时钟和 16~18 世纪的怀表，再加上格列柯、戈雅、德加、伦勃朗、委拉斯开兹和维米尔等大师的画作。豪宅的露天花园有潺潺的喷泉水流，是一个放松的好地方。

游客须知

地图： 13 A1 **地址：** 1 East 70th St, near Madison Ave, 10028; 212 288 0700; www.frick.org

地铁： 6 线到 68th St–Hunter College。**公交车：** M1、M2、M3 和 M4

营业时间： 周二至周六：10:00~18:00，周日：11:00~17:00

价格： 72~82 美元；周日：11:00~13:00 可以随意付费

购票及入场提示： 工作日的早晨博物馆刚开门之后人是最少的

导游导览： 语音导览和团队参观；请查询网站了解详情。

年龄范围： 10 岁以上

活动： 特定的周日下午会举办面向 10 岁及以上儿童的“周日素描”（Sunday Sketch）活动。

预留时间： 2 小时

轮椅通道： 有

餐饮：正餐： Le Pain Quotidien（1131 Madison Ave，10028;212 327 4900）供应热汤、进口奶酪和地中海沙拉。**家庭餐：** Fig and Olive（808 Lexington Ave，10021; 212 207 4555）供应迷迭香烤羊排、柠檬鲽鱼，还有配了橄榄油冰激凌的温杏仁蛋白软糖蛋糕。

卫生间： 位于 1 楼

价格以一个四口之家为基准

休闲放松

经营有方的 Asphalt Green（www.asphaltgreen.org）里可以游泳、做体操甚至武术，这是上东区的一家适合儿童的健身中心。

④ 亚洲协会
Asia Society

丰富的传统和东方的珍品

这家优雅的博物馆由约翰·D. 洛克菲勒三世建于 1956 年，可以在这里探索亚洲充满活力的艺术和文化。从日本到伊朗，博物馆为亚洲艺术提供了一个美丽的视觉概述。特别引人注目的是洛克菲勒和他妻子的个人收藏展。虽然仅包含 300 件作品，但被认为是美国最著名的亚洲艺术收藏展，包括了中国宋明时期的精致陶瓷，以及来自尼泊尔的铜菩萨雕像，上面镶嵌着宝石。同样令人着迷的还有博物馆的文化产品展品，包括亚洲电影——关注一下生动的宝莱坞电影——以及舞蹈表演、音乐会和戏剧。

休闲放松

探索一下临近的约克维尔地区（Yorkville），这是曼哈顿唯一仍旧保有纽约的德国和奥匈帝国移民历史痕迹的一部分。1900 年左右这里曾经十分热闹，从东 79 街延伸至第 89 街，位于列克星敦和东河之间。今天，该地区有一些传统的德国咖啡馆和熟食店，可以买到从维也纳炸牛排（牛肉扇贝滚面包层）到糊状糕点的各种食物。

红色条幅标志着亚洲协会的入口

游客须知

地图： 13 B1
地址： 725 Park Ave at 70th St, 10021;212 288 6400; www.asia-society.org
地铁： 6 线到 68th St–Hunter College。**公交车：** M1、M2、M3、M4、M30、M66、M101、M102 和 M103
营业时间： 周二至周日：11:00~18:00，周五至 21:00（7~9 月除外）
价格： 30~40 美元；周五 18:00~21:00 免费；16 岁以下免费
年龄范围： 6 岁以上
活动： 协会会举办家庭日，包括艺术和工艺品、讲故事和教育讲习班，向孩子及父母讲授关于亚洲传统和节日的知识。

预留时间： 1 小时
轮椅通道： 有
餐饮：正餐： Heidelberg（1648 Second Ave，10028;212 628 2332）的专长是德国菜，提供从饺子汤到多汁的香肠的各类菜肴。**家庭餐：** Garden Court Café 现场提供美味的亚洲风味菜，从柠檬草包鲑鱼到大米烤鸡。

卫生间： 位于 3 楼

在亚洲协会上展出的中国陶瓷

儿童专栏

找一找……

1. 在弗里克美术馆找到旧钟表和怀表的展览。你知道怀表是在几世纪被发明的，人们又是在什么时候停止使用它们的吗？
2. 在惠特尼博物馆，看看爱德华·霍珀的著名画作《周日清晨》（Early Sunday Morning）。你知道他是仿照纽约的哪条街画的吗？
3. 在亚洲协会探索亚洲的历史，包括一些著名的发明，比如风筝。风筝的起源是哪里？

答案见本页最下角。

令人难以置信的弗里克

亨利·弗里克作为匹兹堡实业家赚到了巨额财富，但他真正喜爱的是艺术。在其一生中，他获得了每一种可以想象的艺术类型：雕塑、素描、版画、家具、搪瓷、地毯、银器和 131 幅画。

超越时代

惠特尼美国艺术博物馆最初坐落在创始人格特鲁德·惠特尼自己的工作室里，位于西村。她于 1929 年向纽约大都会艺术博物馆提供了她收集的 700 件藏品，但被拒绝了，理由是觉得它们太过于“现代”。于是，她决定在 1931 年开设自己的博物馆。

答案：1. 从 16 世纪出现到第一次世界大战期间，怀表一直是最常见的钟表类型。2. 第七大道。3. 中国，于公元前第 4 和第 5 世纪出现。

所罗门·R. 古根海姆博物馆及周边

古根海姆博物馆很难被人错过，因为它以独特的螺旋结构优雅地矗立在第五大道。周边地区遍布着丰富多彩的精品店、枝繁叶茂的住宅街道、餐馆和咖啡馆。对孩子们来说，最大的诱惑当然就是中央公园了，距离博物馆只有很短的步行路程，那里可以进行各种户外活动。香气宜人的温室花园是漫步在鲜花和喷泉之间的完美地点。最好用步行的方式游览这片区域，不过要想快速在景点之间来往，乘坐出租车也很方便。

地图示意

景点
1. 所罗门·R.古根海姆博物馆
2. 犹太博物馆
3. 纽约市立博物馆
4. 拉美艺术博物馆

餐饮点
1. Sarabeth's
2. Lexington Candy Shop
3. Ithaka
4. Demarchelier
5. Barking Dog Luncheonette
6. Jackson Hole
7. Centolire
8. Joy Burger Bar

另参见犹太博物馆（见160页）和拉美艺术博物馆（见161页）

购物点
1. H&M
2. Planet Kids

住宿点
1. The Carlyle
2. Hotel Wales

0 米 300
0 码 300

犹太博物馆内的马赛克图案细节

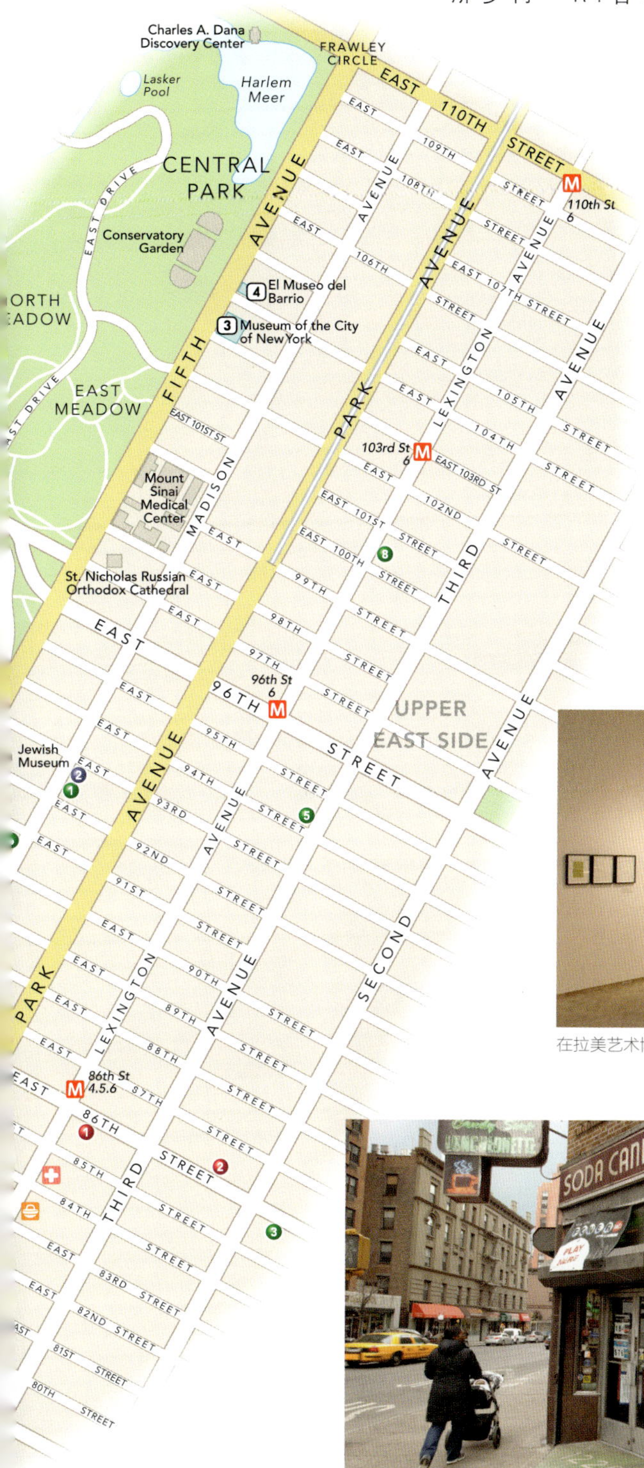

游客须知

地铁： 4、5和6线到86th St；6号线到96th St.103rd St.110th St。**公交车：** M1~M4

游客信息： 时报广场游客中心（1560 Broadway, between 46th St & 47th St,10036；212 869 1890；www.timessquarenyc.org；每天 8:00~20:00）

超市： D'Agostino（1233 Lexington Ave at 83rd St，10028;212 570 6803 www.dagnyc.com ）

节日： 三王节游行（1月6日）

药店： CVS/pharmacy（1241 Lexington Ave,10028；212 535 3438；周一至周五 8:00~21:00，周六、周日 9:00~18:00）。

最近的游乐场： 中央公园的古代游乐场（见142~143页）。

在拉美艺术博物馆欣赏艺术品

Lexington Candy Shop 的展示橱窗，上东区

① 所罗门 · R. 古根海姆博物馆 Solomon R. Guggenheim Museum

灿烂的建筑和鼓舞人心的艺术

著名的古根海姆博物馆坐落在一个看起来像巨大螺贝的建筑里，由弗兰克 · 劳埃德 · 赖特于 20 世纪 50 年代设计，以其建筑风格和令人惊叹的艺术画展而出名，藏品包括康丁斯基、毕加索和夏加尔等人的画作。为了在欣赏艺术品的同时体会博物馆建筑的精妙，游览博物馆的方式是先乘电梯抵达顶层，然后顺坡走下来，美术馆的众多展品就悬挂在坡道边的墙壁上。

博物馆的螺旋走道

永久收藏

画廊指南

古根海姆博物馆在其所有的空间中都陈列着永久和临时的展品。大圆形厅除了部分永久性藏品外，还用来作为庆祝式临时展览的地点，同时小画廊也会展出永久收藏的作品，范围囊括了从灿烂的印象派作品到当代绘画作品。

《在镜子前》（Before the Mirror，1876 年）：爱德华 · 马奈捕捉的画面描绘了一个 19 世纪的艺妓在观看镜中的自己。

《黄牛》（Yellow Cow，1911）：弗兰兹 · 马克喜欢动物，从这幅开心嬉闹的牛之画中就可以看出来。

《窗外的巴黎》（Paris Through the Window，1913 年）：夏加尔描绘的巴黎有着被照亮的市容和神秘的人物。

游客须知

地图： 16 E4

地址： 1071 Fifth Ave at 89th St，10128; 212 423 3500；www.guggenheim.org

地铁： 4、5 和 6 线到 86th St。

公交车： M1、M2、M3 和 M4

营业时间： 周一至周三、周五、周日：10:00~17:45，周六：10:00~19:45

价格： 66~76 美元；12 岁以下免费；周六 17:45~19:45 随意付费，19:15 停止售票

购票及入场提示： 周末时博物馆最为拥挤，因此在工作日前来可以避免参观人群。可以在网上提前购票，允许游客绕过买票队伍

导游导览： 大多数周日提供免费的互动画廊参观、家庭参观和工作坊；导游参观：每天 11:00、13:00

年龄范围： 5 岁以上

活动： 博物馆会为孩子们举办艺术工作坊、戏剧活动和讲故事环节；请查询 www.guggenheim.org

预留时间： 2 小时

轮椅通道： 有

咖啡厅： 大圆形厅对面的 Wright Restaurant 提供季节性菜肴以及小吃；附楼 3 层的 Café 3 提供三明治和甜点。

价格以一个四口之家为基准

休闲放松

中央公园的**古代游乐场**（见142~143页）为孩子们准备了铁索桥、金字塔状结构和轮胎秋千。

在 Lexington Candy Shop 的柜台上用餐，这是一家老式餐馆

餐饮信息

野餐：20 美元以下；小吃：20~35 美元；正餐：35~70 美元；家庭聚餐：70 美元以上（以一个四口之家为基准）

野餐：Sarabeth's（1295 Madison Ave，near 92nd St，10128;212 410 7335; 周一至周六：8:00~23:00，周日 8:00~21:30）供应美味的烘焙食物，从山核桃馅饼到蓝莓玉米松饼，去附近的中央公园享用吧。

小吃：Lexington Candy Shop（1226 Lexington Ave at 83rd St，10028; 212 288 0057; 周一至周六：7:00~19:00，周日：8:00~18:00）是一个令人愉快的用餐地点，提供经典的餐馆食物，包括煎饼、汉堡和传统的纽约蛋蜜乳（见 31 页）。

正餐：Ithaka（308 East 86th St, 10028; 212 628 9100; 周一至周五：15:30~23:00，周六、周日：中午~23:00）提供上东区真正的希腊风味，从辣肉丸、烤章鱼到茄盒、果仁蜜饼都可以找到。

家庭餐：Demarchelier（50 East 86th St，near Madison Ave 10028; 212 249 6300; 周一、周二和周日：中午~22:00，周三至周六：中午~22:30）是一个法国小酒馆，推荐尝尝法国洋葱汤、烤鸭，以及美味的巧克力慕斯。

逛街购物

上东区附近拥有许多很棒的商店——距离古根海姆博物馆几个街区内有 **H&M**（Lexington Ave at 86th St, 150 East 86th St,10028；2122891724），提供一系列的成人及儿童服装；还有 **Planet Kids**（247 East 86th St, near Second Ave,10028；2124262040）提供儿童彩色画册和乐高玩具，以及婴儿车和旅行毛毯。

Planet Kids 的入口，这是一家颇受欢迎的儿童玩具和书籍商店

更多信息

网络：www.guggenheim.org 详细介绍了面向儿童的艺术工作坊、旅游和培训班。http://tinyurl.com/3umusvt 也提供了有益的建议，帮助青少年更好地参观博物馆。

下一站……

小工艺品商店：孩子们会很喜欢小工艺品商店（Little Shop of Crafts）（431 East 73rd St,10021；2127176636），在这里他们可以给陶器绘画、把玻璃珠串成项链及组装马赛克，或者用石膏制作自己最喜欢的人物，从公主到独角兽，还可制作动物标本。

商店：博物馆的精品店出售书籍和许多面向儿童的有趣礼品。

卫生间：位于不同楼层

参观价值

独特的螺旋形建筑和标志性的当代绘画，让这个博物馆同时受到孩子和大人的喜爱。

儿童专栏

找一找……

1. 当你走进弗兰克·劳埃德·赖特的著名螺旋形建筑时，你会想起什么样的海洋生物？
2. 观察夏加尔的名画《窗外的巴黎》（Paris Through the Window）。你能看到画中描绘了什么有名的建筑？此外，你能发现一颗心吗？
3. 观察古根海姆博物馆的建筑外观和内饰。你能看到哪些形状？

答案见本页最下角。

描边

仔细看看毕加索的名画《黄头发的女人》（Woman with Yellow Hair）。他在画中的许多地方用了连续、流畅的线条，最明显的地方是女人的脸。

值得的家

弗兰克·劳埃德·赖特最初反对在纽约建立古根海姆博物馆。他写道："我能想到几个世界上更令人满意的地方来建立这座伟大的博物馆，但是我们将不得不尝试纽约。"对赖特来说，纽约市建筑过多，但最终这里成为了该博物馆理想的展示平台。

答案：1. 螺旋式的设计类似鹦鹉螺的壳。2. 艾菲尔铁塔；双面人的手上印了一个心的形状。3. 形状有三角形、椭圆形、弧形、圆形和正方形。

犹太博物馆里，儿童艺术项目进行得如火如荼

② 犹太博物馆
Jewish Museum

来自世界各地的犹太艺术

纽约因为其丰富的犹太血统，成为著名的犹太博物馆最合适的家。博物馆成立于 1904 年，并在 1947 年搬迁到现在的位置——第五大道上一个可爱的法国哥特式城堡，位于曼哈顿著名的“博物馆大道”中间。除了超过 2.8 万件绘画、雕塑、装饰艺术照片和考古文物外，博物馆还拥有教室、礼堂和一个温馨的咖啡馆。

博物馆的中心展览——文化和连续性：犹太之旅（Culture and Continuity: The Jewish Journey）探讨了犹太文化在几个世纪以来的种种发展。该博物馆还会在 1 月共同主办知名的犹太电影节，展映一系列反映犹太人经历的相关影片。

在考古区（Archaeology Zone），孩子们可以穿着历史服饰，以及通过探索挖掘后保护文物的方法，来尝试亲自做一名考古学家。

游客须知

地图：16 E3 **地址：**1109 Fifth Ave at 92nd St，10128; 212 423 3200; www.thejewishmuseum.org

地铁：6 线到 96th St。
公交车：M1~M4

营业时间：周一、周二、周五至周日：11:00~17:45，周四：11:00~20:00

价格：40~50 美元；12 岁以下免费；座位免费

导游导览：每日游览，获准后免费；查看网站以了解详情

年龄范围：5 岁以上

活动：面向儿童的艺术工作坊、主题表演和讲故事环节，请查询网站；考古区：11:00~17:45，周六不开放。

预留时间：2 小时

轮椅通道：有

餐饮：野餐：Cafe Weissman（博物馆内）提供汤、沙拉和三明治。**正餐：**Barking Dog Luncheonette（1678 Third Ave at 94th St，10128;212 831 1800）有三明治、沙拉和意大利面。

卫生间：位于 4 楼大厅旁

休闲放松

在**杰奎琳·肯尼迪·奥纳西斯水库**（见 143 页）享受户外活动。让孩子们到处跑动跑动，在环水库的道路上散散步，或者去观鸟，看看苍鹭和潜鸟。

③ 纽约市立博物馆
Museum of the City of New York

有关纽约市的一切

纽约市立博物馆虽小，但是很有吸引力，坐落在一栋 1930 年的新乔治亚风格建筑中，藏品兼收并蓄，包括著名的纽约玩具故事（New York Toy Stories），有 19 世纪初的棋盘游戏、运动器材和玩具屋；纽约内饰（New York Interiors）展示了 6 间历史性的豪华客房，从 17 世纪的荷兰家居到 1906 年的客厅；贸易展区（Trade）则侧重于纽约在 17~20 世纪 70 年代作为港口所扮演的重要角色。

游客须知

地图：16 E2
地址：1220 Fifth Ave at 103rd St，10029; www.mcny.org

地铁：6 线到 103rd St。**公交车：**M1~M4、M106

营业时间：周二至周日：10:00~17:00；夏天时间会延长

价格：20~30 美元；12 岁以下免费

购票及入场提示：尽管周末是博物馆人最多的时候，但是队伍从来都不会太长，因此一般不用排队等待

年龄范围：5 岁以上

活动：2 楼每 30 分钟会有一个时长 25 分钟的音频－视觉展示，提供从易洛魁人（北美印第安人）时期到 9·11 恐怖袭击的城市历史概览。

预留时间：2 小时

轮椅通道：有

餐饮：正餐：Jackson Hole（1270 Madison Ave，near 91st St，10128; 212 427 2820）是一个牛仔主题餐馆，提供多汁的汉堡。**家庭餐：**Centolire（1167 Madison Ave，hear 86th St，10028; 212 734 7711）提供丰盛的意大利食物，从奶油酱意大利面到烤金枪鱼，都可以买到。

卫生间：位于大厅外

休闲放松

附近有中央公园的**哈林湖**（Harlem Meer）（East Side from 106th St to 110th St,10029），漫步

纽约市立博物馆的大门

在绿树成荫的海岸线上，还可以观赏鸟类，如黑冠夜鹭。

④ 拉美艺术博物馆

El Museo del Barrio

拉丁美洲的艺术和文化

拉美艺术博物馆反映了其周边地区——西班牙哈林区的文化遗产，于1969年开幕。展品涵盖了超过800年的拉丁美洲、加勒比和拉丁美洲的艺术和文化。穿过一个颜色鲜艳的可视时间表，从泰诺人的前哥伦布时期文物开始参观，他们最先定居在波多黎各和多米尼加共和国。古代文物包括刻护身符的小泥人，据说这能给它们的主人带来好运或守护。

展出的还有现代艺术和摄影作品，体现出拉丁裔艺术家与他们居住的纽约之间强有力的联系。联结纽约展（Nexus New York）展示了加勒比和拉美艺术家先驱们于20世纪20~30年代开展的前卫运动，包括墨西哥壁画家们充满活力的作品，比如迭戈·里维拉和弗里达·卡罗的画作。

上图 一家人走过第五大道的拉美艺术博物馆 **下图** 拉美艺术博物馆的"超级周六"儿童节目

休闲放松

人工打造的哈林湖（见160页）四周绿树成荫，是户外玩耍的完美场所。到了夏天，孩子们可以去拉斯克游泳池（Lasker Pool，每天上午11:00~下午15:00、16:00~晚上19:00）游泳。

游客须知

地图：16 E1
地址：1230 Fifth Ave at 104th St, 10029;212 831 7272; www.el-museo.org
地铁：6线到103rd St。**公交车**：M1
营业时间：周二至周六：11:00~18:00，周三延长至21:00；周日：13:00~17:00
价格：建议捐赠9美元；12岁以下免费；周三的18:00~21:00及每月第三个周六免费
购票及入场提示：最好在周中（周二至周五）参观以避免人群

年龄范围：5岁以上
活动：每月的第三个周六（11:00~18:00）被称为"超级周六！"，有很多儿童活动，包括免费音乐会、画廊参观、艺术工作坊、电影放映和朗诵。

预留时间：2小时
轮椅通道：有
餐饮：**小吃**：El Café（博物馆内场供应）提供拉丁美洲菜肴和街头美食，从热馅饼到新鲜、扑鼻的酸橘汁腌鱼。**正餐**：Joy Burger Bar（1567 Lexington Ave, 10029;212 289 6222）提供浇酱汁汉堡，包括香蒜酱和蛋黄酱。

卫生间：在咖啡馆附近

儿童专栏

找一找……

1. 在犹太节日"光明节"（Hanukkah）期间，会点亮一盏特殊的灯。犹太博物馆内的版本有8个烛台。你能找到它吗？
2. 在纽约市立博物馆，你可以了解所有关于这座城市的历史，包括最初在这里定居的人。你知道他们是谁吗？
3. 在拉美艺术博物馆里找找墨西哥艺术家迭戈·里维拉的画作。他是以创作何种类型的画作而出名的？

答案见本页最下角。

犹太遗产

犹太博物馆有来自世界各地的艺术品和其他物品，跨越了4000年的历史。每件藏品都讲述了一个故事，告诉人们做一个犹太人意味着什么。

菜单之上

在拉美艺术博物馆的咖啡馆，你可以品尝到大量的拉丁风味佳肴，包括empanadas（肉馅卷饼）。菜单里还有多米尼加共和国的sopa de plátano verde（绿色车前草汤）、巴西的almondegas（肉丸），以及玻利维亚的aguacate relleno con ensalada de atún（鳄梨包金枪鱼沙拉）。

答案：1.位于典礼艺术展区（Ceremonial Art）的"自由小姐"（Miss Liberty）。2.易洛魁印第安人，据说在公元前800年左右已经来到了这里。3.大型壁画，通常运用大胆的色彩描绘简单的人物。

上西区和哈莱姆区

作为一片友好的地区，上西区充满了亲切的老式住宅大厦，为年轻游客准备了迷人的博物馆，文化中心可提供家庭娱乐，还有一个童话般的公园俯瞰着哈得孙河。此外，该地区是圣约翰大教堂的所在地，这是世界上最大的教堂之一，也是著名的大学校园。更远的北部，坐落着充满活力的非洲裔美国人聚居地——哈莱姆区。

旅游重点

艺术与设计博物馆

在这里可以欣赏到超过 2000 件创新展品，观看艺术家工作，这里还有很棒的工作坊（见 168~169 页）。

美国自然历史博物馆

在这个令人难以置信的博物馆里，可以邂逅恐龙，欣赏栩栩如生的立体动物模型，体验“进入外层空间”的旅程（见 174~175 页）。

滨河公园

以大象、河马、恐龙为主题的游乐场，还可沿着风景秀丽的哈得孙河悠闲地散散步（见 176 页）。

曼哈顿儿童博物馆

在这个以孩子为中心的美妙博物馆，可以进入一个有趣的世界，这里提供了富有想象力的活动和艺术班（见 176 页）。

圣约翰大教堂

这个庞大的教堂让人感到惊讶，将罗马式和哥特式建筑风格巧妙地融合起来（见 176~177 页）。

修道院艺术博物馆

在这个世界著名的博物馆，可以观赏各种各样的中世纪宝藏（见 186~187 页）。

左图 美国自然历史博物馆海洋生物大厅里，真实比例大小的蓝鲸模型悬挂在天花板上
左上图 曼哈顿儿童博物馆的角色扮演游戏

最精华游点之
上西区和哈莱姆区

从哥伦布环岛开始，适合家庭出游的上西区有着众多景点，其中包括两座面向儿童的博物馆和非常棒的滨河公园。第 96 街以外的晨边高地是哥伦比亚大学和圣约翰大教堂的所在地。充满活力的哈莱姆区位于第 125 街周边，此外，在曼哈顿岛的顶端，有修道院艺术博物馆和两个令人愉悦的公园在召唤着你。

文化探索

作为世界上最大的表演艺术中心，**林肯中心**（见 170~171 页）是歌剧、芭蕾、交响乐、室内乐、戏剧和电影放映的基地。每年 12 月，由**纽约市芭蕾舞团**表演的《胡桃夹子》，是深受喜爱的家族传统节目。爵士乐团在林肯中心为年轻人举办音乐会，摇滚乐迷则会去灯塔剧院寻找自己最爱的表演。**交响乐空间**（Symphony Space）是一个较小的文化中心，设有多种儿童节目，如讲故事和读书俱乐部。**活力剧院公司**（Vital Theater Company）每周末都会为孩子们提供音乐剧和戏剧营。

左图 侏罗纪的巨兽，美国自然历史博物馆
下图 林肯中心正在进行芭蕾舞表演

上图 美国海军舰艇在纽约海军周期间抵达纽约市

美妙的户外活动

沿哈得孙河从第 72 街至第 158 街绵延 6000 米的**滨河公园**（见 176 页）十分壮观，提供了令人愉快的惊喜：岩石悬崖、绿色的草坪、可漫步的林荫大道、河流旁的小路和令人愉快的游乐场。该公园拥有各种码头，到处是船舶，还有一家能看到第 79 街景色的餐馆。位于公园第 122 街的格兰特将军墓宏伟壮观——作为北美洲最大的墓穴，它是为了纪念内战英雄尤利西斯·S. 格兰特将军，美国的第 18 任总统而建的。**中央公园**（见 122~131 页）沿着该地区的东边，从第 59 街一直蔓延到第 110 街附近。

孩子们的一天

小孩子们将在**曼哈顿儿童博物馆**（见 176 页）度过欢乐的时光，而美国自然历史博物馆（见 174~175 页）将满足巨大恐龙化石、活蝴蝶、珠宝和宝石爱好者的需求。稍大点的孩子们会被海登天文馆的太空表演、讲座和天文节目吸引。会骑车的人都会享受在**滨河公园**骑自行车的过程，一路欣赏河流景色。而青少年们一定会对**哥伦比亚大学**（见 177 页）的运动感兴趣：可以在秋季踢足球、冬季打篮球、春季玩棒球。

历史和食品

美国自然历史博物馆是纽约市一个重要的标志性建筑。它向北延伸到第 81 街，向西连接着满是诱人商店和餐馆的哥伦布大道。不远处，第 70 街和第 89 街之间的百老汇大街以其大型食品商场而出名，而第 96 街两旁到处是热闹的咖啡馆和有趣的书店。

宁静的周日早晨是探访哈莱姆区的最佳时间：伴有大型福音合唱的教堂活动，步行还可以看到许多精美的建筑和历史景点——比如**阿比西尼亚浸信会教堂**（见 182 页）和**汉密尔顿高地历史街区和糖山**（见 183 页），别忘了尝尝以美味的灵魂菜早午餐，有炸鸡和配菜，通常还伴有福音音乐。

右图 孩子们穿着消防员制服准备采取行动，曼哈顿儿童博物馆

艺术与设计博物馆及周边

折中派的艺术与设计博物馆位于繁华的哥伦布环岛。向西是双层玻璃塔的时代华纳中心，其内有高档商店、餐馆和著名的林肯中心爵士乐社。哥伦布环岛的交叉路口总是很繁忙，因为几个主要的大道都在此交会，但周围的人行道安全且便于走动。哥伦布环岛以北地区则在周末最为繁忙，因为百老汇大街的大型食品商店吸引了来自全纽约的顾客们。这里还有全市最大的旧货市场——位于哥伦布大道的绿跳蚤旧货市场，总是挤满了成群结队的游客。

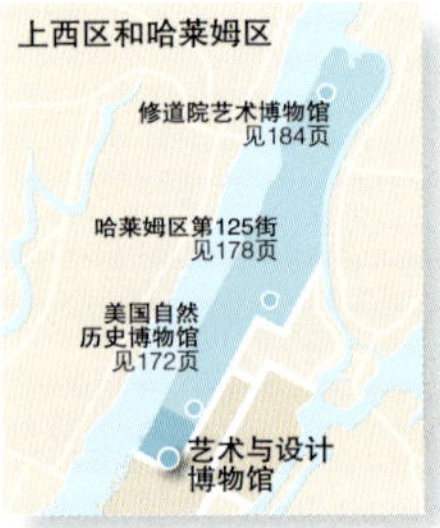

地图示意

景点

① 艺术与设计博物馆
② 时代华纳中心
③ 圣经艺术博物馆
④ 林肯中心

餐饮点

1 Whole Foods Market
2 AQ Kafé
3 Bouchon Bakery
4 Robert
5 'wichcraft
6 at65

另参见时代华纳中心（见170页）和林肯中心（见170~171页）

购物点

1 The Store
2 时代华纳中心

住宿点

1 Empire Hotel
2 Hotel Beacon
3 Mandarin Oriental Hotel

时代华纳中心的商店

时代华纳中心的先锋雕塑作品

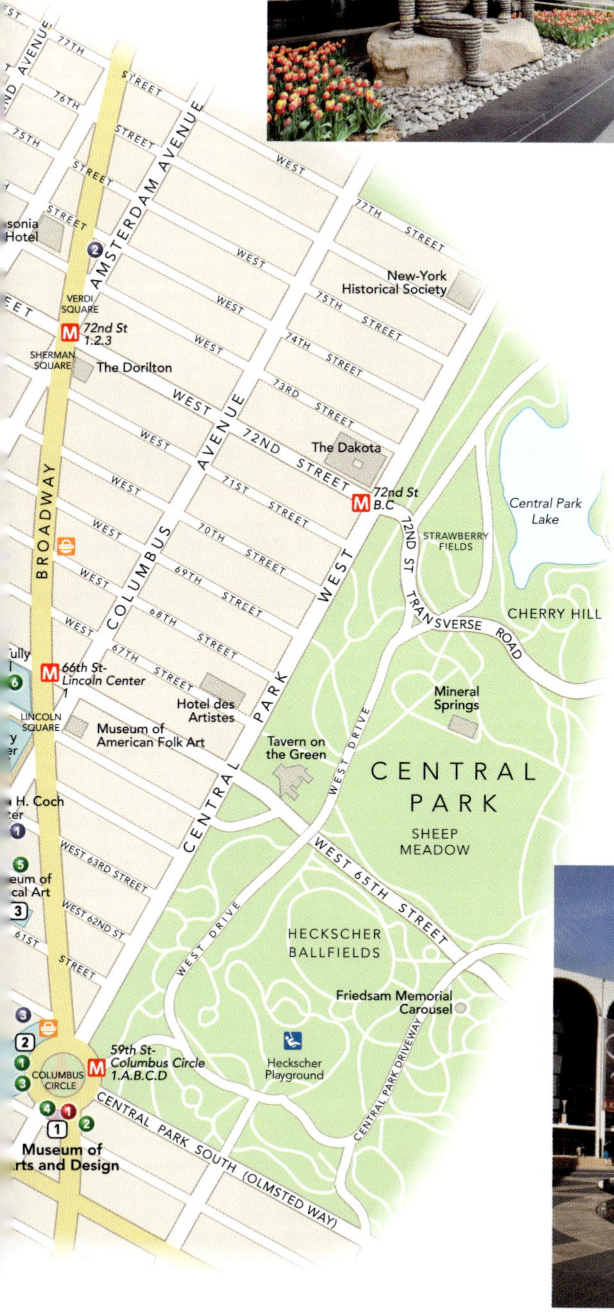

游客须知

地铁： 1、A、B、C和D线到59th St–Columbus Circle；1线到66th St–Lincoln Center。**公交车：** M5、M7、M10、M11、M20和M104

游客信息： 纽约市旅游会展局（810 Seventh Ave,10019；212 484 1200；www.nycgo.com）

超市： Whole Foods Market（Time Warner Center, 10 Columbus Circle,10019；212 823 9600）。Food Emporium（2008 Broadway at 68th St，10023;212 787 0012）

市场： Sheffield Plaza（West 57th St & Ninth Ave；周三、周六：8:00~18:00）。Tucker Square(West 66th St & Columbus Ave; 周四、周六：8:00~17:00）。绿跳蚤旧货市场（GreenFlea Market），100 West 77th St at Columbus Ave，10024; 周日：10:00~17:45）

节日： 林肯中心音乐节（7月初~8月中）。林肯中心户外节（7月初~8月中）

药店： Rite Aid（210–20 Amsterdam Ave，10023;212 787 2903；周一至周五：7:00~22:00，周六：9:00~18:00，周日：10:00~17:00）。

最近的游乐场： 小引擎游乐场（见171页）。经典游乐场（Classic Playground）（West 74th St & Riverside Drive，10023）。Neufeld游乐场(West 76th St & Riverside Drive，10023）。赫克歇尔游乐场（见131页）。

大都会歌剧院前的喷泉

① 艺术与设计博物馆 Museum of Arts and Design

富有创造力的工艺品及创作中的艺术家

在独一无二的艺术与设计博物馆（MAD），工艺品成为了一种艺术，这里关注的是当代艺术家的创造力。没有什么前卫的东西不能被展示——找找真正的骑士骑在用纸条创造的马背身上，以及做成和服形状的被子，还有一个古怪的、手工吹制的葡萄酒瓶。博物馆总共收藏了2000件展品，涉及各种各样的材料，包括黏土、玻璃、金属和木材，展品常常被转来转去，以形成不断变化的展览。唯一的例外是精选的珠宝，其中大部分是常设展览。

主要看点

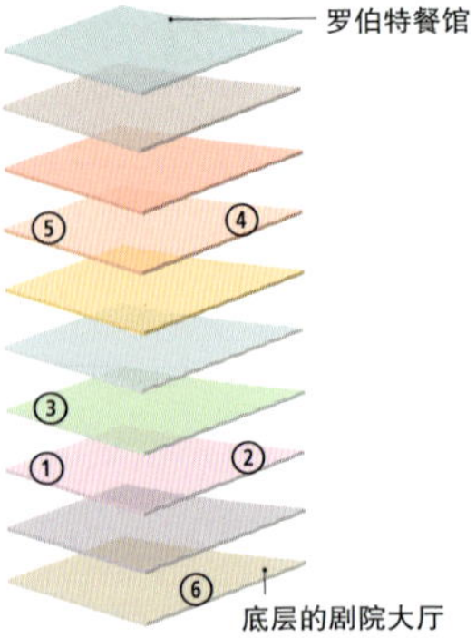

② **蒂芙尼珠宝廊（Tiffany Jewelry Gallery）**作为博物馆常设展品的一部分，胡玛丽女士的珠宝是关于对立的研究。她用细腻的编织技术，为当代金属加工业创造了一些最大胆的设计。

③ **从平凡到卓越：**来自世界各地的艺术家利用日常物品而进行的创作，包括一系列高脚杯，都在3楼的楼梯间的窗口进行展出，以充分利用自然光照明。

④ **艺术家工作室：**博物馆的6楼设有三个开放的艺术家工作室，游客们可以在这里创意变成行动的过程。

⑤ **儿童工作坊：**“周日工作室”邀请6岁及以上的孩子，和他们的成年同伴跟随专业艺术教育家的指导，进行自己的创作。

① **彩绘玻璃：**由莱蒂斯·史奇科特设计的“眼见为实”（Seeing is Believ-ing，2008年）拥有万花筒般丰富多彩的样式，点亮了2楼的楼梯间。

⑥ **抽象浮雕：**深浅不一的石器板形成了不寻常的陶瓷浮雕墙 Untitled 1991，这是露丝·达克沃斯的作品，在底层的剧院大厅。这位现代派雕塑家以最先使用陶瓷雕塑形式而闻名于世。

游客须知

地图：12 F4

地址：2 Columbus Circle,10019; 212 299 7777; www.madmuseum.org

地铁：A、B、C、D&1 线至 59th St-Columbus Circle。**公交车：**M5、M7、M10、M20 和 M104

营业时间：周二至周日：11:00~18:00，周四和周五至 21:00；周一和主要节假日歇业

价格：54~64 美元；12 岁以下免费；周四 18:00~21:00 随意付费

导游导览：免费的电话语音导览；画廊参观免费讲解员：周二至周日：11:30~15:00，周四 18:30。

年龄范围：6 岁以上

活动：周日工作室（Studio Sun-days）：利用混合媒体创作艺术品的“两代人之间”工作坊，6 岁以上；14:00~16:00；10 美元。MAD 周六（MAD Saturday）：为孩子和其成年陪护的说明活动，加上电影，每个家庭 30 美元。请登陆博物馆网站查询日期安排。

预留时间：2 小时

轮椅通道：有

咖啡厅：Robert，位于 9 层，供应午餐、鸡尾酒、咖啡和晚餐。

卫生间：位于底层大厅

参观价值

展出的不寻常的艺术作品，以及观看艺术家工作的机会，使这个博物馆成为了一个令人愉快的参观地点。

价格以一个四口之家为基准

哥伦布环岛的喷泉，背景是时代华纳中心

休闲放松

就在博物馆外，**哥伦布环岛**的木椅和喷泉包围着哥伦布的大理石雕像，是一个跟孩子一起放松的好地方。喷水声掩盖了繁忙的交通噪声，在炎热的夏季是一种让人愉悦的声音。

餐饮信息

野餐：20 美元以下；小吃：20~35 美元；正餐：35~70 美元；家庭聚餐：70 美元以上（以一个四口之家为基准）

野餐：Whole foods Market（Time Warner Center, 10 Columbus Circle,10019;212 823 9600）可以买些野餐用品。哥伦布环岛喷泉旁的长椅是进行野餐的好地方。

小吃：AQ Kafé（1800 Broadway, between 58th St & 59th St,10019; 212 541 6801）就在博物馆的街对面，供应沙拉、三明治、瑞典菜，以及儿童菜单。

正餐：Bouchon Bakery（3rd floor, Time Warner Center, 10 Columbus Circle,10019；212 823 9366）是坐下来吃午餐的最佳选择，有三明治、汤、沙拉和美味的甜点。

家庭餐：Robert（博物馆 9 层）高档美式餐馆；午餐选择包括汉堡、三明治、意大利面、沙拉，或者三道菜的套餐。靠窗座位风景迷人。

逛街购物

MAD 的 The Store 销售有创意的书籍、有趣的礼物和让人无法抗拒的工艺和设计作品。**时代华纳中心**（见 170 页）有许多高档商店以及儿童百货商店。底层的 Godiva Chocolatier 销售该品牌巧克力、饼干、咖啡和热可可。

更多信息

电影：在好莱坞喜剧《小鬼当家 2》和《捉鬼敢死队》中，都曾出现哥伦布环岛。

下一站……

商人之门：中央公园的"商人之门"（Merchant's Gate）的入口位于第 59 街的东北角及中央公园西路，对面就是艺术和设计博物馆，位于哥伦布环岛附近。这里有足够的空间让孩子奔跑、攀爬。附近也有几个游乐场。公园的老式旋转木马有 57 匹漂亮的马，在第 64 街的公园中段。

The Store 商店内的礼品和手工艺品，艺术与设计博物馆

儿童专栏

找一找……

1. 在艺术和设计博物馆的 4 楼 B 楼梯间的窗口找找树木的阴影，它们是真的吗？
2. 博物馆的一些窗户能够提供观看窗外克里斯托弗·哥伦布雕像的完美视角。你能找到它们吗？
3. 艺术与设计博物馆的名字写在大楼前面。你能找到它吗？
4. 正门的形状构成了两个巨大的字母，它们在表达什么？

答案见本页最下角。

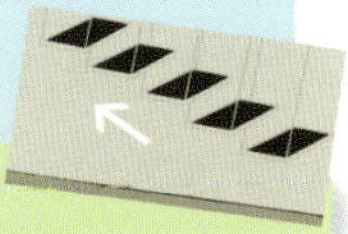

飞行的幻想

艺术与设计博物馆 1 楼楼梯被称为"浮动楼梯"，因为它似乎是悬在半空的。不过它可是相当稳定，由很结实的钢索支撑其重量。

日常生活中的艺术

我们每天使用的东西也可以是艺术作品。博物馆里也展示了艺术家们创作的水杯或棉被，他们将普通的事物转变成不寻常的艺术作品，使其看起来和用起来一样美妙。

答案：1. 不是。艺术家根据照片描绘了这些逼真的阴影。2. 在 3 楼、4 楼或 5 楼下电梯，走到左侧最远的窗户那里。3. 它被写在主门上方作为遮雨亭的臂架之上。4. 打招呼（Hi）。

② 时代华纳中心
Time Warner Center

城市景观、购物和与爵士乐相关的一切

这座闪闪发光的80层双塔摩天大楼就在哥伦布环岛旁边，为所有年龄段的人提供了免费的娱乐。搭手扶梯到2楼和3楼，就可以观赏这座城市和中央公园的壮丽景色。

然后，在3楼的三星体验店停下来，尝试最新最酷的电脑，戴上眼镜看3D电视，还可以免费查看电子邮件。背后的巨型屏幕上往往是体育赛事或电视剧节目。

在林肯中心爵士乐社（Jazz at Lincoln Center）可以了解所有伟大的爵士音乐家，这是位于时代华纳中心靠第60街一侧的表演艺术综合设施。5楼的拱廊里有摄影和艺术展，以及爵士乐名人堂。楼里还设有一个高档购物中心，有几十家店铺，还有一些美食餐馆。

休闲放松

步行到附近的林肯中心，有一个令人愉快的长满草的小山坡，称为照明草坪（Illumination Lawn），适合散步、野餐。夜间也对游客开放。

游客须知

地图： 12 F3
地址： 10 Columbus Circle,59th St, 10019; 212 823 6300; www.jalc.org, www.shopsatcolumbuscircle.com
地铁： A、B、C、D和1线到59th St-Columbus Circle。**公交车：** M5、M7、M10、M20和M104
营业时间： 周一至周六：10:00~21:00，周日：11:00~19:00
预留时间： 1小时
轮椅通道： 有
餐饮：正餐： Bouchon Bakery（见169页）供应汤、三明治和甜点。**家庭餐：** Landmarc（中心内）提供各种美式料理。
卫生间： 位于2楼

价格以一个四口之家为基准

以时代华纳中心为背景的哥伦布环岛

③ 圣经艺术博物馆
Museum of Biblical Art

神圣的艺术

这个小博物馆展示了圣经对艺术的深远影响。最初它是美国圣经公会的一个画廊，2005年成长为一个完整的博物馆。这是美国第一个专门展示圣经影响的艺术机构。展品每3个月进行更新，展出基督教文化中圣经留下的巨大遗产。主题展览范围很广，从中世纪绘画和民间艺术到电影海报和现代艺术；从路易斯·康福特·蒂芙尼的彩色玻璃到德国艺术家艾伯特·丢勒的版画。

博物馆还保留并展示了公会的“罕见的圣经宝典”（Rare Bible Collection）里的藏品。这是世界上最重要的项目之一，包括横跨6个世纪，用2000余种语言记载的经文，其中包括许多珍贵的手稿。在1楼的商店内可以买到各个版本、用各种语言书写的《圣经》。

游客须知

地图： 12 E3
地址： 1865 Broadway at 61st St, 10023; 212 408 1500; www.mobia.org
地铁： A、B、C、D和1线到59th St-Columbus Circle。**公交车：** M5、M7、M10、M20和M104
营业时间： 周二至周日：10:00~18:00，周四至20:00
价格： 22~32美元；12岁以下免费
预留时间： 1小时
轮椅通道： 有
餐饮： 参见时代华纳中心
卫生间： 位于1楼

休闲放松

中央公园的“商人之门”（见169页）有足够的空间供孩子跑动攀爬。附近有几个游乐场，以及老式旋转木马。

④ 林肯中心
Lincoln Center

芭蕾、音乐和舞蹈喷泉

在20世纪60年代初，一个贫民区被改造成了世界上最大的表演艺术中心，每年吸引500万人来此。现在，一些著名的公司都将其总部设在这里，包括大都会歌剧院、纽约市芭蕾舞团、纽约爱乐乐团、林肯中心剧院和表演艺术图书馆。每个季节，爱乐乐团都会为6~12岁的孩子们举办几场少年音乐会，在此之前还有交互式的音乐展览

林肯中心陈列的精美艺术品

Kidzone Live!，孩子们可以试玩乐器、做音乐游戏和了解当天音乐会的主题。纽约市芭蕾舞团也会安排儿童的常规节目，外加流行的芭蕾舞剧，如《睡美人》和《胡桃夹子》等。2011 年完成的现代化项目给整个园区提供了明亮的外观，包括爱丽丝·塔利音乐厅（Alice Tully Hall）更换的漂亮玻璃幕墙。孩子们一定会对中央喷泉越来越高的水柱感到好奇。

林肯中心拥有许多值得一看的艺术品。其中最有名的是在大都会歌剧院（Metropolitan Opera House）大楼门厅由马克·夏加尔于 1966 年创作的名为《音乐的胜利和源泉》的巨型壁画。亚历山大·考尔德的钢雕塑 Le Guichet（售票处，1963 年）像巨型蜘蛛一样矗立在表演艺术图书馆（Library for the Performing Arts）的入口处附近，吸引着孩子们绕着它走来走去。剧院前的北广场是一个很好的休闲场所，有平静的倒影池和一个引人注目的亨利·摩尔的雕塑作品——《侧卧像》（1965 年）。

休闲放松

除了林肯中心的室外空间，**小引擎游乐场**（Little Engine Play-ground）（Riverside Blvd，between West 67th St & West 68th St，10023）也一定会让孩子们开心起来。中央公园与滨河公园近在咫尺。如果下雨的话，就去苹果专卖店（见 108~109 页）逛逛吧。

爱丽丝·塔利音乐厅的入口，林肯中心

游客须知

地图： 12 E2 **地址：** Broadway from 62nd to 66th St, 10023; 212 875 5000; new.lincolncenter.org

地铁： 1 线到 66th St. **公交车：** M104、M5、M7、M11 和 M20

价格： 从大卫·鲁宾斯坦中庭（David Rubenstein Atrium）进入能够享受半票优惠，其位于第 62 街的百老汇东侧

营业时间： 周一至周五：8:00~22:00，周六、周日：9:00~22:00

轮椅通道： 有

餐饮：小吃： 'wichcraft（David Rubenstein Atrium, Broadway at 62nd St，10023; 212 780 0577）供应便餐和小吃。**正餐：** at65（Alice Tully Hall, Columbus Ave at 65th St，10023）是一家休闲咖啡馆，表演日营业，供应汤和各式三明治。

卫生间： 位于艾弗里·费雪大厅（Avery Fisher Hall）和大卫·鲁宾斯坦中庭

儿童专栏

找一找……

1. 时代华纳中心共有多少层？
2. 林肯中心每年上演的一部关于玩具的著名芭蕾舞剧是什么？
3. 观察林肯中心的喷泉，你觉得它们能喷多高？
4. 你能找到林肯中心的大蜘蛛状雕塑吗？它是用什么材料做的？

答案见本页最下角。

芭蕾舞剧《胡桃夹子》

该芭蕾舞剧是 E. T. A. Hoffmann 将《胡桃夹子》和《老鼠王》进行改编的结果。故事讲述的是一个年轻女孩的玩具胡桃夹子王子复活之后，最终打败了一只邪恶的七头老鼠。

音符

一个典型的交响乐团通常由 90 名成员来演奏 13 种乐器。乐器可分为四类：弦乐器、木管乐器、铜管乐器和打击乐器。

捕鲸

圣经艺术博物馆展示那些灵感来自圣经的作品，包括许多人们熟悉的故事，如《诺亚方舟》《乔纳与鲸鱼》。

答案： 1. 共有 80 层。2.《胡桃夹子》。3. 高 4 米。4. 用钢做的。

通往林肯中心华丽入口的台阶

美国自然历史博物馆及周边

规模庞大的美国自然历史博物馆沿着中央公园西路，展品引人入胜。而紧挨着的就是纽约历史协会的一个儿童中心，而更小的孩子们可以在曼哈顿儿童博物馆参加艺术工作坊。再往北，是哥伦比亚大学周围热闹的大学区，以及圣约翰大教堂。百老汇是这个繁华地区的大动脉，充斥着商店和咖啡馆。绿树成荫的小街两边排列着典型的纽约联排别墅，被称为“棕色砖房”（Brownstones），是散步的理想场所。

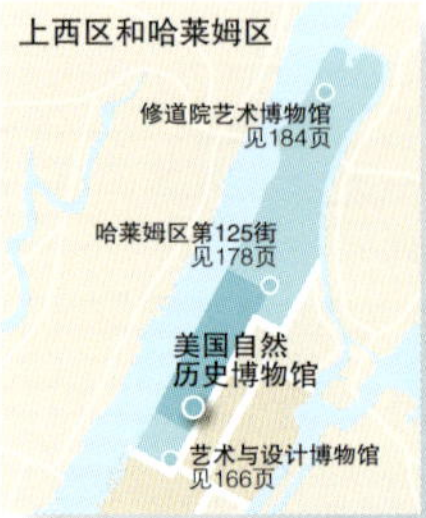

游客须知

地铁： 1 线到 79th St；B、C 线到 81st St–Museum of Natural History；1 线 到 110th St–Cathedral Parkway；1 线 到 116th St–Columbia University。**公交车：** M4、M5、M7、M10、M11、M20、M79、M86 和 M104

超市： Zabar's（2245 Bro- adway at 80th St，10024;212 787 2000）。Gristedes（251 West 86th St & Broadway，10024;212 721 0745）。Gristedes（504 Columbus Ave & 84th St，10024; 212 721 3077）。Food Emporium（2415 Broadway at 90th St，10024;212 873 4031）。**市 场：** Greenmarket（West 77th St & Columbus；周日：10:00~17:00）。West 97th St（between Amsterdam & Columbus；周五：8:00~14:00）。Columbia Greenmarket（Broadway，between 114th St & 115th；周四和周日：8:00~17:00。GreenFlea Market(100 West 77th St at Columbus Ave；周日：10:00~17:45）。

药店： CVS/pharmacy（540 Amsterdam Ave，10024;212 712 2821;24 小时营业）。Duane Reade（2522 Broadway at West 94th St，10025;212 663 1580; 24 小时营业）。Duane Reade（2864 Broadway，10025;212 316 5113；每天：24 小时营业）。

最近的游乐场： River Run Playground（West 83rd St & Riverside Drive，10024）。Hippo Playground（West 91st St & Riverside Drive，10024）。Dinosaur Playground（West 97th St & Riverside Drive，10025）。Skate Park（West 109th St & Riverside Drive，10025）。Diana Ross Playground（81st St & Central Park West，10024）。

巨大的巴洛龙骨架，美国自然历史博物馆

曼哈顿儿童博物馆有趣的动手活动

滨河公园的宽阔道路，哈得孙河沿岸

地图示意

景点

1. 美国自然历史博物馆
2. 纽约历史学会
3. 曼哈顿儿童博物馆
4. 圣约翰大教堂
5. 哥伦比亚大学

餐饮点

1. Andy's Deli
2. Caesar's Palace Pizza
3. Popover Café
4. Sarabeth's West
5. Big Nick's Burger and Pizza Joint
6. Alice's Teacup
7. Famous Original Ray's Pizza
8. Artie's Delicatessen
9. Il Cibero
10. Tom's Restaurant
11. Nussbaum and Wu
12. Le Monde

购物点

1. HomBom
2. West Side Kids
3. Bank Street Books
4. Book Culture

住宿点

1. Hotel Belleclaire
2. Hotel Newton
3. Marrakech
4. The Excelsior Hotel
5. The Milburn Hotel

① 美国自然历史博物馆 American Museum of Natural History

恐龙骨架、巨大的陨石和飞舞的蝴蝶

自 1869 年建立以来，美国自然历史博物馆就在各种重要发现中一路领先，从北极到戈壁沙漠的探险，用各类珍品填满了其众多展览。特殊的恐龙化石展示、真实大小的蓝鲸模型、神话般的陨石和宝石以及令人惊叹的逼真的动物模型，使之成为纽约最适合孩子的博物馆。在海登天文馆可以了解地球在太阳系中位置，还可以去儿童动手中心——“发现屋”。

主要看点

4 楼：脊椎动物起源、蜥臀目恐龙、原始哺乳动物

3 楼：太平洋居民厅、灵长类动物、爬行动物和两栖动物

2 楼：鸟的世界、非洲人民、自然科学中心

1 楼：人类起源、海洋生物厅、地球大厅

露丝地球和太空中心（Rose Center for Earth and Space）：大爆炸、宇宙初始时刻的多感官再现和海登天文馆。

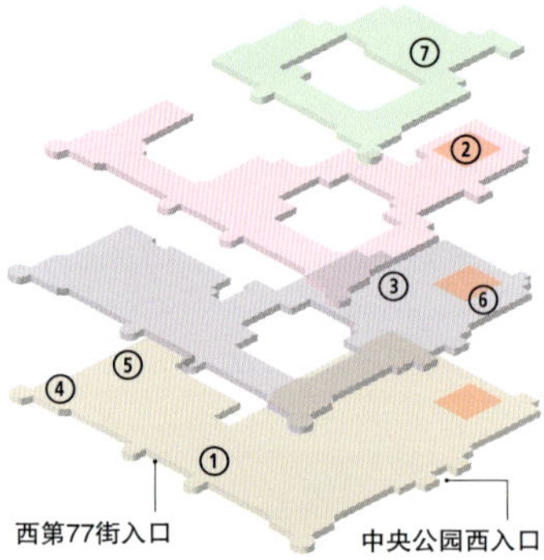

③ **艾克里非洲哺乳动物馆（Akeley Hall of African Mammals）**：在现实环境中模拟了热带雨林和非洲大草原中的真实大小的立体动物模型。

④ **亚瑟·罗斯陨石馆（Arthur Ross Hall of Meteorites）**：你会为阿尼吉托（Ahnighito）感到惊讶，这是全世界展出的最大陨石。

⑤ **宝石摩根纪念馆（Morgan Memorial Hall of Gems）**：在这里你可以欣赏世界上最大的蓝色星光蓝宝石——563 克拉的印度之星（Star of India），以及 632 克拉的帕特里夏翡翠（Patricia Emerald）。

⑥ **蝴蝶温室（Butterfly Conservatory）**：该温室 10~ 次年 4 月开放，有 500 多只活蝴蝶，包括 5 个蝴蝶属中的 3 个。

⑦ **化石大厅（Fossil Halls）**：世界上最大的恐龙化石，其中包括巨型霸王龙，对家庭们具有很大的吸引力。这里展出了超过 100 个标本，大部分都是真正的化石，而非复制品。

① **发现屋（Discovery Room）**：寻找非洲猴面包树复制品里的动物，或者去摆满了标本的橱柜里探索矿物质、节肢动物和头骨。

② **海登天文馆（Hayden Planetarium）**：去太空剧场进行一次从地球到宇宙边缘的航行，这里有一个定制的蔡司·马克 IX 星空投影仪和数字球幕投影系统。

游客须知

地图：15 C6

地址：Central Park West at 79th St, 10024;212 769 5100; www.amnh.org

地铁：B（仅工作日运行）、C 线到 81st St–Museum of Natural History；1 线到 79th St。**公交车**：M7、M10、M11、M79、M86 和 M104

营业时间：每天：10:00~17:45

价格：50~60 美元

购票及入场提示：网上购票（另加 4 美元服务费）。套票很划算，可以看另收费的 IMAX 电影、特殊展览，或者太空表演。登陆博物馆网站了解详情。

导游导览：聚焦参观（Spotlight tours）：去服务台查询时间和主题；博物馆精华游（Museum Highlights Tours）：每小时进行，每天 10:15~15:15

年龄范围：2 岁以上

活动：孩子们可以观看 IMAX 电影和太空表演，还可参加科学活动

预留时间：3~4 小时

轮椅通道：有

咖啡厅：博物馆美食广场位于底层，1 楼有 Café on 1，4 楼有 Café on 4

卫生间：每层均有

参观价值

虽然价格有点贵，但是这里有很多吸引孩子的活动，使其成为一次难忘的旅行。

价格以一个四口之家为基准

漫步在西奥多 · 罗斯福公园

休闲放松

博物馆的西奥多·罗斯福公园（Theodore Roosevelt Park）是安静散步的理想选择，而位于海登天文馆旁的阿瑟·罗斯露台（Arthur Ross Terrace）夏季喷泉可为你带来清凉。最近的游乐区是戴安娜·罗斯游乐场（见 142 页）。

餐饮信息

野餐：20 美元以下；小吃：20~35 美元；正餐：35~70 美元；家庭聚餐：70 美元以上（以一个四口之家为基准）

野餐： Andy's Deli（418 Columbus Ave at 80th St，10024; 212 799 3355）提供美味的三明治和沙拉，可以带去滨河公园野餐。

小吃： Caesar's Palace Pizza（493 Amsterdam Ave，between 82nd St & 84th St，10024; 212 734 7886）提供开胃菜、虾和美味的单块比萨。

正餐： Popover Café（551 Amsterdam Ave at 86th St，10024; 212 595 8555）全天营业，除了菲力牛排，奶油泡芙片及可以装满果冻或黄油的中空松饼也很受欢迎。

家庭聚餐： Sarabeth's West（423 Amsterdam Ave, between 80th St & 81st St; 10024; 212 496 6280）适合家庭，有美味的蛋饼、三明治和创新的美国菜。还有套餐菜单。

逛街购物

在博物馆商店可买到科学小玩意、玩具、书籍和服装。HomBom（412 Columbus Ave, between 79th St & 80th St, 10024）和 West Side Kids（498 Amsterdam Ave at 84th St,10024）是非常棒的玩具店。Bank Street Books（2879 Broadway & 112th St,10025）和 Book Culture（2915 Broadway at 114th St, 10025）是纽约最好的儿童书店。

HomBom 店内陈列的颜色鲜艳的玩具和游戏用品

更多信息

电影： 这里是电影《博物馆惊魂夜》的拍摄地，在影片中，一名保安发现到了晚上博物馆的一切生物都复活了，包括霸王龙骨架和罗马军团。

下一站……

晨边高地： 沿着百老汇向北到达**晨边高地**（Morningside Heights），品味一下这片地区的历史景点。可以探索**哥伦比亚大学**（见 177 页）的校园，以及格兰特将军墓等古迹，还有雄伟的**圣约翰大教堂**（见 176~177 页）。

Sarabeth's West 是一家适合家庭用餐的顶级餐馆

儿童专栏

关于生物……

1. 有史以来体型最大的动物是什么？它的一个模型展示在博物馆的一个大厅里，你能找到它吗？
2. 最可怕的恐龙是哪一种？找到它的骨架。
3. 并非所有恐龙都是肉食动物。有些体型巨大的其实是食草动物。最大的植食性恐龙是什么？你能找到它吗？

答案见本页最下角。

跟着叉子走

当你肚子饿的时候，往地下看。你会看到地板上的勺子和叉子标志，指向最近的餐馆。

恐龙的故事

恐龙是有史以来在地面行走的最大动物。该物种存在于数百万年之前，之后便在这个星球上消失了。直到现在，科学家们依然在试图研究它们消失的原因和方式。

漂浮的故事

一头成年蓝鲸可以长到大约33米长，重达超过178吨，这相当于约24头非洲大象的重量。

答案： 1. 蓝鲸。海洋生物大厅中的蓝鲸有21米长。2. 霸王龙是最凶猛的恐龙，其牙齿长达15厘米。3. 雷龙。它有25米高，体重约29吨。它的脖颈很长，脖子像长颈鹿的一样，使得它可以从树顶挑选到最好的树叶。

② 纽约历史协会
New York Historical Society

闪闪发光的灯和水彩鸟

这是全纽约最古老的博物馆，始建于 1804 年，曾花费 6000 万美元进行翻新，现在包括底层的 DiMenna 儿童历史博物馆，其重点关注于过去纽约孩子的生活。在这里可以了解一些著名人物，比如作为十几岁的孤儿来到纽约读大学的政治家亚历山大·汉密尔顿，也讲述了许多依靠兜售报纸谋生的贫困儿童的故事。互动体验包括触摸屏和一个录制自己历史的地方。成年博物馆拥有一套完整的詹姆斯·奥杜邦绘制的《美国飞禽》水彩画，以及世界上最大的蒂芙尼水晶灯。其他部分的艺术和展品追溯了这座城市从成立到现在的历史。

休闲放松

滨河公园（Riverside Park）（between West 75th St & West 77th St, 10024）是一个供孩子们放风筝的好地方。

游客须知

地图： 15 C6
地址： 170 Central Park West, between 76th St &、77th St, 10024; 212 873 3400; www.nyhistory.org
地铁： B、C 线到 72nd St；B、C 线到 81st St–Museum Natural History。**公交车：** M10 和 M79
营业时间： 周二至周六：10:00~18:00，周五至 20:00，周日：11:00~17:45
价格： 38~48 美元；周五 18:00~20:00 随意付费；12 岁以下免费
导游导览： 周二至周日：13:00、14:00、15:00 有免费的导览游
年龄范围： DiMenna 儿童历史博物馆适合 7~12 岁的孩子
预留时间： 2~3 小时
轮椅通道： 有
餐饮： **小吃：** Big Nick's Burger and Pizza Joint（70 West 71st St, 10023; 212 799 4444）提供沙拉和汤。**正餐：** Alice's Teacup（102 West 73rd St at Columbus Ave, 10023;212 799 3006; www.alicesteacup.com）供应三餐。
卫生间： 每层均有

价格以一个四口之家为基准

孩子们在著名的河马游乐场玩耍，滨河公园

③ 曼哈顿儿童博物馆
Children's Museum of Manhattan

掰手腕和一头饥饿的龙

寓教于乐是这个博物馆的目标。位于 3 楼的游戏工房（Playworks）专为 4 岁及以下小孩提供，这里有会说话的阿尔法龙（Alphie 龙），他能把字母吞下去；还有模拟的 MTA 巴士、消防车、嬉沙区及柔软的婴儿空间。在"神、神话和人类：探索古希腊"（Gods, Myths and Mortals: Discover Ancient Greece），6 岁以上的孩子可以使用一只机械手臂与希腊运动员掰手腕、搭建一座古老的寺庙，或在叫"20 个问题"的游戏中挑战动画中的亚里士多德。互动展品的主题都来自流行的儿童书籍、电影或电视节目，因此能够对孩子们产生吸引力。"城市飞溅"（City Splash）通过让孩子们坐在小船里滑下蜿蜒的溪流来了解水的特质，以及在一盆水中测试物体的悬浮现象。

会说话的阿尔法龙，曼哈顿儿童博物馆

游客须知

地图： 15 B5
地址： 212 West 83rd St，10024;212 721 1223; www.cmom.org
地铁： 1 线到 86th St/79th St。**公交车：** M11 和 M104
营业时间： 周二至周五：10:00~17:00
价格： 40~50 美元；每月第一个周五的 17:00~20:00 免费；1 岁以下免费
购票及入场提示： 在周三和周四的下午参观，可以避开拥挤的人群
年龄范围： 不限
预留时间： 2 小时
轮椅通道： 有
餐饮： **小吃：** Famous Original Ray's Pizza（462 Columbus Ave, 10024; 212 873 1134）有经典的纽约比萨。**正餐：** Artie's Delicatessen（2290 Broadway at 83rd St，10024; 212 579 5959）的菜单范围很广泛。
卫生间： 位于底层和 3 楼

休闲放松

河马游乐场（Hippo Playground）（West 91st St & Riverside Drive, 10024）有秋千和沙坑，而**恐龙游乐场**（Dinosaur Playground）（West 97th St & Riverside Drive, 10024）有一个玻璃纤维制作的恐龙，孩子们一定会喜欢。

④ 圣约翰大教堂
Cathedral Church of St. John the Divine

一座令人惊叹的大教堂

圣约翰大教堂始建于 1892 年，之后被世界大战、财务和火灾推迟了。虽然迄今还未建完，教堂的景观已经令人惊叹了。其测量长度在 183 米，超过两个足球场的总长。

哥特式风格的教堂中殿高 38 米，大玫瑰窗有 12 米宽的，用了 1 万多件玻璃打造，是美国最大的彩绘玻璃窗。毗邻的花园里有令人印象深刻的“自由之环”（Ring of Freedom），嵌有纪念著名作家的饰板，以及由学生们在 1985 年制作的 24 个小动物雕塑；其中心是和平喷泉（Peace Fountain）雕塑。孩子们可以附近的圣经花园（Biblical Garden）了解《圣经》中所提到的植物。

休闲放松

附近的**晨边公园**（Morningside Park）（Morningside Parkway, from 110th St to 123rd St）有崖景区、操场和篮球场。

游客须知

- **地图：** 17 B6
  地址： 1047 Amsterdam Ave at 112th St，10025; 212 316 7540; www.stjohndivine.org
- **地铁：** 1 线到 110th St–Cathedral Parkway。**公交车：** M11、M60 和 M104
- **营业时间：** 每天：7:30~18:00
- **导游导览：** 1 小时精华游：周二至周六 11:00 和 13:00，周日 13:00；6 美元
- **年龄范围：** 不限
- **预留时间：** 1 小时，不包括花园
- **轮椅通道：** 有
- **餐饮：** **小吃：** Il Cibero（2888 Broadway，10025; 212 864 1143）提供蒜末烤面包、比萨、帕尼尼和意大利面食。**正餐：** Tom's Restaurant（2880 Broadway at 112th St，10025; 212 864 6137）提供经典的纽约菜单，有各式各样的菜品供挑选。
- **卫生间：** 位于北袖廊

⑤ 哥伦比亚大学
Columbia University

去上学吧

这是美国历史最悠久、最富名望的大学之一，可以悠闲地在校园里散散步。哥伦比亚大学作为国王学院始建于 1754 年，由英国国王乔治二世颁发了皇家宪章。在 1784 年美国独立后更名。其精美的古典风格建筑由著名建筑师查尔斯·麦金设计，以劳氏纪念图书馆（Low Library）为核心。在圣保罗教堂（St Paul's Chapel）寻找三扇彩绘玻璃窗及和平祭坛（Peace Altar）。校园是一个热闹的地方，学生们在图书馆附近的大广场上参加活动和体育比赛。想要感受大学生活，可以在参观之前查一下时间表。

和平喷泉，由格雷格·怀特设计，圣约翰大教堂

休闲放松

前往**滑板公园**（Skate Park）（West 109th St & Riverside Drive, 10025）观看滑板爱好者们的活动。春天可以去**樱花园**（Sakura Park）（Claremont Ave, above West 122nd St, 10027）的日本樱花树下放松放松。

游客须知

- **地图：** 17 B5
  地址： 2960 Broadway，10027; 212 854 4900; www.columbia.edu
- **地铁：** 1 线到 116th St–Columbia University。**公交车：** M4、M5、M11、M60 和 M104
- **导游导览：** 周一至周五的 13:00 有 1 小时游览，从劳氏纪念图书馆开始。大学网站提供虚拟参观游览。
- **年龄范围：** 不限，不过对青少年更具吸引力
- **预留时间：** 至少 1 小时
- **轮椅通道：** 有
- **餐饮：** **小吃：** Nussbaum and Wu（2897 Broadway at 113th St, 10025;212 280 5344; www.nussbaumwu.com）提供便餐、很棒的比萨和美味的甜点。**正餐：** Le Monde（2885 Broadway, between 112th St & 113th St,10025; 212 531 3939）供应法国菜，外加意大利面食和儿童汉堡。
- **卫生间：** 从游客中心下楼就是

儿童专栏

找一找……

1. 圣约翰大教堂的某一扇彩绘玻璃窗描绘了一部电视机。它在哪里？
2. 你能辨别出一些自由之环周围装饰的动物吗？
3. 几乎所有的美国高校都有自己的体育吉祥物。哥伦比亚大学体育队吉祥物的名字是什么？
4. 你知道哥伦比亚大学的校色是什么？

答案见本页最下角。

珍贵的财产

赢得由哥伦比亚大学新闻学院颁发的普利策奖，这是每一个作家的梦想。它是根据一位著名报纸出版商——约瑟夫·普利策而命名的，1912 年他捐赠了 200 万美元帮助建造了学校。

信仰的故事

圣约翰大教堂是作为美国圣公会教堂而建造的。一所教堂只有设有主教“座位”的才能被称为大教堂，使其成为该地区的主要教堂。

属于自己的联盟

哥伦比亚大学是常春藤联盟八所私立高校之一。它们都在美国高校中名列前茅。术语“常春藤联盟（Ivy League）”来源于多年来覆盖了许多校舍的常春藤。

答案： 1. 在大教堂通信湾（Communications Bay）的窗户上。2. 有 9 只长颈鹿、1 只螃蟹、1 头狮子和 1 只羊羔。3. 咆哮的狮子。4. 蓝色和白色。

哈莱姆区第 125 街及周边

哈莱姆区从第 116 街一直延伸到第 155 街，为非裔美国人的文化、历史和现状提供了一个鲜活的见证。这里是著名的哈莱姆文艺复兴的所在地，20 世纪 20~30 年代，黑人艺术家、作家和音乐家在这里产生了创意的火花。该地区从大萧条中恢复得比较缓慢，但现在已再次进入蓬勃发展，被称为“新的复兴”。最佳参观时间是在白天，此区比较适合年龄稍大的孩子，他们会对精美的建筑和热闹的街道感兴趣。

街头艺人弗朗哥 · 加斯金创作的金属百叶窗画

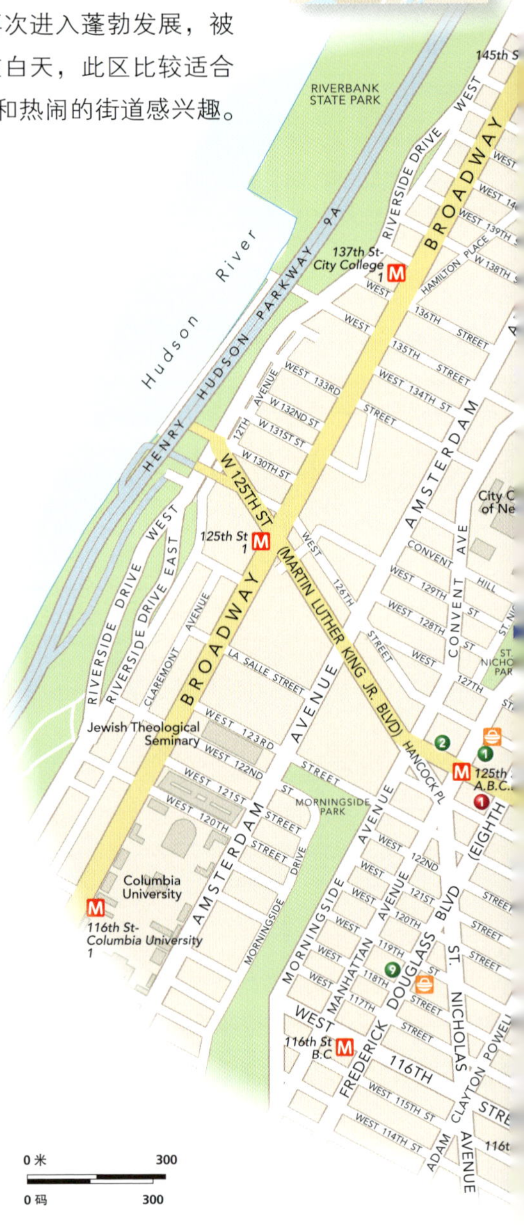

地图示意

景点

1. 哈莱姆区第125街
2. 尚博格黑人文化研究中心
3. 阿比西尼亚浸信会教堂
4. 圣尼古拉斯历史街区
5. 汉密尔顿高地历史街区与糖山

5 Hadwan Gourmet Deli
6 Miss Maude's Spoonbread Too
7 Manna's Restaurant
8 Londel's
9 Best Yet Supermarket
10 Margie's Red Rose Diner
11 Sunshine Kitchen
12 Charles' Country Pan Fried Chicken

餐饮点

1 Miami Deli and Grocery
2 Presidential Pizza
3 Amy Ruth's
4 Sylvia's

购物点

1 Hue-Man Bookstore
2 Malcolm Shabazz Market

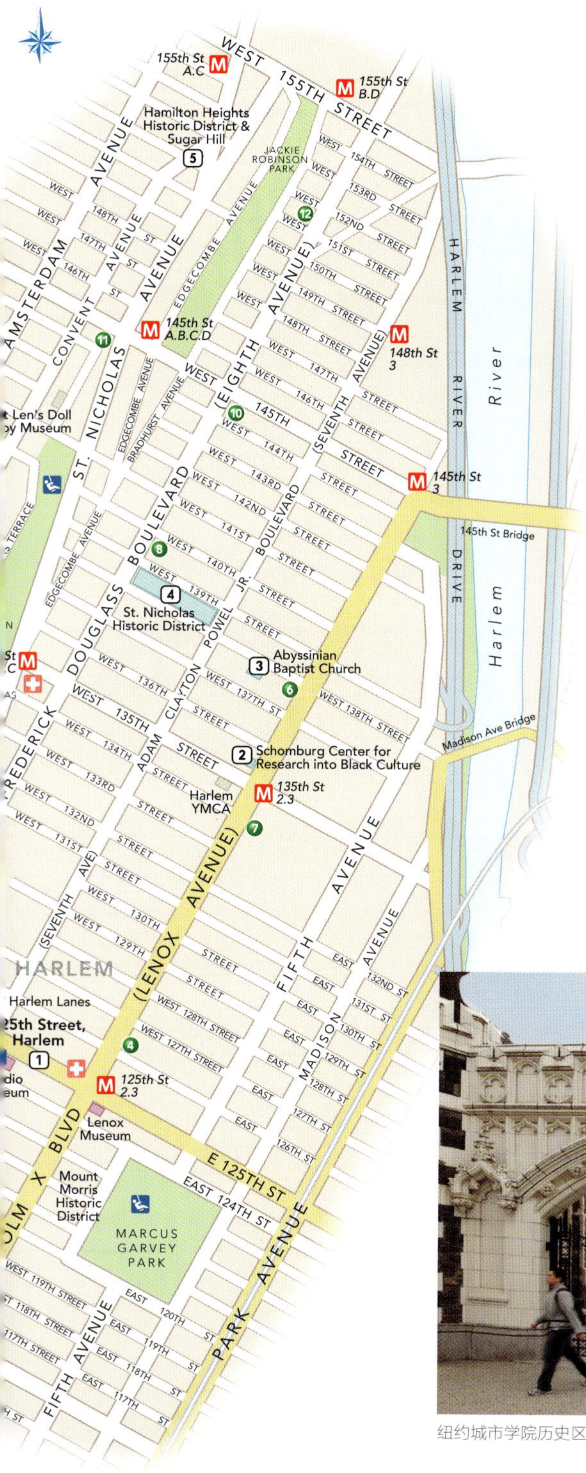

游客须知

地铁：2、3线到125th St（Lenox Ave）；A、B、C线、D线到145th St。**公交车：**M2、M7和M10

游客信息：纽约市旅游会展局信息亭（NYCgo Kiosk）（144 West 125th St,10027）

超市：Best Yet Supermarket（2187 Frederick Douglass Blvd，between 118th St & 119th St，10027；212 377 2300）；Fine Fare（136 Lenox Ave，between 116th St & 117th St,10027;212 828 9951）；Miami Deli and Grocery（320 St Nicholas Ave at 126th St，10027;212 666 5318）。

市场：Farmers' Market（Marcus Garvey Park North at 124th St & Fifth Ave,10027；7月~11月：周六8:00~16:00）

节日：年度哈莱姆周/哈莱姆爵士和音乐节（8月）：食物品尝、艺术、音乐和街头表演

药店：CVS/pharmacy（105 West 125th St, near Lenox Ave,10027;212 864 5431；每天：7:00~22:00）。Duane Reade（300 West 135th St at Frederick Douglass Blvd,10027;212 491 6015；周一至周五：9:00~ 21:00，周六：9:00~20:00，周日：9:00~18:00）

最近的游乐场：马库斯加维公园（Marcus Garvey Park）（Madison Ave, 120th St to 124th St,10035）。圣尼古拉斯公园（见182页）有三个游乐场，位于第129街、133街和140街。

纽约城市学院历史区，汉密尔顿高地历史街区

① 哈莱姆区第 125 街 125th Street, Harlem

历史、爵士和灵魂菜

这里是美国最大也最著名的非洲裔区，有着令人陶醉的鸡尾酒、历史建筑、音乐 ——从爵士、嘻哈到福音音乐，以及美味的食物，深深吸引着游客。第五大道和第八大道之间的第 125 街是哈莱姆区的心脏地带，也是感受能量、欣赏充满活力的文化场景的完美地点。周日是最佳参观时间，因为无论是在教堂，还是在享受美味的早午餐时，都能够听到福音唱诗班。

阿波罗剧院

主要景点

阿波罗剧院（Apollo Theater）：哈莱姆最有名的展示地点，也是业余爱好者之夜（Amateur Night）的举办地点，迈克尔·杰克逊和詹姆斯·布朗等音乐巨星最早便在此登台表演。

街头艺术：街头艺人付朗哥·加斯金对第 125 街的钢质安全门进行了装饰工作，位于 Frederick Douglass 大道和 Adam Clayton Powell Jr. 大道之间。

工作室博物馆（Studio Museum）：这家小型博物馆展示当代黑人艺术家的作品，不断更新。

莫里斯山历史街区（Mount Morris Historit District）：哈林过去的繁荣景象还停留在曾经的大教堂和住宅上。

西 125 街 55 号（55 West 125th Street）：这家现代化的 15 层办公大楼曾是前总统比尔·克林顿的办公室。

雷诺克斯艺廊（Lenox Lounge）：少数幸存的令哈莱姆区出名的 20 世纪 30 年代俱乐部之一。爵士大师们曾在此里表演，如比利·哈乐黛和迈尔斯·戴维斯。

马库斯加维公园（Marcas Garvey Park）：根据一位强大的黑人活动家命名，在公园（见 181 页）的瞭望台——雅典卫城（The Acropolis）能纵览全景。

游客须知

地图：17 D4

地址：阿波罗剧院：253 West 125th St，between Adam Clayton Powell Blvd & Frederick Douglass Blvd, 10027；www.apollotheater.org。工作室博物馆：144 West 125th St，between Lenox Ave & Adam Clayton Powell Blvd,10027；www.studiomuseum.org。雷诺克斯艺廊：288 Lenox Ave，between 124th St & 125th St,10027；www.lenoxlounge.com

地铁：2、3 线到 125th St（Lenox Ave）；A、B、C、D 线到 125th St（Frederick Douglass Blud）。

公交车：M2、M7 和 M10 路

营业时间：阿波罗剧院：周三 19:30 有业余爱好者之夜。工作室博物馆：周四、周五：中午 ~21:00，周六：10:00~18:00，周日：中午 ~18:00。雷诺克斯艺廊：每天晚上都有现场音乐和晚餐；10 岁以下儿童不推荐进入。

价格：阿波罗剧院：业余爱好者之夜 76~116 美元；工作室博物馆：14 美元；12 岁以下免费；周日免费。

年龄范围：8 岁以上

预留时间：工作室博物馆 30 分钟 ~1 小时

咖啡厅：工作室博物馆有 Atrium Café

商店：工作室博物馆商店出售艺术礼品

卫生间：位于工作室博物馆 1 楼

参观价值

这里充满了历史建筑、福音教堂、爵士乐和蓝调音乐俱乐部，以及很棒的食物选择，有很多可以娱乐的地方。

价格以一个四口之家为基准

Amy Ruth's，纽约有名的居民区餐馆之一

休闲放松

马库斯加维公园（Marcus Garvey Park）（Madison Ave, East 120th St to 124th St,10035）有三个可供孩子们玩耍的游乐场，不过要注意流浪汉有时会来这里。再往西，圣尼古拉斯公园（St.Nichdas Park）在第128街和第129街间有一个游乐场。

拥有24条球道的保龄球馆**Harlem Lanes**（2116 Adam Clay-ton Powell Blvd at 126th St,10027；周一至周三、周日：11:00~23:00，周四至周六：11:00~14:00）同样具有很大的吸引力。

餐饮信息

野餐：20美元以下；小吃：20~35美元；正餐：35~70美元；家庭聚餐：70美元以上（以一个四口之家为基准）

野餐：Miami Deli and Grocery（320 St Nicholas Ave at 126th St，10027；212 666 5318）出售所有供野餐的东西，可以带去在附近的圣尼古拉斯公园享用。

小吃：Presidential Pizza（357 West 125th St,10027;212 222 7744；周一至周六：11:00~22:00）供应美味的比萨，还有外卖、意大利面食和沙拉。

正餐：Amy Ruth's（113 West 116th St，between Lenox Ave & Seventh Ave, 10027; 212 280 8779）是很受欢迎的灵魂菜餐馆，比如炸鸡和排骨。

家庭餐：Sylvia's（328 Lenox Ave at 126th St，10027;212 996 0660；周一至周六：8:00~22:30，周日：11:00~20:00）是哈莱姆区最有名的灵魂菜餐馆，其周末的福音早午餐简直就是传奇。

Hue-Man Bookstore 为所有家庭提供了很棒的读书环境

逛街购物

第125街的唱片店是说唱和灵魂音乐的优秀来源。**Hue-Man Bookstore**（2319 Frederick Douglass Blvd,10027；2126657400）为所有年龄段的人提供众多书籍，而哈莱姆最不寻常的购物场所是**马尔科姆·沙巴兹市场**（见下文）。

下一站……

马尔科姆·沙巴兹市场：哈林区的伊斯兰部分集中在第116街，绿色圆顶的马尔科姆·沙巴兹清真寺（Malcolm Shabazz Mosque）就在这里。从这里向东转进入尖塔门，就能找到**马尔科姆·沙巴兹市场**（Malcolm Shabazz Market）（52 West 116th St, between Lenox & Fifth Ave,10027 2129878131）了，这里可以找到出售艺术品、面具和纺织品的摊位。

儿童专栏

找一找……

1. 阿波罗是一个著名的音乐俱乐部。你知道是谁和他的兄弟们在这里赢得了1968年的业余爱好者之夜比赛吗？
2. 哈莱姆区以什么类型的音乐最为有名？
3. 哈莱姆区的街道以哪些著名的民权领袖命名的？

答案见本页最下角。

哈莱姆区的命名

哈莱姆区在很久以前得到了它的名字。在1658年，荷兰第一任总督彼得·史岱文森建立了新哈莱姆村，是根据荷兰小镇哈勒姆命名的。

火车上的灵感

有史以来最有名的爵士乐作品之一的灵感来源于去哈莱姆区的地铁。《搭乘A号列车》(Take the A Train) 由比利·斯特雷霍恩写于1939年，成为了艾灵顿公爵乐团的主题曲。在YouTube上听听另一位爵士大师——埃拉·菲茨杰拉德演唱的版本。

答案：1. 迈克尔·杰克逊（"杰克逊五兄弟"乐队）。2. 爵士乐、福音音乐、灵魂音乐和说唱音乐。3. 马丁·路德·金、马尔科姆·X、弗雷德里克·道格拉斯，亚当·克莱顿·鲍威尔二世。

Miss Maude's Spoonbread Too 餐馆活泼的内饰

② 尚博格黑人文化研究中心

Schomburg Center for Research into Black Culture

将黑人历史带进生活

尚博格中心始建于 1926 年，当时就有令人难以置信的 5000 本书籍、3000 部手稿、2000 幅版画和绘画藏品，反映了世界各地黑人的生活、文化和历史。这些是由波多黎各活动家和学者阿图罗·朔姆贝格所积累的，他是哈莱姆文艺复兴时期一位有影响力的人物。藏品的数量一直在持续增长，到了今天，中心的两个画廊的展品主题在不断更新，有可能聚焦于艺术、珍贵书籍、信件、工具、雕刻，或是照片摄影术。四幅丰富多彩的壁画《黑人生活的方方面面》（Aspects of Negro Life）位于主阅览室，是由哈莱姆文艺复兴时期的艺术家亚伦·道格拉斯创作的。在小店停下脚步，寻找来自非洲的珠宝、还有音乐、海报及雕刻品。

游客须知

地图：17 D2
地址：515 Lenox Ave（Sixth Ave），10037; 212 491 2200
地铁：2、3 号线到 135th St。
公交车：M7 和 M102 路
营业时间：周一至周六：10:00~18:00；周日关闭
价格：免费
年龄范围：10 岁以上
预留时间：1 小时
轮椅通道：有
餐饮：**野餐**：Hadwan Gourmet Deli（2445 Frederick Douglass Blvd at 131st St，10027; 212 862 3145）提供野餐所需美食。**正餐**：Miss Maude's Spoonbread Too（547 Lenox Ave, between 137th St & 138th St，10037; 212 690 3100）店里的炸鸡很有名。

卫生间：位于主楼层

价格以一个四口之家为基准

休闲放松

圣尼古拉斯公园沿着圣尼古拉斯大道有三个游乐场。这个狭窄的公园自然地建造在崎岖的岩石中间，还有篮球场和手球场。

③ 阿比西尼亚浸信会教堂

Abyssinian Baptist Church

来自天堂的唱诗班声音

这座纽约最古老的黑人教堂始建于 1808 年，由一群非裔美国人和埃塞俄比亚海上商人，因拒绝接受其他教堂种族隔离的座位而建立。阿比西尼亚是埃塞俄比亚以前的名字。1923 年，圣会建造了这座精美的新哥特式石头建筑，有着进口的彩色玻璃窗和大理石讲坛。1937 年，由富有魅力的牧师亚当·克莱顿·鲍威尔二世接手后，教会获得了主导地位。路过教会时，停下来听一听那精湛的福音合唱团（周日 9:00~11:00）。教堂外，小贩们聚集在角落，兜售新鲜农产品和非洲玩偶。

游客须知

地图：17 D2
地址：132 Odell Clark Place, West 138th St，10030; 212 862 7474; www.abyssinian.org
地铁：2、3、B 和 C 线到 135th St。
公交车：M2、M7、M10 和 M102
轮椅通道：有
餐饮：**正餐**：Manna's Restaurant（486 Lenox Ave at 134th St，10030; 212 234 6114）供应南方特色的自助餐，还有一个很棒的沙拉吧。**家庭餐**：Londel's（2620 Frederick Douglass Blvd，10037；212 234 6114）供应南方菜、大陆菜和凯金菜。

卫生间：每层均有

休闲放松

圣尼古拉斯公园游乐场对小孩子充满了吸引力。另一个不错的选择是**纽约城市学院**（City College of New York）（160 Convent Ave，10031; 212 650 7000），毗邻公园西侧。

④ 圣尼古拉斯历史街区

St. Nicholas Historic District

富人们的住宅

聚集于第 139 街和第 138 街两大街区的联排别墅保存良好，始建于 1891 年哈莱姆区的鼎盛时期，是高档住宅区的聚集地。虽然由三位建筑师设计，不同的建筑却融合成了一个和谐的整体。背后的小巷曾是马车运送杂货的地方。

20 世纪 20 年代，地铁通到了这里，使哈莱姆区的所有地方更容

阿比西尼亚浸信会教堂内的彩绘玻璃

易到达了。但是，过度建设导致很多公寓空置下来，给了黑人租户搬进来的机会。成功的黑人律师和音乐家也是住在这里的一部人，这也给了其一个昵称“奋斗者之地”。

休闲放松

孩子们可能会喜欢圣尼古拉斯公园（St.Nicholas Park）内的**圣尼可狗狗跑道**（St. Nick’s Dog Run）（near 136 St，10027），这片树荫下的空地又是宠物犬们奔跑玩耍的地方。公园的南部边缘被称为“岩石之点”（Point of Rocks），曾是哈莱姆高地之战中的一个军营。

游客须知

地图： 17 C2
地址： 138th St & 139th St, between Adam Clayton Powell Jr. Blvd & Frederick Dougass Blvd

地铁： B、C 线到 135th St。**公交车：** M2、M7、M10 和 M102

餐饮： **野餐：** Best Yet Supermarket（2187 Frederick Douglass Blvd，10030）是一个购买野餐材料的好地方。**正餐：** Margie’s Red Rose Diner（275 West 144th St，10030）供应附近最好的一些灵魂菜。

⑤ 汉密尔顿高地历史街区与糖山
Hamilton Heights Historic District & Sugar Hill

甜蜜的生活

纽约一些最漂亮的住宅大厦就坐落于这个地区，这里是美国开国元勋亚历山大·汉密尔顿在1801年的乡村庄园——汉密尔顿农庄的旧址。从第145街的地铁站开始，走几步路，右转进入埃奇库姆大道（Edgecombe Ave），就可以看到一些可爱的建筑物。19世纪80年代~20世纪20年代，这里建起了许多英俊的石排别墅和典雅的公寓大楼，有安妮女王、罗马复兴和新文艺复兴等风格。当黑人开始迁入哈莱姆区时，许多专业人士选择了这片地方，从此这里就被称为糖山，因为它代表着甜蜜的生活。

埃奇库姆大道409号是第一位非洲裔最高法院法官瑟古德·马歇尔的家；埃奇库姆大道555号的前租户则包括演员保罗·罗伯逊和爵士乐大师贝西伯爵。这里现在生活着众多附近城市学院的教职员工。

休闲放松

乘坐BR19路公交车沿145街向西到**州立河岸公园**（Riverbank State Park）（679 Riverside Drive，10031）。这座人造公园位于哈得孙河污水处理厂的上边，景色迷人。园中有两个游乐场，一个是有奥运会规模的游泳池，还有一个室内溜冰场，夏季可以在这轮滑，冬季又可以溜冰。

汉密尔顿高地历史街区的联排别墅

游客须知

地址： West 141st St to 145th St & Convent Ave

地铁： 3、A、B、C 和 D 线到 145th St。**公交车：** M3、M100 和 M101

餐饮： **野餐：** Sunshine Kitchen（695 St Nicholas Ave at 145th St，10031; 212 368 4972）的牙买加菜肴值得推荐，包括烧烤鸡肉和牛肉小馅饼。**正餐：** Charles’ Country Pan Fried Chicken（2841 Frederick Douglass Blvd，10039; 212 281 1800）的炸鸡是哈莱姆区公认为最好的。

儿童专栏

找一找……

1. 一位诗人的遗体被埋葬在哈莱姆区一栋重要建筑的地板之下。你知道他是谁，并且能找出在哪里吗？
2. 这片历史街区是根据亚历山大·汉密尔顿而命名的，他的死亡很不寻常。你知道他的死因是什么吗？
3. 哪一首有名的歌曲是以开往哈莱姆区的地铁命名的？

答案见本页最下角。

非同凡响的高塔

马库斯加维公园14米高的铸铁火灾瞭望塔在美国是独一无二的。它始建于1856年，那时大多数建筑都是木制的，一次火灾可能就会摧毁整个城市。原本有11座瞭望塔，它是唯一一个现在仍然屹立在这里的。禁止攀登。

历史性的审判

1954年，后来成为美国最高法院大法官的瑟古德·马歇尔赢得了一起影响数百万儿童的官司。它被称为“布朗诉托皮卡教育局案”，宣告“隔离但平等”独立学校的想法是违宪的。第一次，所有种族的人们可以在一起接受教育，非裔美国儿童可以自由地去任何一所学校上学。

答案：1. 诗人兰斯顿·休斯的骨灰埋在黑人文化研究中心的“cosmogram”下边。2. 他因与副总统伯尔决斗受伤而死。3. 艾灵顿公爵乐团的《搭乘A号列车》（Take the A Train）。

修道院艺术博物馆及周边

想远离摩天大楼，寻找一个观赏曼哈顿的新视角，仅需搭乘 30 分钟的地铁。在曼哈顿岛最北端的华盛顿高地和英伍德地区，有着成片的绿地、充满艺术气息的城堡、可以攀登的灯塔、18 世纪 80 年代的农场房屋，及能看到新泽西州的帕利塞兹丘陵——哈得孙河对岸的垂直峭壁的茂密林地。

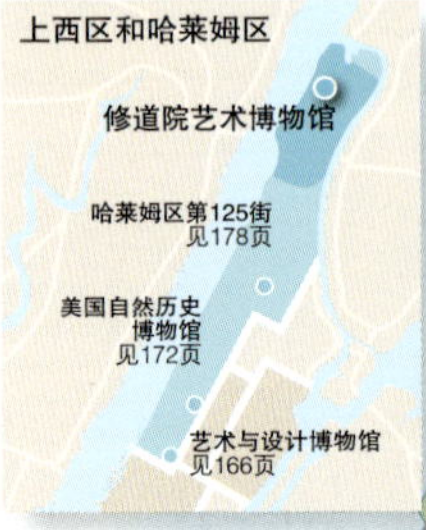

迪克曼农庄博物馆，一处 18 世纪的纽约遗迹

地图示意

景点

1. 修道院艺术博物馆
2. 英伍德山公园
3. 迪克曼农庄博物馆
4. 小红灯塔

餐饮点

1 Frank's Market
2 Fivo's Pizza
3 107 West
4 New Leaf Café
5 Grandpa's Brick Oven Pizza
6 Indian Road Café
7 Park View Café
8 809 Restaurant
9 Como Pizza
10 Galicia

购物点

1 修道院艺术博物馆礼品店

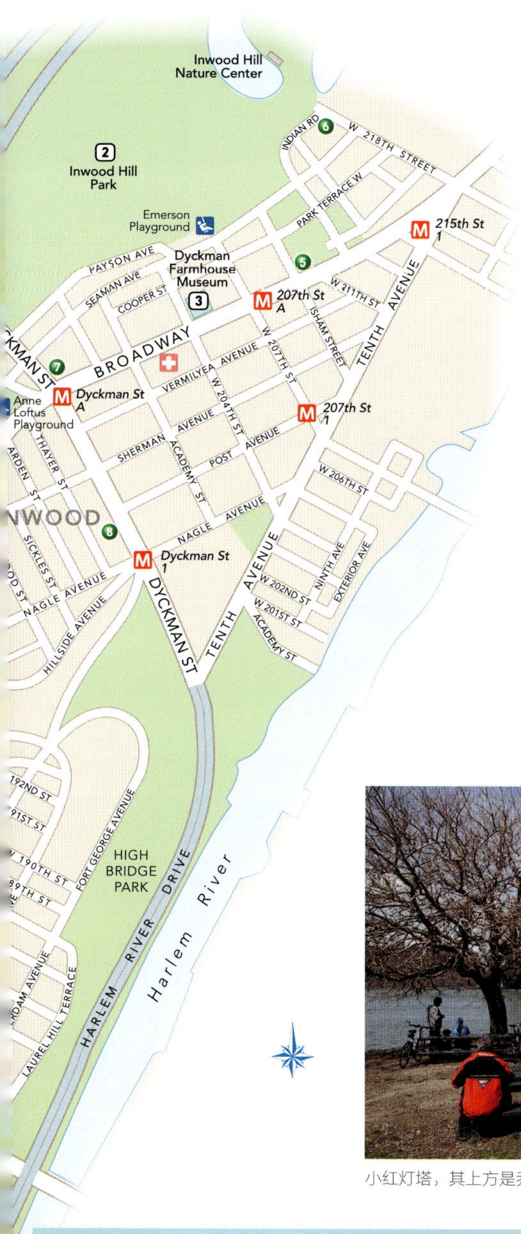

在 Indian Road Café 咖啡馆悠闲用餐的人们

小红灯塔，其上方是乔治 · 华盛顿大桥

游客须知

地铁： A 线到 Dyckman St. 207th St 或 181th St。**公交车：** M4、M98、M100 和 Bx7

超市： Frank's Market（807–809 West 187th St, near Fort Washington Ave, 10033; 212 795 2929）。**市场：** Farmers' market（168th St at Fort Washington Ave, 10033; 7~11 月：周二 8:00~17:00）。Greenmarket（Broadway & 175th St;7~11 月上旬：周四 8:00~16:00。

节日： 小红灯塔节（9 月）：华盛顿堡公园；中世纪节（10 月）：翠亨堡公园；华盛顿包战役纪念日（11 月）：翠亨堡公园

药店： Hilltop Pharmacy（593 Fort Washington Ave at 187th St, 10033; 212 923 7176；周一至周五：8:00~20:00，周六：9:00~19:00，周日：10:00~18:00）。Rite Aid（4910 Broadway，between 204th St & 207th St，10034; 212 569 2512; 周一至周五：8:00~20:00，周六：9:00~18:00，周日：10:00~17:00）。

最近的游乐场： 雅各布 · K. 贾维茨游乐场（见 187 页）。安妮 · 洛夫特斯游乐场（见 187 页）。艾默生游乐场（见 189 页）。

① 修道院艺术博物馆 The Cloisters

独角兽、花园和回到过去的旅行

修道院艺术博物馆是一个仿造的中世纪城堡，俯瞰哈得孙河，给人童话般的感觉。它是大都会艺术博物馆的一个分支，由小约翰·D. 洛克菲勒购买了土地并将几个建筑合并在一起而建造，其中部分来自旧的法国修道院；他还捐赠了令人惊叹的艺术收藏品，使其能够在 1938 年向公众开放。在中世纪的绘画和雕塑藏品中追溯那些过去的时光，看看你是否可以辨认那些独角兽挂毯上真实存在或是虚构的动物。

彩绘玻璃

主要特色

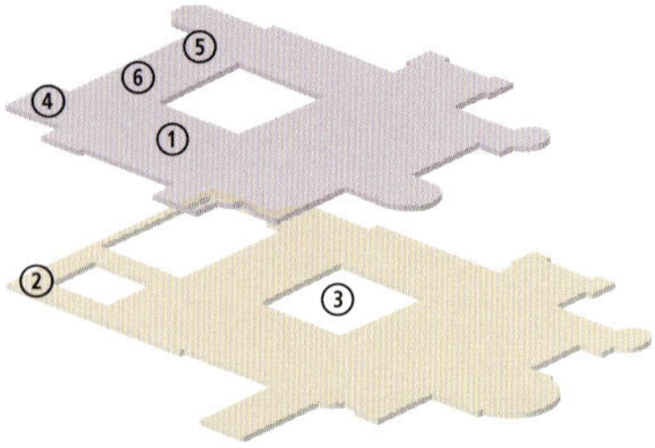

主楼层：独角兽挂毯、九英雄挂毯、罗马式大厅

底层：雕塑、彩绘玻璃、绘画和花园

① Palmesel：孩子们一定会喜欢这个五彩木的基督骑驴的雕像，它被安装在轮式平台上。这个雕塑来自德国，曾经是棕榈主日游行队伍和庆典的一部分。

② 特里回廊（The Trie Cloister）：这个大理石回廊有一些法国历史的味道，因为它是用法国图卢兹附近的 Trie-en-Birore 修道院的柱顶打造的，后来被重建在这里。看看你能否辨认出花园的哪些植物被描绘在独角兽挂毯中。

③ 居扎回廊花园（Cuxa Cloister garden）：这个宁静的花园中心有一座喷泉，其粉红色的柱子和顶棚雕刻于 12 世纪，描绘了一个单头双身体的奇怪生物。

④ 圣母玛利亚和五个站立的圣徒（The Virgin Mary and Five Standing Saints）：这些发光的彩绘玻璃窗（公元前 1440~ 前 1446 年）来自于德国以前的加尔默罗教堂。

⑤ 九英雄挂毯（Nine Heroes Tapestries）：15 世纪初制作的一种罕见的挂毯系列，描绘了来自古典、希伯来和基督教历史中的英雄们，不过他们都身着中世纪装束。

⑥ 独角兽挂毯（Nine Heroes Tapestries）：大约在 1500 年织造于比利时的布鲁塞尔，展现了狩猎和捕获独角兽的场景。中世纪的人们认为独角兽是真实存在的，它们拥有神奇的力量。

游客须知

地址：99 Margaret Corbin Drive，Fort Trgon Park，10040; 212 923 3700; www.metmuseum.org

地铁：A 线到 190th St。**公交车**：M4

营业时间：3 月 ~10 月：周二至周日：9:30~17:15；11 月 ~ 次年 2 月：周二至周日：9:30~16:45；1 月 1 日、感恩节和 12 月 25 日不开放

价格：50~75 美元（建议捐赠）；12 岁以下免费

购票及入场提示：工作日上午会有学校组团参观；其他时间游客不多。

导游导览：周二至周五、周日 15:00；周二至周日 13:00 有花园参观。

年龄范围：8 岁以上

活动：每月的周六和第一个周日 12:00 和 14:00 有免费的画廊讨论和节目。大多数周末都有免费的家庭工作坊；查询网站了解时间表。

预留时间：半天（包括坐火车和参观翠亨堡公园）

轮椅通道：有，不过有限制

咖啡厅：位于底层；5~10 月开放

购物点：修道院艺术博物馆礼品店位于主楼层

卫生间：位于底层

参观价值

参观修道院艺术博物，尤其再加上附近的翠亨堡公园，是一次很棒的经历。

孩子们在喷泉之间玩耍，安妮·洛夫特斯游乐场

休闲放松

最近的游乐场位于翠亨堡公园（见下文）中：**雅各布·K. 贾维茨游乐场**（Jacob K. Javits Playground）（Fort Washington Ave & Margaret Corbin Plaza，10040）的游乐设施和喷水适合暖和的日子。**安妮·洛夫特斯游乐场**（Anne Loftus Playground）（Broadway & Dyckman St，10034）在公园北端，也有秋千。

餐饮信息

野餐：20 美元以下；小吃：20~35 美元；正餐：35~70 美元；家庭聚餐：70 美元以上（以一个四口之家为基准）

野餐： Frank's Market（807~809 West 187th St，near Fort Washington Ave，10033）只买到各种好吃的东西，然后带去翠亨堡公园边吃边欣赏美妙的河滨风景。

小吃： Fivo's Pizza（804 West 187th St，near Fort Washington Ave，10033；212 568 9050）肯定会让孩子们高兴的，这里供应各种各样的比萨。

正餐： 107 West（811 West 187th St，10033；212 923 3311）是附近最受欢迎的真正美国的混合菜餐馆，从海鲜食品和灵魂菜、凯金菜一应俱全，还有诱人的甜点。

家庭聚餐： New Leaf Café（1 Margaret Corbin Drive in Fort Tryon Park，10040；212 568 5323）是一栋 20 世纪 30 年代的石头房子，提供新美式菜，如鸭鹅肉拼、褐蘑菇包和熏肉包扇贝。

New Leaf Café 店内时尚的用餐室

逛街购物

修道院艺术博物馆礼品店（3~10 月：周二至周日：9:30~17:00；11 月～次年 2 月：周二至周日：9:30~16:45）对孩子们来说简直就是乐园。

下一站……

翠亨堡公园： 作为哈得孙河上方的最高地点之一，翠亨堡公园（Fore Trgon Park）（Riverside Drive to Broadway & West 192nd St to Dyckman St，10040）原是一个堡垒，在 19 世纪成为一个房产建造点。小约翰·D. 洛克菲勒于 1917 年买了这片土地，将其进行改造，加入了长廊、梯田、树木繁茂的山坡，以及长 13 千米的人行道，最终在 1935 年呈现给了这座城市。公园里的希瑟花园（Heather Garden）建在岩石山脊上，形成了俯瞰哈得孙河的海滨长廊系列。在岩石庭园（Alpine garden）里，茂密的路径蜿蜒在公园东部的岩石坡上。

儿童专栏

找一找……

1. 九英雄挂毯描绘了一些著名的历史人物，但是并不像我们平常所看到的样子。你能找到穿得像一个中世纪国王的罗马恺撒大帝吗？
2. 在中世纪，修道院通常建有庭院和花园，四周环着行人道，僧侣们在这里阅读和默想。你知道它们的术语吗？
3. 修道院艺术博物馆的独角兽挂毯回廊包括至少五种常见的果树。仔细观察一下，你能认出哪些来？

答案见本页最下角。

战火中的勇气

修道院所在地玛格丽特科尔宾车道，是为了纪念一位以勇敢而闻名的女子，在 1776 年革命战争的华盛顿堡战役期间，她在负伤的情况下接过了倒下的丈夫手中的大炮。

昔日英雄

翠亨堡公园是根据威廉·特赖恩爵士命名的，他是纽约州的最后一位英国州长。在 1776 革命战争的一场战役中，英国军队赶走了殖民军，然后选择了这个名字。这个名字被一直保留下来，但是英国人却没留下，他们在 1783 年离开了纽约。

答案： 1. 他是那个金色头发的人，在他的盾牌上有一只双头鹰。2. 回廊（Cloisters）。3. 樱桃、苹果、橘子、石榴和桃树。

英伍德山公园，背景是亨利·哈德孙大桥

Indian Road Café 橱窗里的各种甜、咸点心

② 英伍德山公园
Inwood Hill Park

城中森林

自然生长的树木、盐沼和印度洞穴散布在这个拥有 80 公顷面积、漫无边际的公园里。在殖民时代，这片土地被称为考克山或考克斯山，灵感可能来自于本地土著对其的称呼：Shorakapok（意思是“河边”）。公园始建于 1916 年，大部分是茂密的森林，以及盘旋在山间的攀登和自然山径。步行出发，探索 Shorakapok 自然保护区，这里生长着茂密的成熟红橡树森林和大型郁金香树。试着辨认那些被盐沼吸引来的水禽，欣赏曾被土著美国人用来居住的天然岩洞。

游客须知

- **地址：** 入口在 Dyckman St, Seaman Ave at West 207th St & 214th St, Indian Rd at 218th St,10034
- **地铁：** A线到Dyckman St、207th St；1 线到 215th St。**公交车：** M100
- **营业时间：** 每天：黎明～黄昏
- **价格：** 免费
- **年龄范围：** 不限
- **活动：** 徒步旅行和山径骑车
- **预留时间：** 1~2 小时
- **餐饮：小吃：** Grandpa's Brick Oven Pizza（4973 Broadway at 211th St，10034; 212 304 1185）供应薄底比萨以及沙拉、香辣鸡翅和意式宽面。**正餐：** Indian Road Café（600 West 218th St at Indian Rd，10034; 212 942 7451; www.indianroadcafe.com）提供很棒的美国菜，比如缅因州龙虾卷。
- **卫生间：** 位于篮球场附近和自然中心内

室内景点

如果碰到阴雨天气，就去**英伍德山自然中心**（Inwood Hill Nature Center）（near the 218th St at Indian Rd entrance; 周三至周日：10:00~16:00）暂避一下。这个有趣的中心坐落在曼哈顿唯一的盐水沼泽上，有草地、森林和盐沼等地形特征的实体模型。有一个展览显示了公元前 2000 年至今，园区所经历的各个历史时期。

③ 迪克曼农庄博物馆
Dyckman Farmhouse Museum

旧纽约的遗迹

这个建于 1784 年的农庄位于繁华的百老汇上方的一个山丘上，在整个城市都是一个罕见的发现。

迪克曼农庄博物馆的会客厅

游客须知

- **地址：** 4881 Broadway at 204th St，10034;212 304 9422; www.dyckmanfarmhouse.org
- **地铁：** A 线到 207th St。**公交车：** M100
- **营业时间：** 周五至周日：11:00~17:00；周一至周四：仅接待预约团体
- **价格：** 4~8 美元；10 岁以下免费
- **年龄范围：** 8 岁以上
- **活动：** 教育工艺品活动
- **预留时间：** 1 小时
- **轮椅通道：** 无
- **餐饮：小吃：** Park View Café（219 Dyckman St，10034; 212 544 9024）的菜单提供煎蛋和主菜。**家庭餐：** 809 Restaurant（112 Dyckman St，10040;212 304 3800）供应拉丁美国菜，如馅饼。
- **卫生间：** 位于庭院内

农庄由威廉·迪克曼所建，为荷兰殖民风格，房子有一个门廊、一个复折屋顶和装饰的砖墙。19 世纪 70 年代前它一直属于该家族，后来逐渐年久失修了。迪克曼的后裔于 1915 年将其买回家来，重新修葺，然后在 1916 年将它捐赠给了市政府。今天，它可以让人们一瞥 19 世纪曼哈顿迷人的乡村生活。

游客们可以看到当时真实的卧室装饰、冬季厨房、会客厅和餐厅。花园里有一个繁殖熏制房和一棵樱桃树，证明这里曾经有一片果园。这里还有美国革命战争期间重建的军事小屋，被用来作为住房。

休闲放松

艾默生游乐场（Emerson Playground）（Seaman Ave, between Isham Ave & West 207th St, 10034）以热爱大自然的诗人爱默生之名命名。这里有足够的空间可以跑来跑去，还有一个青蛙形状的喷水池，以及一尊狼的铁制浅浮雕。

④ 小红灯塔
Little Red Lighthouse

一本经典儿童读物中不太可能的英雄

这座 12 米高的小红灯塔傲然屹立在华盛顿堡公园，关于它还有一个故事：它建于 1880 年，于 1921 年搬到现在哈得孙河岸一个危险的地带。当乔治·华盛顿大桥于 1931 年建成时，上面 183 米高的闪闪发亮的灯塔盖过了小红灯塔。1942 年，希尔德加德·斯威夫特写下了《小红灯塔和大灰桥》，在故事里，小红灯塔在一个大雾弥漫的夜晚明白了自己仍然有重要的工作要做。

1948 年，当海岸警卫队计划拆除灯塔时，成千上万斯威夫特的故事迷开展了全美范围内的活动来挽救它。今天，它已经成为国家历史地标，是儿童文学的里程碑。

游客须知

地址： 1 Fort Washington Park, 181st St & Plaza Lafayette，10033；212 304 2365

地铁： A 线到 181st St。向西步行至河边；小红灯塔基本上就在乔治·华盛顿大桥的正下方。

营业时间： 爬上塔参观：5 月 ~10 月：每月第二个周六的 13:00~16:00

价格： 免费

年龄范围： 5~10 岁

预留时间： 1~2 小时

餐饮：小吃： Como Pizza（4035 Broadway at 172nd St，10032；212 928 7867）是一个吃比萨的好地方。**正餐：** Galicia（4083 Broadway at 172nd St，10032；212 568 0163）提供正宗的西班牙肉菜饭、海鲜和美味的小吃。

卫生间： 无

每年 9 月的小红灯塔节会吸引数百人来为这个骄傲的小幸存者庆祝。

休闲放松

华盛顿堡公园（Fort Washington Park）（Riverside Drive, West 155th St to West 179th St, 10033）有两个游乐场，这里也是欣赏翱翔的隼鹰的好地方，它们在乔治·华盛顿桥的塔上筑巢。

儿童专栏

找一找……

1. 土著美国人曾用英伍德山公园的天然岩洞作为栖身地。你知道土著人对这片区域的称呼吗？它又意味着什么呢？
2. 迪克曼农庄于 1916 年进行修复时，种下了一棵特殊的树，来代表农庄原来的果园。你知道这是什么树吗？
3. 哪一部著名的儿童读物是关于华盛顿堡公园里某灯塔的？你知道它的作者是谁吗？

答案见本页最下角。

天气更换

在殖民地时代，包括迪克曼农庄在内的许多家庭都有一个内部的厨房，来帮助屋内在冬季保持温暖，还有一个外部的厨房供夏季使用。

关于金钱

英伍德山公园的一块牌匾标志着曼哈顿的传奇出售史。1626 年就是在这里，荷兰总督彼得·米努伊特用今天价值区区 24 美元的玻璃珠和货物，就从德拉瓦族印第安人手里买下了整座曼哈顿岛。

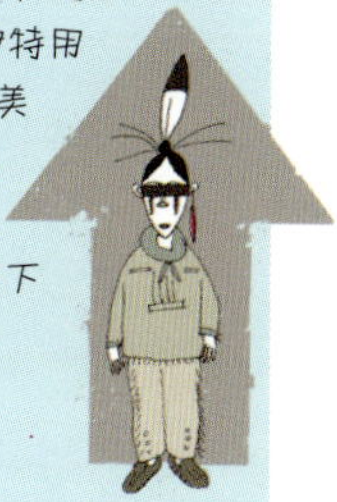

答案： 1. 称作 Shorakapok，意味着“河边”。2. 樱桃树。3.《小红灯塔和大灰桥》，作者是希尔德加德·斯威夫特，插图作者是林德·瓦尔德。

乔治·华盛顿大桥，下方的哈得孙河边有小红灯塔

Coney Tower

曼哈顿之外

纽约成立于 1898 年，由 5 个行政区（布朗克斯区、布鲁克林区、曼哈顿区、皇后区和斯塔滕岛区）合并成为了一个城市。外围的每一个区都有其独特的个性和引人注目的特点。皇后区是一个新崭露头角的艺术中心，布朗克斯区是嘻哈音乐的发源地，而布鲁克林区以其植物园和海滨游乐园引以为豪。

旅游重点

布鲁克林博物馆

在这座宏伟的博物馆里有世界上最好的埃及艺术展之一，以及现代艺术和亚洲艺术画廊（见 202~203 页）。

展望公园

这片青翠无垠的土地有动物园、旋转木马、登山步道和观鸟旅游，让人摆脱城市的束缚。（见 204~209 页）。

野口勇博物馆

在这座博物馆里，可以感受一位特殊的 20 世纪雕塑家——野口勇的思想和作品（见 220 页）。

长岛市

以纽约现代艺术博物馆 PS1 为中心，可以在长岛市南部体验新兴的当代艺术(见 220~221 页)。

波浪小丘

享受为孩子们打造的艺术工作坊，探索这座公共花园的庭院，以及哈得孙河的壮观景色（见 232 页）。

城市岛屿

这个海滨小镇有小型新英格兰渔村的感觉，是布朗克斯区一处隐藏的宝藏（见 233 页）。

左图 月神公园的游客们正在享受 Flying Carousel，康尼岛，布鲁克林区
上图 埃及画廊的石块雕像，布鲁克林博物馆

最精华游点之
曼哈顿之外

那些愿意跨越曼哈顿边界，继续游览的游客将会得到丰厚的回报。周边各区虽然不是很出名，但是它们将本地特色、主要文化景观和公园结合起来，是适合孩子们的好地方。在这里，游客们有机会与当地家庭打成一片，同时可享受布朗克斯动物园美妙的景色、皇后区和布鲁克林区的博物馆，以及长岛市的当代艺术城堡。

文化探索

向北走到**布朗克斯艺术博物馆**（见 238 页）看看当代城市展览，它们往往以布朗克斯区为主题，与公民权利以及该区正在进行的巨大变革等议题相关。在皇后区，由雕塑家野口勇创建的**野口勇博物馆**（见 220 页）呈现了其毕生的作品，是对朴素的颂歌，**移动影像博物馆**（见 218~219 页）则提供了一个了解电影院历史的机会。在**长岛市**（见 220~221 页）的现代艺术博物馆 PS1 可以欣赏到世界级的当代艺术，或是跳上火车去法拉盛的**皇后区艺术博物馆**（见 226 页）看看“纽约市全景”，这是一个令人惊叹的比例模型，覆盖了纽约的所有 5 个区。

美妙的户外风景

跨越**布鲁克林大桥**（见 196~197 页）——这座近代最伟大的建筑壮举之一，去展望公园的**奥杜邦中心**（见 209 页）看看，天气允许的话，跳上电动船来一次难忘的观鸟之旅。然后，徒步走到公园的山涧旷野，**展望公园动物园**（见 204~205 页）有自然的美景和丰富的儿童活动；或者，穿过街道去**布鲁克林植物园**（见 206 页）欣赏优雅的日本山水花园。到了布朗克斯就不能错过全纽约最大的动物园——**布朗克斯动物**

下图 布鲁克林大桥附近的卵石滩，背景是曼哈顿的天际线

上图 在布朗克斯区的波浪小丘俯瞰哈得孙河的全景
中图 移动影像博物馆的入口，皇后区的阿斯托利亚
下图 通往布鲁克林博物馆学院派大厦的楼梯

园（见 236~237 页）。

探坊故居

纽约那些历史悠久的房屋就像深入这座城市的“大门”，可让你了解以前居民的生活。**波浪小丘**（见 232）位于布朗克斯区，有着哈得孙河的壮观景色，前总统罗斯福和作家马克·吐温都曾是这里的居民。再往东就到了**埃德加·爱伦·坡别墅**（见 232 页），这位诗人用自己生命的最后两年照顾他体弱多病的妻子和写诗。布鲁克林区展望公园的**莱弗茨故居**（见 208 页）可以带人穿梭回到 17 世纪。最后，停在**布鲁克林博物馆**（见 202~203 页）看看申克之宅，这是一处荷兰的宅基地，其历史可追溯至约 1775 年。

四季之旅

冬季的几个月是去皇后区**纽约科技馆**（见 224~225 页）的最佳时间，一些古怪离奇的展品，比如“看到光”是专门为孩子们设计的。4 ~5 月期间，可以去**布鲁克林植物园**观赏盛开的樱花，庆祝源于日本的樱花祭。天气暖和起来以后就可以坐火车去**康尼岛**（见 214 页），那里有游乐园、遍布着弓形游廊的木板路和一个真正的海洋沙滩在等着你。到了秋季，去**纽约植物园**（见 230~231 页）寻找城市的最后一小块原始森林，届时它将变成一片火热色彩的华盖。

布鲁克林大桥及周边

步行穿越令人惊叹的布鲁克林大桥是一次激动人心的空中冒险。虽然它有时会经历狂风大作，不过中心的高架人行道是相当安全的。建议从靠近曼哈顿的一侧开始，步行2千米后到达靠近布鲁克林的一侧，欣赏这里最精华的风景——包括小飞象区美妙的海滨公园。如果感到疲惫，还可以选择乘坐地铁或水上出租车。

东河的水上出租车

地图示意

景点

1. 布鲁克林大桥
2. 小飞象区
3. 雅克·托雷斯巧克力店
4. 布鲁克林冰激凌工厂
5. 纽约交通博物馆

餐饮点

1 Peas and Pickles
2 Ignazio's Pizza
3 Grimaldi's Pizzeria
4 River Café
5 Almondine Bakery
6 Bubby's
7 AlMar
8 Vinegar Hill House
9 Rice
10 Superfine
11 Jake's Wayback Burgers
12 Iris Café

住宿点

1 Best Western Seaport Inn
2 Marriott Brooklyn Bridge

布鲁克林区的 River Café 咖啡馆，俯瞰水面

布鲁克林大桥上的人行天桥及金融区风景

游客须知

地铁：曼哈顿侧：R 线到 City Hall；4、5、6 线 到 Brooklyn Bridge–City Hall；2、3 线 到 Fulton St。布鲁克林侧：A、C 线到 high St；F 线到 York St。

公 交 车：M9、M15、M22、B25 和 M103。

水上出租车：往返于曼哈顿的南街海港和布鲁克林区的富尔顿渡口；纽约水上出租车：www.nywatertaxi.com；212 742 1969

游客信息：鲁克林旅游和游客中心（209 Joralemon St, Brooklyn，11201; 718 802 3846）

超市：布鲁克林：Peas & Pickles（55 Washington St，between Front St & Water St，11201；718 488 8336）

市 场：曼 哈 顿：市 政 厅 公 园（Broadway at Chambers St；周二和周五开放）。布鲁克林：布鲁克林区大厅（Court St at Montague St; 周二、周四和周六开放）。

节日：布鲁克林设计展（5 月）、布鲁克林嘻哈音乐节（7 月）、小飞象艺术节（9 月）

药店：曼哈顿：Duane Reade（200 Water St，10038；212 385 9353; 周一至周五：7:30~20.00，周六、周日：9:00~18:00）布鲁克林：Rite Aid（168 Montague St，11201；718 522 2991；周一至周五：7:00~21:00，周六：9:00~18:00，周日：10:00~17:00）。

最近的游乐场：布鲁克林大桥公园（见 196~197 页）。皮尔庞特公园（Pierrepont Park）（Pierrepont St, at the Promenade, Brooklyn，11201）。主街公园（见 198 页）。

雅克 · 托雷斯巧克力店

游客须知

地图：2 G3

地铁：J、Z 线 Fulton St；4、5、6 号线到 Brooklyn Bridge-City Hall；2、3 线到 Fulton St；R 线到 City Hall。

公交车：M9、M15 和 M22。大桥人行道入口靠近市政厅公园。

导游导览：包括“大洋葱徒步旅行”（Big Onion Walking Tours）在内的多家公司提供大桥的参观导览；www.bigonion.com。“Bike and Roll”提供 2~3 小时的骑车横穿大桥旅行；www.bikeandroll.com。参与者年龄需在 12 岁及以上

年龄范围：不限，但是如果有幼儿，最好带着婴儿车，这样路上可以让他们休息。

预留时间：1 小时

卫生间：最近的洗手间在曼哈顿一侧的 Au Bon Pain（80 Pine St，10005）、布鲁克林一侧的 Bubby's（见 198 页），以及 1 号码头的入口（见下文）。

参观价值

大桥的建筑之美和其迷人的历史，再加上露天穿越大桥的刺激，使其成为来纽约旅游的家庭必游景点之一。

① 布鲁克林大桥 Brooklyn Bridge

雄伟的跨度

作为一个建筑奇迹，布鲁克林大桥建于 1870~1883 年，横跨东河之上，连接了当时美国最大的两座城市——纽约（曼哈顿）和布鲁克林。当时许多人认为，这个世界上的首座钢悬索桥是不安全的。为了证明他们是错的，表演者 P.T. 巴纳姆让 21 头大象走过了大桥。

主要看点

中心跨度：该跨度有 486 米长，由曲线优美的钢索构成。大部分的布线工作是由水手们在现场完成的。

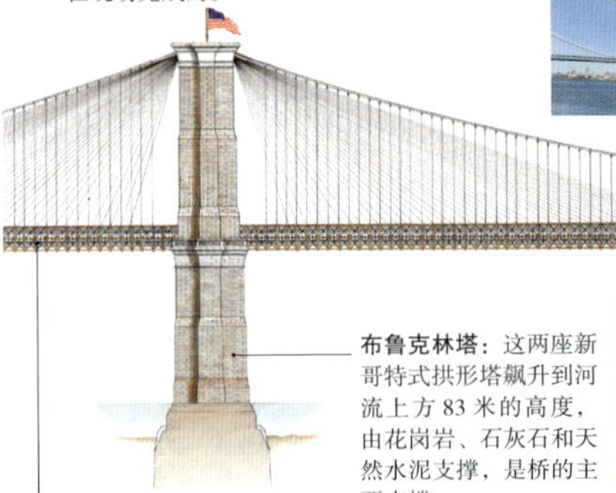

布鲁克林塔：这两座新哥特式拱形塔飙升到河流上方 83 米的高度，由花岗岩、石灰石和天然水泥支撑，是桥的主要支撑。

车行道：道路中央的两个车道上以前有高架火车运行，同时还有电车和其他车辆。不过现在只允许汽车通行。

钢电缆：四条钢索支撑着桥梁的跨度，每个都有 1091 米长。

布鲁克林大桥公园，东河沿岸的一片城市绿洲

休闲放松

布鲁克林大桥公园（Brooklyn Bridge Park）的 1 号码头北部边缘有一个游乐场、两个大草坪和一个海滨长廊，是享受野餐或沿着河边散步的完美地点。

价格以一个四口之家为基准

餐饮信息

野餐：20 美元以下；小吃：20~35 美元；正餐：35~70 美元；家庭聚餐：70 美元以上（以一个四口之家为基准）

野餐：Peas and Pickles（55 Washington St，11201；718 488 8336；24 小时开放）供应三明治、烤帕尼尼和寿司。带上野餐用品，去布鲁克林大桥公园的草坪上享受吧。

小吃：Ignazio's Pizza（4 Water St，11201；718 522 2100）提供比萨，沙拉和各种饮料。

正餐：Grimaldi's Pizzeria（19 Old Fulton St，11201；718 858 4300）提供美味的砖炉比萨、沙拉和甜点。

家庭餐：River Café（1 Water St，11201；718 522 5200；周一至周五：中午 ~15:00、17:30~23:00，周六、周日：11:30~14:30、17:30~23:00）坐落在布鲁克林大桥脚下，风景优美。供应经典的新式美国菜，原料新鲜。

River Café 咖啡馆能够欣赏曼哈顿天际线的美妙景色

灯光项链：由 904 盏灯构成的灯串沿着桥的电缆而建，仿佛一条珍珠项链。当市财政的能力足够购买电力时，这些灯才会被打开。

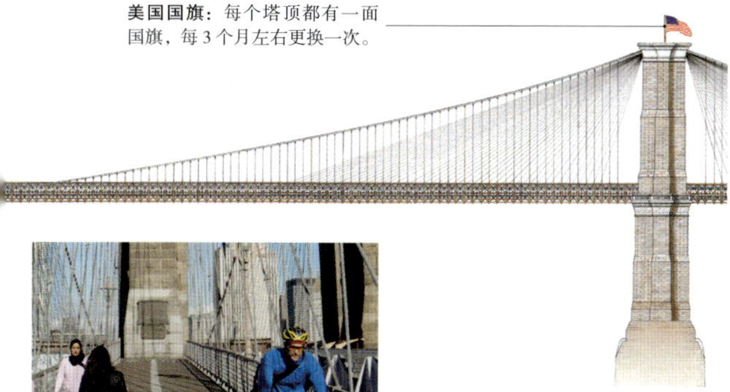

美国国旗：每个塔顶都有一面国旗，每 3 个月左右更换一次。

人行天桥：布鲁克林大桥是世界上第一座内建有单独人行天桥的大桥，位于车行道的上方。今天，骑自行车的人和步行者都可以在上边共行，以白线分隔。

更多信息

电影：著名纪录片制作人肯·伯恩斯在 1981 年为美国公共电视网拍摄了《布鲁克林大桥》，讲述了大桥的建筑及其对纽约的历史意义。英国广播公司的影片《七大工业奇迹》中也提到了布鲁克林大桥。在马修·布罗德里克和让·雷诺主演的《哥斯拉》中，让整个纽约陷入恐怖的巨型蜥蜴最终在布鲁克林大桥被杀死了。

室内景点

前往**小飞象艺术中心**（见 198 页）参观。或者去 Dewey's Candy 糖果店（141 Front St），那里堆放着五颜六色的甜点。

布鲁克林高地长廊有一个很棒的游乐场和迷人的风景

下一站……

布鲁克林高地长廊：布鲁克林高地长廊（Brooklyn Heights Promenade）的大桥风景棒极了。Pierrepont 游乐场也很好，后边绿树成荫的街道能让人找到 100 年前的感觉。

儿童专栏

找一找……

1. 大桥的索缆上编织着钢线，来支持桥梁的跨度。你能猜出为什么建桥公司要聘请水手在空中编制钢线吗？
2. 为什么在行人通道中间有一条白线？
3. 桥上不再允许通行的是哪两种原始的交通工具？
4. 你能从大桥上看到哪个纽约的地标？

答案见本页最下角。

隐藏的故事

2006 年，人们在大桥其中一座塔的内部发现了秘密物资。这是 1957 年存储在塔中的，如果苏联核弹袭击纽约市的话，这里可以作为补给仓库。

悲惨的过去

德国出生的工程师约翰·奥古斯都·罗布林设计了布鲁克林大桥，但是却没能活着看到大桥建成的时候。在建设过程中，他受伤去世了。然后，他的儿子华盛顿·罗布林接手了建造任务，没想到他竟然也受伤了。最后他的妻子艾米丽代表他进行了日常监理和实地考察工作。

答案：1. 因为水手们习惯于在高大船桅上工作。2. 这条线是用来分离行人和骑自行车的人的。3. 高架火车和电车。4. 帝国大厦。

雅克·托雷斯巧克力店，充满了诱人的美味

② 小飞象区
Dumbo

艺术和绿色

曾经是工业区的布鲁克林到处都是仓库，这片地方现在是整座城市最迷人的街区之一。俗称小飞象区的曼哈顿大桥下地区，是指在若隐若现的布鲁克林大桥脚下邻近的一片引人注目的地方。这里保护完好的建筑和比利时风格的鹅卵石街道曾给纽约某些最伟大的摄影师以灵感，包括贝伦妮斯·阿博特和安德烈·克尔特斯，还有导演赛尔乔·莱翁，他也对这里的历史特色和气氛津津乐道。

今天，小飞象区最为出名的是遍布这里的艺术家，以及纽约最适合孩子们玩耍的海滨公园。在20世纪70~80年代，艺术家们成群结队地来到该地区，其影响一直持续到今天的一些非营利性机构，如小飞象艺术中心（Dumbo Arts Center），拥有画廊及儿童工作坊。加拉帕戈斯艺术空间（Dumbo Arts Center）会举办录像设备安装、表演艺术和戏剧活动，而圣安仓库（St. Ann's Warehouse）以新锐戏剧和摇滚音乐会闻名。富兰特街（Front St）和华特街（Water St）两旁排列着画廊、书店、设计工作室和烹饪场所，如雅克·托雷斯巧克力工厂。

游客须知

地图： 19 A3

地铁： A、C 线到 High St；F 线到 York St。**公交车：** B25、B67 和 B69。

年龄范围： 不限

预留时间： 1~2 小时

餐饮： **正餐：** Almondine Bakery（85 Water St，near Main St，11201；718 797 5026）提供饼干、面包以及精心设计的经典法国糕点。**家庭餐：** Bubby's（1 Main St at Plymouth St，11201；718 222 0666）提供令人舒心的食物，如肉面包、汉堡包、三明治和沙拉。

卫生间： 位于附近的咖啡馆内，小飞象艺术中心 2 楼也有。

休闲放松

主街公园（Main Street Park）作为布鲁克林大桥公园的一部分，是一个以航海为主题的游乐场，有着曼哈顿的壮丽景色、通向河流的宽阔台阶、葱郁的草坪和一条狗狗跑道。

③ 雅克·托雷斯巧克力店
Jacques Torres Chocolate Shop

巧克力工厂

在纽约，只有一个人的名字可以让人联想到所有精美巧克力的魅力——雅克·托雷斯。托雷斯出生在法国的一个小渔村，带着他对甜食的热情来到纽约，在传奇的餐馆 Le Cirque 做到了糕点主厨的位置。不过他选择了抛下旧日的辉煌，从东河边缘一间旧红砖仓库重新开始，最终将其变成了世界著名的巧克力工厂。这里有各种令人垂涎的美味，包括香槟松露巧克力、果仁糖及巧克力棒。里边有一个玻璃窗口，可以供人欣赏正在制作的美味。

布鲁克林冰激凌工厂，很受当地人和游客的欢迎

休闲放松

帝国富尔顿渡轮公园（Empire-Fulton Ferry Park）也是布鲁克林大桥公园的一部分，在 Jane's Carousel 旋转木马由 48 匹木马和原有的平台构成，于 1922 年在费城制造，根据制作者命名，后来被送给纽约，花了 20 年时间进行修复，如今它在防风雨的玻璃结构中有了一个永久的家。

游客须知

地图： 2 H3 **地址：** 66 Water St，11201；718 875 9772；www.mrchocolate.com

地铁： A、C 线到 High St；F 线到 York St。**公交车：** B25 和 B69

营业时间： 周一至周六：9:00~20:00，周日：10:00~18:00

预留时间： 30 分钟

轮椅通道： 有

餐饮： 正餐：Snacks AlMar（111 Front St，11201；718 855 5288）供应三明治、帕尼尼、沙拉和墨西哥卷饼。家庭餐：Vinegar Hill House（72 Hudson Ave，11201；718 522 1018）是一家一流的新美国早午餐和晚餐店，提供经典菜式。

卫生间： 位于主楼层

④ 布鲁克林冰激凌工厂
Brooklyn Ice Cream Factory

奶油的喜悦

事实证明，这座城市保留了富尔顿码头一间 1924 年的消防艇建筑是正确的——不光为后代保留了建筑物的架构，还为纽约最好的冰激凌店提供了一个愉快的家。该项目由马克·汤普森于 2001 年开始运作，当时他还是标志性的 River Café 餐馆的一位经理。他决定限制口味的数量——通常是 8 种——并且只使用最新鲜的食材，这些做法都收到了显著的成效。在冰激凌爱好者们的纽约列表中，布鲁克林冰激凌工厂的排名居高不下；这里整天都有人在排队。

游客须知

地图： 2 H3

地址： Corner of Old Fulton & Water St，11201; 718 246 3963; www.brooklynicecream-factory.com

地铁： A、C 线到 High St；F 线到 York St。**公交车：** B25 和 B69

营业时间： 周日至周四：12:00~22:00，周五、周六：12:00~23:00。

年龄范围： 不限

预留时间： 1 小时

轮椅通道： 无

餐饮： **小吃：** Rice（81 Washington St，11201；718 222 9880）对亚洲主食进行了改良，外加点心、加香烤肉、咖喱和素食炖菜。**正餐：** Superfine（126 Front St，11201；718 243 9005）提供地中海风味的早午餐和晚餐。

卫生间： 无

休闲放松

从冰激凌工厂出发，刚刚越过布鲁克林大桥（见 196~197 页）的城墙，就到了**帝国富尔顿渡轮公园**的边缘。先步行至大桥脚下，欣赏曼哈顿的全景。这个完美的视角能让你找到几乎所有在纽约市拍过的电影场面。然后，去参观宏伟的旧烟草仓库（Tobacco Warehouse）。这栋没有屋顶的红砖建筑作为烟草海关查验中心建于 19 世纪 70 年代，镶嵌着拱形的窗户，能够让人们想起以前小飞象区还是一个航运枢纽的场景。

⑤ 纽约交通博物馆
New York Transit Museum

有轨电车、火车以及更多

纽约交通博物馆坐落在 1946 年废弃的前法院街（Court Street）地铁站里，专门展示纽约市公共交通系统的历史。地下夹层有三个长期的展览：钢铁、石材和支柱，它们构成了地铁系统的结构；在街道上面，纽约有轨电车和公交车展侧重于地上的交通，包括一个 12 座的巴士以及可以让孩子们上去体验的小电车。车票收藏展呈现了过去许多年使用过的各式各样的售票设备。在最底层，两道铁轨上有老式地铁和高架火车的车厢，游客们可以登上去。大多数的地铁车厢依然可以运行，偶尔会举行“怀旧列车”的游览。

纽约交通博物馆的商店里出售的商品

休闲放松

博物馆的北边就是**哥伦布公园**（Columbus Park）（Cadman Plaza West, Brooklyn，11201），这里覆盖着石板，有花园和雕塑可以探索（午餐时间还有免费音乐会）。布鲁克林市政厅（见 195 页）的绿色市场可以买到各种好吃的东西。

游客须知

地图： 19 A4 **地址：** 130 Livingston St，11201; www.mta.info/mta/museum

地铁： 2、3、4 和 5 线到 Borough Hall。**公交车：** B25、B57、B61 和 B103

营业时间： 周二至周五：10:00~16:00；周六、周日：中午 ~17:00

年龄范围： 不限

价格： 24~34 美元

活动： 周五 11:00 会举行面向 2~5 岁儿童的活动；周六、周日的 13:30 有为 5 岁以上儿童开设的工作坊。

预留时间： 1 小时

轮椅通道： 有

餐饮： **小吃：** Jake's Wayback Burgers（125 Livingston St，11201；718 243 2098）提供热狗、汉堡和各种各样的炸薯条。**正餐：** Iris Café（20 Columbia Pl，11201；718 722 395）有三明治，全天供应早餐。

卫生间： 位于主楼层

儿童专栏

你知道吗……

1. 小飞象区的鹅卵石街道上铺设的是哪种石头？
2. 在富尔顿码头，你能乘坐哪种交通工具？
3. 小飞象区指的是一座大桥脚下附近的位置。这是哪座桥呢？
4. 雅克托雷斯专门从事巧克力的生意。他做的糖果有什么特别之处呢？
5. 布鲁克林冰激凌工厂是一个历史悠久的建筑。你知道 1924 年它刚开业时是用来干什么的吗？

答案见本页最下角。

漂流的旋律

漂流在东河布鲁克林侧的一艘咖啡豆驳船现在成了室内系列音乐会的场地，被称作“驳船音乐”，会在春、夏和秋季每周的几个晚上举行。

纽约市的大桥

布鲁克林大桥并不是唯一一座横跨东河、带有人行道的大桥。其实，曼哈顿大桥也有一条人行道，但与布鲁克林大桥不同的是，穿过这里的行人必须忍受沿线嘈杂的地铁列车。

答案： 1. 比利时石块，通常是花岗岩。2. 黄色的纽约水上出租车双体船。3. 曼哈顿大桥。4. 他制作的产品中的每种成分都是现做的。5. 最初是一个消防站。

布鲁克林博物馆及周边

布鲁克林在 19 世纪自治期间，是一个很重要的城市，展望公园边上宏伟的风景就是证明，是这片区域里最大的绿色空间。距公园几步之遥就是布鲁克林儿童博物馆，是孩子们的梦想之地。布鲁克林博物馆及它的邻居——田园诗般的植物园交通便利，可乘地铁抵达，然后步行探索这片地区。

0 米 150

0 码 150

地图示意

景点

1. 布鲁克林博物馆
2. 展望公园动物园
3. 大军广场
4. 布鲁克林植物园
5. 布鲁克林儿童博物馆
6. 展望公园
7. 莱弗茨故居
8. 奥杜邦中心

餐饮点

1 BKLYN Larder
2 Museum Café
3 Tom's Restaurant
4 Flatbush Farm
5 Bark
6 Café Enduro
7 James
8 Open Book Café by Mambo
9 Cheryl's Global Soul
10 Bareburger
11 Heru's Juice Bar and Fruit Market
12 Applebees
13 Pony Express Snack Bar
14 Gino's Pizzeria
15 Scoops Ice Cream Parlor
16 King of Tandoor
17 Sushi Tatsu III

另参见布鲁克林植物园（见206页）和奥杜邦中心（见209页）

展望公园湖，布鲁克林唯一的淡水湖泊

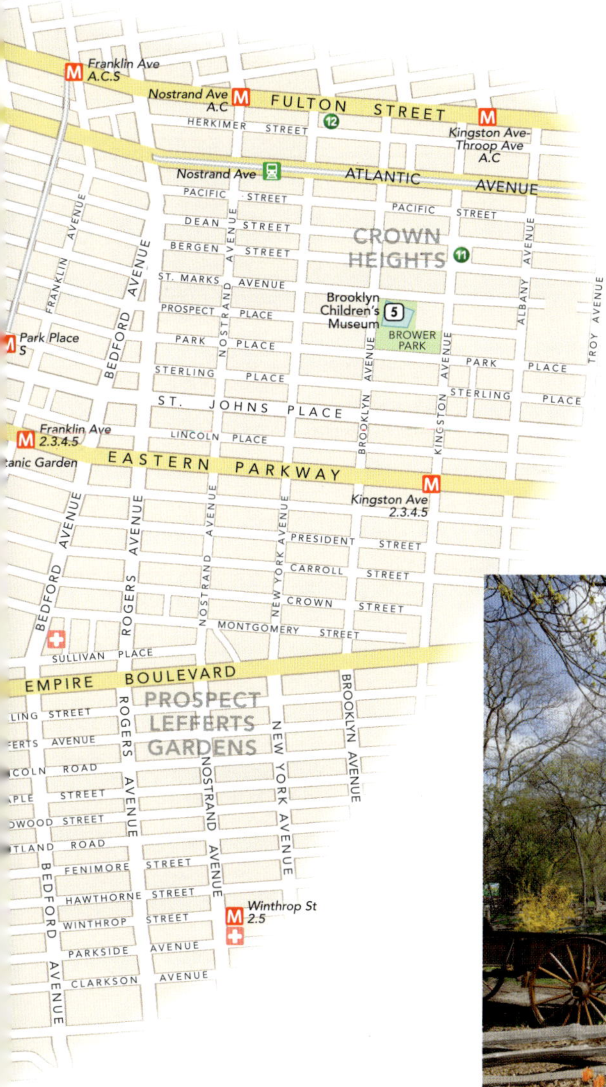

游客须知

地铁： 2、3 线到 Eastern Parkway–Brooklyn Museum；B、Q 和 S 线到 Prospect Park。**公交车：** B41、B45 和 B69。

超市： St John's Marketplace（323 St Johns Place, Brooklyn，11238; 718 783 6950）

市场： Grand Army Plaza Green Market(Grand Army Plaza, Brooklyn，11238；周六：8:00~16:00)

节日： 樱花祭节日（4 月末 ~5 月初）：布鲁克林植物园；布鲁克林狂欢（6~8 月初）：音乐会、舞蹈和电影，展望公园

药店： CVS/pharmacy（1251 nostrand Ave, Brooklyn，11225；718 282 6614; 周一至周五 8:00~20:00，周六、周日：9:00~18:00）。Rite Aid（1679 Bedford Ave，between Montgomery Place & Sullivan St, Brooklyn，11225; 718 282 7476; 周一至周五：9:00~20:00，周六：9:00~18:00，周日：9:00~17:00）。

最近的游乐场： 布鲁克林区山景花园游乐场（Mount Prospect Park Playground）（Eastern Parkway, between Washington Ave & Flatbush Ave, Brooklyn，11238）。林肯路游乐场（见 205 页）。幻想运动场（见 209 页）。

展望公园里历史悠久的莱弗茨故居

① 布鲁克林博物馆 Brooklyn Museum

了不起的艺术和神秘的木乃伊

布鲁克林博物馆是该区最主要的文化景点，最初是一所艺术与设计学校，由英国慈善家奥古斯·格雷厄姆在19世纪中叶建立。1897年，博物馆在一座宏伟的美术大楼里开放了，由市里著名的建筑师麦克金姆、米德和怀特设计。今天，它的展览以挑战艺术的定义而闻名：比如一个关于《星球大战》电影的展览和一个关于摇滚乐历史的摄影展。

布鲁克林博物馆外的雕塑

主要看点

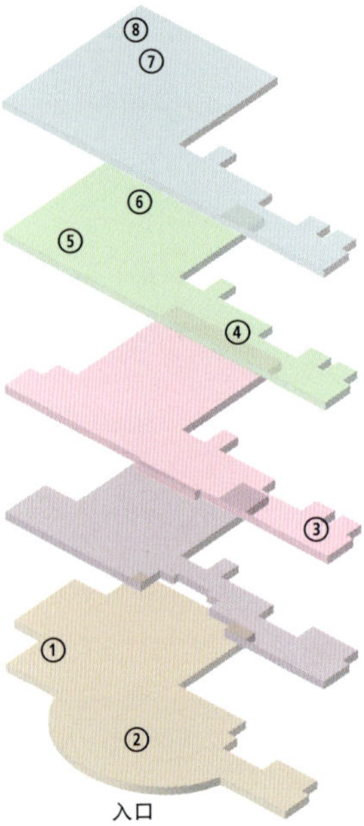

5楼：卢斯美国艺术中心和康托画廊

4楼：当代艺术画廊、装饰艺术画廊和伊丽莎白.A.赛克勒女权艺术中心

3楼：埃及画廊、沃基安画廊和学院派艺术苑

2楼：亚洲画廊和伊斯兰画廊

1楼：非洲画廊、罗伯特·E.布鲁姆画廊和斯坦伯格家庭雕塑园

① 串珠皇冠（Beaded Crown）：这个19世纪后期的皇冠是由工匠约鲁巴为Ikere（现在的尼日利亚）的oba（国王）Onijagbo Obasoro Alowolodu制作的，他于1890年至1928年在位。

② 巴尔扎克纪念碑（Monument to Balzac）：奥古斯特·罗丹的这尊雕塑向法国伟大的小说家和剧作家巴尔扎克致敬。它耗费了这位雕塑家7年的时间来研究已经过世近50年的巴尔扎克。

③ Hor夫人木乃伊（The Mummy of Hor）：这个有2700年历史的木乃伊一直以来被认为是女性，但在2009年的一次CT扫描之后，确定了“Hor夫人”其实是一位男性。

④《晚宴》（The Dinner Party）：朱迪·芝加哥的代表性装置艺术，形如一个巨大的三角，为历史和神话中39个具有影响力的女性摆放了个性化的设置。

⑤《T型台总部》（Model T Headquarters）：这幅大型彩色照片是摄影师安德鲁·摩尔在底特律拍摄的系列作品的一部分，展现了衰落和被遗弃的城市。

休闲放松

孩子们可以在通往博物馆的楼梯上跑上跑下，或者穿过它宽敞的前院。到了夏天，这里的音乐喷泉会提供无尽的欢乐及凉爽的环境。

游客们正在欣赏布鲁克林博物馆外的音乐喷泉

餐饮信息

野餐：20美元以下；小吃：20~35美元；正餐：35~70美元；家庭聚餐：70美元以上（以一个四口之家为基准）

野餐：BKLYN Larder（228 Flatbush Ave，between Bergen St & Sixth Ave，11217）出售新鲜面包、奶酪和熟食，可以拿去展望公园享受。

小吃：Museum Café（1st floor, Brooklyn Museum；周三至周日：11:00~17:00）有一个烧烤位，还提供了各种汤、沙拉、三明治和甜点。

正餐：Tom's Restaurant（782 Washington Ave，11238；718 636 9738；每天：6:00~16:00）是一个老式的校园快餐店，早餐供应鸡蛋、薄饼和华夫饼，午餐供应三明治、汉堡和沙拉。还有苏打饮料和冰激凌。

斜坡公园的BKLYN Larder餐馆，以手工制作的奶酪出名

游客须知

地图： 19 C5
地址： 200 Eastern Parkway, 11238; 718 638 5000; www.brooklynmuseum.org

地铁： 2、3 线到 Eastern Parkway–Brooklyn Museum。**公交车：** B41、B48 和 B69。

营业时间： 周三、周六和周日：11:00~18:00，周四：11:00~22:00，每月第一个周六 11:00~23:00

价格： 40~50 美元；12 岁以下免费
导游导览： 经常举行免费导览、语音导览和互动导览；请浏览博物馆网站获取日程表。

年龄范围： 不限
预留时间： 2 小时
轮椅通道： 有
咖啡厅： 1 楼有博物馆咖啡馆

商店： 1 楼的布鲁克林博物馆商店出售珠宝、文具、玩具和书籍。

卫生间： 位于 1 楼和 3 楼

参观价值
博物馆有折衷派的艺术作品，有很大空间供孩子们到处跑，还有现场的餐饮点。可以为家庭出来旅行提供完美的一天。

⑥ **尼古拉斯·申克大厦（Nicholas Schenck House）：** 这栋雪松木瓦的农舍是美国历史上一个了不起的遗迹，由荷兰农场主尼古拉斯·申克在18世纪70年代后期建造。

⑦ **《和平王国》（The Peaceable Kingdom）：** 由爱德华·希克斯所画，他最初是一个广告牌绘制者，这幅神秘的画作于1833~1834年完成，描绘了《圣经·以赛亚书》中的一章。

⑧ **Spacelander 自行车（Spacelander Bicycle）：** 这辆非同寻常的自行车的原型是1946年由本杰明·B. 鲍登设计的，他是一位出生在英国的美国人。这辆车可以存储下坡运动产生的能量，并在之后上坡时加以利用。

家庭餐： Flatbush Farm（76 St Marks Ave, 11217; 718 622 3276）使用新鲜的本地原料制作菜肴，比如蘑菇油封鸭和猪排。

更多信息

电影： 在电影《神偷盗宝》（1972年）中，罗伯特·雷德福扮演了一个盗贼高手，计划从博物馆的收藏中偷出一颗罕见的钻石。

下一站……

第五大道： 乘坐地铁（2 号线或 3 号线）回到斜坡公园第五大道（Park Slope Fifth Avenue），那里有许多热闹的购物场所。

演员罗伯特·雷德福在电影《神偷盗宝》中的某个场景

儿童专栏

找一找……

1. 罗丹的巴尔扎克雕塑穿着什么，为什么呢？
2. 找到"Hor 夫人"木乃伊：研究人员如何发现"Hor 夫人"其实是一个男性的？
3. 《和平王国》的背景中有两群人，他们是谁？

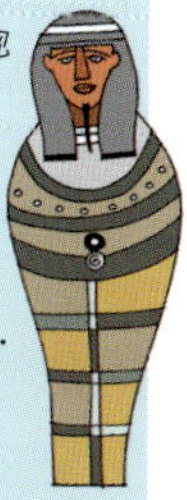

答案见本页最下角。

走出非洲

布鲁克林博物馆是第一批展示非洲文化艺术作品的博物馆之一，在1923年的展览上出现了比属刚果的文物。

日本艺术

近代历史中，最受欢迎的展览之一是日本流行艺术家村上隆的回顾展，其超凡想象力的卡通作品充满了令人好奇的人物角色。凯凯和奇奇就是其中的两位，在2010年的梅西感恩节大游行，它们以巨型气球的方式完成了首次亮相。

答案： 1. 穿着他的睡衣，因为这是他通常写作时穿着的。2. 通过 CT 扫描。3. 左边是美洲印第安人，右边是欧洲殖民者。

② 展望公园动物园 Prospect Park Zoo

小型动物王国

展望公园动物园占地 5 公顷，是给孩子们的礼物，这里生活着各种小动物，如袋鼠、侏儒山羊和豪猪。动物园由野生动物保护协会运营，于 20 世纪 80 年代进行了改造，专门致力于教育孩子。这里有许多让孩子消磨时光的事情，从喂养友好的农场动物到抚摸可爱的羊驼，以及为俏皮的水獭和狒狒的滑稽动作而咯咯大笑。

长着长尾羽的印度孔雀，发现小径

星级景点

① **海狮池**：无论什么时候，加州海狮总会盛情接待观众们，不过，在喂养时间能够看到这些游泳的小家伙们敏捷的身手，不容错过。

② **动物艺术**：这是动物园最受欢迎的部分之一，是角鸮、猫头鹰和猫鼬的家。孩子们可以在这里照着它们画画，或者制作以动物为主题的工艺品。

③ **谷仓和花园**：半封闭的谷仓是羊驼、侏儒山羊、一头友好的德克斯特牛和鸡的家园。这里鼓励给它们喂食及抚摸它们。

④ **帕拉斯猫**：这些神秘的、毛茸茸的动物生活在山区和沙漠地区，从西藏到西伯利亚。

⑤ **长鬃狒狒**：在一个自然的户外围墙，可以观看狒狒们嬉闹。经常会有新生命诞生，所以可以看到小狒狒们。

⑥ **发现足迹**：参观互动式的草原犬鼠栖息地、牛蛙和乌龟的沼泽地，以及生活着西部灰袋鼠和小袋鼠的辽阔草地。

⑦ **北美水獭**：欣赏俏皮的水獭们滑稽的动作，它们是从中央公园动物园（见128~129页）“移民”过来的。

游客须知

地图：19 D5
地址：450 Flatbush Ave，near Empire Blvd，11225; www.prospectparkzoo.com
地铁：B、Q 和 S 线到 Prospect Park。**公交车**：B41
营业时间：4~10 月：周一至周五 10:00~17:00，周六、周日及节假日：10:00~17:30; 11~3 月：10:00~16:30
价格：26~36 美元；3 岁以下免费
导游导览：工作日有动物园特色之旅（Zoo Highlight Tours）。
年龄范围：不限
活动：周末 12:30、13:00、14:30 和 15:00 有动物表演，可以教给小孩子们一些特定动物的知识，以及如何照顾它们。11:30、14:00 或 16:00 有海狮喂养活动。
预留时间：2~3 小时
轮椅通道：有
咖啡厅：无，但是现场有自动贩卖机
卫生间：位于动物园最北端海狮池的后边

参观价值
自然的小路、农场展览、海狮展，以及与动物园管理员的互动交谈，使其成为了理想的家庭出游选择地。

价格以一个四口之家为基准

儿童在沙坑里玩耍，林肯路游乐场

休闲放松

广阔的**林肯路游乐场**（Lincoln Road Playground）在展望公园内，位于林肯路/海洋大道的入口处，拥有大小不等的各种秋千、丛林健身房、单杠和一个轮胎秋千。可以下国际象棋和跳棋，暖和的天气还能看到喷水的青铜青蛙。

餐饮信息

野餐：20 美元以下；小吃：20~35 美元；正餐：35~70 美元；家庭聚餐：70 美元以上（以一个四口之家为基准）

野餐：Dog & Dunebuggy（43 Lincoln Rd，11225; 718 282 7139）出售各种各样的三明治、沙拉、蛋糕、百吉饼和冷热饮料。可以在动物园的野餐区享受。

正餐：Café Enduro（51 Lincoln Rd，11225; 718 282 7097）是一个本地人喜欢的地方，提供正宗的墨西哥菜肴，包括炸玉米饼、辣酱玉米饼、油炸玉米粉饼和和墨西哥卷饼，还有蟹杂烩炖汤、烤芦笋、酥炸鱿鱼和辣鸡翅。

家庭餐：James（605 Carlton Ave，11238; 718 942 4255）是一家舒适的餐馆，专注于以本地季节性食材为原料的菜品，比如佛蒙特州切达干酪牛肉汉堡、薰衣草焦糖布丁。

室内景点

动物园里有很多的室内展品，这里是下雨后的完美“避难所”。距离动物园10分钟步行路程之外，**布鲁克林博物馆**（见202~203页）同样是一个度过雨天的好地方。

下一站……

瀑布步道：距离动物园 5 分钟的步行路程，就到了瀑布步道：（Waterfall Trail），始于奥杜邦中心（见209页），游客们可以在那里追溯展望公园湖的源头。Fallkill瀑布是沿路六个瀑布中的第一个。

瀑布步道边的水流，展望公园

儿童专栏

找一找……

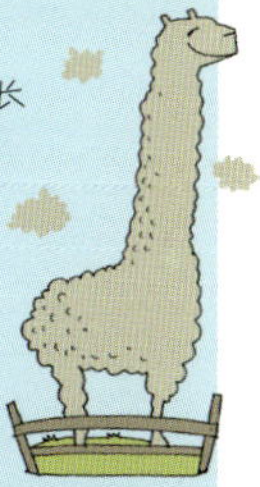

1. 一种来自南美的长脖子友好动物住在谷仓与园艺展览旁边的围栏里。它叫什么名字？你觉得它为什么会这么毛茸茸的？
2. 一种小型哺乳动物和西部灰袋鼠在同一片栖息地居住，你知道它是什么吗？
3. 在什么地方可能会看到猴宝宝呢？
4. 哪种动物住在展望公园动物园里，是大熊猫、豪猪还是斑点熊？

答案见本页最下角。

猫的真实档案

帕拉斯猫在猫科动物中拥有最厚、最长的皮毛，这有助于它们在雪地里保持温暖。它们的眼睛有圆圆的瞳孔，而不是狭缝，耳朵长的比较低，分开得很远。

领略异国情调

动物园于1890年开始非正式开放，展出由杰出的商人和政客们捐赠收集的异国动物。三头小的红棕色美洲黑熊是这里的第一批居民。当时的展览被称为Menagerie（动物展览），直到20世纪30年代才变成一个正式的动物园。

答案：1. 羊驼，因为它们生活在寒冷的秘鲁安第斯山脉，所以毛茸茸的。2. 鼹鼠。3. 长鬃狒狒展览。4. 豪猪。

大军广场的纪念拱门

③ 大军广场

Grand Army Plaza

辉煌的拱门和马拉战车

这个椭圆形广场作为一个国家历史地标，是由展望公园的创造者奥姆斯特德和沃克斯于1867年设计的。广场上最出名的是士兵水手凯旋门（Soldiers and Sailors Arch），建于1892年，以纪念在美国南北战争中联邦盟军战胜了南方联盟。这是一座令人惊叹的、雕刻精致的拱门，可能是仿照巴黎的凯旋门而建，顶上有哥伦比亚特区的青铜雕塑标志——美国的女性化身骑在马拉四轮战车上。

今天，广场里有整个城市第二大的露天农贸市场，还是布鲁克林居民燃放欢庆新年的场地。

室内景点

中央图书馆（Central Library）（10 Grand Army Plaza，11238；7182302100）是一座庞大的建筑，设计为一本打开的书的形状。研究一下镶嵌在入口处的黄金数字，然后查一查各种语言的大量儿童读物，以及摆着“儿童专用”字样的电脑。

游客须知

地图：19 C5
地址：ntersection of Flatbush Ave, Eastern Parkway and Prospect Park West
地铁：2、3和4线到Grand Army Plaza；B、Q线到Seventh St。**公交车**：B41、B69和B71
年龄范围：不限
活动：绿色市场，大军广场；周六：8:00~16:00
预留时间：30分钟
餐饮：**小吃**：Open Book Café by Mambo（Brooklyn Public Library, 10 Grand Army Plaza，11238）提供儿童菜单、炸玉米饼和三明治。**正餐**：Cheryl's Global Soul（235 Underhill Ave，11238; 347 529 2855）供应本地食材和季节性配料制作的菜品。
卫生间：无

④ 布鲁克林植物园

Brooklyn Botanic Garden

魔法花园和迷你树

这片城市中的绿洲建成于1910年，充满了各种规模的迷人植物收藏和花园。它最初的使命是帮助城里的孩子们了解其生活中缺少的自然世界，今天的儿童花园（Children's Garden）依然发挥着这一功能，孩子们可以在这里种植和收获鲜花、药材以及蔬菜。

此处的另一个亮点是让人喜爱的日本山水花园（Japanese Hill-and-Pond Garden），由景观建筑师武雄盐田于1915年建成。人造轮廓的山拥抱着花园里可爱的池塘，中间有一个小岛，到处是鸭子和乌龟，青鹭和白鹭也会经常落在这里。一座木制的人行路上展示了好几种自然风光：突然出现的石灯笼景观、一座瀑布、一座神社、木桥，还有最重要的橙色鸟居牌坊

游客须知

地图：19 C5
地址：900 Washington Ave,Brooklyn, 11225; 718 623 7200; www.bbg.org
地铁：B、Q和S线到Prospect Park；2、3和4线 到 Eastern Parkway-Brooklyn Museum；S线到Botanic Garden。**公交车**：B16、B41、B43和B45
营业时间：3~11月初：周二至周五：8:00~18:00，周六、周日：10:00~18:00；11月初~3月中：周二至周五：8:00~16:30，周六、周日：10:00~16:30
价格：20~30美元；12岁以下免费
导游导览：周末13:00有免费的参观导览；从游客中心出发。

年龄范围：不限
活动：探索花园（Discovery Garden）在5~9月及一些学校假期会举办活动
预留时间：1~2小时
餐饮：**小吃**：Terrace Café（植物园内）提供三明治、沙拉和烘焙食品。**正餐**：Teddy's Restaurant（791 Washington Ave，11238; 718 857 5475）供应经典的美国餐馆食物，再加上希腊特色食品，如souvlaki（串肉和蔬菜烧烤）和tsatsiki（滤过的酸奶）。

卫生间：位于温室里

布鲁克林植物园里引人注目的鸟居牌坊

坊。在 4 月下旬可以看到寒山樱花盛开，届时会在这里庆祝樱花祭节日。莎士比亚花园（Shakespeare Garden）里种植了 80 多种植物，都在莎士比亚的戏剧和十四行诗中曾经提到的。斯坦哈特温室（Steinhardt Conservatory）展现了三种环境气候：沙漠、亚热带和暖温带，而盆景博物馆（Bonsai Museum）里有超过 350 棵迷你树。

室内景点

在**斯坦哈特温室**（Steinhardt Conservatory）的最底层，是下雨天的完美选择，这里是一个艺术画廊，有常规的旋转植物艺术展品，包括二维、三维和多媒体作品。

⑤ 布鲁克林儿童博物馆

Brooklyn Children's Museum

互动的宝库

布鲁克林儿童博物馆成立于 1899 年，是第一个专门以儿童为主题设计的博物馆。2010 年的大规模翻新使其空间翻了一倍，而且开辟了一个新的区域，称为收藏中心（Collections Central），不断更新展示着其 3 万件藏品。在这里，小家伙们会对文物着迷——面具、玩偶、雕塑和家居用品，比如厨房用具，还有自然历史标本，包括动物标本、化石和矿石等。

互动体验站（Interactive stations）欢迎孩子们通过绘画、解谜、游戏和角色扮演来探索展品，博物馆网站也采取了这种方式。博物馆

游客们在五颜六色的儿童餐厅，布鲁克林儿童博物馆

的主要展区是接近自然（Neighborhood Nature），重建了一片海滩、城市林地、淡水池塘和一个社区花园。在这里，孩子们可以用摄像机和特殊的监听设备来锻炼自己捕捉场景的能力，在鼓励亲自动手的展区抚摸动物，如马蹄蟹和海星。布鲁克林世界（World Brooklyn）是一个儿童规模的城市景观，让孩子们通过参观各种商店了解该区的文化多样性，比如墨西哥面包和西非进口商店，每一处都会举办相应活动，探索其所代表的文化背景。

休闲放松

在“接近自然“展区附近的花园和温室呼吸新鲜空气，里面到处是常见的或异国情调的植物、昆虫和动物。

儿童专栏

找一找……

1. 大军广场的拱形门是仿照另一座有名的拱门而建的，你知道它叫什么，在什么地方吗？
2. 在美国南北战争中，北方联盟和南方同盟互相攻打对方。大军广场是向哪一方军队致敬的？
3. 在日本山水花园中经常可以看到哪些动物？
4. 你可以在哪一个博物馆中找到一个海滩？

答案见本页最下角。

日本小窥

在 4 月下旬上演的植物园樱花祭不仅是观赏樱花的好地方，而且可以看看日本的孩子们都穿着什么服装，以及最喜欢玩什么游戏。

非同凡响

日本山水花园的建筑师在 1907 年来到美国，用他自己的话说，带着创造“一座比世界上所有其他花园都更漂亮的花园”的雄心壮志。最终建立了美国的第一座日式公共花园。

答案： 1. 巴黎的凯旋门。2. 北方联盟。3. 鸭子、乌龟、白鹭和青鹭。4. 布鲁克林儿童博物馆。

游客须知

地图： 19 D4
地址： 145 Brooklyn Ave，11213；718 735 4400；www.brooklynkids.org

地铁： A、C 线到 Nostrand Ave 或 Kingston Ave–Throop Ave；2、3、4 和 5 线到 Kingston Ave。**公交车：** B43 和 B45 和 B65

营业时间： 周二至周日：10:00~ 7:00

价格： 30~40 美元

年龄范围： 不限

活动： 整个博物馆里都能找到互动展览

预留时间： 1~2 小时

轮椅通道： 有

餐饮： **小吃：** Heru's Juice Bar and Fruit Market（11 Kingston Ave，between Bergen St & Dean St，11213）供应碟饭、鲜果汁和沙拉。**正餐：** Applebees（1360 Fulton St in Restoration Plaza，11216）提供儿童菜单，午餐和晚餐包括鱼、薯条、汉堡和包装食品。

卫生间： 位于 1、2 楼

在展望公园乘坐旋转木马

⑥ 展望公园

Prospect Park

连绵起伏的草地和旋转木马

这片位于布鲁克林中心的广阔绿洲拥有人造湖、森林动物园，以及全美第一家都市型的奥杜邦中心——奥杜邦野生动物保护协会的一个分支。这里为游客提供了多样化的田园景观：长草甸（Long Meadow）的户外区域、山涧（Ravine）里树木繁茂的远足小径、瀑布，以及两片水域——静水湖（Lullwater）和展望公园湖（Prospect Park Lack），可以沿着岸边或乘脚踏船游览。

公园还拥有一个复古的旋转木马，位于其东部边缘，就在展望公园动物园（见 204~205 页）的外边。环绕的木马和其他动物由俄罗斯移民查尔斯·卡梅尔雕刻于 1912 年，他被公认为是纽约旋转木马制作大师之一。木马的沃立舍风琴部件以其响亮、欢快的曲调引人注意。1990 年，旋转木马进行了翻修，多达 20 层的油漆被擦除，还原其最初的明亮色彩。

游客须知

- **地图：** 19 C5
- **地址：** Between Prospect Park West & Flatbush Ave and Eastern Parkway & Parkside Ave，11215; www.prospectpark.org
- **地铁：** B、Q、S 线到 Prospect Park。**公交车：** B41、B68 和 B71
- **营业时间：** 随季节调整；11 月～次年 3 月期间不开放；请浏览公园网站查询当前开放时间
- **价格：** 公园免费；旋转木马每次 8~12 美元
- **年龄范围：** 旋转木马 2 岁以上；小孩子们必须有大人陪同
- **预留时间：** 1 小时
- **轮椅通道：** 有
- **餐饮：** **野餐：** Pony Express Snack Bar（位于旋转木马前）出售爆米花、冰激凌和其他种类的食品。**正餐：** Gino's Pizzeria（548 Flatbush Ave，11225; 718 287 1277）供应比萨、意大利面和美味的意式甜点。
- **卫生间：** 散布在公园的几处

室内景点

布鲁克林植物园（见 206~207 页）里的斯坦哈特温室是下雨时的完美躲避地点，可观赏以植物为主题的常设展览。

⑦ 莱弗茨故居

Lefferts Historic House

对过去的探索

这栋 18 世纪后期的木房子由皮特·莱弗茨所建。1917 年，他的后代约翰·莱弗茨将房子捐给了市政府，以将其保存下来。今天，这个博物馆充当着殖民时期的时间胶囊的角色。展览通过各种人群眼中的布鲁克林，体现了其过去 500 多年间的历史：包括土著美国人、17 世纪定居在此的荷兰人，还有最初曾为奴隶的非裔美国人。

在工作花园干点农活，玩玩传统的玩具和游戏，参加诸如蜡烛制作、缝纫和搅拌黄油的活动。一年中的几个周末会举行一些季节性的节日，其中春天的亚麻和羊毛节（Flax & Fleece Fest）、秋天的收获节（Harvest Days），还有一年一度的被子展（Annual Quilt Show）。

游客须知

- **地图：** 19 D5
- **地址：** Children's Corner，near the Park's Willink Entrance; 718 789 2822; www.prospectpark.org/visit/places/lefferts
- **地 铁：** B、Q 和 S 线 到 Prospect Park。**公交车：** B41 和 B48
- **营业时间：** 浏览展望公园网站来获取当前的开放时间
- **价格：** 儿童免费
- **导游导览：** 莱弗茨故居 2 楼参观；浏览网站以了解详情
- **年龄范围：** 4 岁以上
- **活动：** 周末有工艺品和农耕活动
- **预留时间：** 1 小时
- **轮椅通道：** 有
- **餐 饮：** **小 吃：** Scoops Ice Cream Parlor（624 Flatbush Ave，11225; 718 282 5904）提供素食加勒比菜，还有素食冰激凌。**正餐：** King of Tandoor（600 Flatbush Ave，11225; 347 533 6811）有很棒的印度菜，以及友好的店员。
- **卫生间：** 位于林肯路游乐场

孩子们在莱弗茨故居的游乐场嬉戏

在奥杜邦中心玩玩具以及穿上布制的翅膀

休闲放松

位于展望公园中心附近的Nethermead是一片空地，周围有山、水和森林。这是一个野餐的完美地点，孩子们可以跑来跑去，还可能踢踢足球或扔飞盘。

8 奥杜邦中心
Audubon Center

外来的鸟和巨大的蜗牛

1964年差点被市政府销毁，如今则成了优雅、低矮的船屋，是展望公园的建筑瑰宝。它是仿照16世纪意大利威尼斯的圣马可图书馆而建的。1992年，这栋精心整修的建筑迎来了新的居民：著名的奥杜邦协会（Audubon Society）的第一所市区分局，一个教育及保护野生动物的分组。其目的是培养城里孩子对自然的兴趣。

在1楼，孩子们可在一个适合人类大小的鸟窝里亲自体验，还可以用放大镜研究昆虫和植物。楼上的发现自然（Discover Nature）剧场里，管理员会通过现场演示为孩子们介绍该中心的动物居民，比如蛇。在另外一个角落，孩子们可以穿上布制的翅膀变身为巨大的蝙蝠或天鹅。管理员们偶尔甚至会让孩子们在静水湖里“钓”淡水蜗牛，当然了，蜗牛都会被放回去。

不过，中心最好的项目在夏季，即乘坐电动船在静水湖和展望公园湖里进行的系列观鸟之旅。船艇的电动机很安静，因此不会打扰到居住在湖中岛屿上的迁徙鸟类——绿色和蓝色的苍鹭、如雪的白鹭，以及18种鸭子，否则，人类是不能接近它们的。

休闲放松

幻想游乐场（Imagination Playground）（170 Ocean Ave, Brooklyn, 11225）没有秋千、跷跷板或丛林健身房，取尔代之的是一个供故事表演的多层舞台、看书或讲故事的壁龛，以及动物脸谱剪纸活动，都鼓励孩子们尽情发挥自己的想象力。

游客须知

- **地图：** 19 D5
  地址： Located just inside the Lincoln Rd/Ocean Ave entrance to the Park；718 287 3400；www.prospectpark.org/visit/places/audubon
- **地铁：** B、Q和S线到Prospect Park。**公交车：** B41和B43
- **营业时间：** 浏览展望公园网站来获取当前的开放时间
- **价格：** 电动船参观：13岁以上8美元，3~12岁4美元；2岁以下免费
- **年龄范围：** 不限
- **活动：** 观鸟之旅；现场动物展示；巨大的放大镜。
- **预留时间：** 1~2小时
- **轮椅通道：** 有
- **餐饮：** **小吃：** Songbird Café（中心内）提供包装食品、热狗、炸薯条、烘焙食品和甜点。**正餐：** Sushi Tatsu III （644 Flatbush Ave，11225；718 282 8890）供应寿司和其他传统的日本食物，其中包括午餐饭盒。
- **卫生间：** 位于底层

儿童专栏

找一找……

1. 展望公园的旋转木马上不光有马，还有各种各样的动物，你能发现虚构的动物吗？都有哪些？
2. 奥杜邦中心提供电动船观鸟之旅。你知道为什么选择这种类型的船吗？
3. 意大利的哪一个城市有着跟奥杜邦中心船屋类似的结构？

答案见本页最下角。

很久以前

展望公园在建时，布鲁克林是美国的第二大城市；最大的是纽约市，也被称作曼哈顿。

观鸟盛景

展望公园湖是每年成千上万的候鸟沿东海岸的主要觅食地。岛屿上的许多筑巢地离城市非常近。

答案： 1.龙。2.因为电动船是最安静的，不会吓跑鸟类。3.威尼斯。

纽约水族馆、康尼岛及周边

从纽约水族馆迷人的海洋展览到海滨木栈道的狂欢气氛，康尼岛就是一个虚拟的儿童游乐场。然而到了周末，人群会变得非常拥挤。夏季是来这里游玩的最佳时间，因为大部分景点，包括月神公园、摩天轮，当然还有康尼岛海滩，都是户外景观，不过水族馆也值得单独一游，即使是在冬季。

纽约水族馆里的大西洋绿海龟、鲨鱼和各种各样的鱼

地图示意

景点

① 纽约水族馆
② 康尼岛
③ 布莱顿海滩

餐饮点

1 M&I International Foods
2 Seaside Café
3 Primorski Restaurant
4 Nathan's Famous
5 Totonno's Pizzeria Napolitano
6 Kiev Bakery
7 Café Glechik

购物点

1 BNYC

堆砌沙子城堡和在海滩上放松的游客们，康尼岛

布赖顿海滩上的 Glechik 咖啡店，全纽约最佳乌克兰菜餐馆

布莱顿海滩木栈道两旁的商店和餐馆

游客须知

地铁： F、Q 线到 West 8th St-NY Aquarium；D、F、N 和 Q 线到 Coney Island-Stillwell Ave。**公交车：** B36、B68、B74、B82、X28 和 X38

游客信息： 科尼岛文化中心（Coney Island USA, 1208 Surf Ave, Brooklyn，11224；www.coney-island.com）

超市： Key Food（505 Neptune Ave, Brooklyn，11224; 718 714 6049; www.keyfood.com）。

市场： MCU 公园内的 Farmers' Market，（West 16th St at Surf Ave, Brooklyn，11224; 6 月中 ~11 月：周日开放）

节日： 美人鱼大游行（6 月中 ~ 月底）。国际吃热狗大赛（7 月 4 日）

药店： CVS/pharmacy（512 Neptune Ave, Brooklyn，11224; 718 996 2233; 周一至周五：8:00~21:00，周六：9:00~18:00，周日：9:00~19:00）。

最近的游乐场： 波塞冬游乐场（Poseidon Playground）（Surf Ave, between West 25th St & West 27th St, Brooklyn，11224）。

① 纽约水族馆 New York Aquarium

来看看海洋

纽约水族馆坐落在康尼岛（见 214~215 页），1896 年开业的它是美国最古老的连续运营的水族馆。在这里，海象在练习水上芭蕾，企鹅像鱼雷一样在水里游来游去，发光的水母仿佛来自外太空的外星人一样漂浮着。水族馆的建筑设计有点平庸，但是馆中顶尖的珊瑚、鲨鱼及水母展品，能够弥补并且远远超越这些。

纽约水族馆的入口，康尼岛

星级景点

① **格洛弗礁展览（Glover's Reef）**：这里是徘徊在池塘表面的黄貂鱼的家，也是了解异国鱼种的学校，还可以欣赏潜伏在底部珊瑚叶片间的莫里鳗鱼。

② **海狮表演**：4 头海狮——Diego、Duke, Osborne 和 Nav 将在露天的水上剧院里盛情欢迎游客，展示它们用鳍站立和随音乐舞蹈的神奇技能。

③ **海岸探索（Explore the Shore）**：孩子和大人都可以在触摸池（夏季室外，冬季室内）里抚摸海星和马蹄蟹，还可以在这个展览中体验潮汐浪的快感。

④ **外星人毒刺（Alien Stingers）**：一个安静、黑暗的房屋里有一排贮水池，里面充满了优雅的水母、海葵麻和其他腔肠动物（一些带刺的无脊椎动物），它们可以将光线捕捉进自己的体内，看起来似乎在闪闪发光。

⑤ **鲨鱼和海龟**：沙虎鲨、铰口鲨和礁鲨，它们就像侦查猎犬一样，可以感觉到微小的血液量，与黄貂鱼和濒危的蠵龟一起生活在一个深海槽中。

⑥ **海崖（Sea Cliffs）**：三个西北太平洋展览有海獭、海象和黑足企鹅。可以在水上或者水下观看这些敏捷的游泳选手们。

游客须知

地址：602 Surf Ave, Brooklyn, 11224; 718 265 3474; www.nyaquarium.com

地铁：F、Q 线到 West 8th–NY Aquarium；D、F、N 和 Q 线 到 Coney Island–Stillwell Ave。**公交车**：B36 和 B68

营业时间：每天开放；时间随季节变化

价格：44~54 美元；3 岁以下免费

购票及入场提示：上网查询日程，或者直接提前在网上订票

导游导览：有

年龄范围：不限

活动：每天的"章鱼谈"（Octopus Chats）活动中可以观看章鱼解决难题。孩子们可以喂企鹅、海獭和鲨鱼。浏览网站以查询免费和收费活动，以及家庭工作坊。

预留时间：2 小时

轮椅通道：有

咖啡厅：Seaside Café，位于"外星人的毒刺"展览附近

商店：水族馆有两个礼品商店：一个在入口处，另一个在"海岸探索"展览附近

卫生间：位于海岸探索、Seaside Café 以及"海崖"的水下观赏处

参观价值

8000 多个物种、室内和室外的展览，以及互动学习站，让水族馆成为了家庭参观的理想之地。

价格以一个四口之家为基准

布莱顿海滩的 Primorski Restaurant 餐馆外观

室内景点

可以回到水族馆的室内展览看一看——或者更确切地说，是体验一下我们的地球：在浅海区，一部 4D 电影可以带你探索珊瑚礁和沿海的浅水域，还有气泡、风和浪花等特效。

保护大厅里的格洛弗礁展览的池塘对面是一排围墙，这里是濒危两栖动物们的家。找找夜间活动的马达加斯加番茄蛙，它们在受到威胁时会膨胀为类似番茄的形状，这里还有东方火腹蟾蜍。

餐饮信息

野餐：20 美元以下；小吃：20~35 美元；正餐：35~70 美元；家庭聚餐：70 美元以上（以一个四口之家为基准）

野餐：M&I International Foods（249 Brighton Beach Ave，11235；718 615 1011）是一个俄罗斯人开的顶尖杂货店。带上三明治或者香喷喷的馅饼，还有 blintzes（煎饼），去水族馆的室外桌台享受吧。

正餐：Seaside Café（602 Surf Ave，11224; 718 265 3474）提供标准美式食品，如汉堡、热狗、鱼，还有为孩子们准备的薯条，以及为大人准备的三明治和沙拉。

家庭餐：Primorski Restaurant（282 Brighton Beach Ave，11235; 718 891 3111）是一个地道的格鲁吉亚餐馆，供应 chakapuli（红烧牛肉）和 khinkali（带肉的饺子），周末还有现场音乐表演。

逛街购物

BNYC（3115 Coney Island Ave at Oceanview Ave，11235；718 616 1624）有着非同寻常的运动商品，值得在此一停，它提供滑板装置以及都市运动服，比如涂鸦艺术的 T 恤，还有 Coogi 牛仔裤。

更多信息

电影：小钓鱼爱好者们一定会喜欢以下这几部电影：《孩子们喜欢的力学：超级海洋生物和可怕的海洋冒险》（2004 年）和《海底总动员》（2003 年）。

《海底总动员》的剧照，这是一部受欢迎的皮克斯电影，讲述了一条可爱的小丑鱼的故事

下一站…

中央公园动物园：如果还想在城市中找寻海洋动物的话，就去中央公园动物园（见 128~129 页）吧，那儿还有许多水族生物的兄弟们。

儿童专栏

找一找……

1 哪种鳗鱼隐藏在格洛弗礁展览的叶状珊瑚中？

2. 有一种濒危的青蛙，当它感到不安时，可能会被误认为一个农产品，它叫什么名字？

3. 格洛弗礁展览是根据一处真实的珊瑚礁而仿造（及命名）的。真正的格洛弗礁位于何处？

4. 哪种狗具有跟鲨鱼同样的天赋，这种天赋又是什么？

答案见本页最下角。

顽强的幸存者

马蹄蟹是地球上最古老的生物物种之一，自从 250 万年前出现以来并没有多大改变。它们虽然看起来像甲壳类动物，但实际上是螯肢动物，跟蜘蛛、蝎子属于同一类。

一夫多妻

雄性海狮不只有一个配偶。占统治地位的雄海狮会同时和几头雌海狮生活在一起，它们被称为其“后宫”。

简单的消化

水母没有独立的排泄器官，因此食物进出其身体的方式相同：都是通过口腔。

答案：1. 莫里鳗鱼。2. 马达加斯加番茄蛙。3. 伯利兹海岸外。4. 侦查猎犬，它们都能够探测到细微的血液量。

上图 飞机游乐设施，月神公园，康尼岛
右下图 Nathan's Famous 热狗摊，康尼岛

② 康尼岛
Coney Island

马戏表演和惊险的游乐设施

在大西洋的边缘，一小片被称为康尼岛的土地是纽约市最具标志性的场所。康尼岛以宽阔的木栈道著名，上边到处是海洋马赛克、游乐场、纪念品和奖品特卖店、游乐设施，还有神奇的杂耍表演。

追求刺激的人可以前往 46 米高的**德诺摩天轮**（Deno's Wonder Wheel），它建于 1918 年，还有 1927 年的**飓风过山车**（Cyclone），这是仍在运转的全美最古老的木制过山车之一（乘坐儿童的身高必须不低于 137 厘米）。**月神公园**（Luna Park）于 2010 年开业。提供各种游乐设施，从舒缓的儿童项目，如快乐秋千和美人鱼游行，到超级刺激的项目，比如龙卷风过

孩子们在月神公园乘坐飓风过山车，康尼岛

山车 Tickler 和布鲁克林飞人——这是一个近 30 米高，高速运转的秋千。大部分游乐设施都不是很激烈，适合所有年龄段的游客，不过要做好排长队的准备。

要想品味康尼岛离奇的过去，就去参观康尼岛马戏杂耍（Coney Island Circus Sideshow）吧，它位于在一栋 1917 年的建筑里，由**美国康尼岛**运营。2 楼有一个小型的康尼岛博物馆，以该地区的历史和文化为主题（见“室内景点”）。

棒球爱好者们不能错过在康尼岛的 **MCU 公园**（MCU Park）度过一个下午，这里是布鲁克林旋风队的主场。高质量的比赛，价格实惠的座位（10 美元起）能够一览无余，以及素质极高的观众，使其与洋基队或大都会队的比赛都有得一拼。

康尼岛最受欢迎的节庆活动就是国际吃热狗大赛，每年 7 月在 1916 年建造的快餐圣地举行；此外，6 月以海洋为主题的美人鱼游行预示着夏季的开始。夏季每周五晚的烟花都会照亮整个天空，让大人和孩子都欣喜不已。

室内景点

这里的室内去处比较少，可以前往位于岛中心的**美国康尼岛**（Coney Island, USA）（1208 Surf Ave，11224；7183725159），参观其马戏团杂耍和博物馆。马戏团的众多节目都会让观众着迷，比如吞剑、吐火、舞蛇、魔术等。在小型的博物馆里有关于康尼岛历史的旋转展览，还有一个纪念品的常设收藏，包括部分旧的游乐设施。这个小小的活动中心非常棒，绝对会让游客们开心。

游客须知

地址：月神公园：1000 Surf Ave, Brooklyn，11224; 718 373 5862; www.lunaparknyc.com。康尼岛马戏杂耍和科尼岛博物馆：1208 Surf Ave, Brooklyn，11224; 718 372 5159; www.coneyisland.com

地铁：F、Q 线到 West 8th St–NY Aquarium；D、F、N 和 Q 线到 Coney Island–Stillwell Ave。**公交车：**B36、B68、X28 和 X38

营业时间：月神公园：4 月 ~10 月：周一至周五：中午 ~ 午夜，周六、周日：11:00~ 午夜；康尼岛马戏杂耍：5~9 月：13:00~20:00；康尼岛博物馆：周四 ~ 周日：中午 ~18:00。

价格：月神公园：每乘坐一次 12~20 美元，4 小时不限次乘坐 104~120 美元，6 小时不限次乘坐 120~136 美元；康尼岛马戏杂耍：120~160 美元，12 岁以下 5 美元；康尼岛博物馆：20~30 美元

导游导览：“拯救康尼岛”（Save Coney Island）会举办周期性的参观导览，www.saveconeyisland.net。

年龄范围：不限

活动：游乐园的游乐设施、电子游戏厅，还有游泳

预留时间：4~5 小时

餐饮：小吃：Nathan's Famous（1310 Surf Ave，11224；718 946 2202）全年提供美味的热狗。**正餐：**Totonno's Pizzeria Apolitano（**地址：**1524 Neptune Ave，11224）供应烤炉比萨。

卫生间：位于海滩和康尼岛博物馆内

价格以一个四口之家为基准

圣彼得堡书店出售的图书，布莱顿海滩

③ 布莱顿海滩
Brighton Beach

纽约的东欧

布莱顿海滩位于康尼岛海滩旁，是一个多民族的聚集区，绰号小奥德萨，这是根据20世纪70年代这里的乌克兰移民的家乡命名的。好几拨东欧移民都在这里安了家，从逃离大屠杀的犹太人，到20世纪90年代苏联解体后的整整一代人。在木板道上逛一逛，可以在咖啡馆放松一下，享受东欧美食。另一个值得探索的好地方是布莱顿海滩大道（Brighton Beach Avenue）。这条盖着顶棚的大道上有迷人的美食店、餐馆和商店。

室内景点

圣彼得堡书店（230 Brighton Beach Ave，11235；718 3684128）以俄罗斯国外最大的俄罗斯书店自居。当然了，书店迎合了布莱顿海滩大型移民社区的口味，有各种俄罗斯书籍、CD和DVD。孩子们可以买到一些玩具，比如套娃和装饰蛋。这里也有俄罗斯工艺品。

游客须知

地址：Between Ocean Parkway & Corbin Place,11235。

地铁：B、Q线到Brighton Beaen；Q线到Ocean Parkway。**公交车：**B1、B36和B68

年龄范围：不限

活动：堆沙子城堡、游泳

预留时间：2小时

餐饮：野餐：Kiev Bakery（2824 Coney Island Ave，11229; 718 648 1905）提供东欧蛋糕、甜点和面包。**正餐：**Café Glechik（3159 Coney Island Ave，11235; 718 616 0766; www.gl-echik.com）有乌克兰饺子、炖汤和烤肉串。

卫生间：木板道沿路

儿童专栏

找一找……

1. 沿着康尼岛的木板道旁，有显示海洋生物的马赛克，你能找到它吗？
2. 布莱顿海滩是根据乌克兰的一个地名而起的。海滩俗称是什么？
3. 看看你需要多长时间来舒适地吃完一个Nathan's Famous热狗，再想象一下吃62个需要多长时间。2011年，乔伊·切斯纳特在10分钟内就吃了这么多，赢得了他第五个连续的冠军。

答案见本页最下角。

徒有其名的“岛”

你知道康尼岛不再是一个岛屿，而只是一个半岛吗？它以前被一条小溪从布鲁克林的大陆分割开来，但是在特“二战”前这里就因建筑而被填埋了。

寒冷的发抖

每年元旦，康尼岛北极熊俱乐部（Coney Island Polar Bear Club）都会邀请市民们参加在冰冷的大西洋里游泳的活动，届时水温会降低至1°C。

答案：1.在纽约水族馆的外墙上。2.小奥德萨，根据乌克兰的城市奥德萨命名。3.用你吃一个热狗的时间乘以62，就是你吃62个热狗的分钟数。

度假的人们在布莱顿海滩上放松

移动影像博物馆及周边

阿斯托里亚和长岛是皇后区两个最靠近曼哈顿的地区，在某种程度上就像是另外一个世界。布满仓库的安静街道昭示着过去这里的工业，然而，蓬勃发展的艺术和餐馆，以及不断兴建的绿地让它们成为了旅游的热点。这片地方去的人不是很多，因此最好提前规划，并且随手带着地图。从移动影像博物馆开始旅行吧，这里除了有大量电影工艺品收藏之外，还会在周末为孩子们放映电影。

游客须知

地铁： N、Q 线到 36th Avenue；M、R 线到 Steinway St；N、Q 线到 Broaduay；7 线到 Vernon Blvd–Jackson Ave。**公交车：** Q69 和 Q102

游客信息： 发现皇后区游客中心（90–15 Queens Bvld, Elmhurst，11373；718 592 2082；www.discoverqueens.info）

超市： Bravo Supermarket（34–12 34th Ave，between 34th St & 35th St，11106；718 784 8420）

市场： 阿斯托里亚绿色市场（14th St, between 31st Ave & 31st Rd，11106；7 月 ~11 月中：周三：8:00~15:00）

节日： 在波希米亚厅和啤酒花园举行为期两天的捷克斯洛伐克狂欢节（5 月）

药店： Rite Aid（32–14 31st St Astoria，11106；718 731 8733；周一至周五：8:30~21:00，周六：9:00~18:00，周日：9:00~17:00）。

最近的游乐场： 三十五游乐场（见 219 页）；肖恩广场游乐场（见 219 页）

游客在浏览移动影像商店的商品

孩子们在博物馆制作动画电影

移动影像博物馆内的咖啡馆

地图示意

景点

1 移动影像博物馆
2 野口勇基金会与花园博物馆
3 长岛市

餐饮点

1 Bravo Supermarket
2 The Museum Caf é
3 Five Napkin Burger
4 Uncle George' s Greek Tavern
5 The Bel Aire Diner
6 Court Square Diner
7 The Creek and the Cave

另参见野口勇基金会与花园博物馆（见220页）

购物点

1 移动影像商店

另参见野口勇基金会与花园博物馆（见220页）

住宿点

1 Holiday Inn Long Island City
2 Ravel Hotel

从曼哈顿眺望长岛市海滨

① 移动影像博物馆 Museum of the Moving Image

电影制作和手翻书小站

高科技的移动影像博物馆藏身在皇后区的阿斯托里亚，闪耀着光芒，是整座城市最令人兴奋的博物馆之一。它坐落在以前的一个电视和电影制片厂里，以纪念电影院的艺术，以及视频、电视和新数字媒体的奇迹。位于 3 楼的临时展览探索了艺术和技术的接口，而内容丰富有趣的固定展览“在屏幕背后”以其收集的电影纪念品让人赞叹不已。此外，还有一个外形像太空船的剧院，全家人可以在这里享受一下日场的电影。

移动影像博物馆的入口

星级景点

3 楼：旋转展品和设备，以及“屏幕背后”展览的一部分

2 楼：固定展览“屏幕背后”的一部分，以及一个放映视频的圆形剧场

1 楼：大堂、咖啡馆、博物馆商店和一间时尚的 267 座电影院

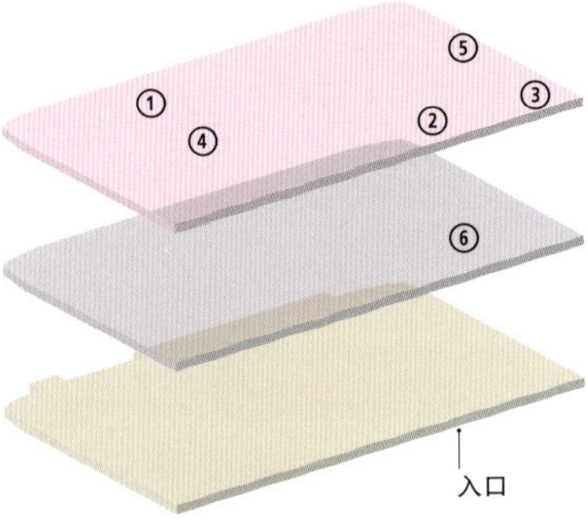

① **光学玩具**：不要错过“维多利亚西洋镜”，这是一个带有垂直狭缝的圆柱体，当它转动时，会使人产生视觉错觉，感觉里面的图画在移动。

② **自动对白替换工作室**：孩子们可以选择一段影片剪辑，然后练习和电影人物的对话，比如《绿野仙踪》里的多萝西，将其录制成人物自身的声音效果。

③ **音效展示**：孩子们可以在这里学习到所有关于音效的知识，还可以用事先录制的音效和《辛普森一家》的电影片段进行实验，看看它们对电影场景的作用。

④ **手翻书小站**：在一个摄像头前面跳舞或者随便扭扭，它会将动作捕捉为一系列静止的照片，然后你可以选择购买用其制作的手翻书。

⑤ **直播电视控制室**：观看编辑的工作，从一大堆摄影机中挨个挑选有效的镜头，然后将其合成一场有意义的棒球比赛。

⑥ **商品展示**：看看一排排货架上售卖的商品，从星际迷航娃娃到蝙蝠侠饭盒，了解电影市场是如何运作的。

游客须知

地址：35th Ave at 37th St, Astoria, 11106; 718 777 6888; www.movingimage.us

地铁：M、R 线到 Steinway St; N、Q 线到 36th Ave。**公交车**：Q101 从第二大道出发，穿越第 60 和 61 街之间

营业时间：周二至周四：10:30~17:00；周五：10:30~20:00；周六、周日：10:30~19:00

价格：30~40 美元；3 岁以下免费（门票包含电影放映的价格）；周五：16:00~20:00 免费（不包含电影放映）

购票及入场提示：不提供网上购票

导游导览：周六、周日的 14:00 有 1 小时的常设展览参观

年龄范围：4 岁以上

活动：除了多种互动展示之外，每天还提供专业工艺品的展示；请浏览网站上的“屏幕之后”（Behind the Screen）网页。

预留时间：不看电影 2 小时，看一部电影 3~4 小时

轮椅通道：有

咖啡厅：博物馆咖啡馆

商店：移动影像商店有各种各样的书籍、DVD、T 恤衫，与电影主题相关的玩具和礼品。游客们还可以买到自己的手翻书（参见左边内容）

卫生间：在衣帽间旁边

参观价值

博物馆里有很棒的展品、高科技的影院，还有许多亲手尝试的活动，对大人和小孩来说都很有吸引力。

价格以一个四口之家为基准

休闲放松

在肖恩广场游乐场（Sean's Place playground）（38th St, between Broadway & 31st Ave, 11103），孩子们可以在沙坑、喷泉、立体方格铁架和秋千间尽情玩耍。离博物馆更近的是一个小型的三十五游乐场（Thirty-five Playground）（35th Ave, between Steinway St & 41st St，11101）。

餐饮信息

野餐：20 美元以下；小吃：20~35 美元；正餐：35~70 美元；家庭聚餐：70 美元以上（以一个四口之家为基准）

野 餐：Bravo Supermarket（34-12 34th Ave, between 34th St & 35th St, Astoria，11106; 718 784 8420）出售干酪、腊肠、面包和水果——可以带去三十五游乐场享用。

小吃：博物馆咖啡馆（35th Ave at 37th St, Astoria，11106; 718 777 6888）位于博物馆 1 楼，提供小点心、汤、沙拉和各式三明治。

正餐：Five Napkin Burger（35 - 01 36th St at 35th Ave, Astoria，11106; 718 433 2727）就在博物馆的街对面，供应创新性的汉堡套餐，外加各种开胃菜、寿司和主菜。

家庭餐：Uncle George's Greek Tavern（33-19 Broadway, Astoria，11106; 718 626 0593; 24 小时营业）是一个提供地中海菜肴的舒适用餐点。菜单突出了风味特色，如烘焙柠檬土豆、炸鱿鱼、烤羊腿和猪排，以及每日特色菜。

游客在移动影像商店浏览丰富的商品

逛街购物

博物馆内的**移动影像商店**（The Moving Image Store）出售异想天开的 T 恤和时尚的记事本，还为电影爱好者和视频游戏玩家提供了各种书籍。找一找那些不同寻常的 DVD，如露丝·奥尔金和莫里斯·恩格尔的《小逃亡者》——一个纪录片风格的虚构短片，讲述一个男孩逃到康尼岛的故事。

下一站……

佩利媒体中心：佩利媒体中心（见 115 页）是中城区的一个电视和无线电中心，提供个人控制台，供大人和孩子从大量的无线电广播和电视节目存档中挑选，比如《宋飞正传》。

皇后区阿斯托利亚一个受欢迎的餐馆 Five Napkin Burger

儿童专栏

找一找……

1. 在拍摄现场活动，比如体育比赛时，会同时使用许多摄像机进行捕捉，但是为什么电视观众们在同一时间只能看到一副画面？
2. 博物馆大楼曾经属于考夫曼·阿斯托里亚工作室（Kaufman Astoria Studios）。当它在 20 世纪 20 年代第一次开放时，是用来做什么的？
3. 一个名为杰克·弗利的人于 1927 年最先开始了为运动影像创作声音效果的艺术。今天这被称为什么艺术？
4. 在一个名叫 ADR 的地方，游客们能够为著名的电影场景配上他们自己的声音。这三个字母代表什么？

答案见本页最下角。

名字中有什么？

皇后区的阿斯托里亚最初名为"Hallet 海湾"，后根据约翰·雅各布·阿斯特改名。这位百万富翁为该地区的发展捐赠了 500 美元，但他本人从未踏足此地。

独一无二

博物馆 2 楼的视频游乐场摆满了各种游戏机，是全世界第一个展示视频游戏的博物馆展览。

答案：1. 因为由编辑的工作来决定摄像机视图的顺序。2. 它被用来拍电影。3. 弗利艺术。4. 它代表"自动对白替换"（Automated Dialogue Replacement）。

野口勇基金会与花园博物馆的红砖外观

② 野口勇基金会与花园博物馆

Isamu Noguchi Foundation and Garden Museum

自然的转化

野口勇（1904~1988）出生于洛杉矶，母亲是一名美国记者，父亲是一位日本诗人，他是20世纪最优秀的雕塑家之一，毕生穿梭于日本和美国之间，打破了许多障碍：自然和人造之间、俗世和精神之间，以及各种艺术学科之间。虽然他首先是一名雕塑家，野口也进行了许多跨界合作：他为编舞家玛莎·格雷厄姆、乔治·巴兰钦和摩斯·肯宁汉设计过舞台，为赫曼米勒创作过家具，还为著名美国建筑师路易斯·卡恩设计过游乐场。

耗费他最多时间的工作之一就是野口勇博物馆，这不光是为了容纳他的大量作品，建筑本身也是一个艺术作品。室外雕塑花园似乎也有自己的神奇生命。博物馆的七个地面画廊展示了永久性的展品，构成了这位艺术家不朽作品的绝大部分。其中包括强有力的“空虚”和“空虚2”雕塑，探索了形式和无形，以及旋涡形滑梯（Slide Mantra）—— 他为迈阿密的一所公园设计的作品，优雅的大理石板设有一个儿童螺旋滑梯，环绕着中心的阶梯。

2楼画廊展出的野口勇作品会不断改变。最吸引孩子们的一定是遮有天篷的露天雕塑花园，可以在这里看到大量的作品。

游客须知

地址： 9-01 33rd Rd, between Vernon Blvd & 10th St, Long Island City，11106; 718 204 7088; www.noguchi.org

地铁： N、Q线到Broadway，然后乘Q104路公交车到11th St；7线到Vernon Blvd-Jacksan Ave，然后乘Q103路公交车到10th St。**公交车：** 周日在亚洲协会（见155页）和博物馆间全天有班车；单程20~30美元，往返40~50美元。

营业时间： 周三至周五：10:00~17:00；周六、周日：11:00~18:00

价格： 30~40美元；12岁以下免费；每月第一个周五可任意付费。

导游导览： 10人或以上的团队可以提供1小时的参观导览，但是必须提前预订，请致电718 204 7088。

活动： 开放工作室：每月第一个周日；11:00~13:00；每个家庭5美元，包括博物馆门票；不用注册。周末一般会有主题家庭艺术工作室；需要提前注册；对象是2~4岁儿童（幼儿艺术）和5~11岁儿童（家庭艺术）；每个家庭5美元。

预留时间： 2小时

轮椅通道： 有

餐饮：小吃： 野口勇现场咖啡馆提供三明治、零食和酒水饮料。**正餐：** The Bel Aire Diner（31-91 21st St, Astoria，11101；718 721 3160）提供新鲜鱼类、汉堡和沙拉。

购物点： 野口勇博物馆商店出售20世纪50年代开始设计的Akari灯具系列、Akari印刷品和野口勇家具。

卫生间： 位于主楼层

价格以一个四口之家为基准

休闲放松

前往**苏格拉底雕塑公园**（Socrates Sculpture Park）（Broadway at Vernon Blvd，11106；718 956 1819 10:00~日落）继续艺术之旅，这里曾是一个废弃的垃圾填埋场和非法废料场。在1986年，一个艺术家和社区成员组成的联盟将其变成了一处室外博物馆和公共娱乐空间。这里的雕塑和多媒体装置作品多为现场创作的，这意味着家庭们能够经常在这里看到艺术家在工作。这里鼓励孩子们探索、甚至触摸所看到的作品。除此之外，还会定期举办临时团体表演和装置艺术。

③ 长岛市

Long Island City

新锐艺术和明亮的涂鸦

距离中央车站（见100~101页）几站之遥，就是皇后区长岛市（LIC）的猎人角（Hunters Point）区域了，聚集着世界一流的画廊和艺术中心，已经成为当代艺术爱好者的一个主要目的地。其中最重要的是当属纽约**现代艺术博物馆PS1**（Moma Ps1）（22-25 Jackson Ave, 11101；718

在苏格拉底雕塑公园展出的劳伦·尤因的《入侵者》

东河沿岸的龙门广场国家公园，长岛市

784 2084）了，现在是永久隶属于曼哈顿纽约现代艺术博物馆（见106~107页）的一处展览空间。专注于当代艺术，活跃着创新和实验的艺术家，通过其个人回顾展和特定场地装置来突出他们的作品。有几个长期的装置艺术是值得一寻的，包括索尔·勒维特的《克雷奥拉广场》，及詹姆斯·特瑞尔的《会议》——它是一个开放式的空间，能够彻底改变游客对天空的感知（日落前1小时开放，天气允许的情况下）。

附近还有两个更令人振奋的尖端艺术场所——**雕塑中心**（SculptureCenter）（44–19 Purves St，11101；718 361 1750；免费），坐落在一个下凹的旧电车修理厂里；**费舍尔·朗道艺术中心**（Fisher Landau Center for Art）（38–27 30 St，11101；718 937 0727；免费），坐落在一个旧的降落伞安全带制造厂内。

雕塑中心于1928年由一群艺术家建立，2001年从上东区搬到了现址。其巨大的展览空间是艺术家展示当代雕塑的理想场地。

费舍尔·朗道艺术中心是一个更为精致的展览空间和学习中心，由艾米莉·费舍尔·朗道拥有，这位收藏家收集了大量的现代艺术品，包括奇奇·史密斯、约翰·巴尔代萨里、罗伯特·劳森伯格和塞·托姆布雷的作品。

这片地区另一个引人注目的艺术枢纽，当属丰富多彩的**5 Pointz**了，这是一个经过改建的仓库，里面是艺术家们的工作室，实际上已经成为了国际涂鸦艺术家的画布。350多件充满活力的喷绘艺术作品装饰着这栋建筑的墙壁。最好的视角在地铁（7号线）；当列车接近45路－科特广场地铁站时，艺术品就会跃然眼中。

休闲放松

前往东河，**龙门广场国家公园**（Gantry Plaza State Park）（Center Blvd, between 47th Rd & 49th Ave, Long Island City，11101）有弯曲的躺椅板凳，可以欣赏曼哈顿的美丽景色。

游客须知

地址： Newtown Creek to East River Waterfront & Queensboro Bridge to railyards, 11101

地铁： E、G线到23th St–Ely Ave；7线到45Rd–Court House Sq。**公交车：** M60、Q32、Q67、Q69和Q103

年龄范围： 不限

活动： 纽约现代艺术博物馆PS1：热身活动（Warm Up）是在其庭院举办的一个适合所有年龄层的实验音乐系列及舞蹈派对；夏季的周六下午举行；15美元（包括博物馆门票）。

预留时间： 3小时

餐饮： **小吃：** Court Square Diner（45–30 23rd St，11101；718 392 1222）价格合理；儿童餐每份6美元。**正餐：** The Creek and the Cave（10–93 Jackson ave，11101；718 706 8783; www.creeklic.com/home）是一处美—墨边境菜肴餐馆，提供墨西哥卷饼、炸玉米饼和主菜。

卫生间： 位于一路上的各个餐馆和咖啡馆内

儿童专栏

找一找……

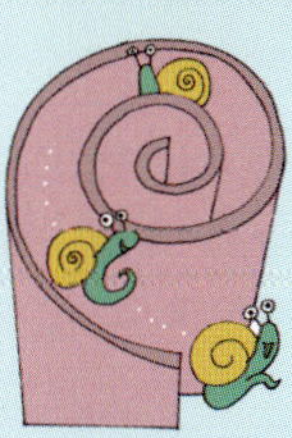

1. 野口勇的某一个设计作品是供孩子们爬上滑下的，建在迈阿密和札幌两座城市中。它的名字叫作什么？
2. 雕塑中心坐落在一个老的工业建筑里。回溯到1974年，它最初建立时是用来做什么的？
3. 在纽约现代艺术博物馆PS1里，詹姆斯·特瑞尔的作品《会议》中墙壁的色调加深了头顶天空的颜色。它们是什么颜色？

答案见本页最下角。

角色颠倒

5 Point项目以纽约市的5个行政区为主题和场景，始于20世纪90年代中期，是由一个名叫帕特·迪里罗的人进行的，而他的工作却是清除涂鸦。

用他的灯生活

也许野口勇对流行文化最大的影响是通过他的灯，毕竟，现在所有家里有纸灯罩的人们，都拥有一些来自野口勇的灵感的东西。浏览http://shop.noguchi.org/，寻找这些实用艺术作品背后的故事。

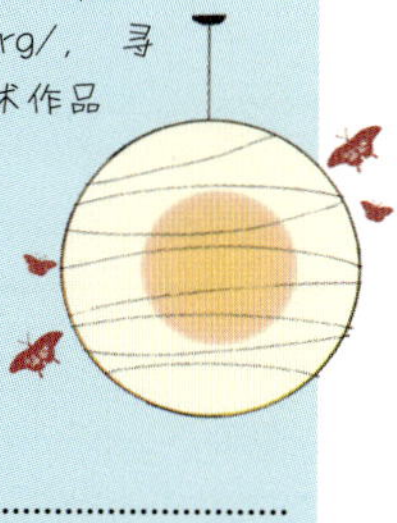

答案：1. 旋涡形滑梯（Slide Mantra）。2. 一个电车修理厂。3. 橙色。

纽约科技馆及周边

法拉盛草原科罗娜公园因为两届世界博览会和一些适合家庭的文化景点，而被列在了旅游地图上。从纽约科技馆极好的户外科学操场，到皇后区艺术博物馆的“纽约市全景图”，这个复杂的建筑模型包括了纽约市的所有5个区，有很多值得探索发现的地方。从中城区到公园，坐地铁7号线大约需要40分钟；到达那里后，还要准备好步行相当长的时间才能到达景点。

地图示意

景点

1. 纽约科技馆
2. 皇后区动物园
3. 皇后区艺术博物馆
4. 皇后区植物园

餐饮点

1 Pollo Campero
2 Park Side Restaurant
3 Asian Jewel Seafood Restaurant
4 Empanadas Café
5 Leo's Latticini Mama's
6 TortilleríaNixtamal
7 Nan Xiang Dumpling House
8 Buddha Bodai

另参见皇后区艺术博物馆（见226页）

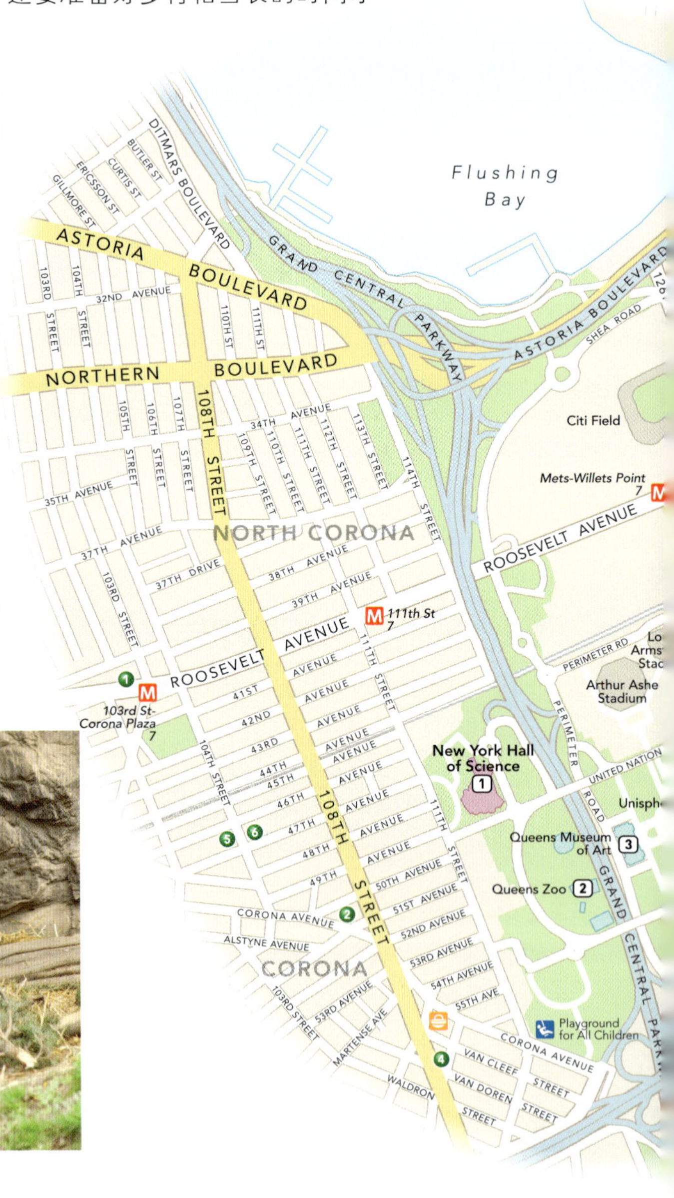

皇后区动物园里濒危的安第斯熊

迷你高尔夫球场演示了运动的规律，纽约科技馆

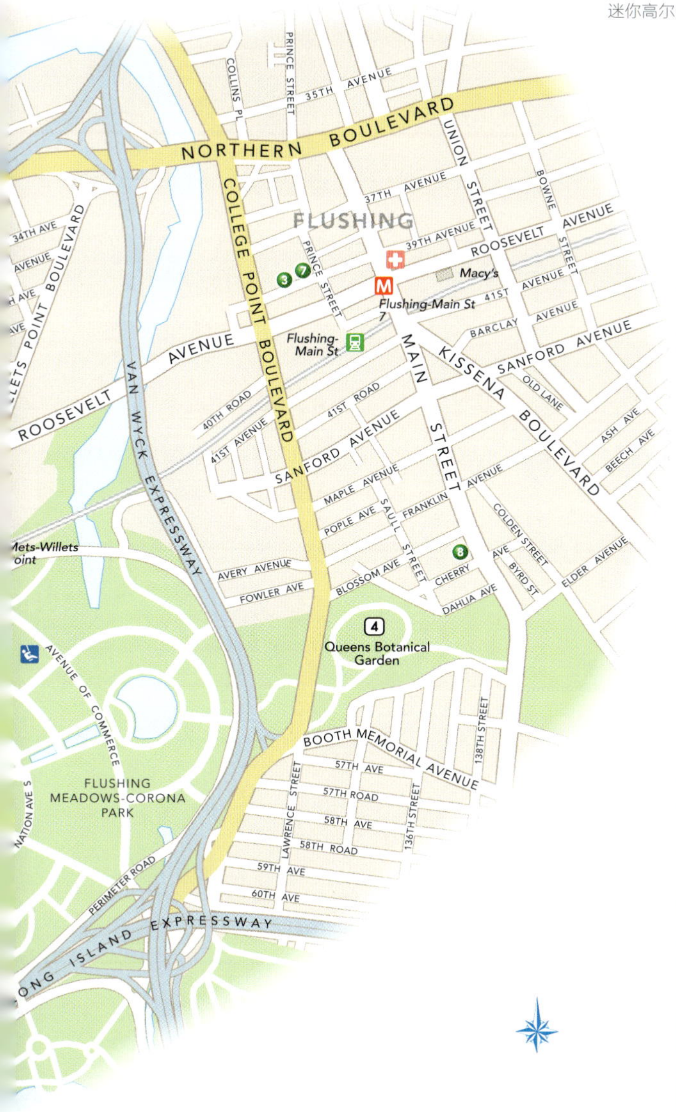

游客须知

地铁：7 线到 111th St，Mets-Willets Point 和 Flushing-Main St. **公交车：**Q23、Q44 和 Q58。

游客信息：Discover Queens（90-15 Queens Bvld，11373；718 592 2082；www.discover-queens.info）

超市：Fine Fare Supermarket（108-02 Otis Ave，Corona，11368；718 271 8600）。

市场：皇后区植物园农贸市场（Dahlia Ave off Main St，Queens，11355；7 月 ~11 月中：周五 8:30~16:00）。纽约科技馆农贸市场（111th St at 48th Ave，Queens，11368；6 月中 ~ 11 月中：周日 10:00~16:00）

节日：樱花节（4 月底 ~5 月初）、五月五日节（5 月初）、龙舟节（8 月初）。

药店：Duane Reade（136-06 Roosevelt Ave，Flushing，11354；718 886 3212；24 小时营业）。

最近的游乐场：儿童游乐场（Playground for All Children，PAC）（111-01 Corona Ave，Flushing，11368；718 699 8283）。

① 纽约科技馆 New York Hall of Science

火箭和光学幻觉

纽约市唯一的科学博物馆，同时也是全美国最好的科技馆之一，位置远在皇后区，这是有原因的。它最初位于 1964 年世界博览会在法拉盛草原科罗娜公园的展览大厅里，博览会结束后，展览大厅依然吸引了很多游客，这让所有人都很吃惊，甚至带动了其他城市也建立起自己的科技景区。在 1979 年，它转变成为了一个真正的博物馆，而且随着时间的发展进行了扩张和现代化改造。最好的原展品都被保留了下来，包括数学展区；另外，不要错过充满乐趣的科学游乐场。

星级景点

2 楼：北翼：运动挑战

1 楼：北翼：寻找地球以外的生命；中央展馆：成果展览、隐藏帝国、数学展区、看到光

火箭公园：飞船、火箭

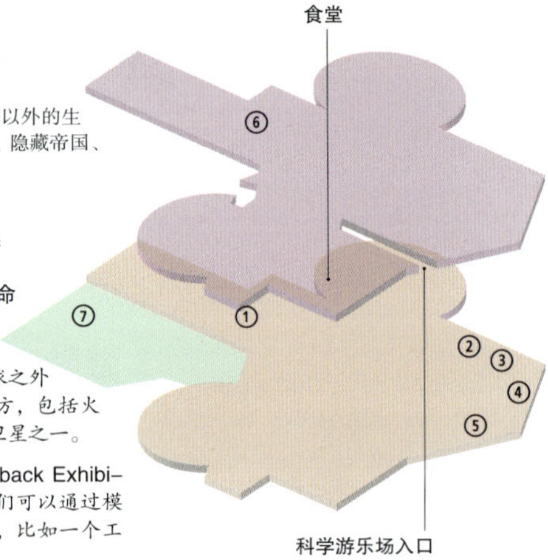

① **寻找地球以外的生命（Search for Life Beyond Earth）**：通过这里的各种展品可以看到地球之外最有可能存在生命的地方，包括火星和木卫二——木星的卫星之一。

② **成果展览会（Feedback Exhibition）**： 在这里，孩子们可以通过模型了解机械工程的定理，比如一个工作的蒸汽机。

⑤ **看到光（Seeing the Light）**：在这个部分，孩子们可以发现光学幻象背后的秘密，比如综合衍射图，以及探讨阴影是如何影响感知的。

⑥ **运动挑战（Sports Challenge）**：这组展品通过模拟冲浪、攀岩墙和模拟轮椅比赛等体育活动，侧重于展示物理学原理——平衡、反应时间和轨迹。

③ **隐藏帝国（Hidden Kingdoms）**：通过名为 Wentzscopes 的特殊显微镜，可以看到活着的微生物，了解更多其他物种的生活，比如变形虫和草履虫。

④ **数学展区（Mathematica）**：由世界著名的设计师 Charles 和 Ray Eames 创建，通过一些展品将数学知识带入了生活，比如一个作为育种机的立方体灯。

⑦ **火箭公园（Rocket Park）**：这里会展出真实的飞船和火箭。如水星阿特拉斯 D 号太空飞船的复制品，它曾在 1962 年搭载美国宇航员约翰·格伦进入了太空。

游客须知

地址：46th Ave & 111th St Flushing Meadows-Corona Park，11368；718 699 0005；www.nysci.org

地铁：7 线到 111th St，然后向南步行 3 个街区。**公交车**：Q23、Q48 和 Q58

营业时间：每天开放，随季节而变而定

价格：38~48 美元；科学游乐场每人另加 4 美元；火箭公园的迷你高尔夫球场单付 6 美元；套票 68 美元。9 月 ~ 次年 6 月期间的周五 14:00~17:00 和周日的 10:00~11:00 门票免费

购票及入场提示：可以提前在博物馆网站订票

年龄范围：3 岁以上

预留时间：2 小时

轮椅通道：有

咖啡厅：纽约科技馆咖啡馆提供预制的沙拉、三明治和比萨。

商店：馆内的科学商店是一家礼品店，出售科技相关的套件、游戏、书籍及其他产品。

卫生间：位于 1、2 楼

参观价值

科技博物馆将娱乐和教育活动结合起来，使其在一年中的任何时候都是一个很棒的选择。

价格以一个四口之家为基准

科学游乐场里与科学亲密接触的游乐设备

休闲放松

户外的**科学游乐场**（Scence Playground）旨在鼓励孩子们用身体和头脑探索科学的各个方面，是一个巨大的封闭空间，里面充满了乐趣和互动站，提供自由奔跑和玩耍的机会。其中最好的设施有阿基米德式螺旋抽水机（Archimedes Screw）、一个惊险的长滑梯、一个立式的旋转器、一个巨大的跷跷板，还有一个可供攀爬的 3-D 蜘蛛网。

餐饮信息

野餐：20 美元以下；小吃：20~35 美元；正餐：35~70 美元；家庭聚餐：70 美元以上（以一个四口之家为基准）

野餐：Tortas Neza（111~03 Roosevelt Ave at 111th St, Corona，11368）最初是从社区街头购物车发展起来的；可以在这里买一些托塔斯（Tortas）和炸玉米饼，然后前往法拉盛草原科罗娜公园野餐。

正餐：Park Side Restaurant（107~01 Corona Ave, Corona，11368; 718 271 9871）是一家意大利餐馆，供应各式意大利面、海味和肉类主菜。

家庭餐：Gabbana（107-11 Northern Blvd, between 107th St & 108th St, Corona，11363; 718 565 5479）是一家提供现代多米尼加菜的优雅餐馆。菜单特色有烤羊排、牛排，外加各式各样的鸡尾酒。

下一站……

巨型地球仪：1964 年世界博览会的另一个真实遗留物是法拉盛草原科罗娜公园里标志性的巨型地球仪（Unisphere），位于大中央公园大道（Grand Central Parkway）和范威克快速道路（Van Wyck Expressway）之间。这个由不锈钢建成的地球仪高达 43 米，设计初衷是为了庆祝太空时代的到来。看过电影《黑衣人》（1997 年）的游客肯定能认出这个巨大的空心绿色钢球，在它周围还环绕着喷泉，背后有三个观测塔。

法拉盛草原科罗娜公园里的巨型地球仪

儿童专栏

你知道吗……

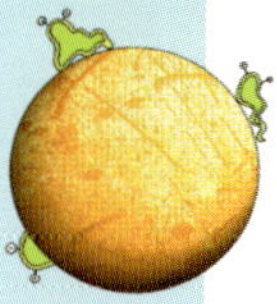

1. 木卫二（Europa）是一颗可能存在生命的卫星。你知道它属于哪个星球吗？
2. 去“运动挑战”展区看看模拟冲浪板。如果你想成功冲浪的话，最需要哪种物理特性？
3. “隐藏帝国”展区的特殊显微镜叫什么名字？
4. 谁是美国第一个进入水星阿特拉斯 D 号飞船的宇航员？

答案见本页最下角。

准备好太空旅行

现在悬挂在博物馆天花板上的水星号飞船在 1960 年 5 月进行了无人驾驶测试，腾空 707 米的高度直冲云霄。它通过降落伞回落到海洋，这证明了人类可以在里面安全地旅行。

科学在作怪

科学游乐场的阿基米德螺旋抽水机将低处的水抽到各个沟槽上，然后人们通过转动手柄来将水抽得越来越高。虽然水的移动距离大于你用桶来运送的方式，但是它耗费的力气要更少，因为其移动非常缓慢。

答案：1.木星。2.平衡性。3.Wentzscopes。4.约翰·格伦。

② 皇后区动物园

Queens Zoo

鳄鱼、巨型兔子和会玩杂技的海狮

皇后区动物园就位于纽约科技馆的旁边，是市里唯一的动物园，饲养着从北美洲到南美洲的野生动物。它于 1964 年世界博览会之后建成，为了给新近流行的法拉盛公园增加另一个吸引游客的景点。小路穿梭在各类栖息地之间，包括有着野牛和叉角羚羊的大平原（Great Plains），以及住着美洲狮、猫头鹰和美洲大角鹿的森林步道（Woodland Trail）。

不要错过“南美足迹”（South American Trail），这里是濒临灭绝的眼镜熊的栖息地。水禽湿地（Waterfowl Marsh）生活着一系列的鸭、鹤和美国短吻鳄。动物园里历史最悠久的建筑拥有其最好的展品之一——“鸟舍”，它占据了为世界博览会而建的巨大穹顶。在其内部，一条陡峭的小路带领游客从森林地面一路爬到了树梢，这里是白鹭和豪猪的栖息处——没错，它们生活在树上。在国内动

游客须知

地址： 53~51 111th St, Flushing, Queens, 11368; 718 271 1500; www.queenszoo.com

地铁： 7 线到 111th St。**公交车：** Q58、Q23 和 Q88

营业时间： 11~ 次年 4 月：10:00~16:30；4~11 月：周一至周五：10:00~17:00，周六、周日及节假日：10:00~17:30

价格： 26~36 美元；3 岁以下免费

导游导览： 30 人以上团队收费 150 美元

年龄范围： 不限

预留时间： 2 小时

轮椅通道： 有

餐 饮： **小 吃：** Empanadas Café（56~27 Van Doren st，11368; 718 592 7288; www.empanadascafe.com）提供其特色主菜和甜品。**正 餐：** Leo's Latticini Mama's（4602 104th st, Corona，11368，718 898 6069）出售三明治，可以带去动物园的野餐区享用。

卫生间： 位于发现中心

一群厚嘴鹦鹉为皇后区动物园增添了一道亮丽的风景

物角（Domestic Animals），孩子们可以买一把粮食喂养弗拉芒巨兔、骆驼和一头猪。加州海狮喂食是不容错过的（详询网站），这些会玩杂技的小家伙会表演各种技巧。

休闲放松

儿童游乐场（The Playground for All Children）（111~01 Corona Ave，Flushing，11368）有可供奔跑的斜坡，还有秋千、篮球场。

③ 皇后区艺术博物馆

Queens Museum of Art

“迷你纽约”及其他珍品

皇后区艺术博物馆是一个文化中心，坐落在纽约市大楼里，最初被用作 1939 年世界博览会的纽约市展馆。在 1964 年的下一届世界博览会时，该建筑仍旧扮演了同样的角色。不过这一次，它提供

游客须知

地址： New York City Building, Flushing Meadows–Corona Park, 11368; 718 592 9700; www.queensmuseum.org

地铁： 7 线到 111th St。

公交车： Q23 和 Q58

营业时间： 周三至周日：中午 ~18:00

价格： 12~25 美元；5 岁以下免费

导游导览： 周日 14:00、15:00 和 16:00 有免费的博物馆参观导览；推荐年龄：12 岁以上

年龄范围： 不限

活动： 周日 13:30~16:30 会为 5~12 岁的儿童穿插家庭艺术工作间活动；每月的第二个周日是“特殊活动日”，提供博物馆参观和现场音乐

预留时间： 1 小时

轮椅通道： 有

餐 饮： **小 吃：** Unisphere Café（博物馆内）提供小盘菜、寿司、甜点和饮料。**正 餐：** Tortillería Nixtamal（104~105 47th Ave, Corona，11368; 718 699 2434）供应各种馅料的炸玉米饼。

卫生间： 位于 1 楼

了一些令人惊叹的东西：“纽约市全景”——这是一个面积达 868 平方米的城市建筑模型，按一定比例描绘了市里所有 5 个区的每一个建筑。经过几次更新后，现在的全景模型涵盖了 1992 年以前的所有建筑物，包括世界贸易中心。

休闲放松

法拉盛草原科罗娜公园（见 222~225 页）的游乐场有很多孩子们可以参与的活动，比如迷你高尔夫球场和自行车道。

按比例缩小的纽约市全景模型，皇后区艺术博物馆

一个阳光明媚的冬日下午，皇后区植物园香草花园

④ 皇后区植物园
Queens Botanical Garden

红玫瑰和绿色设计

这里最初作为一个 2 公顷的展区在 1939 年世界博览会上亮相，后来因为下一届世界博览会而进行了短距离迁移，现在则是一片面积达 16 公顷的广阔的城市绿洲。最大的亮点有：美国东北部最大的玫瑰园、蜜蜂和香草花园、芳香大道、樱桃园和各种生物栖息地，包括林地及湿地花园、松柏园（种子植物品种和草甸。而比植物开花还能赢得更多吸引力的，是 2007 年开放的访客及行政大楼（Visitors & Administration Building）。这是全纽约第一个被授予白金认证的生态友好建筑。其特点是屋顶种植了绿色植被，以减少水流失，还有太阳能电池板、废水回收，可以将水槽、淋浴和洗碗后的水净化后用来冲厕所。

在附近的法拉盛草原科罗娜公园，找找唐纳德·德路创作的雕塑《火箭发射器》（Rocket Thrower）和马歇尔·M. 弗雷德里克斯创作的《人类精神的自由》（Freedom of the Human Spirit），它们都曾经在 1964 年的世界博览会上展出过。

游客须知

地址：43~50 Main St, 11355, Flushing, Queens; 718 886 3800; www.queensbotanical.com

地铁：7 线到 Flushing-Main St。**公交车**：Q44、Q58 和 Q20

营业时间：4 月 ~10 月：周二至周日：8:00~18:00；11 月 ~ 次年 3 月：周二至周日：8:00~16:30

价格：4~10 月：12~22 美元；周三：15:00~18:00 和周日：16:00~ 18:00 免费；11 月 ~ 次年 3 月：免费

导游导览：想预订花园参观导览，请致电 718 886 3800 转 230

年龄范围：不限

预留时间：1~2 小时

轮椅通道：有

餐饮：**小吃**：Nan Xiang Dumpling House（38~12 Prince St, Flushing，11354;718 321 3838）专门提供猪肉和猪肉蟹肉混合汤饺。**正餐**：Buddha Bodai（4296 Main St, Flushing，11355; 718 939 1188）供应素食（和犹太风格）的中国餐。

卫生间：位于游客中心

室内景点

花园里的 QBG 商店有各种商品：为孩子准备的玩具和书籍和为大人准备的工艺品、饰品和文具。

皇后区植物园的玫瑰花园景观

儿童专栏

找一找…

1. 皇后区动物园：豪猪更有可能生活在水边、地面还是在树梢上？
2. 在皇后区艺术博物馆里的什么地方，你仍然可以看到屹立着的世界贸易中心双子塔？
3. 建造“纽约市全景”时，共耗费了多少人力？
4. 皇后区植物园回收的废水来自于哪里？

答案见本页最下角。

精准的比例

建造皇后区艺术博物馆里“纽约市全景”的工匠们使用了照片和风险区划地图，以此来确保他们的模型是按照真实比例打造的。

埋给后人看

两个时间胶囊分别于 1938 年和 1965 年埋在了法拉盛草原科罗娜公园，作为 20 世纪的生活记录。埋于 1965 年的那一个里面装着信用卡、冻干食品、电动牙刷和花格子的比基尼等物品。

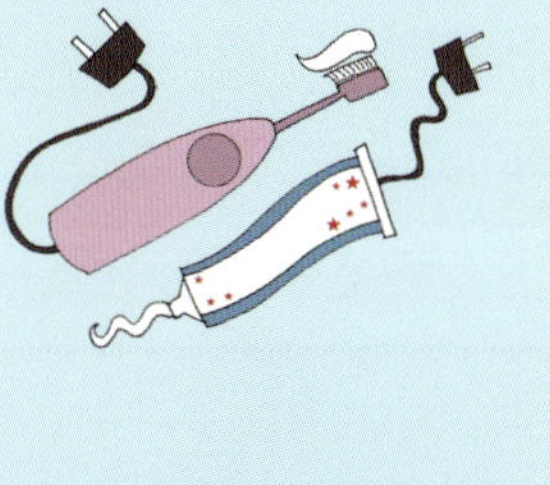

答案：1. 在树梢上。2. 在皇后区艺术博物馆里的“纽约市全景”。3. 共有 100 个工匠。4. 来自访客及行政大楼里的水槽、洗碗机和淋浴用水。

纽约植物园及周边

布朗克斯区不太有名，但这里有整座城市最可爱、最有趣的一些文化瑰宝，而且不会人满为患。这个全纽约人口最多的行政区很容易通过北方铁路的通勤列车到达，它的另一端连着波浪小丘，那里是一片大自然的中心，拥有哈得孙河的壮丽风景以及梦幻般的纽约植物园等景色。去看看埃德加·爱伦·坡小屋，这位作家在那里度过了他生命的最后几年，还有城市岛屿，这是一个小型的海滨景点，深受孩子们的喜爱。

Sugar and Spice 商店的入口，这是一个很受欢迎的面包店

地图示意

景点

1. 纽约植物园
2. 埃德加·爱伦·坡小屋
3. 波浪小丘
4. 城市岛屿

餐饮点

1 Pioneer Supermarket
2 Webster Café
3 Great Wall Chinese Restaurant
4 Garden Café
5 Roma Luncheonette
6 Mario's
7 Riverdale Greentree
8 Sugar and Spice
9 Sammy's Fish Box

另参见波浪小丘（见232页）

购物点

1 植物园里的NYBG商店

另参见波浪小丘（见232页）

波浪小丘的部分土地，背景是哈得孙河

游客须知

火车：北方铁路（Metro-North）的哈莱姆本地线从大中央车站到植物园。

地铁：B、D 线到（Bedford Park Blvd）；4 线到（Bedford Park Blvd–Lehman College），然后乘坐 Bx26 路巴士向东到莫苏鲁大门入口；B、D 线到（Kingsbridge）；1 号线到（Van Cortlandt Park–242nd St）；6 线到（Pelham Bay Park）

游客信息：纽约植物园里的莱昂·利维游客中心（Leon Levy Visitors' Center）（Bronx River Parkway at Fordham Rd, Bronx，10458；718 817 8700）

超市：Pioneer Supermarket（2870 Webster Ave，10458；718 364 0101）。

市场：NYBG Farmers' Market（at the base of Library Allée, Bronx，10458；6 月中 ~11 月中：周三：9:00~15:00）

节日：一年一度的兰花展（2 月末 ~4 月初）、“稻草人及丰收周末”（10 月中旬）、假日火车展（11 月中旬 ~1 月初）

药店：Walgreens（5564-68 Broadway, Bronx，10463；718 548 5884；24 小时营业）。

最近的游乐场：布朗克斯公园 –（French Charley）游乐场（East 204th St at west side of Bronx Park，10467）。坡公园（Poe Park）（East Kingsbridge Rd & Grand Concourse，10468）。P. S. 175 航海主题游乐场（见 233 页）。

埃德加·爱伦·坡小屋，这位作家最后居住的家

植物园里的 NYBG 商店，莱昂·利维游客中心

① 纽约植物园 New York Botanical Garden

古老的森林和热带花卉

纽约植物园充满了鲜花、草地和森林，给人的感觉就像是一个自成体系的世界，而非布朗克斯中心的一部分。其室外景观在温暖的月份里会非常漂亮，而主温室在任何天气里都十分美妙。到了冬天，植物园会举办著名的假日火车展，其亮点是一个用植物材料制成的微型世界，令人惊叹。而在埃弗雷特儿童探险乐园，孩子们可以亲自动手进行花园体验。

佩吉 · 洛克菲勒玫瑰园

主要景点

① **伊妮德 A. 豪普特温室（Enid A. Haupt Conservatory）**：这座维多利亚风格的温室提供了世界上 11 个生态圈的参观展示，从非洲沙漠到两种热带雨林，都能够看到。

② **岩石花园（Rock Garden）**：一个高山栖息地，园中的岩石间遍布开花的植物，一条小溪贯穿其间，还有一条瀑布流进了一个被花包围的池塘。

③ **家庭花园（Family Garden）**：这个花园从 4 月一直开放至 11 月，孩子们可以在这里学习所有关于园艺的知识。

④ **樱桃谷（Cherry Valley）**：4~5 月期间一定要来这里，植物园 200 多棵樱花树的大部分都在这片区域。

⑤ **佩吉洛克菲勒玫瑰园在（Peggy Rockefeller Rose Garden）**：其 3500 个品种之中有土壤型玫瑰，这是一种用很少甚至不用农药也可以生存的杂交品种。

⑥ **班奈森观赏针叶林（Benenson Ornamental Conifers）**：此区域专门种植针叶树（如松树）或鳞片状叶树木，比如香柏树。

⑦ **埃弗雷特儿童探险乐园（Everett Children's Adventure Garden）**：专为 2~12 岁孩子打造，同时提供室内和室外景点。

休闲放松

纽约植物园最大的宝藏也是其最古老的一部分：占地 20 公顷的森林，这也是纽约市现存最大的土著林地，原来的居民是美洲德拉瓦部落印第安人。

森林里有许多条小路，生长着橡木、榉木、桦木、郁金香、白蜡木和樱桃树——其中有的已经超过 200 岁了。这里全年开放，因每个季节都有不一样的惊喜。

餐饮信息

野餐：20 美元以下；小吃：20~35 美元；正餐：35~70 美元；家庭聚餐：70 美元以上（以一个四口之家为基准）

野餐：Pioneer Supermarket（2870 Webster Ave，10458；718 364 0101）是一个购买野餐材料的好地方，然后可以去埃弗雷特儿童探险乐园附近的野餐区享用。

小吃：Webster Café（2873 Webster Ave，Bronx，10458；718 733 9634）是一个有名的餐馆，可以在逛完植物园后来这里吃点热狗、沙拉或三明治。

正餐：Great Wall Chinese Restaurant（3003 Webster Ave，10458；718 584 5488；周二至周日：10:00~17:00）提供正宗的美味中餐，价格便宜。

游客须知

地址：2900 Southern Blvd, Bronx, 10458; 718 817 8700; www.nybg.org

火车：北方铁路的哈莱姆本地线从大中央车站出发到植物园。**地铁**：B、D 和 4 线 到 Bedford Park–Lehman Blvd，然后乘 Bx26 路公交车到莫苏鲁大门

营业时间：周二至周日：10:00~18:00

价格：56~80 美元；2 岁以下免费

购票及入场提示：在网上提前购买假日火车站的门票

导游导览：周末"专家"之旅；乘电车观光游览；观鸟之旅（周六、季节性的）；每天的讲解员导览参观；语音导览。

年龄范围：2 岁以上

活动：埃弗雷特儿童探险乐园和家庭花园会举办活动；请上网查询信息

预留时间：2~3 小时

轮椅通道：有

咖啡厅：有，植物园咖啡馆以及莱昂·利维游客中心的咖啡馆

商店：就位于温室入口处

卫生间：位于莱昂·利维游客中心

参观价值

孩子们可以在茂密的花园学习园艺知识，热带温室也深受全家人的喜爱。

莱昂、利维游客中心的咖啡馆，纽约植物园

家庭餐：Garden Café（2900 Southern Blvd, 10458; 718 817 8700; 周二至周日：10:00~17:00）的菜单范围很广，从烧烤到素食，都可以提供。

逛街购物

植物园莱昂·利维游客中心旁的 NYBG 商店远远超出了一个典型礼品店的范畴，提供各种各样以自然为主题的系列高档商品，从家庭用品及园艺工具到植物版画、珠宝和食品。

下一站……

布鲁克林植物园：布鲁克林植物园（见206~207页）比纽约植物园小，提供了更为亲切的花园。其特点包括宁静的日本山水花园，到处都是锦鲤和鸭子；有时还会看见来这里捕鱼的珍稀候鸟。

植物园 NYBG 商店里出售的植物和色彩缤纷的盆栽植物

儿童专栏

你知道吗……

1. 埃弗雷特儿童探险乐园里有一个巨大的动物雕塑，上边有发芽的紫色和黄色花朵。这是什么动物？
2. 植物园包含了纽约市最后一片原始林区。最初在这里定居的美国印第安部落叫什么名字？
3. 高山花卉在岩石花园的每一个角落里生长发芽。为什么这些花卉被称为高山花卉？
4. 在温室中找一找可可树。它的果实可以做成什么？
5. 佩吉洛克菲勒玫瑰园里的部分玫瑰花丛被称为土壤型（EarthKind）。为什么选择这个名字？

答案见本页最下角。

果壳里面

假日火车展中的特色展品是由坚果、树皮和松果制作的火车模型，它突突地通过微型城市的标志性建筑，比如帝国大厦（11月~1月上旬）。

培育出一座花园

纽约植物园的创始人纳撒尼尔·布里顿勋爵（1859~1934）出生于纽约，他是一个曾周游世界的植物学家，有时与他的妻子一起研究植物，包括墨西哥的仙人掌和波多黎各的热带花朵。

答案：1. 虫子。2. 德拉瓦族。3. 因为岩石环境往往位于高山之上。4. 巧克力。5. 因为它们并不需要大量有害农药来促进生长。

埃德加 · 爱伦 · 坡小屋的外观

② 埃德加 爱伦 坡小屋

Edgar Allan Poe Cottage

一个备受折磨的灵魂之家

埃德加·爱伦·坡一生漂泊在大西洋海岸，在里士满、弗吉尼亚州、巴尔的摩、费城和纽约追名逐利。作为美国第一批依靠创作为生的作家之一，他一生都在与贫穷作斗争。1835 年，他娶了自己的表妹弗吉尼亚·克里曼，当时他 26 岁，她 13 岁。11 年后，他的妻子肺结核越来越严重，爱伦·坡与她一起搬到了这个山间小屋，希望乡村的空气能够帮助她恢复健康。

这个小屋坐落在当时布朗克斯连绵起伏的丘陵之上，长岛海岸的田园风光一览无余，是爱伦·坡和他年轻妻子的最后一个家。搬到这里不到一年的时间，弗吉尼亚就于1847年去世了。爱伦·坡继续在布朗克斯待了两年，之后前往巴尔的摩旅行，这也是他的最后一次旅行，40 岁时他在那里神秘地去世。这位作家在这个小屋里写下了他部分最优秀的作品，包括《钟》和《安娜贝尔·李》，这是他最后一首完整的诗，讲述了心爱之人惨死的故事。

游客须知

- **地址：** 2640 Grand Concourse at 192nd St, Bronx，10458；718 881 8900; www.bronxhistoricalsociety.org
- **地铁：** B、D 线和 4 线到 Kingsbridge Rd
- **营业时间：** 周一至周五：9:00~17:00，周六：10:00~16:00，周日：13:00~16:00
- **价格：** 16~26 美元
- **导游导览：** 有
- **年龄范围：** 4 岁以上
- **预留时间：** 1 小时
- **轮椅通道：** 有
- **餐饮：** **小吃：** Roma Luncheonette（636 East 187th St at Belmont Ave, Bronx，10458; 718 367 9189）供应意大利料理。**正餐：** Mario's（2342 Arthur Ave, between 184th St & 186th St, Bronx, 10458; 718 584 1188）提供传统意大利菜。
- **卫生间：** 位于埃德加·爱伦·坡小屋内

价格以一个四口之家为基准

休闲放松

埃德加·爱伦·坡小屋位于**坡公园**（Poe Park）里，以这位作家命名，有一个很棒的游乐场和一个凉亭，同时也是不错的野餐地点。

③ 波浪小丘

Wave Hill

华丽的风景

这是一片占地 11 公顷的公共花园和文化中心，可以俯瞰壮丽的哈得孙河风景，以及新泽西一侧陡峭的帕利塞德峭壁。可以去中间围着栏杆和繁花似锦的藤架那里，尽情欣赏风景。

波浪小丘之屋（Wave Hill House）是这一带最古老的建筑，始建于 1843 年，最初是一位律师的乡村居所，有令人印象深刻的老居民装饰风格。在 1870 年和 1871 年的夏季，年幼的总统西奥多·罗斯福（12~13 岁）曾与他的家人住在这里。这里另一位杰出的居民是作家马克·吐温，他曾在草坪上的板栗树上造了一座树屋。

该中心旨在连接游客与大自然，不仅依靠提供迷人的景色，还通过一系列不同的花园、三个温室，还有以自然为主题的展品。波浪小丘全年都会举办很棒的艺术工作坊，主要面向孩子。

游客须知

- **地址：** West 249th St at Independence Ave, Bronx，10471；718 549 3200; www.wavehill.org
- **火车：** 乘坐北方铁路到 Riverdales 站，然后乘免费的波浪小丘巴士；9:45~15:45 每小时一班。**地铁：** 1 线到 Van Cortlandt Park–242nd St，然后乘免费的波浪小丘巴士
- **营业时间：** 4 月中 ~10 月中：周二至周日 9:00~17:30；10 月中 ~4 月中：周二至周日 9:00~16:30
- **价格：** 24~32 美元，2 岁以下免费；11~4 月、7 月和 8 月：周二免费；5、6、9 和 10 月：周二及全年周六的 9:00~ 中午免费
- **导游导览：** 免费的花园和温室参观：周日 14:00。花园和温室团体参观必须提前预订
- **年龄范围：** 不限
- **活动：** 全年周末早晨举办艺术工作室
- **预留时间：** 2 小时
- **餐饮：** **小吃：** The Wave Hill Café（波浪小丘内）提供清淡的饭菜和点心。**正餐：** Riverdale Greentree（5693 Riverdale Ave, Bronx，10471；718 601 2572）供应主菜。
- **卫生间：** 位于帕金斯游客中心和波浪小丘之屋

一家人正在参与波浪小丘屋里的艺术和手工艺项目

从城市岛屿望向长岛海峡

休闲放松

在**帕金斯游客中心**（Perkins Visitor Center）停留一下，这里是波浪小丘商店的所在地，出售充满趣味性和教育性的玩具、书籍、珠宝和配饰，还有手工艺术和工艺品、陶瓷、园艺产品，甚至现场采摘的蜂蜜。别忘了去看看艺术家玛丽亚·卡尔曼多彩的壁画。

④ 城市岛屿
City Island

游艇码头和海鲜餐馆

这个小岛是布朗克斯区的一部分，这里散发的小镇魅力、新鲜的海鲜以及海洋的气息是纽约其他地方都无法比拟的。小岛是修帆工、采买人、渔民和造船厂的家，而且自从1761年欧洲人在此定居之后，就在海防中扮演着重要角色。

在城市岛屿历史协会（City Island Historical Society）和航海博物馆（Nautical Museum）（190 Fordham Rd，10464），可以探索岛上的过去。参观现在的小岛最好的方式就是沿着岛上的主路——城市岛屿大道（City Island Ave）步行。除了商店、海鲜餐馆和游艇码头，还有一排排的迷人房屋。游客还可以租一艘渔船跳上去，甚至雇用一艘属于自己的船，开进海里试试手气。

休闲放松

在**P.S.175航海主题游乐场**（200 City Island Ave, Bronx, 10464; 718 885 1093）放松一下，孩子们可以在锚形喷泉附近嬉戏，或是驾驶一艘模型船；更小的孩子可以玩秋千。

游客须知

地铁：6 线到 Pelham Bay Park，后乘坐 Bx29 路公交车抵达

年龄范围：不限

活动：从 Jack's Bait and Tackle 租一艘渔船；周末租金每小时 70 美元；www.jacksbaitandtackle.com

预留时间：4 小时

餐饮：小吃：Sugar and Spice（536 City Island Ave, City Island, Bronx，10464；718 885 9229）供应早餐和早午餐。**正餐：**Sammy's Fish Box（41 City Island Ave, City Island, Bronx，10464；718 885 0920）提供海鲜和免费儿童餐。

卫生间：位于不同的餐馆内

城市岛屿大道两边林立的特色商店和餐馆

儿童专栏

找一找……

1. 据说美国作家埃德加·爱伦·坡在小说中创造了第一个侦探角色——奥古斯特·杜宾，请说出他最先是在哪部小说中出现的。
2. 艾伦·坡一生中的大部分时间都在巴尔的摩、费城和纽约等大城市里做报社编辑。那么，为什么他选择布朗克斯度过生命中的最后一段时光？
3. 在波浪小丘之屋的草坪上，一位著名的作家造了一个树屋。你知道他的名字吗？
4. 西奥多·罗斯福是美国第26任总统。你知道以他的名字命名的儿童玩具是什么吗？

答案见本页最下角

鹦鹉品种

在城市岛屿试着找找绿鹦鹉（Monk Parrot）。这种鸟最初是作为宠物从南美洲引进的，现在已经适应了这里的气候，可在野外繁殖。

胜利大狂欢

在著名的美洲杯帆船赛（Americas Cup）里，许多帆船——无论是参与者还是获奖者，都是在城市岛屿的Minneford船坞里建造的，这里现在也是比赛的合作码头。

以答案：1.《莫格街谋杀案》。2.他带着他的妻子一起来到这里，希望能治好她的肺结核。3.马克·吐温。4.泰迪熊。

野餐：20 美元以下；**小吃：**20~35 美元；**正餐：**35~70 美元；**家庭聚餐：**70 美元以上（以一个四口之家为基准）

布朗克斯动物园及周边

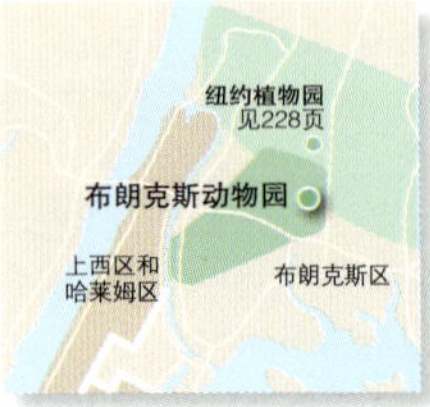

布朗克斯动物园里延伸的自然带和其周围大片住宅区的对比很明显，但是也不算太突兀。不过，在规划去动物园以及其他布朗克斯南部的行程时还是要仔细，因为城镇的这部分地区缺乏一些基础设施，比如出租车。动物园及其周围的餐饮点选择不多，但在不远处就是布朗克斯的小意大利了，那里有许多很棒的餐馆，是享用午餐或晚餐的理想选择。

乔伊斯 - 基尔默公园，沿着大广场街

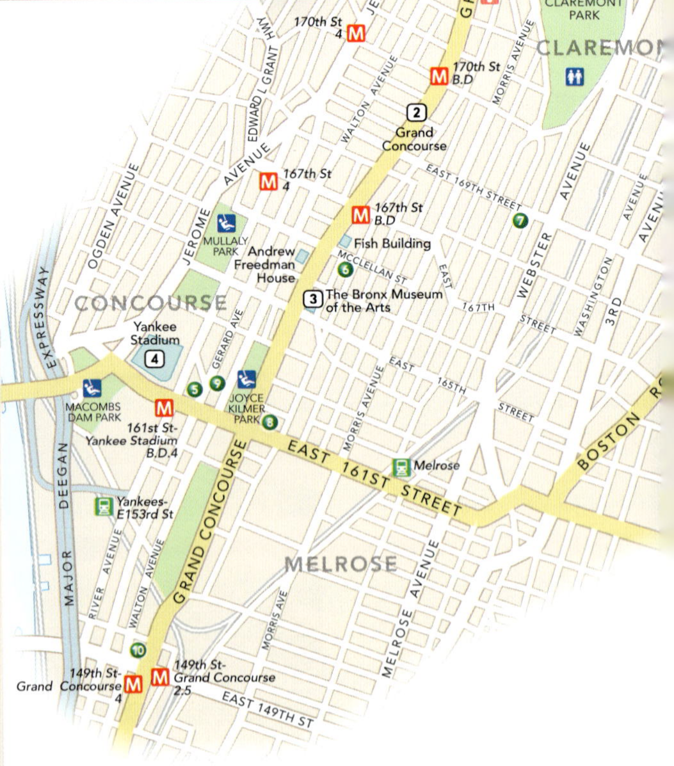

地图示意

景点

1. 布朗克斯动物园
2. 大广场街
3. 布朗克斯艺术博物馆
4. 洋基体育场

餐饮点

1. Pioneer Supermarket
2. Dancing Crane Caf é
3. Dominick's
4. Roberto Restaurant
5. Crown Donut Restaurant
6. Papaye
7. Jimmy's Luncheonette
8. Z' Novia
9. Feeding Tree
10. G · Bar

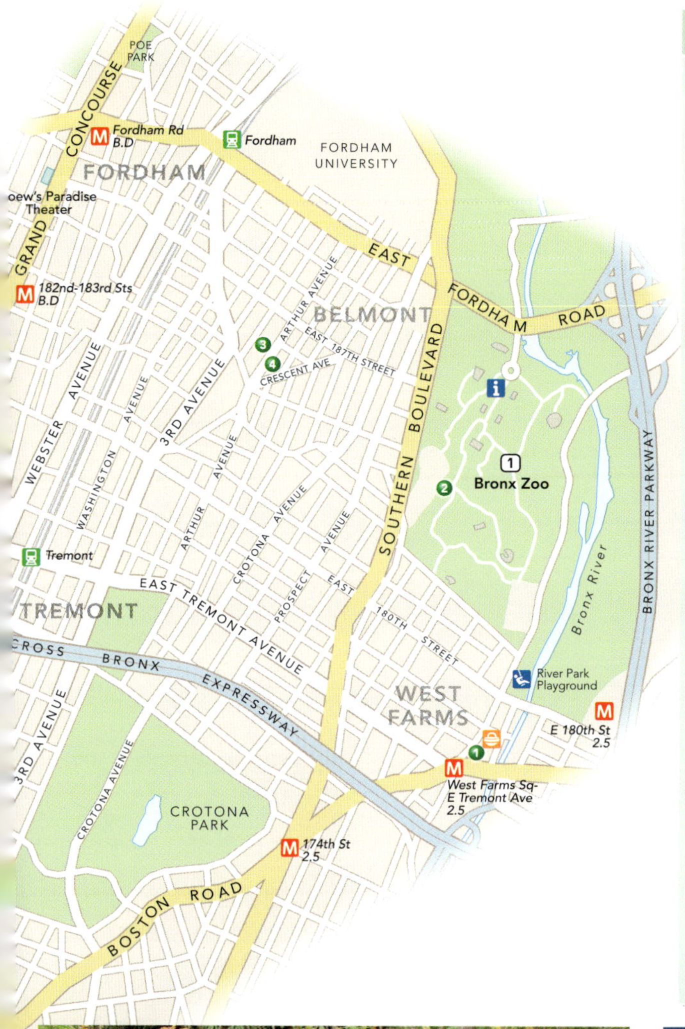

游客须知

地铁：B、D 和 4 线到大广场街沿线的车站；2、5 线到 Bronx Zoo。**公交车：**BxM11、Bx1、Bx2 和 BxM4A

游客信息：纽约市旅游会展局（810 Seventh Ave，10019；212 484 1200；www.nycgo.com）

超市：Pioneer Supermarket（2044 Boston Rd, Bronx,10460；718 378 5007）

市场：坡公园（between Grand Concourse & 192nd St,Bronx,10462，10462；7~10 月：周二 8:00~14:00）。布朗克斯市政大厅绿色市场（between Grand Concourse & 161st St, Bronx, 10451；6 月 ~ 12 月中旬：周二 8:00~18:00）

节日：布朗克斯河节（6 月中旬）。65 英里环布朗克斯自行车赛（10 月）：www.tourdebronx.org）

药店：Rite Aid（1540 Grand Concourse, Bronx, 10457；718 731 8733；周一至周五 9:00~20:00，周六 9:00~18:00，周日 10:00~17:00）。

最近的游乐场：滨河公园游乐场（见 237 页）。乔伊斯－基尔默公园（见 238 页）。穆拉里公园（见 239 页）。麦康柏斯丹公园（见 239 页）。

西伯利亚虎生活在一片重建的林地里，布朗克斯动物园

布朗克斯艺术博物馆的入口，一个文化地标

① 布朗克斯动物园 Bronx Zoo

刚果大猩猩和发声蟑螂

布朗克斯动物园是美国最大的城市动物园，于 1899 年向公众开放。它由野生生物保护学会运营，是 4000 只动物的家园，包括了约 650 个物种，其中大部分生活在没有隔离圈的环境里。在这里的特色展区里，游客可以和西伯利亚虎及西部的低地大猩猩近距离接触，还可以乘坐列车穿越一系列的亚洲动物栖息地。

在动物园里骑骆驼

Star Attractions

① 刚果大猩猩森林（Congo Gorilla Forest）：沿着它们的栖息地有玻璃的通道，穿行在这里可以更近距离地接近大猩猩。

亚洲门（Asia Gate）入口

② 儿童动物园（Children' s Zoo）：孩子们可以喂山羊，爬到鸟窝处，参观臭鼬、狐狸和猫头鹰。

③ 马达加斯加！（Madagascar!）：尼罗河鳄鱼、发声蟑螂与凶猛的马岛獴及 4 种狐猴共享这片空间，它们滑稽的动作也十分迷人。

④ 虎山（Tiger Mountain）：这片展区重建了俄罗斯东部的西伯利亚虎栖息地，这里只有一层厚厚的玻璃墙，将游客和这些斑斓的大猫分隔开来。

⑤ 喜马拉雅高地（Himalayan Highlands）：在这片模拟的山区里，找找神秘的小熊猫、白枕鹤和濒临灭绝的雪豹。

⑥ 非洲平原（African Plains）：这片再造的非洲大草原幅员辽阔，有露天的围墙，里面住着非洲野狗、猎豹、细纹斑马、长颈鹿和一群狮子。

⑦ 野生亚洲列车（Wild Asia Monorail）：乘坐列车穿越动物园的东亚栖息地，寻找大象和普氏野马。

⑧ 丛林世界（Jungle World）：在这片热带雨林中，千万不要错过濒危的熊狸，以及一片生活着水獭和长臂猿的水陆展区。

游客须知

地址： 2300 Southern Blvd, Bronx, 10460；718 220 5197；www.bronxzoo.com

地铁： 2、5 线到 West Farms Sq–E. Tremont Ave。

营业时间： 每天；儿童动物园和非洲平原：4~10 月

价格： 56~66 美元；有些景点单收门票；周三可任意付费

购票及入场提示： 可以提前在动物园网站上买票来避免排长队，尤其是在夏季的周末

导游导览： 有

年龄范围： 不限

活动： 野生亚洲列车行，5~10 月。喂食活动：海狮 11:00 和 15:00、企鹅 15:30；大猩猩训练，每天 14:30；骑骆驼；旋转木虫（Bug Carousel，昆虫造型的木马）；食蜂鸟进餐：每天 14:45 在“鸟类世界”展区举行，鸟会进食活的蟋蟀，孩子们可以和动物园管理员聊天。

游览时间 :3~5 小时

轮椅通道 : 有

咖啡厅： Dancing Crane Café（见 237 页）；到了暖和的季节，动物园会随处开放更多的咖啡馆和货摊。

商店： 布朗克斯动物园商店；动物园里也分散着一些小摊点。

卫生间： 位于 Dancing Crane Café 咖啡馆里，以及丛林世界和马达加斯加！展区附近。

参观价值

尽管票价比较贵，这个动物园是家庭必来的一个景点，因为这里有很棒的动物栖息地，以及丰富的展区。

价格以一个四口之家为基准

休闲放松

在亚洲门的入口南边仅一个街区的距离，就是**滨河公园游乐场**（River Park Playground）（corner of East 180th St & Boston Rd, Bronx, 10460），是一个很好的游玩地点。

供攀登的金属绳蜘蛛网，滨河公园游乐场

餐饮信息

野餐：20 美元以下；小吃：20~35 美元；正餐：35~70 美元；家庭聚餐：70 美元以上（以一个四口之家为基准）

野餐：Pioneer Supermarket（2044 Boston Rd, Bronx, 10460; 718 378 5007）挨着西农广场（West Farms Square）地铁站，出售水果、饮料和熟食。滨河公园有野餐区域，以及公用的烧烤区。

小吃：Dancing Crane Café（2300 Southern Blvd, Bronx Zoo, Bronx, 10460; 718 220 5197）能提供相当不错的汉堡、热狗、炸薯条、沙拉和饮料。

正餐：Dominick's（2335 Arthur Ave, Bronx, 10458; 718 733 2807）是一个社区餐馆，纽约人将其称作城市真正的"小意大利"，可提供大部分意大利家庭式食品。

家庭餐：Roberto Restaurant（603 Crescent Ave, Bronx, 10458; 718 733 9503）是一个典型的意大利餐馆，其乡村魅力和奢华的烹饪值得体验。这里的特色包括自制面食、开胃小菜和小牛肉菜。

更多信息

网络：动物园的互动网站 www.bronxzoo.com 提供视频和播客下载及观看，让游客能够预览展品，了解有趣的动物事实以及动物园的喂养时间等信息。

电影：吉姆·诺克斯的《布朗克斯动物园的野生动物之旅》是一部面向儿童的野生动物纪录片，记录了一次布朗克斯动物园之旅，突出展示了"刚果大猩猩森林"展区里的低地大猩猩，这里是世界上最好的大型灵长类动物栖息地之一。

洛克菲勒玫瑰园，纽约植物园

室内景点

整个动物园有很多的室内区域，包括"老鼠馆"，里面有各种形状和大小的啮齿类动物，还有迷人的"爬行动物世界"及让人眼花缭乱的"鸟类世界"。

Roberto Restaurant 餐馆质朴且舒适的室内环境

下一站……

纽约植物园：布朗克斯动物园的宏伟邻居——纽约植物园（见 230~231 页）里到处都是花和动物群，不过最好在另外一天来参观，因为这两个景点可看的东西都太多了，而且需要大量的步行才能完成。

儿童专栏

找一找……

1. 在喜马拉雅高地展区中居住着世界上最濒危的动物之一。它叫什么名字？
2. 正如你在马达加斯加！展区中看到的，有许多动物只存在于马达加斯加岛上，而在世界上其他地方都是没有的。你觉得这是什么原因造成的？
3. 如果你幸运地赶上了老虎训练环节，你可能会看到这些动物玩玩具，以及努力找到它们的食物。你认为动物园这样做的目的是什么？

答案见本页最下角

毛茸茸的真相

布朗克斯动物园喜马拉雅展区中的小熊猫与黑白相间的大熊猫没有任何关系，它们最近的亲戚其实是浣熊。

野马

普氏野马（Przewalski's horses）是唯一存活的真正的野生马科物种，与驯养马匹是不同的。它们以俄罗斯地理学家和探险家尼古拉·普热瓦利斯基命名，原产于中亚的大草原，身材矮小而粗壮，腿比较短。

答案：1. 雪豹。2. 马达加斯加数百万年前从非洲分割出来，形成了其独特的生态和物种，已经在隔离的状态下独立发展。3. 这样做的目的是让老虎保持运动，以及刺激它们的神经。

② 大广场街

Grand Concourse

装饰艺术珍宝和非凡的大堂

大广场街真是名副其实，这条8千米长的林荫大道从第138街一直延伸到布朗克斯的北端，是由路易斯·里瑟在1892年设计了巴黎的香榭丽舍大道之后设计的，并于1906年通行。

纽约的一部分最独特的装饰艺术风格公寓大楼和住宅都是在大广场街的鼎盛期建在这里的，时间是在20世纪20~40年代。在布朗克斯艺术博物馆的对面，就是这条林荫大道上最宏伟的建筑：**安德鲁·弗里德曼楼**（Andrew Freedman House），这栋1924年的石灰岩豪宅曾是一个地铁承包商百万富翁的家。他捐出了自己的大部分遗产，为贫穷的老人们在楼里建了一个家，今天已经成为一个社会服务机构的办公点。再向北两个街区的麦克莱兰广场（McClelland Place）拐角处，就是**大广场街1150号**（1150 Grand Concourse）了，这是一个通常被称为"鱼楼"的公寓，因为其入口处有以海洋为主题的镶嵌图案。重新修复的大堂也值得一看，它有着水磨石地板、田园壁画和引人注目的电梯门。

游客须知

地址： Grand Concourse, Bronx, between 138th St & Mosholu Parkway

地铁： B、D和4线到167th St。**公交车：** Bx1、Bx2和BxM4

年龄范围： 不限

预留时间： 1小时

餐饮：小吃： Crown Diner（79 East 161st St, 10452;718 538 0309）十分有名，提供标准的早餐和午餐，如煎蛋、蛋奶烘饼和汉堡，不过只接受现金。**正餐：** Papaye（196 McClellan St, 10456; 718 681 3240）提供真宗的加纳菜，包括鱼、汤、木薯为原料的fufu（厚淀粉糊）和omo tuo（熟米饭捏成的球）。

卫生间： 位于布朗克斯艺术博物馆内

乔伊斯－基尔默公园的罗蕾莱喷泉公园

洛伊天堂影院（Loew's Paradise Theater）值得一看，它位于大广场街2403号，在188街附近，曾经是纽约市最大的电影院。

休闲放松

乔伊斯－基尔默公园（Joyce Kilmer Park）（between East 161st St & 164th St, Bronx, 10452） 孩子们可以找到路易斯·J.海因茨的雕像，就是他倡导修建了大广场街，还有罗蕾莱喷泉（Lorelei Fountain），用以纪念德国诗人海因里希·海涅。此外，公园里还有一个游乐场。

③ 布朗克斯艺术博物馆

The Bronx Museum of the Arts

令人惊叹的建筑和艺术

这个博物馆自称为"布朗克斯区的旗舰文化机构"可谓实质名归，因为在这个区，没有其他地方像它一样与周围环境紧密关联。其侧重点是与这片地区相关的当代艺术，所有展品都是暂时的，这也让博物馆有着动态的活力。

布朗克斯艺术博物馆的当代艺术展示画廊

博物馆虽然成立于1971年，但一直没有自己的地方，直到1982年纽约市买下一座以前的犹太教堂后，它才搬了过去。2006年，这里新添加了一个绝妙的扩展，由新锐建筑公司Arquitectonica设计，

游客须知

地址： 1040 Grand Concourse, Bronx, 10456;718 681 6000; www.bronxmuseum.org

地铁： B、D线到167th St。**公交车：** Bx1、Bx2和BxM4

营业时间： 周四、周六和周日：11:00~18:00；周五：11:00~20:00

价格： 16~26美元；12岁以下免费

导游导览： 需要预订。在每月的第一个周三，布朗克斯文化电车会在南布朗克斯的各个艺术热点区免费搭乘游客，包括布朗克斯艺术博物馆（1月和9月除外）。电车可以随时上下。www.bronxarts.org。

年龄范围： 5岁以上

活动： 定期的家庭活动包括系列表演、博物馆参观以及面向5~11岁小孩和其监护人的手工艺术工作坊；浏览博物馆的网站查询详情。

预留时间： 1小时

轮椅通道： 有

餐饮：小吃： Jimmy's Luncheonette（392 East 169th St, 10456）提供美味的烧烤排骨和炸鸡。**正餐：** Z'Novia（888B Grand Concourse at 161st St, 10451;718 585 5550）供应精致的灵魂菜，距离洋基体育场只有两个街区。

卫生间： 北翼和南翼楼的每层均有

全部由玻璃和钢材料构成，看起来像一个匆忙叠起来的折纸工艺品。令人兴奋的当代艺术、周五晚上的免费爵士乐表演，以及面向家庭的定期节日，吸引着人们。

休闲放松

穆拉里公园（Mullaly Park）（jerome Ave to River Ave, between 164th St & McClellan St, Bronx, 10452）根据人称布朗克斯公园系统之父的约翰·穆拉里命名，有滑板公园、喷水区、游戏场、溜冰场、足球场和篮球场等。

4 洋基体育场

Yankee Stadium

棒球迷们的最爱

原来的洋基体育场于1923年开业，但洋基队的已故老板乔治·斯坦布伦纳无论如何都想要一个新的体育场。他的愿望随着2009年新体育馆的开张而得以实现，距离旧馆仅一箭之遥。可能的话，一定要在这里看一场比赛，会是一次激动人心的经历。如果条件不允许，那就来一次参观，包括洋基俱乐部、向退休队员致敬的纪念碑公园，还有洋基博物馆。

休闲放松

麦康柏斯丹公园（Macombs Dam Park）（between Jerome Ave & Major Deegan Expressway, Bronx, 11102）为了给新的洋基体育场腾出位置，进行了搬迁和重建，这里有一个足球场，还有采用先进高科技的跑道。另外，这里也是进行赛前野餐的理想场所。

游客须知

地址： River Ave at 161 St, Bronx, 10451；718 293 4300；www.yankees.com

地铁： B、D 和 4 线到 161st St–Yankee Stadium。**公交车：** Bx6 和 Bx13

营业时间： 不固定（5~10月）

价格： 看一场球赛 300~1300 美元

购票及入场提示： 在 www.yankees.com 上购买比赛或者参观门票

导游导览： 经典旅游线路每 20 分钟出发一趟；成人票 20 美元；15 岁以下 15 美元

年龄范围： 不限

预留时间： 不包括比赛 1 小时；看比赛 3~4 小时

轮椅通道： 有

餐饮： **正餐：** Feeding Tree（892 Gerard Ave，10452；718 293 5025）是一家加勒比风味餐馆，其特色是混蛋鸡、山羊炖肉和海鲜类食物。**家庭餐：** G·Bar（579 Grand Concourse，10451；718 402 6996）提供早午餐、午餐，晚餐还会有新鲜的海鲜及意大利面食。

卫生间： 位于体育场内

儿童专栏

找一找……

1. 大广场街的一栋建筑被称为“鱼楼”，因为其入口处以海洋为主题的设计。它所采用的艺术形式叫什么？
2. 大广场街的许多房屋和公寓楼，是以装饰艺术风格建造的（大胆、几何化的设计，包含程式化的民族细节）。纽约市还有一处建筑采用了这种风格，是什么地方？
3. “球壁”位于哪里，它是以什么而出名的？

答案见本页最下角

伟大的管风琴

洛伊天堂影院是建于 20 世纪 20 年代的 5 个所谓“奇迹电影院”之一。它们是根据“奇迹”风琴命名的，在无声电影时代，这种风琴被用来提供音轨。

地基的争夺战

在建设新洋基体育场期间，一名建筑工人是洋基队宿敌——波士顿红袜队的球迷，他在游客休息区下边埋了一件红袜队的球衣，想以此带来好运气。后来，他被迫从地下将其挖了出来。

答案：1 这种艺术形式被称为马赛克。2 克莱斯勒大厦、帝国大厦和洛克菲勒中心。3 洋基体育场。墙上展示了有着洋基队过去和现在队员签名的棒球。

洋基体育场里、爆满的棒球比赛

纽约住宿信息

纽约为家庭游客提供了多种住宿选择，包括经济型、豪华型和亲切的精品酒店，以及各式各样附带家具的公寓——它们更适合长期居住在这个城市的游客们。很多酒店都欢迎孩子入住，并为家庭提供特别服务。

旅行社

Abode Apartment Rentals
www.abodenyc.com

Manhattan Getaways
212 956 2010; www.manhattangetaways.com

以上两家都为短期旅行提供带家具的公寓，从小的工作室到三卧室套房不等，还为家庭提供自行做饭的便利设施。

Ritz-Carlton Battery Park 酒店高雅的餐厅

下城区：曼哈顿下城

酒店

Best Western Seaport Inn Map 2 F3
33 Peck Slip, 10038; 212 766 6600; www.seaportinn.com; **地铁：**2、3 号线

这家拥有 72 间房的酒店位于南街海港附近，提供免费早餐和免费 Wi-Fi，还有一个 24 小时的健身房。12 岁及以下的儿童可以免费住在父母的房间里。露台客房拥有冲浪浴缸，还能看到布鲁克林大桥的壮丽风景。

$-$$

Cosmopolitan Hotel Map 1 C2
95 West Broadway, 10007; 212 566 1900; www.cosmohotel.com; **地铁：**A、C、1、2、3 号线

作为全市最古老的酒店之一，Cosmopolitan 没有什么花哨的东西，但其装修很现代化，而且非常干净，性价比很高。它位于繁华的 Tribeca 街角，是探索下城区的理想住地，同时也可以方便地乘地铁前往上城区。

P $

Double Tree Financial District Map 1 D5
8 Stone St, 10013; 212 480 9100; www.doubletree1.hilton.com; **地铁：**R、4、5 号线

这家 44 层的下城区高楼于 2010 年开业，拥有全套的酒店服务设施，房间里还有平板电视和 MP3 播放器。家庭住宿可以选择双人标间，或者带有沙发床的普通套房。在儿童选单中，还可以使用婴儿床和高脚椅。

$$-$$$

Duane Street Hotel Map 1 C2
130 Duane St, 10013; 212 964 4600; www.duanestreethotel.com; **地铁：**A、C、1、2、3 号线

用“简单主义”来形容这家干净、亲切的 45 间房的酒店再贴切不过了。前台有图书馆，欢迎孩子们去借阅书籍。房间都很吸引人，包括 CD 播放器、iPod 面板和免费 Wi-Fi。酒店还可以免费借用 iPad。

$$

New York Marriott Downtown Map 1 C4
85 West St, 10006; 212 385 4900; www.marriott.com; **地铁：**R 线和 1 号线

这家时髦的高层酒店拥有 487 间客房，费用远远低于中城区水平，尤其是在商务旅客较少的周末。酒店提供许多设施，包括保险箱、Wi-Fi、健身中心，还有夜床服务。街道对面就是世界金融中心的商店、餐馆和河流露台，此外，附近的地铁也方便游客前往上城区。

$$

The Wall Street Inn Map 1 D5
9 South William St, 10004; 212 747 1500; www.thewallstreetinn.com; **地铁：**R 线

如果不想选择标准的市中心高层酒店，那么这家温馨的酒店性价比很高，它拥有 46 间客房，采用典型的早期美国装修。房间不是很大，但是装修很不错，提供小冰箱。有免费的欧式早餐。

$$

Millennium Hilton Map 1 C3
55 Church St, 10007; 212 693 2001; www1.hilton.com; **地铁：**R、E 和 4 号线

一个能够俯瞰整座城市的室内恒温游泳池是选择这家酒店的最好理由，它拥有 565 间客房。设施包括大型等离子电视和健身中心。客房服务提供儿童选项。号称可以步行到达 17 座博物馆及地标。

$$$

The Ritz-Carlton, Battery Park Map 1 C5
2 West St, 10004; 212 344 0800; www.ritzcarlton.com; **地铁：**4、5 号线

这家豪华酒店为小客人们准备了泰迪熊、彩画书和儿童指南。

Millenium Hilton 的一间客房，能看到曼哈顿中城区的美妙景色

位置就在河滨公园的街对面，为孩子们提供了活动的空间。唯一的不足是距离地铁站比较远。

$$$

下城区：切尔西、肉类加工区和格拉梅西公园

家庭旅馆

Inn on 23rd

131 West 23rd St, between Sixth Ave & Seventh Ave, 10011; 212 463 0330; www.innon23rd.com; 地铁：F、M 和 1 号线

这家整修过的 19 世纪联排别墅拥有乡村客栈应该提供的所有设施，早餐在其舒适的图书室内提供。共有 13 间迷人的客房，每间最多容纳 3 人；也可以选择套房。每间客房都有独立卫生间和免费 Wi-Fi。

$-$$$

酒店

Chelsea Lodge Map 8 E6

318 West 20th St, between Eighth Ave & Ninth Ave, 10011; 212 243 4499; www.chelsealodge.com; 地铁：C、E 和 1 号线

一座改造过的砖结构联排别墅，拥有 26 个房间以及令人愉快的装饰，是一个不错的经济型选择。紧凑的卧室里有一张双人床，外加洗脸池和淋浴，楼下大厅里有公共卫生间。注意这里没有电梯。

$

Hotel 17 Map 9 C6

225 East 17th St, between Second Ave & Third Ave, 10003; 212 475 2845; www.hotel17ny.com; 地铁：L、N、Q、R、4、5、6 号线

这个基础级酒店有 135 个房间，是一个经济型的选择，与东村的联合广场、格拉梅西公园之间仅有很短的步行距离。房间朴素，但十分整洁。楼下的大厅里有公用卫生间。

$

Larchmont Hotel Map 4 F2

27 West 11th St, between Fifth Ave & Sixth Ave, 10011; 212 989 9333; www.larchmonthotel.com; 地铁：F、M 线

尽管空间和设计不算突出，这家酒店在格林尼治村占据了很好的地理位置。家庭套房提供私人浴室和欧式早餐。

$

W New York – Union Square Map 9 A6

201 Park Ave South, between 17th St & 18th St, 10003; 212 253 9119; www.whotels.com; 地铁：L、N、Q、4、5、6 号线

一座建于 1911 年的地标美术大楼变成了一家时尚的现代酒店，坐落在联合广场的众多景点和地铁线旁。客房配有枕头、床垫和睡袍，DVD 播放机还配了许多电影。

$$-$$$

Hotel Gansevoort Map 3 D1

18 Ninth Ave at 13th St, 10014; 212 206 6700; www.hotelgansevoort.com; 地铁：A、C、E 和 L 线

作为一处时尚的住所，这家豪华酒店欢迎家庭和其他客人一起享受屋顶的游泳池。这里为孩子们提供

肉类加工区 Hotel Gansevoort 酒店里一间舒适的客房

Wii 游戏机、游戏魔方和任天堂视频游戏，以及一个装满了零食的午餐盒，晚安前还会送一个纸杯蛋糕。

P $$$

Gramercy Park Hotel Map 9 B5

2 Lexington Ave, between 21st St & 22nd St, 10010; 212 920 3300; www.gramercyparkhotel.com; 地铁：6 号线

这家经典酒店可以追溯到 1924 年，折衷主义和优雅是对其最贴切的描述。酒店内饰充满了艺术品、大吊灯、挂毯装饰和天鹅绒窗帘，采用文艺复兴风格的深红加蓝色的配色方案。客房很宽敞，客人们拥有钥匙，可以进入令人愉悦的私人格拉梅西公园，就在酒店外边。

$$$

Standard Map 3 C1

848 Washington St at 13th St, 10014; 212 645 4646; www.standardhotels.com; 地铁：A、C、E 和 L 线

这家超现代的酒店围在高线公园两边，拥有玻璃幕墙的房间，可以方便地到达该区域的餐饮和夜生活场地。不过，这里更适合年龄稍大点的孩子。规定每间客房最多能住 3 个人。

$$$

下城区：下东区

民宿

East Village Bed & Coffee Map 5 D2

110 Ave C, 10009; 917 816 0071; www.bedandcoffee.com; 地铁：L 线

这家经济划算的民宿（没有早餐）没有私人浴室，不过其 10 间客房中的两间可以容纳 3~4 人。每层楼都会为客人们提供一个设备齐全的厨房，外加一台电脑，配有高速互联网接入和一台打印机。可应要求提供婴儿床和婴儿车。

$

酒店

Off SoHo Suites Map 5 B5

11 rivington St, 10002; 212 979 9815; www.offsoho.com; 地铁：F、J 线

这家位于时尚地理位置的酒店不大，但很舒适，为四口之家提供两室的套房，外加设施齐全的厨房。卧室里配有单人床或双人床，客厅里有双人沙发床。距离下东区最好的艺术景点和餐馆仅几步之遥。

$-$$

St. Marks Hotel Map 4 H2

2 St. Marks Place, 10003; 212 674 0100; www.stmarkshotel.net; 地铁：6 号线

这家干净的酒店没什么装饰，也没有电梯，提供带私人浴室的便宜客房。距离地铁仅一个街区。

$

The Gem Hotel SoHo Map 5 B4

135 East Houston St, 10002; 212 358 8844; www.thegemhotel.com; 地铁：F 线

这家经济划算的酒店位于东村和时尚的下东区边缘，拥有 45 间客房。房间很普通，但配备了微波炉、咖啡机、冰箱、枕头、床垫、睡袍、高档的 Gilchrist & Soames

价格指南

下面的价格范围是根据四口之家在旺季时一晚的住宿得出来的，包含服务费和其他附加税费。

$ 250 美元以下；$$ 250~400 美元；$$$ 400 美元以上

图标含义见封底勒口

品牌洗浴用品，以及免费 Wi-Fi 和平板液晶电视。

$

Cooper Square Hotel
Map 5 A3

25 Cooper Square at Bowery, 10003；212 475 5700；www.thecoopersquarehotel.com；**地铁**：6 号线

这是充满变化的包厘街（Bowery）上一个时尚的21层新店，共有 145 间客房，由超薄玻璃构成，装饰着超现代化的家具。其特色包括一个漂亮的花园和一个带壁炉的图书馆。提供的设施包括免费 Wi-Fi 和健身房，还有购物助理服务。大堂里有电脑供客人使用，还有定制的 iPod。房间看出去的景色很美妙。

$$

Hotel on Rivington
Map 5 C4

107 Rivington St, 10002；212 475 2600；www.hotelonrivington.com；**地铁**：F、J、M 和 Z 线

这座前沿的 21 层塔楼是变化中的下东区一个明显的标志，客房的特点是从底层到天花板的玻璃幕墙都能看到壮观的景色。孩子们同样会喜欢玻璃封闭的浴室、蒸汽淋浴和浴缸。另外，东村、小意大利和唐人街都位于附近。

$$

Blue Moon
Map 5 C5

100 Orchard St, 10002；212 533 9080；www.bluemoon-nyc.com；**地铁**：F、J、M 和 Z 线

这座拥有 22 间客房的精品酒店由 19 世纪的公寓改造而来，新旧交融，精美优雅。宽敞的房间都是以 20 世纪 20~30 年代的名人命名的，包括有着高天花板的家庭房，提供一张双人大床和一张带滚轮的沙发床。提供免费 Wi-Fi 和欧式早餐。所有客房都配有 iPod 基座。

$$$

Bowery Hotel
Map 5 A3

335 Bowery, 10003；212 505 9100；www.theboweryhotel.com；**地铁**：F 和 6 号线

这家时尚酒店的设计理念是融入老居民区，大堂装饰有复古别致的家具，门廊对面是绿色的草坪。房间通风很好，装有落地窗。每间房最多只能住两人。另外，这里还有健身中心和水疗中心。

$$$

中城区：东区

酒店

Carlton Arms
Map 9 B5

160 East 25th St, 10010；212 679 0680；www.carltonarms.com；**地铁**：6 号线

如果入住这里，那就对艺术抱有更多的期待，别对设施和服务奢求太多。52 间客房里充满了不同艺术家五颜六色的作品。客房比较简单，没有电视和电话，最便宜的不提供私人浴室。这是一个经济型酒店，但它拥有足够的气氛。

$

Gershwin Hotel
Map 9 A4

7 East 27th St, between Fifth Ave & Madison Ave, 10016；212 545 8000；www.gershwinhotel.com；**地铁**：N、R 线

Gershwin 是一家色彩丰富的老式别致的经济型酒店，有古怪的主题客房和家庭套房。装有上下铺床的房间里能睡4个人，带一个公共浴室。

$-$$

Hotel on Rivington 酒店的餐厅能够欣赏到美妙的城市风景

Hotel Giraffe，公园大道南一家时尚的精品酒店

Hotel Thirty-Thirty
Map 9 A4

30 East 30th St, between Madison Ave & Park Ave, 10016；212 689 1900；www.thirtythirty-nyc.com；**地铁**：6 号线

这里的房间大小和形状各不相同，但都非常舒适，配备了现代化的家具和私人浴室，是游览中城区的极佳基地。这里的设施有电视机、电熨斗和每日报纸。酒店会经常在其网站上列出特价房，连续入住 5 晚或以上可享优惠折扣。

$-$$

Ramada Eastside
Map 9 B4

161 Lexington Ave, 10016；212 545 1800；www.applecorehotels.com/ramada-eastside；**地铁**：6 号线

这座 12 层高的酒店拥有 101 间客房，是一个很好的经济型选择。房间小了点，且有点过时，但很干净，床也很舒适。提供免费 Wi-Fi 和本地电话，工作日有免费的报纸，房中有平板电视机，可以玩任天堂游戏，还提供免费的欧式早餐。13 岁以下儿童可免费与成人同住。可根据要求提供婴儿床。

$

The Mave
Map 9 A4

62 Madison Ave at 27th St, 10016；212 532 7373；www.themavehotel.com；**地铁**：N、R 和 6 号线

MAVE（麦迪逊大道店）坐落在一个 1902 年左右建的双重斜坡屋顶建筑中，共有 72 间房，空间比较紧张，不过提供欧式早餐和免

费 Wi-Fi。距离麦迪逊广场公园仅一个街区之遥。

\$

Affinia Dumont
Map 9 B3

150 East 34th St, 10016；212 481 7600；www.affinia.com；地铁：6 号线

作为 Affinia 全套房连锁店的一部分，这家酒店十分重视健身。酒店为客人提供了"体验套件"，包括瑜伽、跑步和力量训练，还有一个水疗中心。带有一间卧室的套房十分宽敞，客厅里有沙发床，还提供一个完整的厨房。

\$\$

Affinia Fifty
Map 13 B5

155 East 50th St, 10022；212 751 5710；www.affinia.com；地铁：6 号线

这是另一家提供全套房的酒店，套房包括两个房间、一个用餐区和一个设备齐全的厨房。酒店的位置很方便，附近的地铁和公交车能够轻松到达城市四周。这里有六种枕头供客人选择，从不同级别的过敏枕头到瑞典的记忆海绵枕，都可提供。

\$\$

Affinia Shelburne
Map 9 B2

303 Lexington Ave at 37th St, 10016；电话：212 689 5200；网址：www.affinia.com；地铁：6 号线

Shelburne 经过时尚的改造之后，拥有宽敞的客房与现代化的装饰。房间里没有完整的厨房，但套房会提供配有微波炉和冰箱的茶水间。位于安静的莫里山，以及屋顶的露台，都是住在这里得到的附加享受。

\$\$

Best Western Hospitality House
Map 13 B5

145 East 49th St, between Third Ave & Lexington Ave, 10017；212 753 8781；www.bestwesternnewyork.com；地铁：6 号线

这个重新装修的综合酒店拥有 34 个包括一间或两间卧室的套房，虽然装饰普通，但每间房都提供完整的厨房，外加大量赠品：欧式早餐、市内电话、Wi-Fi 及供客人使用的电脑。此外，还有一个宜人的室外休息区。

\$\$-\$\$\$

New York Palace 的一间套房，包括卧室、客厅和厨房

Courtyard by Marriott Midtown East
Map 13 B5

866 Third Ave at 53rd St, 10022；212 644 1300；www.marriott.com；地铁：E 和 M 线

这个现代化的高层酒店提供蓬松的枕头、优质的床垫、大平板电视、免费高速上网和冰箱等房间设施。最好的家庭客房配有两张大床和一张沙发床。

\$\$

Hotel Giraffe
Map 9 B4

365 Park Ave South at 26th St, 10016；212 685 7700；www.hotelgiraffe.com；地铁：6 号线

酒店明亮且现代化，有一个宽敞温馨的大堂，提供宽敞的房间，配有两张床、DVD 播放机和大屏幕电视。再加上免费的自助早餐和晚间酒和奶酪，这些理由足够让人考虑一下这处位于中城南边的愉快地点。

\$\$

Kimberly Hotel
Map 13 B5

145 East 50th St, between Lexington Ave & Third Ave, 10022；212 702 1600；www.kimberlyhotel.com；地铁：E、M 和 6 号线

酒店的客房价格是平均水平，提供传统装饰的宽敞套房，卧室里有两张加大床，独立的客厅里有一张大号折叠沙发床，外加一个用餐区和一个小厨房（没有灶），部分房间还有阳台。30 层有一个迷人的屋顶酒吧和休息室，此外，酒店客人还可享受任何一家曼哈顿的"New York Health and Racquet Club"的会员服务。

\$\$

Marcel at Gramercy
Map 9 B5

201 East 24th St at Third Ave, 10010；212 696 3800；www.themarcelatgramercy.com；地铁：6 号线

酒店拥有时尚的装饰，10 层有一个用来放松的图书室和客人休息室，那里提供免费早餐。还有一台电脑供客人免费上网。由此很容易步行到达附近的景点，包括熨斗大厦、苏豪区、格林尼治村和切尔西。

\$\$

New York Palace
Map 13 A5

455 Madison ave at 50th St, 10022；212 888 7000；www.newyorkpalace.com；地铁：E 和 M 线

这是一家拥有超大房间的豪华酒店，能为小客人们提供彩色画图本、玩具熊、儿童尺寸的浴袍、拖鞋和 DVD 播放机。还可以根据客人要求提供婴儿爽身粉和乳液、婴儿床和高脚椅。工作日每天有两趟开往百老汇剧院的免费班车。考虑到优雅的环境和各种便利设施，这里不失为一个性价比较高的选择。

\$\$

Roger Smith Hotel
Map 13 B6

501 Lexington Ave, between 47th St & 48th St, 10017；212 755 1400；www.rogersmith.com；地铁：6 号线

酒店主人是一名艺术家，共有 136 间客房，其丰富的艺术和不拘一格的装饰，可以让住惯了连锁酒店的人换换口味，而且房价很合理。客房里都配备了咖啡壶和小冰箱，录像机还有一个内容丰富的免费视频库。

\$\$

图标含义见封底勒口

The InterContinental New York Barclay
Map 13 B6

111 East 48th St, 10017；212 755 5900；www.intercontinentalnybarclay.com；地铁：6 号线

Barclay 是一家建于 20 世纪 20 年代的标志性经典酒店，经过翻新后，变成了一片安静又亲切的绿洲。这里为 American Girl 洋娃娃的粉丝们提供一个独特的礼包，包括一张 DVD、娃娃床纪念品和一个手工制作手镯的慈善工艺品项目。普通套房为家庭提供了舒适的空间，还可以根据要求提供冰箱。现代艺术博物馆就在附近。

$$

70 Park Avenue Hotel
Map 9 B2

70 Park Ave at 38th St, 10016；212 973 2400；www.70parkave.com；地铁：4、5、6 和 7 号线

这家豪华的旅游酒店特别受孩子的欢迎，为他们提供了 KimptonKids 项目，包括一份欢迎礼物、附近儿童活动的列表、卫生间保险锁和夜间照明灯。可应要求提供婴儿床和游戏床。

$$-$$$

Waldorf Astoria
Map 13 B5

301 Park Ave at 50th St, 10022；212 355 3000；www.waldorfastoria.com；地铁：6 号线

Waldorf 酒店是一个标志性的艺术装饰风格建筑，拥有全纽约最宏伟的大堂之一，酒店的 1416 间客房、3 间餐厅和 3 个酒廊占据了一整个街区。住客需要注意的是，在酒店的公共区域不鼓励穿休闲装。所有客房均可高速上网。房间装饰各不相同，跟华丽的大堂相比可能会令人失落，不过这里提供特定的纪念邮戳，以证明你曾经在此入住。

$$-$$$

The Alex Hotel
Map 13 C6

205 East 45th St, between Second Ave & Third Ave, 10017；212 867 5100；www.thealexhotel.com；地铁：4、5、6 和 7 号线

这家酒店的两室套房非常适合家庭入住，有一张大床和一张特大号床、两间浴室、两台电视和 DVD 播放机。每间套房都配备了 Poggenpohl 厨具。可根据要求提供婴儿床。

$$$

Four Seasons Hotel
Map 13 B4

57 East 57th St, between Madison Ave & Park Ave, 10022；212 758 5700；www.fourseasons.com；地铁：N、Q 和 R 线

这家现代化的酒店有 52 层楼，风格简约，同时也很华丽。这里拥有部分全纽约最大的房间和最豪华的浴室，提供包括步入式衣柜、浴室电视、玻璃封闭淋浴间及 60 秒内充满水的浴缸等豪华设施。

$$$

Hotel Elys
Map 13 A5

60 East 54th St, between Madison Ave & Park Ave, 0022；212 753 1066；www.elyseehotel.com；地铁：E、M 线

这家华丽、充满古董的精品酒店以及其传奇的猴子酒吧（Monkey Bar）常常会有名人出没。客房装修很豪华，并配有免费早餐、饼干、新鲜水果，全天提供咖啡和茶，傍晚还有葡萄酒和奶酪。另外，还有免费 Wi-Fi，以及附近健身俱乐部的进入权。

$$$

Four Seasons Hotel 酒店里时尚的大理石大厅

Library Hotel
Map 9 A1

299 Madison Ave at 41st St, 10017；212 983 4500；www.libraryhotel.com；地铁：4、5、6 和 7 号线

这是一家独特的豪华精品酒店，其楼层按照杜威十进制图书分类法分别命名为：技术、哲学和艺术。客人可以享受到免费的欧式早餐和晚间茶点，还可以进入一个摆满书的阅览室、花园，以及一间配有壁炉的作家书房。不过，每间套房只允许最多入住一个儿童。成员更多的家庭，就需要预订连通房了。

$$$

Omni Berkshire Place
Map 13 A5

21 East 52nd St at Madison Ave,10022；212 753 5800；www.omnihotels.com；地铁：E 和 M 线

Omni 酒店提供欢迎孩子们的特殊节目，有一个装满游戏和书籍的背包，以及面向小客人们的服务选项。酒店位于第五大道的商店附近，百老汇也在步行距离之内。

$$$

中城区：西区

家庭旅馆及汽车旅馆

414 Hotel
Map 12 E6

414 West 46th St at Ninth Ave,10036；212 399 0006；www.414hotel.com；地铁：A、C 和 E 线

这家 22 间客房的酒店是这片繁华地区中的一个惊喜，它由两个历史悠久的联排别墅构成，一前一后，中间相隔一个花园庭院。房价内包含了欧式早餐、Wi-Fi、iPod 和 iPhone 播放器，以及大平板电视，升级客房里还有冰箱。记得询问是否提供家庭套餐。

$-$$

Skyline Hotel
Map 11 D5

725 Tenth Ave at 49th St, 10019；212 586 3400；www.skylinehotelny.com；地铁：C 和 E 线

中城区唯一一家为开车旅行的人提供服务的酒店，每天的停车费也不贵。酒店的天际线靠近剧院区，拥有宽敞的客房，在楼顶还有一个大型的室内恒温游泳池。

Hilton Garden Inn 酒店里的一间套房

房间里都配备有冰箱、平板电视和Wi-Fi。酒店位置有点偏西，但是乘坐跨区巴士很方便。

P $

酒店

Comfort Inn Times Square
Map 12 G6

129 West 46th St, between Sixth Ave & Seventh Ave, 10036；212 221 2600；www.applecorehotels.com；**地铁**：B、D、F 和 M 线

这是一个适合家庭入住的经济型酒店，提供一些额外服务，如免费欧式早餐、免费 Wi-Fi 和拨打国内电话，还提供咖啡壶、室内私人保险箱、工作日的报纸、iPod 连接、电影点播，以及任天堂儿童视频游戏。

P $

Edison Hotel
Map 12 F6

228 West 47th St, between Eighth Ave & Broadway, 10036；212 840 5000；www.edisonhotelnyc.com；**地铁**：N、Q 和 R 线

这是一家装饰艺术风格的酒店，拥有充满壁画的大堂，准备长期入住的客人如果想要省钱，一定会喜欢这里。客房虽小，但装饰很典雅，可以选择大床或特大号床，酒店的一些套餐还包含了百老汇门票。这里还有一个健身中心。

$

Hilton Garden Inn Times Square
Map 12 F6

790 Eighth Ave at 50th St, 10019；212 974 0291；www. hiltongardeninn.hilton.com；**地铁**：C 线

这家酒店的优势在于占据了极佳的地理位置，房间也十分舒适。客房都配备有迷你冰箱、咖啡机和微波炉，并提供免费 Wi-Fi。酒店有健身中心、屋顶休息室和一个 24 小时开放的店内小型市场。

$

NYMA, the New York Manhattan Hotel
Map 8 H3

6 West 32nd St, near Fifth Ave, 10001；212 643 7100；www.apple corehotels.com；**地铁**：B、D、M 和 N 线

这家 17 层的酒店拥有 171 间客房，空间比较小，但是在提供福利方面十分慷慨。比如免费欧式早餐、Wi-Fi、免费电话、婴儿床服务，以及一个小型健身中心。13 岁以下儿童可免费与成人同住。方便住客前往附近的梅西百货尽情购物。

$

Salisbury Hotel
Map 12 G4

123 West 57th St, 10019；212 246 1300；www.nycsalisbury.com；**地铁**：F、N、Q 和 R 线

酒店没什么特别的地方，但其地理位置是一流的。宽敞的房间里都设有私人浴室，很多房间的餐具室还配有咖啡壶、微波炉和冰箱。酒店提供欧式早餐，其价格在这片地区算十分便宜。

$

The Hotel @Times Square
Map 12 G6

59 West 46th St, between Fifth Ave & Sixth Ave, 10036；212 719 2300；www.applecorehotels.com；**地铁**：B、D、F 和 M 线

这家经济划算的酒店有一个令人愉快的大堂，房间虽小，但是装饰很高雅。酒店设施包括免费欧式早餐、Wi-Fi 及美国境内电话、工作日报纸、咖啡机、iPod 连接器、任天堂视频游戏、电影点播，以及平板电视。

P $

Room Mate Grace Hotel
Map 12 G6

125 West 45th St, between Sixth Ave & Seventh Ave, 10036；212 354 2323；www.roommatehotels.com；**地铁**：B、D、F 和 M 线

这家酒店很经济，有年轻的氛围和简约的装饰，大堂里有一个游泳池。提供欧式早餐和免费 Wi-Fi，以及 DVD 播放机，还可以使用吹风机。最便宜的四人家庭客房配有双层床。

P $-$$

Flatotel
Map 12 G5

135 West 52nd St, between Sixth Ave & Seventh Ave,10019；212 786 5770；www.flatotel.com；**地铁**：B、D 和 E 线

入住此酒店的家庭将享受到丰富的服务设施，如录像机、微波炉，咖啡机 / 茶水机及 DVD 播放机。普通标准房可根据要求提供小冰箱、免费 Wi-Fi 和 iPod 基座。高级工作室包括一到两间卧室的公寓，配有设备齐全的厨房。

$-$$$

Affinia Manhattan
Map 8 F3

371 Seventh Ave at 31st St, 10001；212 563 1800；www.affinia.com；**地铁**：A、C、E、1、2 和 3 号线

这间酒店依然保留着其 1929 年艺术风格的触感，不过已经进行了很好的现代化装修，提供带厨房

414 Hotel 酒店坐落在曼哈顿中城的心脏地带

的套房。记得索要徒步旅行套件，包括一个装有步行指南的 iPod 和一副用来逗孩子的扑克牌。

$$

Algonquin Hotel
Map 8 G1

59 West 44th St, between Fifth Ave & Sixth Ave; 10036；212 840 6800；www.algonquinhotel.com；**地铁**：B、D、F 和 M 线

这家酒店是一个拥有 174 间客房的文学地标，拥有强烈的历

史感，是纽约最古老的酒店。其大堂充满了旧时代气息，但房间已经变得十分现代化。家庭可以选择入住套房，客厅里有沙发床，还配有两个 42 英寸的电视，以及免费 Wi-Fi。

\$\$

Belvedere Hotel

Map 12 F6

319 West 48th St, between Eighth Ave & Ninth Ave, 10036；212 245 7000；www.belvederehotelnyc.com；**地铁**：C 和 E 线

在这间宜人的酒店里，所有客房均设有小厨房，提供微波炉、冰箱和咖啡机。比较大的行政客房有免费 Wi-Fi。

\$\$

Best Western President Hotel

Map 12 F6

234 West 48th St, between Broadway & Eighth Ave, 10036；212 246 8800；www.bestwestern.com；**地铁**：C、E、N、Q、R 和 1 号线

这家连锁酒店位于剧院区的心脏地带，其套房有一张大床和大号沙发床，价格略高于经济型酒店。房间内的设施包括 42 英寸平板电视、免费 Wi-Fi 和 iPod 基座。

P \$\$

DoubleTree Guest Suites Times Square

Map 12 F6

1568 Broadway, 10036；212 719 1600；www.doubletree1.hilton.com；**地铁**：N、Q 和 R 线

这家全套房酒店就位于百老汇娱乐区。每间套房都设有一间卧室和一个独立的客厅，提供一张双人沙发床、电视、微波炉和迷你冰箱。酒店内的餐厅可提供儿童菜单。

\$\$

DoubleTree Hotel New York City-Chelsea

Map 8 G4

128 West 29th St, 10001；212 564 0994；www.doubletree1.hilton.com；**地铁**：1 号线

这个 26 层楼高的酒店提供新鲜而现代的装饰，舒适的客房装备了常用设施，还有健身室和一个餐厅，设有儿童菜单。较高楼层的客房可以看到帝国大厦。

\$\$

Eventi

Map 8 G4

851 Ave of the Americas, between 29th St & 30th St, 10001；212 564 4567；www.eventihotel.com；**地铁**：N、R 和 1 号线

这家新开张的精品酒店拥有 292 间客房，能够方便地前往切尔西或中城区，配有落地窗、Frette 牌床单和原创艺术品，5 层的阳台上设置了座位，晚间提供葡萄酒和奶酪。KimptonKids 品牌计划为儿童们提供了特殊礼物和动物印花睡袍，还为婴幼儿提供所有必要设备。

\$\$

Hilton Times Square

Map 8 F1

234 West 42nd St, between Broadway & Eighth Ave, 10036；212 840 8222；www1.hilton.com；**地铁**：A、C、N、Q、R、S、1、2、3 和 7 号线

这家希尔顿酒店的客房从一栋 44 层摩天大楼的 23 楼开始。房间十分宽敞，能看到令人印象深刻的景观。第 42 街虽然很喧闹，酒店的高级设施能够减轻噪声。其位置靠近时报广场。

\$\$

Hotel Metr

Map 8 H2

45 West 35th St, between Fifth Ave & Sixth Ave, 10001；212 947 2500；www.hotelmetronyc.com；**地铁**：B、D、F、M、N、Q 和 R 线

这家友好的酒店拥有 181 间客房，有许多值得推荐的特色。家庭房有相邻的卧室，还可以在图书室里享受到慷慨的欧式自助早餐。Wi-Fi 是免费的，此外，还有一个屋顶露台。

\$\$

Intercontinental New York Times Square

Map 8 F1

300 West 44th St at Eighth Ave, 10036；212 803 4500；www.interconny.com；**地铁**：A、C 线

这栋 36 层的玻璃摩天大楼矗立在时报广场之上，是该地区的一家新酒店。房间十分舒适，浴室设有步入式淋浴间。可根据要求提供儿童视频游戏。客人休息室里有人造壁炉、一个 24 小时的健身中心和一个剧院售票处。

\$\$

Mansfield Hotel

Map 8 H1

12 West 44th St, between Fifth Ave & Sixth Ave, 10036；212 277 8700；www.mansfieldhotel.com；**地铁**：B、D、F、M 和 7 线

这家拥有 126 间客房的精品酒店位于一栋精心修复的 1903 年建筑内，保留了时代的魅力，给人一种亲切感。房间虽小但很舒适，配有平板电视。其俱乐部图书馆里有壁炉、桌上游戏和全天免费咖啡。

\$\$

Algonquin 酒店豪华的橡木地板大堂及其内部

Novotel

Map12 F5

226 West 52nd St, between Broadway & Eighth Ave, 10019；212 315 0100；www.novotel.com；**地铁**：B、C、D、E 和 1 号线

在这个适合家庭的酒店里，16 岁以下儿童可免费与父母同住且一起享用自助早餐。大堂在 7 楼，可以看到时报广场的风景。

P \$\$

Residence Inn by Marriott-New York Manhattan

Map 8 G2

1033 Sixth Ave, between 38th St & 39th St, 10018；212 768 0007；www.marriott.com；**地铁**：B、D、F 和 M 线

这家酒店的设计初衷是为了吸引长期住宿的商务旅客，对家庭来说是一个很好的选择。工作室里有小型厨房，配了微波炉、冰箱、咖啡机和洗碗机，外加锅、盘子和餐具。免费 Wi-Fi 和自助早餐已经包括在房价内。

\$\$

Renaissance New York Times Square Hotel

Map 12 G6

Two Times Square, 714 Seventh Ave at West 48th St, 10036；212 765 7676；www.marriott.com/renaissance hotels；**地铁**：N、Q 和 R 线

时报广场中心这种令人兴奋

的地理位置是很难被打败的，何况还能从休息室和部分客房看到令人眼花缭乱的景色。这家时尚的酒店承诺提供完全隔音的客房，配有大屏幕平板电视和 CD 播放器。可以提供婴儿床。

$$

The Muse Hotel
Map 12 G6

130 West 46th St, between Sixth Ave & Seventh Ave, 110036；212 485 2400；www.themusehotel.com；地铁：B、D、M 和 F 线

Muse 是 Kimpton 旗下的一家酒店，拥有 200 间客房，在其不同寻常且豪华的客房里，配有 Frette 牌床单的鹅绒床、37 英寸电视，以及成人和孩子的动物印花睡袍。这里还提供 KimptonKids 设施，包含一个值得期待的礼物。

$$

The Jewel
Map 12 H5

11 West 51st St, 10019；212 863 0550；www.thejewelny.com；地铁：B、D、E、F 和 M 线

The Jewel 酒店拥有很棒的地理位置，正好面对着洛克菲勒中心，其价格也很合理，还提供配有厨房的现代化套房，这些使之成为家庭的不二选择。令人心动的地方还包括免费 Wi-Fi、免费使用电脑和打印机，以及附近景点的折扣票。大多数房间都有落地玻璃幕墙，有些房间还可以看到迷人的圣帕特里克大教堂。

$$

Le Parker Meridien
Map 12 G4

119 West 56th St, 10019；212 245 5000；www.parkermeridien.com；地铁：F、N、Q 和 R 线

大型室内屋顶游泳池和大堂里的汉堡店就已经提供了足够的理由

Plaza Hotel 壮观的外形

Peninsula New York 酒店的户外座位区

来选择这家酒店。家庭娱乐套件包括一个小型套房、Wii 任天堂游戏机和水疗池，或者为成人提供免费停车。客房内设有大型平板电视、DVD 播放机，以及免费 Wi-Fi。

P $$$

The Plaza Hotel
Map 12 H3

768 Fifth Ave at Central Park South, 10019；212 759 3000；www.fairmont .com/theplaza；地铁：N、Q 和 R 线

这家酒店就像一位纽约的贵妇人，花费了 4.5 亿美元进行重装，去掉部分客房并添加了一些公寓套房，这样有点让其失去历史的光泽，但仍然保留了传奇的棕榈阁（Palm Court）下午茶。客房内设有与其价格相匹配的豪华设施，包括无线平板电脑控制的窗帘、灯光和娱乐设施。

P $$$

The Westin New York at Times Square
Map 8 F1

270 West 43rd St & Eighth Ave, 10036；212 201 2700；www.westinny.com；地铁：A、C、E、N、Q、R、1、2、3 和 7 号线

高档的 Westin 酒店拥有 836 间客房，房内配有平板电视、iPod 基座和咖啡机。小客人们会收到装满"玩具和工具"的背包，以帮助他们享受城市的旅行。

$$-$$$

London NYC
Map 12 G5

151 West 54th St, between Sixth Ave & Seventh Ave, 10019；866 690 2029；www.thelondonnyc.com；地铁：B、D、E、M、N、Q 和 R 线

London 酒店的每间卧室都有宽敞的休息区，配备各种豪华设施。英国著名厨师戈登·拉姆齐在这里开了两间餐厅。由于 4 人家庭需要住两间房，价格有些昂贵，不过遇到特价房时，这里就是一个不错的选择了。

$$$

Peninsula New York
Map 12 H4

700 Fifth Ave at 55th St, 10019；212 956 2888；www.peninsula.com；地铁：E 和 M 线

这家酒店里的奢侈品包括一个室内游泳池和室外的阳光露台。为了欢迎孩子们，这里准备了儿童尺寸的睡袍、DVD，还提供特别的郊游建议。如果经济条件允许，套房和其连通房真的是棒极了。

P $$$

Warwick Hotel
Map 12 G4

65 West 54th St at Sixth Ave, 10019；212 247 2700；www.warwickhotelny. com；地铁：F 线

建于 1926 年的 Warwick 酒店有着宽敞的客房和套房，从卡里·格兰特到猫王，许多明星都曾入住此地。家庭可以选择配有两张双人床的客房，还可以要求折叠床。餐厅可提供儿童菜单。

$$$

上东区

民宿

Gracie Inn
Map 16 G5

502 East 81st St, 10028；212 628 1700；www.gracieinnhotel.com；地铁：6 号线

Gracie 将一栋有 100 年历史的联排别墅变成了舒适的民宿，这是一个经济实惠的选择——即使带

Hotel Wales 内部舒适而优雅的环境

私人日光浴平台的小复式套房价格也很合理。所有房间都设有私人浴室和免费Wi-Fi。提供床边早餐。套房里有小厨房。附近的卡尔舒茨公园对于家庭们来说是一个意外的惊喜。

$-$$

酒店

Affinia Gardens Map 13 C2

215 East 64th St, between Second Ave & Third Ave, 10065；212 355 1230；www.affinia.com；**地铁：**F线

对家庭来说，这里确实是一个不错的选择，这家全套房酒店提供了一个特殊的"儿童测试，父母批准礼包"，包括带一间卧室和一间厨房的套房。冰箱里备有小吃和饮料，洗手池边设有高脚椅，还有棋盘游戏、彩画册和蜡笔、任天堂Wii游戏、手电筒及可以搭帐篷的床单，礼包还包括睡前牛奶和饼干。另外，还有一个免费的茶水吧。

$$

Courtyard New York Manhattan/Upper East Side Map 16 G3

410 East 92nd St at First Ave, 10128；212 410 6777；www.marriott.com；**地铁：**6号线

马路对面长15米长的室内浅水泳池、卡尔·舒尔茨公园及河边的人行道和游乐场构成了选择这家高层酒店的主要原因，这里共有226间客房。虽然附近没有地铁站，有小孩的家庭也可以考虑此地。

P $$

Hotel Wales Map 16 E3

1295 Madison Ave, between 92nd St & 93rd St, 10128；212 876 6000；www.hotelwales-nyc.com；**地铁：**6号线

走进这家酒店，会让你感觉来到了威尔士和欧洲的一个小建筑。它是有点过时了，不同大小的房间也许看起来也有些古怪，但它有其自身的魅力。家庭可以选择套房，有带沙发床的客厅和两个电视。欧式早餐是免费的，还有一个屋顶露台。

$$

The Carlyle Map 16 E6

35 East 76th St, between Park Ave & Madison Ave, 10021；212 744 1600；www.thecarlyle.com；**地铁：**6号线

没有其他酒店比Carlyle更加独特了，它就像旧时代的一个雅致的世外桃源，拥有188间客房店。此外，这里还为家庭提供专门的服务，提供婴儿监视器，婴儿床，儿童尺寸的睡袍、长袍，大小可变的桌子、床护栏，以及专为儿童准备的客房服务和餐厅。在这里，你可以期待传统装饰的套房，不过随之而来的还有昂贵的账单。

$$$

Loews Regency Map 13 B3

540 Park Ave at 61st St, 10065；212 759 4100；www.loewshotels.com/en/Regency-Hotel；**地铁：**N、Q和R线

这间顶级奢侈酒店以其商务"能量早餐"而在当地出名，就像所有的Loews酒店一样，它为家庭提供欢迎礼物及套餐，第二间房可享受50%的折扣。此外，还提供儿童服务及可外借的游戏库。酒店地理位置优越，安静而且靠近市中心。

$$$

上西区

酒店

Marrakech Hotel Map 15 B2

2688 Broadway at 103rd St, 10025；212 222 2954；www.marrakech hotelnyc.com；**地铁：**1号线

摩尔风格的装饰并不能掩盖这里只是一个普通的、甚至略显破旧的经济型酒店的事实，它没有电梯，而且空间不大。不过，客房里有私人浴室，大堂也提供Wi-Fi，酒店位置不错，拐角处就是地铁站。

$

The Milburn Hotel Map 15 B6

242 West 76th St, between Broadway & West End Ave, 10023；212 362 1006；www.milburnhotel.com；**地铁：**1号线

这家经济型酒店有很多值得推荐的特点，家庭套房里有小厨房，配有洗碗池、微波炉、冰箱、盘子和餐具。客人们还可以免费使用游泳池，以及一个街区之外健身俱乐部里的设施。Wi-Fi免费。

$

Hotel Newton Map 15 B3

2528 Broadway, 10025；212 678 6500；www.thehotelnewton.com；**地铁：**1、2和3号线

在这家拥有105间客房的经济型酒店里，即使是标准客房也配备了迷你冰箱、微波炉和咖啡机，套房里有小厨房。这里的装饰可能有些过时，空间也不太大，但是房间都很干净，爱护得很好，拐角处就是快速地铁站。

$

Hotel Belleclaire Map 15 B6

250 West 77th St, between Broadway & West End Ave, 10024；212 362 7700；www.hotelbelleclaire.com；**地铁：**1号线

酒店位于一片经典、安静的西区住宅区，能够让你找到温和又有吸引力的房间，包括家庭套房。提供免费Wi-Fi和咖啡设施、平板电视、iPod基座和健身中心。附近的交通也很便利。

$-$$

The Excelsior Hotel Map 15 C5

45 West 81st St, between Central Park West & Columbus Ave, 10024；212 362 9200；www.excelsiorhotel ny.com；**地铁：**B、C线

Excelsior酒店就在美国自然历史博物馆的街对面，靠近中央公

Mandarin oriental Hotel 酒店里明亮的餐厅

园，给人以旧时代住宅区的感觉，提供了宽敞的房间，价格也很合理。市区地铁就在旁边。

$–$$

Hotel Beacon

Map 15 B6

2130 Broadway at 75th St, 10023；212 787 1100；www.beaconhotel.com；地铁：1、2 和 3 号线

这家拥有 259 间客房的酒店颇受欢迎，其四人家庭套房配备了现代化的家具、大小适中的房间、配有沙发床的独立客厅，以及设备齐全的小厨房，里面有炉灶、微波炉和咖啡机。附近有一些全纽约最好的美食零售店，交通也很便利。总地来说，这家酒店物有所值。

$$

The Lucerne

Map 15 B5

201 West 79th St at Amsterdam Ave, 10024；212 875 1000；www. thelucernehotel.com；地铁：1 号线

Lucerne 是一家建于 1904 年的经典酒店，重新装修之后融合了传统魅力与现代化的住宿。酒店拥有 194 间舒适的客房，房间里有大理石浴室。两室的套房包括小厨房，配有冰箱、微波炉和精美的瓷器。还提供夜床服务、室内水疗护理和免费 Wi-Fi。所有房间里都安装了任天堂游戏系统和平板电视。美国自然历史博物馆和中央公园都在附近。

$$

Empire Hotel

Map 12 E3

44 West 63rd St, 10023；212 265 7400；www.empirehotelnyc. com；地铁：1 号线

422 间客房的 Empire 酒店拥有时尚复古的大厅和舒适的现代化客房。提供免费 Wi-Fi 和水疗中心。到了夏季，室外游泳池能让你清凉爽快。酒店位于哥伦布环岛旁边，交通便利。

$$–$$$

Mandarin Oriental Hotel

Map 12 F3

80 Columbus Circle at 60th St，212 805 8800；www.mandarinoriental.com；地铁：A、B、C、D 和 1 号线

如果经济条件能够承受这里昂贵的价格，你将得到这个令人惊叹的现代主义五星级酒店的热情接待，欣赏到绝美的城市景观。孩子们会收到迎宾礼品或婴儿洗浴用品。根据需要，还可以提供彩画册、蜡笔、儿童 DVD、视频游戏、高脚椅和婴儿车。婴儿床和折叠床都是免费的。

$$$

曼哈顿之外

酒店

Holiday Inn Long Island City – Manhattan View

39~05 29th St, Long Island City, Queens, 11101；718 707 3700；www.holidayinn.com；地铁：N、Q 线

这里是典型的假日酒店装饰，但价格很合理，还有很棒的城市美景。12 岁以下儿童可以免费在酒店的餐厅里吃饭。室内游泳池是另一个吸引人的地方。一个街区之外就是到曼哈顿的地铁。对于那些有车的客人来说，在这里停车也很便宜。

$

Ravel Hotel

8~08 Queens Plaza South, Long Island City, Queens, 11101；718 521 4301；www.ravel-hotel.com；地铁：F 线

现代化的 Ravel 酒店拥有 63 间客房，它的大房间适合家庭入住，有两张大床，浴室里有浴缸和淋浴喷头；最棒的地方是，这里还有一个可以俯瞰曼哈顿的阳台。免费班车可以送客人到地铁站，来一次中城区的快速旅行。

$

Marriott Brooklyn Bridge

333 Adams St, Brooklyn, 11201；718 246 7000；www.marriott.com；地铁：A、C、F、R、2、3、4 和 5 号线

室内游泳池、廉价停车场、附近的百老汇演出售票厅，都是跨越东河住在这里的充分理由。临近有多条地铁线。另外，步行穿越布鲁克林大桥就可到达曼哈顿。

$$

Empire Hotel 户外游泳池平台边可以欣赏美妙的风景

中央公园部分地区的鸟瞰图，周围是纽约的摩天大楼

纽约市

地图

纽约市地图

下图展示了本节中的 19 页分区地图，同时覆盖了本书中观光旅游部分的主要地区。较小的插页地图展示了大纽约地区和曼哈顿之外所覆盖的区域。

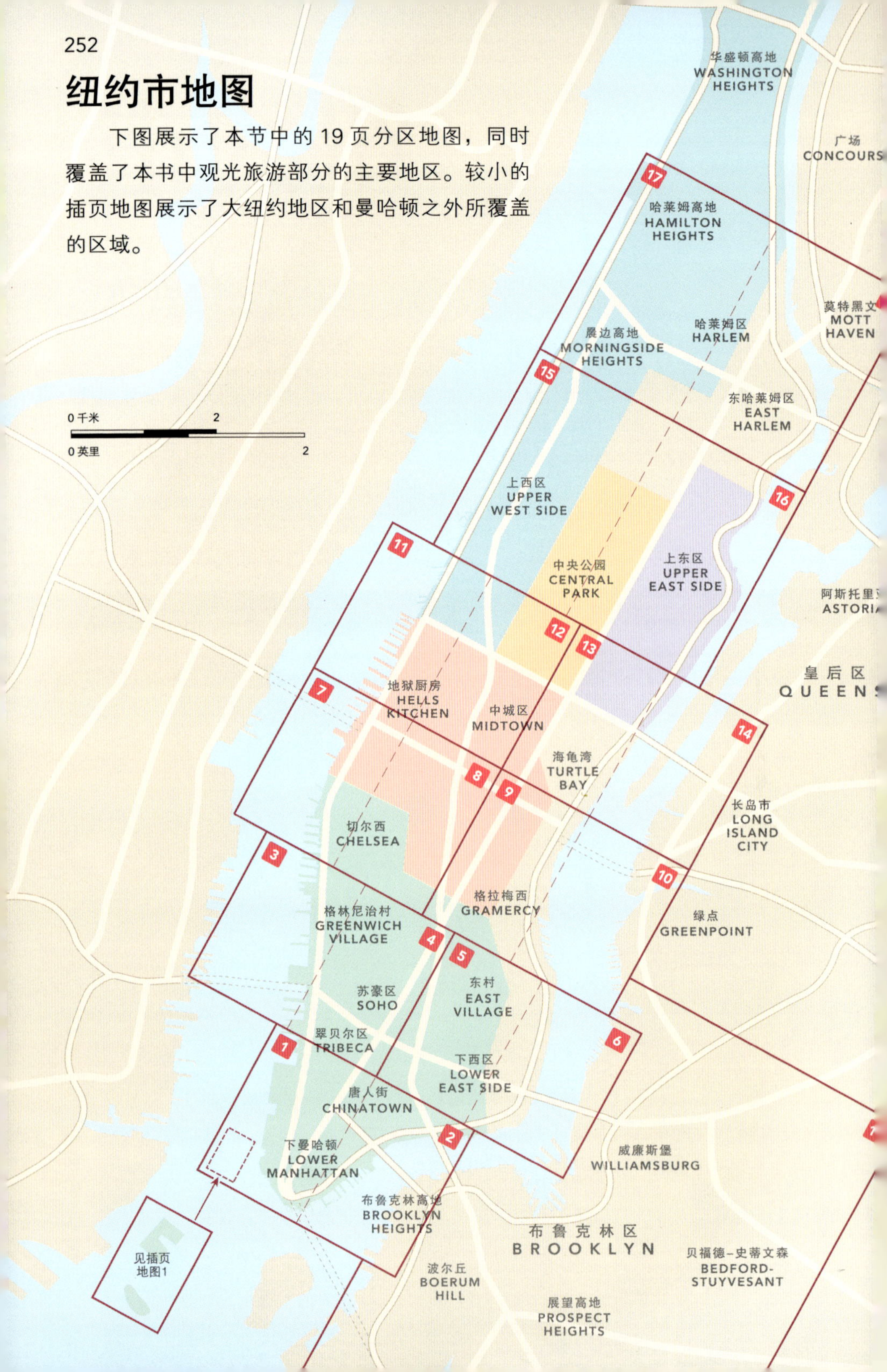

地图1~19的图例

- 主要景点
- 名胜古迹
- 其他建筑
- 火车站
- 汽车站
- 地铁站
- 河流登船点
- 渡轮码头
- 直升飞机场
- 停车场
- 游客信息
- 警察局
- 游乐场
- 高速公路
- 步行道
- 铁路

地图1~14

0 米 200

0 码 200

地图19

0 米 750

0 码 750

地图15~18

0 米 200

0 码 200

1
A
B
4
C
D
PIER 28
PIER 27
PIER 26
PIER 25
PIER 21
PIER A
BEACH ST
NORTH MOORE
FRANKLIN
HUDSON
GREENWICH
STREET
FINN SQUARE
Franklin St 1
WHITE STREET
FRANKLIN PL
FRANKLIN STREET
BENSON ST
LAFAYETTE ST
LEONARD STREET
TRIBECA
CATHERINE LANE
Independence Plaza
HARRISON STREET
STAPLE ST
JAY STREET
WORTH STREET
THOMAS STREET
TRIMBLE PLACE
THOMAS PAINE PARK
CENTRE STREET
Manhattan Community College
DUANE ST
DUANE PARK
DUANE STREET
PACE PLAZA
ELK ST
WASHINGTON MARKET PARK
READE STREET
ST. ANDREW PLAZA
CHAMBERS STREET
Chambers St A.C
Surrogate's Court/Hall of Records
Chambers St 1.2.3
Chambers St J.Z
NELSON A. ROCKEFELLER PARK
Hudson
WARREN STREET
Old NY County Courthouse
Munic Build
RIVER TERRACE
TEARDROP PARK
City Hall
Brooklyn Bridge-City Hall 4.5.6
MURRAY STREET
MURRAY ST
Park Place 2.3
City Hall R
PARK PLACE
CITY HALL PARK
FRANKF
Pace University
SPRUC
Woolworth Building
PARK ROW
BEEKMAN ST
Irish Hunger Memorial
BARCLAY STREET
ST PETER'S ST
THEATRE ALLEY
Battery Park City Ferry Terminal
Federal Office
US Post Office
New Downt Hosp
VESEY STREET
NORTH END AVENUE
World Trade Center E
ANN STREET
World Financial Center
St Paul's Chapel
Fulton St A.C.4.5
River
LOWER MANHATTAN
FULTON STREET
Fulton St J.Z
Fulto 2.3
AT&T Building
DEY ST
DUTCH ST
JOHN STREET
Memorial Museum
Cortlandt St R
North Cove Yacht Harbor
NASSAU
National September 11 Memorial
CORTLANDT ST
Federal Reserve Bank of New York
PLAT
BATTERY PARK CITY
LIBERTY STREET
LEGIO SQUA
ZUCCOTTI PARK
CEDAR STREET
Chamber of Commerce
American Stock Exchange
THAMES ST
Chase Manhattan Bank
CEDA
TRINITY PLACE
WILLIAM
ALBANY STREET
WASHINGTON
Wall St 4.5
Federal Hall
PINE S
Trinity Church
CARLISLE STREET
WALL
Broad St J.Z
SOUTH END AVENUE
RECTOR PLACE
STR
RECTOR
Wall St 2.3
Rector St 1.R
EXCHANGE PLACE
Bank of New York
LIBERTY PLAZA
EXCHANGE ALLEY
WEST THAMES STREET
NEW STREET
BROAD STREET
J P WARD STREET
THIRD PLACE
LITTLE WEST STREET
BEAVER
SOUTH WILLIAM ST
Cunard Building
MARKETFIELD STREET
South Cove
MORRIS STREET
WESTERN UNION INTERNATIONAL PLAZA
SECOND PLACE
BOWLING GREEN
STONE ST
Downtown Athletic Club
Bowling Green 4.5
Fraun Taver
FIRST PLACE
BRIDGE ST
PEARL
MOORE ST
BROAD STREET
BATTERY PL
National Museum of the American Indian
WHITEHALL ST
WATER
Museum of Jewish Heritage
Skyscraper Museum
STATE ST
BATTERY PARK
Battery Plaza
Castle Clinton National Monument
Whitehall R
Shrine of Elizabeth Ann Seton
SOUTH FERRY PLAZA
Liberty and Ellis Island Ferry terminal
Brooklyn-Battery Tunnel
South Ferry 1
Battery Maritime Building
US Coast Guard
Staten Island Ferry
Hudson River
LOWER MANHATTAN
East River
NEW JERSEY
Ellis Island Immigration Museum
GOVERNORS ISLAND
BROOKLYN
LIBERTY ISLAND
Statue of Liberty
Staten Island
Upper Bay
2
3
4
5
6

E
F
5
G
H
2
1
2
3
4
5
6
CHINATOWN
Confucius Plaza
BAYARD STREET
PELL STREET
DOYERS ST
MOSCO ST
COLUMBUS PARK
WORTH STREET
DIVISION STREET
MARKET STREET
EAST BROADWAY
HENRY STREET
CATHERINE STREET
OLIVER ST
JAMES ST
MADISON STREET
MONROE STREET
Knickerbocker Village
CHERRY STREET
WATER STREET
CATHERINE SLIP
MARKET SLIP
PIKE STREET
RUTGERS ST
RUTGERS SLIP
RUTGERS PARK
CHERRY STREET
RUTGERS STREET
SOUTH STREET
NYC Dept of Ports & Terminals
PIER 35
SOUTH STREET VIADUCT
ST. JAMES PLACE
PARK ROW
Police Headquarters
AVE OF THE FINEST
ROSE ST
R F WAGNER SR PLACE
Manhattan Bridge
East River
MAIN STREET PARK
WASHINGTON ST
DOVER ST
Southbridge Towers
PEARL STREET
PECK SLIP
WATER STREET
FRONT STREET
Brooklyn Bridge
Fulton Ferry Water Taxi Landing
EMPIRE-FULTON FERRY PARK
Jacques Torres Chocolate Shop
DUMBO
DOCK STREET
WATER ST
FRONT STREET
TITANIC MEMORIAL PARK
BEEKMAN ST
CLIFF STREET
JOHN STREET
FULTON ST
South Street Seaport
Pier 17
PIER 18
PIER 17
Seaport Museum
South Street Seaport
Brooklyn Ice Cream Factory
DOUGHTY STREET
VINE STREET
COLUMBIA
FURMAN STREET
FLETCHER
MAIDEN LANE
STREET
PIER 15
PIER 14
PIER 13
PIER 1
BROOKLYN BRIDGE PARK
MIDDAGH STREET
CRANBERRY STREET
ORANGE STREET
PINEAPPLE STREET
HEIGHTS
GOVERNEUR ST
BROOKLYN HEIGHTS
CLARK STREET
New York City Police Museum
Pier 11 / Wall Street Ferry Terminal
PIER 2
OLD SLIP
ELEVATED ACRE
PIER 9
East River
BROOKLYN – QUEENS EXPRESSWAY 278
BROOKLYN HEIGHTS PROMENADE
COLUMBIA HEIGHTS
WILLOW STREET
HICKS STREET
PIER 3
PIERREPONT ST
Downtown Manhattan Heliport
PIER 6
MONTAGUE ST
PIER 4
REMSEN STREET
GRACE COURT
Governors Island
PIER 5

3
A
B
C
D
7
1
2
3
4
5
6
Port Authority Building
WEST 15TH STREET
14TH STREET PARK
THE HIGH LINE
14th St-Eighth Ave A.C.E.L
WEST 14TH STREET
PIER 57
WEST 13TH STREET
The Meatpacking District
LITTLE WEST 12TH STREET
PIER 54
BLOOMFIELD STREET
GANSEVOORT STREET
PIER 53
PIER 52
HORATIO STREET
JANE STREET
WEST 12TH STREET
BETHUNE STREET
BANK STREET
WEST 11TH STREET
PERRY STREET
CHARLES LANE
CHARLES STREET
WEST 10TH STREET
WEEHAWKEN STREET
WASHINGTON STREET
GREENWICH STREET
HUDSON STREET
EIGHTH AVENUE
ABINGDON SQUARE
PIER 51
PIER 50
WEST STREET
PIER 46
PIER 45
BARROW ST
MORTON ST
LEROY
Hudson River
HUDSON RIVER PARK
PIER 40
PIER 34
Holland Tunnel
PIER 32

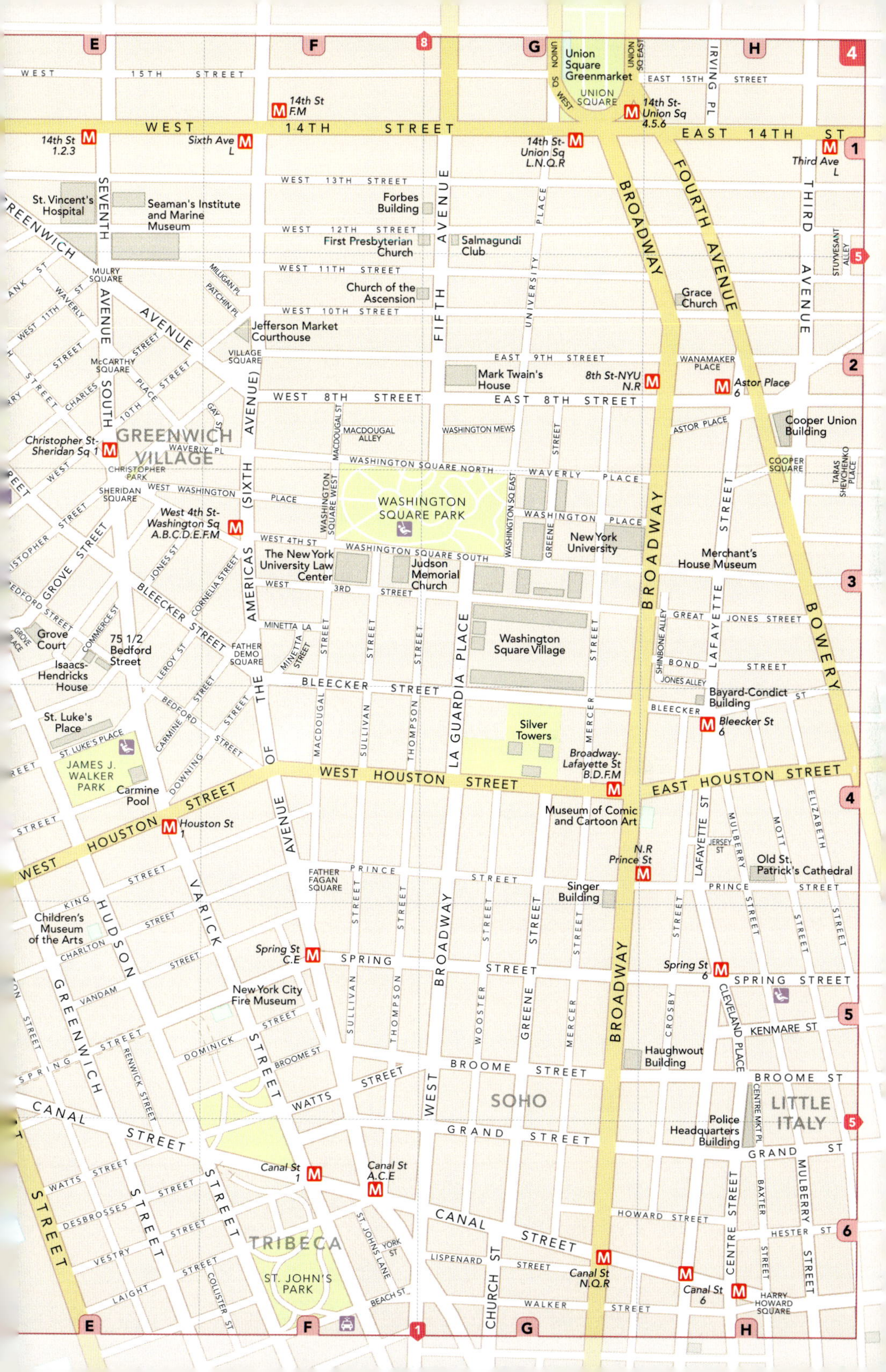

E
F
G
H
4
WEST 15TH STREET
EAST 15TH STREET
Union Square Greenmarket
UNION SQUARE
14th St F.M
14th St-Union Sq 4.5.6
WEST 14TH STREET
EAST 14TH ST
14th St 1.2.3
Sixth Ave L
14th St-Union Sq L.N.Q.R
Third Ave L
1
WEST 13TH STREET
WEST 12TH STREET
WEST 11TH STREET
WEST 10TH STREET
St. Vincent's Hospital
Seaman's Institute and Marine Museum
Forbes Building
First Presbyterian Church
Salmagundi Club
Church of the Ascension
Jefferson Market Courthouse
Grace Church
GREENWICH AVENUE
SEVENTH AVENUE SOUTH
FIFTH AVENUE
UNIVERSITY PLACE
BROADWAY
FOURTH AVENUE
THIRD AVENUE
STUYVESANT ALLEY
5
MULRY SQUARE
WAVERLY ST
PATCHIN PL
MILLIGAN PL
VILLAGE SQUARE
McCARTHY SQUARE
CHARLES STREET
10TH STREET
EAST 9TH STREET
WANAMAKER PLACE
Mark Twain's House
8th St-NYU N.R
Astor Place 6
2
WEST 8TH STREET
EAST 8TH STREET
ASTOR PLACE
Cooper Union Building
COOPER SQUARE
TARAS SHEVCHENKO PLACE
GREENWICH VILLAGE
WAVERLY PL
MACDOUGAL ALLEY
WASHINGTON MEWS
Christopher St-Sheridan Sq 1
CHRISTOPHER PARK
SHERIDAN SQUARE
WEST WASHINGTON PLACE
WASHINGTON SQUARE NORTH
WAVERLY PLACE
WASHINGTON SQUARE PARK
WASHINGTON PLACE
West 4th St-Washington Sq A.B.C.D.E.F.M
(SIXTH AVENUE)
New York University
WEST 4TH ST
WASHINGTON SQUARE SOUTH
The New York University Law Center
Judson Memorial Church
Merchant's House Museum
WEST 3RD STREET
3
GROVE STREET
BLEECKER STREET
BEDFORD STREET
CORNELIA STREET
JONES ST
MINETTA LA
MINETTA STREET
Washington Square Village
GREAT JONES STREET
LA GUARDIA PLACE
Grove Court
75 1/2 Bedford Street
Isaacs-Hendricks House
FATHER DEMO SQUARE
LEROY ST
COMMERCE ST
SHINBONE ALLEY
BOND STREET
JONES ALLEY
LAFAYETTE STREET
BOWERY
AMERICAS
OF THE
Bayard-Condict Building
BLEECKER ST
Bleecker St 6
St. Luke's Place
ST. LUKE'S PLACE
JAMES J. WALKER PARK
Carmine Pool
CARMINE STREET
DOWNING STREET
Silver Towers
Broadway-Lafayette St B.D.F.M
MERCER STREET
WEST HOUSTON STREET
EAST HOUSTON STREET
4
Houston St 1
Museum of Comic and Cartoon Art
AVENUE
N.R Prince St
Old St. Patrick's Cathedral
LAFAYETTE ST
JERSEY ST
MULBERRY STREET
MOTT STREET
ELIZABETH STREET
FATHER FAGAN SQUARE
PRINCE STREET
Singer Building
KING STREET
Children's Museum of the Arts
CHARLTON STREET
HUDSON
VARICK
Spring St C.E
SPRING STREET
Spring St 6
SPRING STREET
VANDAM STREET
New York City Fire Museum
SULLIVAN
THOMPSON
WEST BROADWAY
WOOSTER
GREENE
CROSBY
CLEVELAND PLACE
KENMARE ST
5
GREENWICH STREET
DOMINICK STREET
BROOME ST
Haughwout Building
BROOME STREET
BROOME ST
RENWICK STREET
WATTS STREET
SOHO
LITTLE ITALY
CENTRE MKT PL
Police Headquarters Building
CANAL STREET
GRAND STREET
GRAND ST
Canal St 1
Canal St A.C.E
MULBERRY
BAXTER
HOWARD STREET
CENTRE STREET
HESTER ST
6
WATTS STREET
DESBROSSES STREET
VESTRY STREET
LAIGHT STREET
TRIBECA
ST. JOHN'S PARK
ST JOHNS LANE
YORK ST
BEACH ST
LISPENARD STREET
CHURCH ST
Canal St N.Q.R
Canal St 6
WALKER STREET
HARRY HOWARD SQUARE
COLLISTER ST

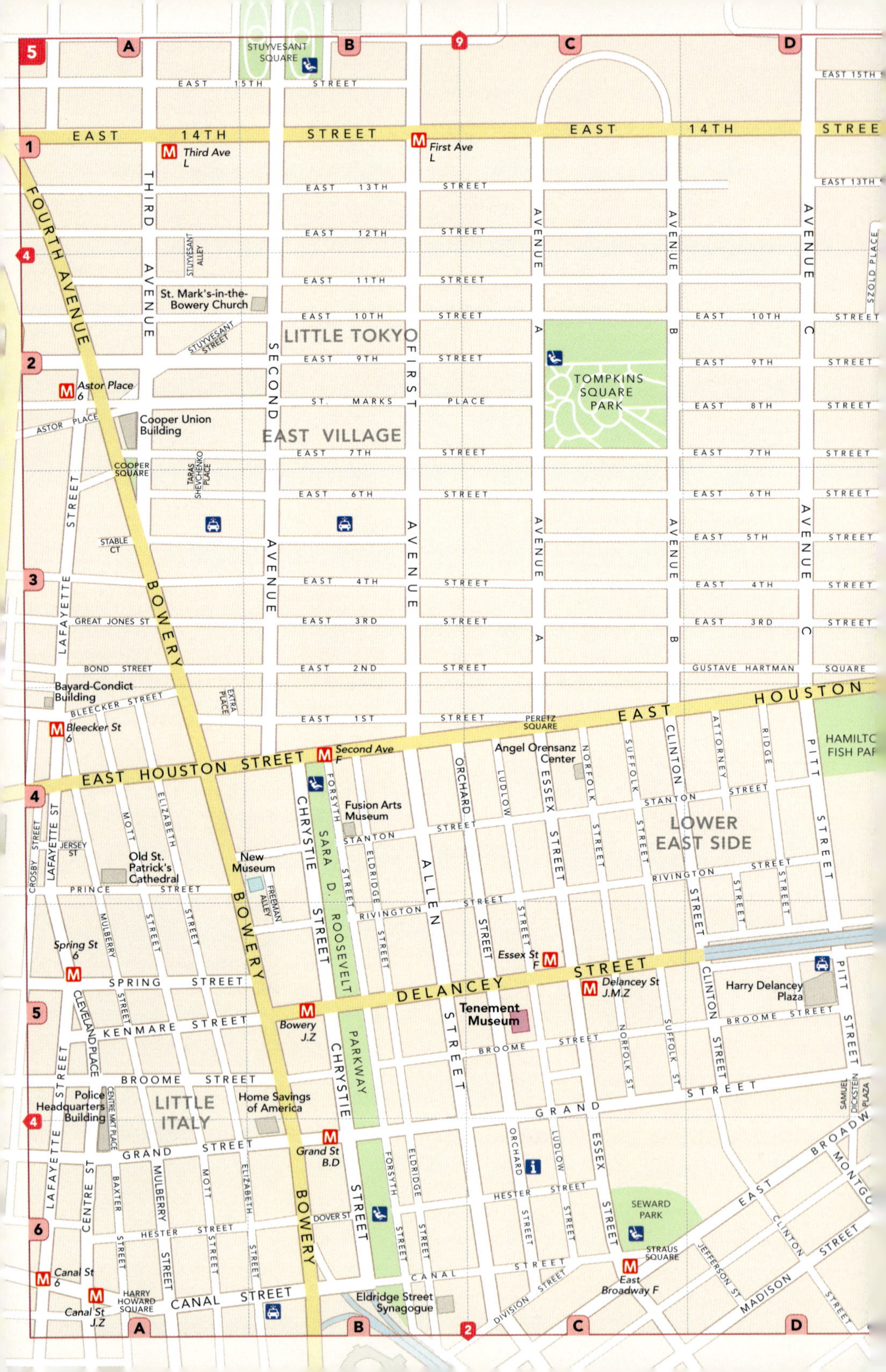
5
A
B
C
D
9
STUYVESANT SQUARE
EAST 15TH STREET
EAST 14TH STREET
Third Ave L
First Ave L
EAST 13TH STREET
EAST 12TH STREET
EAST 11TH STREET
EAST 10TH STREET
EAST 9TH STREET
EAST 8TH STREET
EAST 7TH STREET
EAST 6TH STREET
EAST 5TH STREET
EAST 4TH STREET
EAST 3RD STREET
EAST 2ND STREET
EAST 1ST STREET
FOURTH AVENUE
THIRD AVENUE
SECOND AVENUE
FIRST AVENUE
AVENUE A
AVENUE B
AVENUE C
SZOLD PLACE
STUYVESANT ALLEY
St. Mark's-in-the-Bowery Church
STUYVESANT STREET
LITTLE TOKYO
TOMPKINS SQUARE PARK
Astor Place 6
ST. MARKS PLACE
ASTOR PLACE
Cooper Union Building
EAST VILLAGE
COOPER SQUARE
TARAS SHEVCHENKO PLACE
LAFAYETTE STREET
STABLE CT
BOWERY
GREAT JONES ST
BOND STREET
GUSTAVE HARTMAN SQUARE
Bayard-Condict Building
BLEECKER STREET
EXTRA PLACE
Bleecker St 6
EAST HOUSTON STREET
PERETZ SQUARE
Second Ave F
Angel Orensanz Center
HAMILTON FISH PARK
ORCHARD
LUDLOW
ESSEX STREET
NORFOLK STREET
SUFFOLK STREET
CLINTON STREET
ATTORNEY
RIDGE
PITT STREET
STANTON STREET
LOWER EAST SIDE
CHRYSTIE STREET
FORSYTH STREET
SARA D. ROOSEVELT PARKWAY
Fusion Arts Museum
ELDRIDGE STREET
ALLEN STREET
RIVINGTON STREET
CROSBY STREET
LAFAYETTE ST
JERSEY ST
MOTT
ELIZABETH
Old St. Patrick's Cathedral
New Museum
FREEMAN ALLEY
PRINCE STREET
MULBERRY STREET
Spring St 6
SPRING STREET
Essex St F
DELANCEY STREET
Delancey St J.M.Z
Harry Delancey Plaza
CLEVELAND PLACE
KENMARE STREET
Bowery J.Z
Tenement Museum
BROOME STREET
Police Headquarters Building
CENTRE MKT PLACE
LITTLE ITALY
Home Savings of America
GRAND STREET
Grand St B.D
SAMUEL DICKSTEIN PLAZA
EAST BROADWAY
MONTGOMERY
CENTRE ST
BAXTER STREET
HESTER STREET
DOVER ST
SEWARD PARK
STRAUS SQUARE
East Broadway F
JEFFERSON ST
MADISON STREET
Canal St 6
HARRY HOWARD SQUARE
Canal St J.Z
CANAL STREET
DIVISION STREET
Eldridge Street Synagogue
1
2
3
4
6

E
F
10
G
H
6
1
2
3
4
5
6
FRANKLIN D. ROOSEVELT (EAST RIVER DRIVE)
ATHLETIC FIELD
EAST RIVER PARK
East River
NORTH 10TH STREET
KENT AVENUE
NORTH 7TH STREET
NORTH 6TH STREET
NORTH 5TH STREET
NORTH 4TH STREET
NORTH 3RD STREET
AVENUE
METROPOLITAN AVE
RIVER STREET
NORTH 1ST STREET
WYTHE AVENUE
GRAND STREET
SOUTH 1ST STREET
WILLIAMSBURG
SOUTH 2ND STREET
SOUTH 3RD STREET
SOUTH 4TH STREET
SOUTH 5TH STREET
SOUTH 6TH STREET
DUNHAM PLACE
BROADWAY
WYTHE AVE
SOUTH 8TH ST
STREET
MANGIN STREET
BARUCH PLACE
COLUMBIA STREET
Williamsburg Bridge
DELANCEY STREET
DELANCEY STREET SOUTH
CANNON STREET
LEWIS STREET
BROOME ST
Bialystoker Synagogue
GRAND STREET
SAMUEL A. SPIEGEL SQUARE
Fireboat Station
JACKSON STREET
MADISON STREET
CHERRY STREET
CORLEARS HOOK PARK
GOUVERNEUR ST
WATER STREET
GOUVERNEUR SLIP EAST
GOUVERNEUR SLIP WEST
SOUTH STREET VIADUCT
Corlears Hook
Wallabout Channel
PIER 44

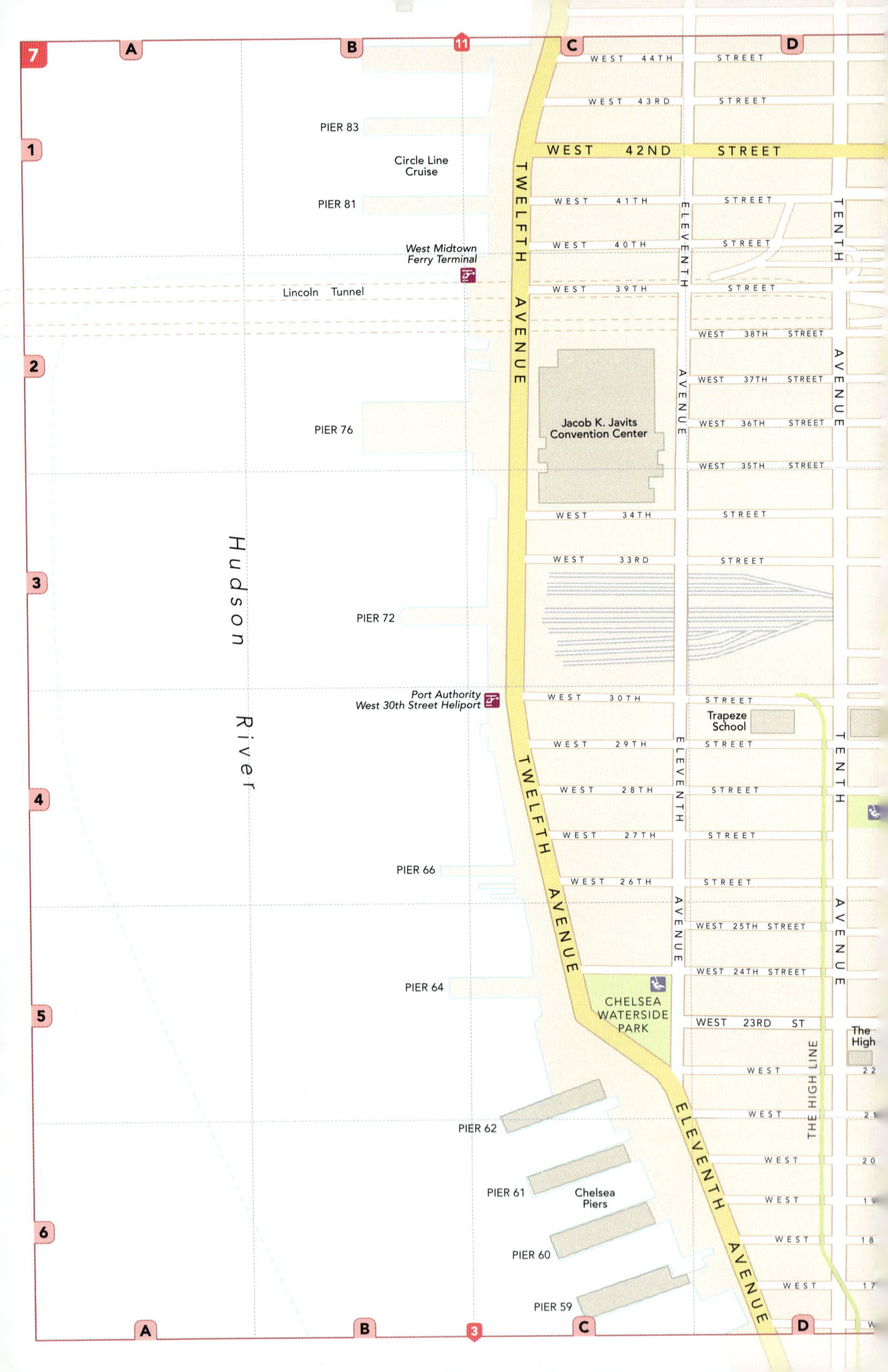

7
A
B
11
C
D
WEST 44TH STREET
WEST 43RD STREET
WEST 42ND STREET
WEST 41TH STREET
WEST 40TH STREET
WEST 39TH STREET
WEST 38TH STREET
WEST 37TH STREET
WEST 36TH STREET
WEST 35TH STREET
WEST 34TH STREET
WEST 33RD STREET
WEST 30TH STREET
WEST 29TH STREET
WEST 28TH STREET
WEST 27TH STREET
WEST 26TH STREET
WEST 25TH STREET
WEST 24TH STREET
WEST 23RD ST
TWELFTH AVENUE
ELEVENTH AVENUE
TENTH AVENUE
PIER 83
Circle Line Cruise
PIER 81
West Midtown Ferry Terminal
Lincoln Tunnel
PIER 76
Jacob K. Javits Convention Center
Hudson River
PIER 72
Port Authority West 30th Street Heliport
Trapeze School
PIER 66
PIER 64
CHELSEA WATERSIDE PARK
The High
THE HIGH LINE
PIER 62
PIER 61
Chelsea Piers
PIER 60
PIER 59
1
2
3
4
5
6

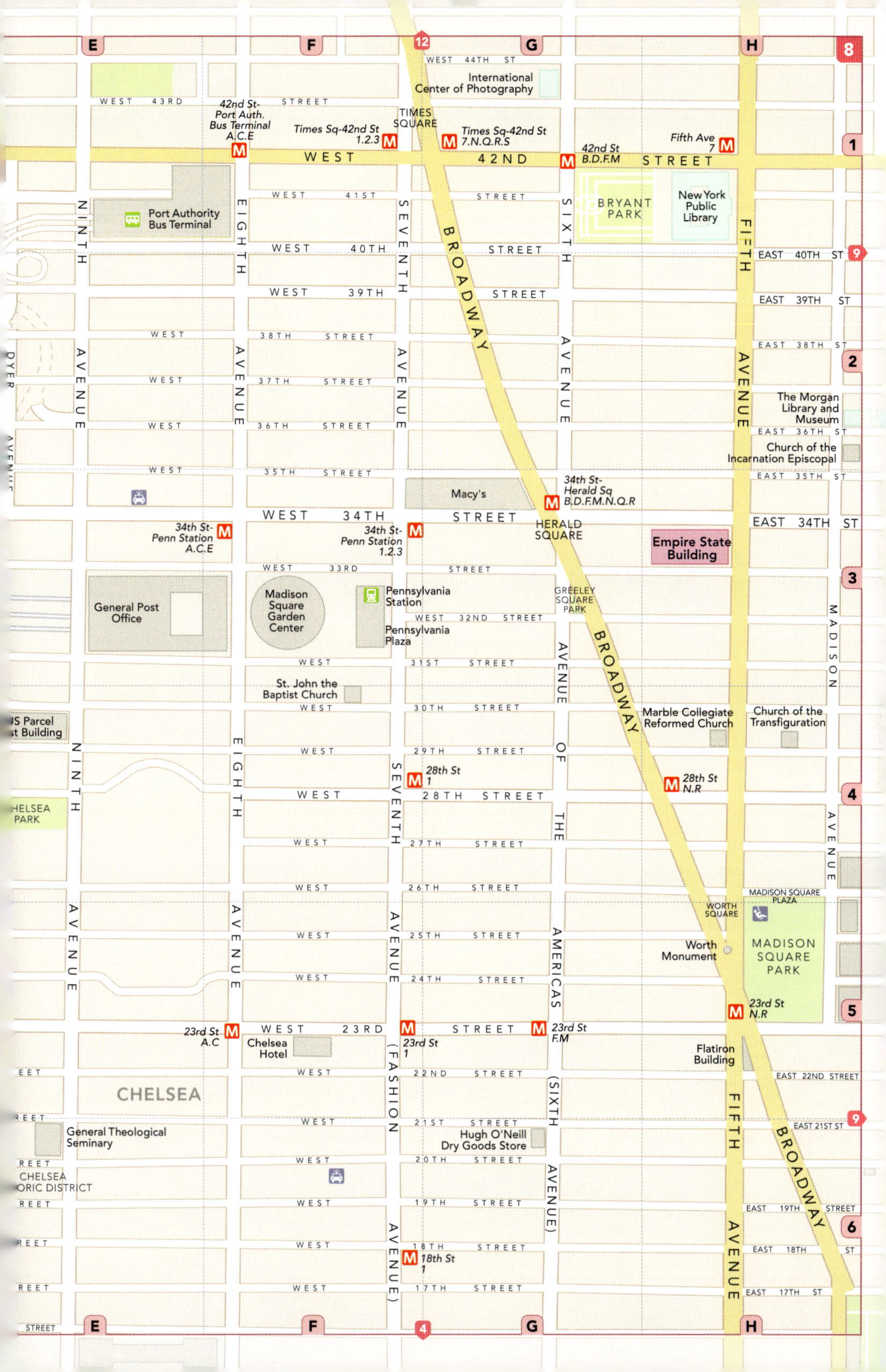

International Center of Photography
42nd St-Port Auth. Bus Terminal A.C.E
Times Sq-42nd St 1.2.3
TIMES SQUARE
Times Sq-42nd St 7.N.Q.R.S
42nd St B.D.F.M
Fifth Ave 7
WEST 42ND STREET
Port Authority Bus Terminal
BRYANT PARK
New York Public Library
BROADWAY
EAST 40TH ST
The Morgan Library and Museum
Church of the Incarnation Episcopal
Macy's
34th St-Herald Sq B.D.F.M.N.Q.R
34th St-Penn Station A.C.E
34th St-Penn Station 1.2.3
HERALD SQUARE
Empire State Building
General Post Office
Madison Square Garden Center
Pennsylvania Station
Pennsylvania Plaza
GREELEY SQUARE PARK
St. John the Baptist Church
Marble Collegiate Reformed Church
Church of the Transfiguration
28th St 1
28th St N.R
WORTH SQUARE
MADISON SQUARE PLAZA
Worth Monument
MADISON SQUARE PARK
23rd St A.C
23rd St 1
23rd St F.M
23rd St N.R
Chelsea Hotel
Flatiron Building
CHELSEA
General Theological Seminary
Hugh O'Neill Dry Goods Store
CHELSEA
18th St 1
NINTH AVENUE
EIGHTH AVENUE
SEVENTH AVENUE (FASHION AVENUE)
SIXTH AVENUE
AVENUE OF THE AMERICAS (SIXTH AVENUE)
FIFTH AVENUE
MADISON AVENUE

9
A
B
13
C
D
8
1
2
3
4
5
6
MetLife Building
Grand Central Terminal
Vanderbilt Avenue
East 44th Street
East 43rd Street
1&2 United Nations Plaza
United Nations Headquarters
Chrysler Building
Tudor City Place
Fifth Ave 7
Grand Central-42nd St S.4.5.6.7
East 42nd Street
Chanin Building
News Building
New York Public Library
Library Way
Pershing Square
East 41st Street
Tudor City
Franklin D. Roosevelt Drive
East 40th Street
Fifth Avenue
Park Avenue
Lexington Avenue
East 39th Street
Tunnel Exit Street
Tunnel Entrance St
East 38th Street
Scandinavia House
East 37th Street
The Morgan Library and Museum
East 36th Street
Church of the Incarnation Episcopal
Sniffen Court
St. Vartans Park
East 35th Street
East 34th Street
34th Street Heliport
Empire State Building
33rd St 6
East 33rd Street
Madison Avenue
Third Avenue
Second Avenue
First Avenue
East 32nd Street
Kips Bay Plaza
East 31st Street
East 30th Street
New York University Medical Center
Marble Collegiate Reformed Church
Church of the Transfiguration
Park Avenue South
East 29th Street
28th St 6
East 28th Street
East 28th St
Bellevue Hospital
East 27th Street
East 27th St
New York Life Insurance Company
Broadway Alley
East 26th Street
Madison Square Plaza
Worth Square
Madison Square Park
East 25th Street
Metropolitan Life Insurance Company
Asser Levy Place
Worth Monument
East 24th Street
East 24th St
23rd St N.R
23rd St 6
East 23rd Street
Flatiron Building
East 22nd Street
Gramercy Park Hotel
Gramercy Park
East 21st Street
Broadway
Theodore Roosevelt Birthplace
Gramercy Park West
Gramercy Park East
Police Academy Museum
East 20th Street
National Arts Club
Irving Place
East 19th Street
Block Beautiful
East 18th Street
Flatiron District
East 17th Street
Union Square
Union Square Greenmarket
Stuyvesant Square
5

E
F
14
G
H
10
48TH AVENUE
49TH AVENUE
5TH STREET
VERNON BLVD
JACKSON AVENUE
11TH STREET
GANTRY PLAZA STATE PARK
Belmont Island
50TH AVENUE
51ST AVENUE
Queens - Midtown Tunnel 495
2ND (FRONT) STREET
BORDEN AVENUE
Vernon Blvd-Jackson Ave
7
Long Island City Station
54TH (FLUSHING) AVENUE
Pulaski Bridge
55TH AVENUE
56TH AVENUE
Newton Creek
COMMERCIAL STREET
MANHATTAN AVENUE
BOX STREET
CLAY STREET
DUPONT STREET
FRANKLIN STREET
EAGLE STREET
FREEMAN STREET
WEST STREET
GREEN STREET
HURON STREET
INDIA STREET
JAVA STREET
KENT STREET
GREENPOINT AVE
East River
1
2
3
4
5
6
Manhattan Marina
PIER 70
PIER 69
PIER 68
PIER 67
AVENUE C
FRANKLIN D ROOSEVELT DRIVE (EAST RIVER DRIVE)
6

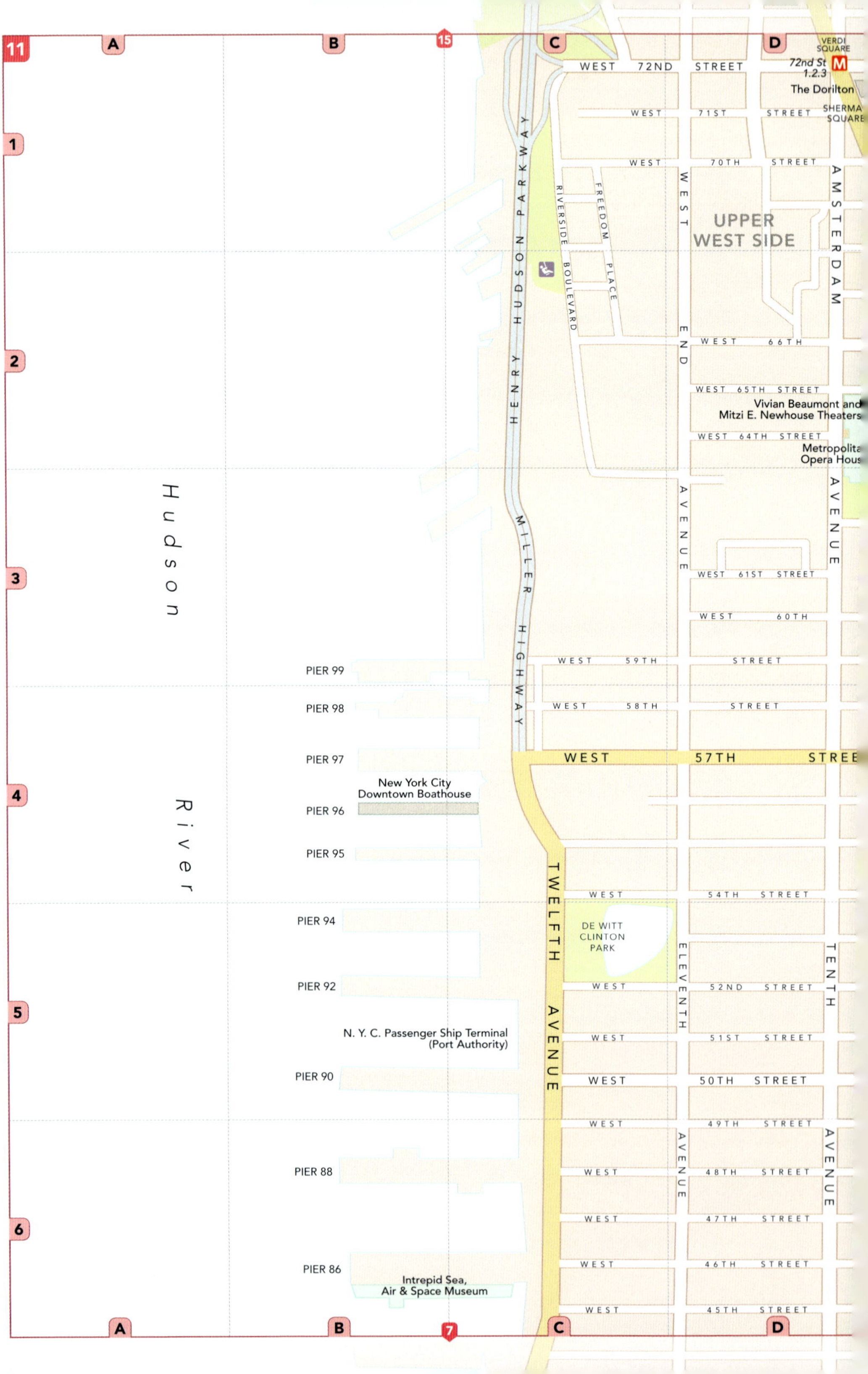
11
A
B
15
C
D
1
2
3
4
5
6
7
VERDI SQUARE
72nd St
1.2.3
The Dorilton
SHERMA SQUARE
WEST 72ND STREET
WEST 71ST STREET
WEST 70TH STREET
UPPER WEST SIDE
HENRY HUDSON PARKWAY
RIVERSIDE BOULEVARD
FREEDOM PLACE
WEST END AVENUE
AMSTERDAM AVENUE
WEST 66TH
WEST 65TH STREET
Vivian Beaumont and Mitzi E. Newhouse Theaters
WEST 64TH STREET
Metropolita Opera Hous
WEST 61ST STREET
WEST 60TH
WEST 59TH STREET
WEST 58TH STREET
WEST 57TH STREE
MILLER HIGHWAY
Hudson
River
PIER 99
PIER 98
PIER 97
New York City Downtown Boathouse
PIER 96
PIER 95
PIER 94
PIER 92
N. Y. C. Passenger Ship Terminal (Port Authority)
PIER 90
PIER 88
PIER 86
Intrepid Sea, Air & Space Museum
TWELFTH AVENUE
ELEVENTH AVENUE
TENTH AVENUE
WEST 54TH STREET
DE WITT CLINTON PARK
WEST 52ND STREET
WEST 51ST STREET
WEST 50TH STREET
WEST 49TH STREET
WEST 48TH STREET
WEST 47TH STREET
WEST 46TH STREET
WEST 45TH STREET

E
F
G
H
15
12
The Dakota
WEST 72ND STREET
72nd St B.C
Majestic Apartments
WEST 71ST STREET
WEST 70TH STREET
WEST 69TH STREET
WEST 68TH STREET
WEST 67TH STREET
COLUMBUS
CENTRAL PARK WEST
Hotel des Artistes
66th St-Lincoln Center 1
American Folk Art Museum
Alice Tully Hall
LINCOLN SQUARE
Avery Fisher Hall
Lincoln Center
David H. Koch Theater
ROSCH PARK
WEST 63RD STREET
Century Apartments
WEST 62ND ST
Museum of Biblical Art
WEST 61ST STREET
Fordham University
AVENUE
BROADWAY
St. Paul the Apostle Church
Time Warner Center
COLUMBUS CIRCLE
59th St-Columbus Circle 1.A.B.C.D
Roosevelt Hospital Center
Museum of Arts & Design
STRAWBERRY FIELDS
CHERRY HILL
Bethesda Terrace
72ND ST TRANSVERSE ROAD
SummerStage
Bandshell
Mineral Springs
WEST DRIVE
THE MALL
EAST DRIVE
SHEEP MEADOW
Tavern on the Green
CENTRAL PARK
65TH ST TRANSVERSE ROAD
Friedsam Memorial Carousel
HECKSCHER BALLFIELDS
The Dairy
Central Park Zoo
Wollman Rink
BIRD SANCTUARY
Duck Pond
Balto Statue
Tisch Children's Zoo
EAST GREEN
The Frick Collection
E 71ST ST
E 70TH ST
E 69TH ST
E 68TH ST
E 67TH ST
E 66TH ST
Temple Emanu-El
E 65TH ST
E 64TH ST
E 63RD ST
E 62ND ST
E 61ST ST
E 60TH ST
FIFTH AVENUE
DORIS C FREEDMAN PLAZA
Fifth Ave-59th St N.Q.R
1
2
3
13
CENTRAL PARK SOUTH (OLMSTED WAY)
Plaza Hotel
Apple Store Fifth Avenue
GRAND ARMY PLAZA
FAO Schwarz
E 59TH ST
WEST 58TH STREET
E 58TH ST
57th St N.Q.R
SEVENTH AVENUE
WEST 57TH STREET
E 57TH ST
57th St F
Carnegie Hall
Trump Tower
IBM Building
4
WEST 56TH STREET
E 56TH ST
MONY Tower
City Center of Music and Dance
Sony Wonder Technology Lab
WEST 55TH STREET
E 55TH ST
AVENUE OF THE AMERICAS (SIXTH AVENUE)
MADISON AVENUE
The Museum of Modern Art
WEST 54TH ST
E 54TH ST
Seventh Ave B.D.E
WEST 53RD STREET
WEST 53RD ST
Fifth Ave-53rd St E.M
NINTH AVENUE
EIGHTH AVENUE
Paley Center for Media
W. C. HANDY'S PLACE
WEST 52ND STREET
E 52ND ST
5
WEST 51ST STREET
Radio City Music Hall
ROCKEFELLER PLAZA
International Building
St. Patrick's Cathedral
50th St C.E
50th St 1
WEST 50TH STREET
E 50TH ST
The British Empire Building
Rockefeller Center
La Maison Francaise
WEST 49TH STREET
49th St N.Q.R
47th-50th St-Rockefeller Center B.D.F.M
E 49TH ST
Nintendo World
Manufacturers Hanover Trust Building
WEST 48TH STREET
E 48TH ST
MIDTOWN
WEST 47TH STREET
E 47TH ST
TKTS Booth
Diamond Row
6
WEST 46TH STREET
E 46TH ST
DUFFY SQUARE
Lyceum Theater
Fred F. French Building
WEST 45TH STREET
E 45TH ST
8

13
A
B
16
C
D
EAST 72ND STREET
EAST 71ST STREET
EAST 70TH STREET
EAST 69TH STREET
EAST 68TH STREET
EAST 67TH STREET
EAST 66TH STREET
EAST 65TH STREET
EAST 64TH STREET
EAST 63RD STREET
EAST 62ND STREET
EAST 61ST STREET
EAST 60TH STREET
EAST 59TH STREET
EAST 58TH STREET
EAST 57TH STREET
EAST 56TH STREET
EAST 55TH STREET
EAST 54TH STREET
EAST 53RD STREET
EAST 52ND STREET
EAST 51ST STREET
EAST 50TH STREET
EAST 49TH STREET
EAST 48TH STREET
EAST 47TH STREET
EAST 46TH STREET
EAST 45TH STREET
HAMMARSKJOLD PLAZA
FIFTH AVENUE
MADISON AVENUE
PARK AVENUE
LEXINGTON AVENUE
THIRD AVENUE
SECOND AVENUE
FIRST AVENUE
YORK AVENUE
UNITED NATIONS PLAZA
SUTTON PLACE
SUTTON PLACE SOUTH
BEEKMAN PLACE
VANDERBILT AVE
FRANKLIN D. ROOSEVELT DRIVE (EAST RIVER DRIVE)
DORIS C. FREEDMAN PLAZA
GRAND ARMY PLAZA
UPPER EAST SIDE
EAST GREEN
1
2
3
4
5
6
12
9
The Frick Collection
Asia Society
New York Hospital
Hunter College
68th St-Hunter College 6
Memorial Hospital
Seventh Regiment Armory
Tisch Children's Zoo
Temple Emanu-El
Central Park Zoo
Museum of American Illustration
Society of Illustrators
Lexington Ave-63rd St F
Mount Vernon Hotel Museum
Lexington Ave-59th St N.Q.R
Fifth Ave-59th St N.Q.R
Bloomingdale's
Apple Store Fifth Avenue
Plaza Hotel
FAO Schwarz
59th St 4.5.6
Bridge Market
Fuller Building
Trump Tower
IBM Building
Central Synagogue
Citigroup Center
The Museum of Modern Art
Lever House
Fifth Ave-53rd St E.M
Seagram Building
Lexington Ave-53rd St E.M
St. Patrick's Cathedral
International Building
Villard Houses
St. Bartholomew's Church
General Electric Building
51st St 6
The British Empire Building
La Maison Francaise
Waldorf-Astoria
Manufacturers Hanover Trust Building
Diamond Row
Japan Society
Fred F. French Building
Helmsley Building
MetLife Building
United Nations Headquarters

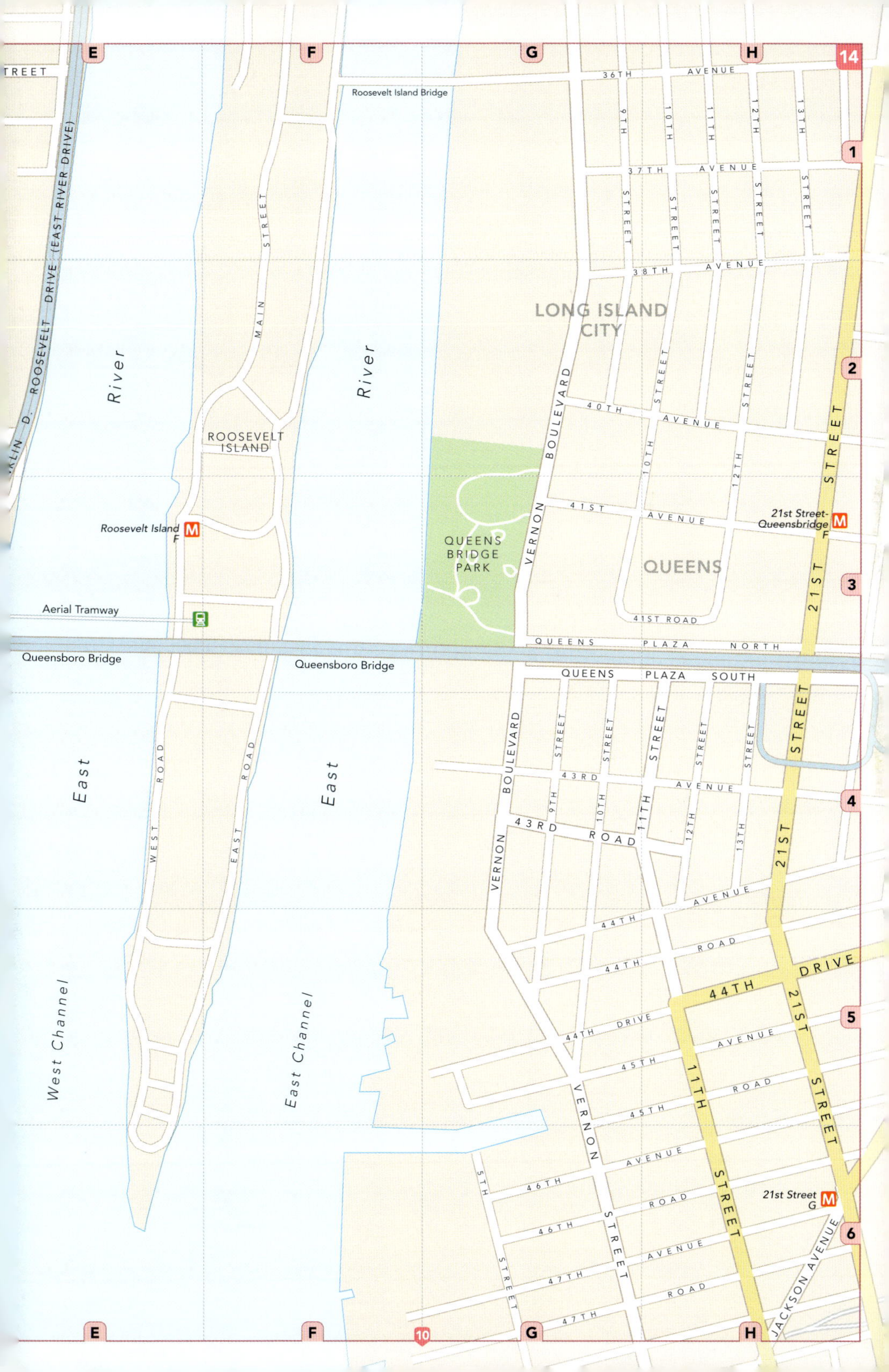
14
E
F
G
H
36TH AVENUE
Roosevelt Island Bridge
9TH STREET
10TH STREET
11TH STREET
12TH STREET
13TH STREET
37TH AVENUE
38TH AVENUE
LONG ISLAND CITY
FRANKLIN D. ROOSEVELT DRIVE (EAST RIVER DRIVE)
MAIN STREET
East River
East River
ROOSEVELT ISLAND
VERNON BOULEVARD
40TH AVENUE
41ST AVENUE
21ST STREET
21st Street-Queensbridge
QUEENS BRIDGE PARK
QUEENS
Roosevelt Island
Aerial Tramway
41ST ROAD
QUEENS PLAZA NORTH
Queensboro Bridge
Queensboro Bridge
QUEENS PLAZA SOUTH
WEST ROAD
EAST ROAD
43RD AVENUE
43RD ROAD
44TH AVENUE
44TH ROAD
44TH DRIVE
45TH AVENUE
45TH ROAD
West Channel
East Channel
46TH AVENUE
46TH ROAD
47TH AVENUE
47TH ROAD
5TH STREET
VERNON STREET
11TH STREET
21st Street
JACKSON AVENUE
1
2
3
4
5
6
10

A
B
C
D
1
2
3
4
5
6
17
12
110th St-Cathedral Parkway B.C
Boathouse
CENTRAL PARK
Lasker Rink and Pool
THE GREAT HILL
WEST DRIVE
The Loch
103rd St B.C
The Pool
NORTH MEADOW
BALL FIELD
North Meadow Recreation Center
97TH STREET TRANSVERSE ROAD
96th St B.C
SOUTH MEADOW TENNIS COURTS
Jacqueline Kennedy Onassis Reservoir
86TH STREET TRANSVERSE ROAD
86th St B.C
CENTRAL PARK
GREAT LAWN
Obelisk
81st St-Museum of Natural History B.C
Delacorte Theater
Swedish Cottage
SHAKESPEARE GARDEN
Belvedere Castle
79TH
THEODORE ROOSEVELT PARK
Hayden Planetarium
American Museum of Natural History
New York Historical Society
The Gill
THE RAMBLE
Loeb Boathouse
San Remo Apartments
Central Park Lake
Bow Bridge
CENTRAL PARK WEST
COLUMBUS AVENUE
MANHATTAN AVENUE
AMSTERDAM AVENUE
BROADWAY
WEST END AVENUE
RIVERSIDE DRIVE
RIVERSIDE DRIVE EAST
RIVERSIDE DRIVE WEST
STRAUS PARK
WEST 109TH STREET
WEST 108TH STREET
WEST 107TH STREET
WEST 106TH ST (DUKE ELLINGTON BLVD)
WEST 105TH STREET
WEST 104TH STREET
103rd St 1
WEST 103RD ST
WEST 102ND STREET
WEST 101ST STREET
UPPER WEST SIDE
WEST 100TH STREET
WEST 99TH STREET
WEST 98TH STREET
WEST 97TH STREET
96th St 1.2.3
WEST 96TH STREET
WEST 95TH STREET
POMANDER WALK
WEST 94TH STREET
WEST 93RD STREET
WEST 92ND STREET
WEST 91ST STREET
WEST 90TH STREET (HENRY J BROWNE BOULEVARD)
WEST 89TH STREET
WEST 88TH STREET
WEST 87TH STREET
86th St 1
WEST 86TH STREET
WEST 85TH STREET
EDGAR ALLAN POE STREET
WEST 84TH STREET
WEST 83RD ST
WEST 82ND ST
Children's Museum of Manhattan
WEST 81ST STREET
WEST 80TH STREET
79th St 1
WEST 79TH STREET
WEST 78TH STREET
WEST 77TH STREET
WEST 76TH ST
WEST 75TH ST
WEST 74TH ST
Ansonia Hotel
WEST 73RD STREET
RIVERSIDE PARK
HENRY HUDSON PARKWAY
9A
JOAN OF ARC PARK
Hudson River
Boat Basin

16
18
13
E
F
G
H
1
2
3
4
5
6
Charles A. Dana Discovery Center
Conservatory Garden
Museo del Barrio
Museum of the City of New York
Mount Sinai Medical Center
St. Nicholas Russian Orthodox Cathedral
Jewish Museum
Cooper-Hewitt Museum
National Academy Museum
Solomon R. Guggenheim Museum
Metropolitan Museum of Art
Lennox Hill Hospital
Whitney Museum of American Art
Alice in Wonderland Statue
Conservatory Water
Christian Andersen Statue
Benjamin Franklin Plaza
Church of the Holy Trinity
Asphalt Green
Gracie Mansion
CARL SCHURZ PARK
JOHN JAY PARK
MILL ROCK PARK
RECREATION PIER
Foot Bridge
Harlem River
West Channel
YORKVILLE
FIFTH AVENUE (MUSEUM MILE)
MADISON AVENUE
PARK AVENUE
LEXINGTON AVENUE
THIRD AVENUE
SECOND AVENUE
FIRST AVENUE
YORK AVENUE
EAST END AVENUE
FRANKLIN D ROOSEVELT DRIVE (EAST RIVER DRIVE)
HENDERSON PLACE
GRACIE SQ
TRANSVERSE RD
EAST 109TH STREET
EAST 108TH STREET
EAST 107TH STREET
EAST 106TH STREET
EAST 105TH STREET
EAST 104TH STREET
EAST 103RD STREET
EAST 101ST STREET
EAST 100TH STREET
EAST 99TH STREET
EAST 98TH STREET
EAST 97TH STREET
EAST 96TH STREET
EAST 95TH STREET
EAST 94TH STREET
EAST 93RD STREET
EAST 92ND STREET
EAST 91ST STREET
EAST 90TH STREET
EAST 89TH STREET
EAST 88TH STREET
EAST 87TH STREET
EAST 86TH STREET
EAST 85TH STREET
EAST 84TH STREET
EAST 83RD STREET
EAST 82ND STREET
EAST 81ST STREET
EAST 80TH STREET
EAST 79TH STREET
EAST 78TH STREET
EAST 77TH STREET
EAST 76TH STREET
EAST 75TH STREET
EAST 74TH STREET
EAST 73RD STREET
103rd St 6
96th St 6
86th St 4.5.6
77th St 6

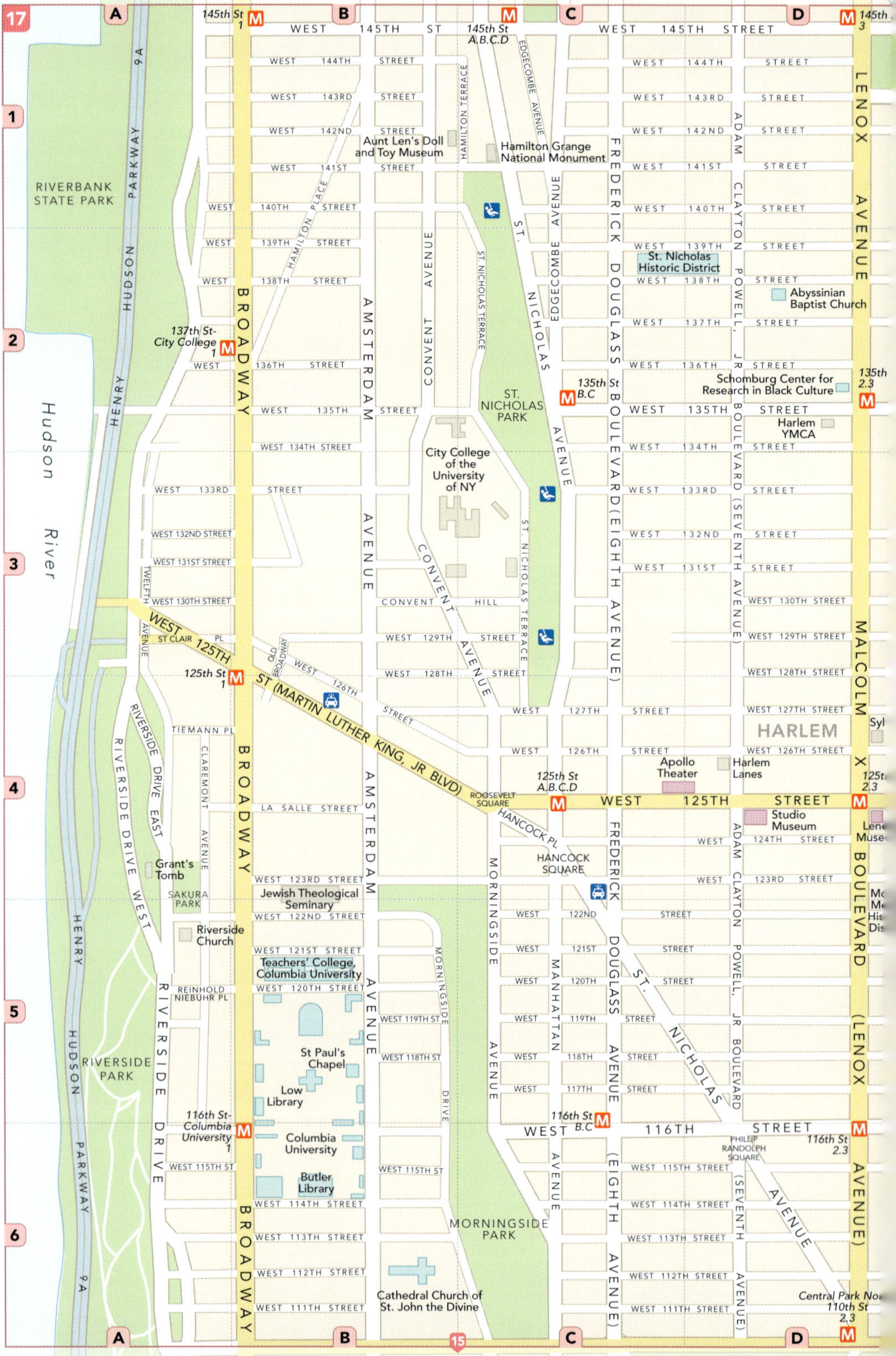
17
A
B
C
D
1
2
3
4
5
6
15
145th St 1
145th St A.B.C.D
145th St 3
WEST 145TH ST
WEST 145TH STREET
WEST 144TH STREET
WEST 143RD STREET
WEST 142ND STREET
WEST 141ST STREET
WEST 140TH STREET
WEST 139TH STREET
WEST 138TH STREET
WEST 137TH STREET
WEST 136TH STREET
WEST 135TH STREET
WEST 134TH STREET
WEST 133RD STREET
WEST 132ND STREET
WEST 131ST STREET
WEST 130TH STREET
WEST 129TH STREET
WEST 128TH STREET
WEST 127TH STREET
WEST 126TH STREET
WEST 125TH STREET
WEST 124TH STREET
WEST 123RD STREET
WEST 122ND STREET
WEST 121ST STREET
WEST 120TH STREET
WEST 119TH ST
WEST 118TH ST
WEST 117TH STREET
WEST 116TH STREET
WEST 115TH ST
WEST 115TH STREET
WEST 114TH STREET
WEST 113TH STREET
WEST 112TH STREET
WEST 111TH STREET
HAMILTON TERRACE
EDGECOMBE AVENUE
Aunt Len's Doll and Toy Museum
Hamilton Grange National Monument
FREDERICK DOUGLASS BOULEVARD (EIGHTH AVENUE)
ADAM CLAYTON POWELL, JR BOULEVARD (SEVENTH AVENUE)
LENOX AVENUE
MALCOLM X BOULEVARD (LENOX AVENUE)
RIVERBANK STATE PARK
HENRY HUDSON PARKWAY
9A
HAMILTON PLACE
CONVENT AVENUE
ST. NICHOLAS TERRACE
ST. NICHOLAS AVENUE
St. Nicholas Historic District
Abyssinian Baptist Church
BROADWAY
AMSTERDAM AVENUE
137th St-City College 1
135th St B.C
135th St 2.3
Schomburg Center for Research in Black Culture
ST. NICHOLAS PARK
Harlem YMCA
Hudson River
City College of the University of NY
TWELFTH AVENUE
CONVENT HILL
ST CLAIR PL
WEST 125TH ST (MARTIN LUTHER KING, JR BLVD)
OLD BROADWAY
WEST 126TH STREET
125th St 1
125th St A.B.C.D
125th St 2.3
TIEMANN PL
CLAREMONT AVENUE
RIVERSIDE DRIVE EAST
RIVERSIDE DRIVE WEST
HARLEM
Apollo Theater
Harlem Lanes
ROOSEVELT SQUARE
LA SALLE STREET
HANCOCK PL
HANCOCK SQUARE
Studio Museum
MORNINGSIDE AVENUE
Grant's Tomb
SAKURA PARK
Jewish Theological Seminary
Riverside Church
Teachers' College, Columbia University
MORNINGSIDE DRIVE
MANHATTAN AVENUE
REINHOLD NIEBUHR PL
RIVERSIDE DRIVE
RIVERSIDE PARK
St Paul's Chapel
Low Library
116th St-Columbia University 1
Columbia University
116th St B.C
116th St 2.3
PHILIP RANDOLPH SQUARE
Butler Library
MORNINGSIDE PARK
Cathedral Church of St. John the Divine
Central Park North 110th St 2.3

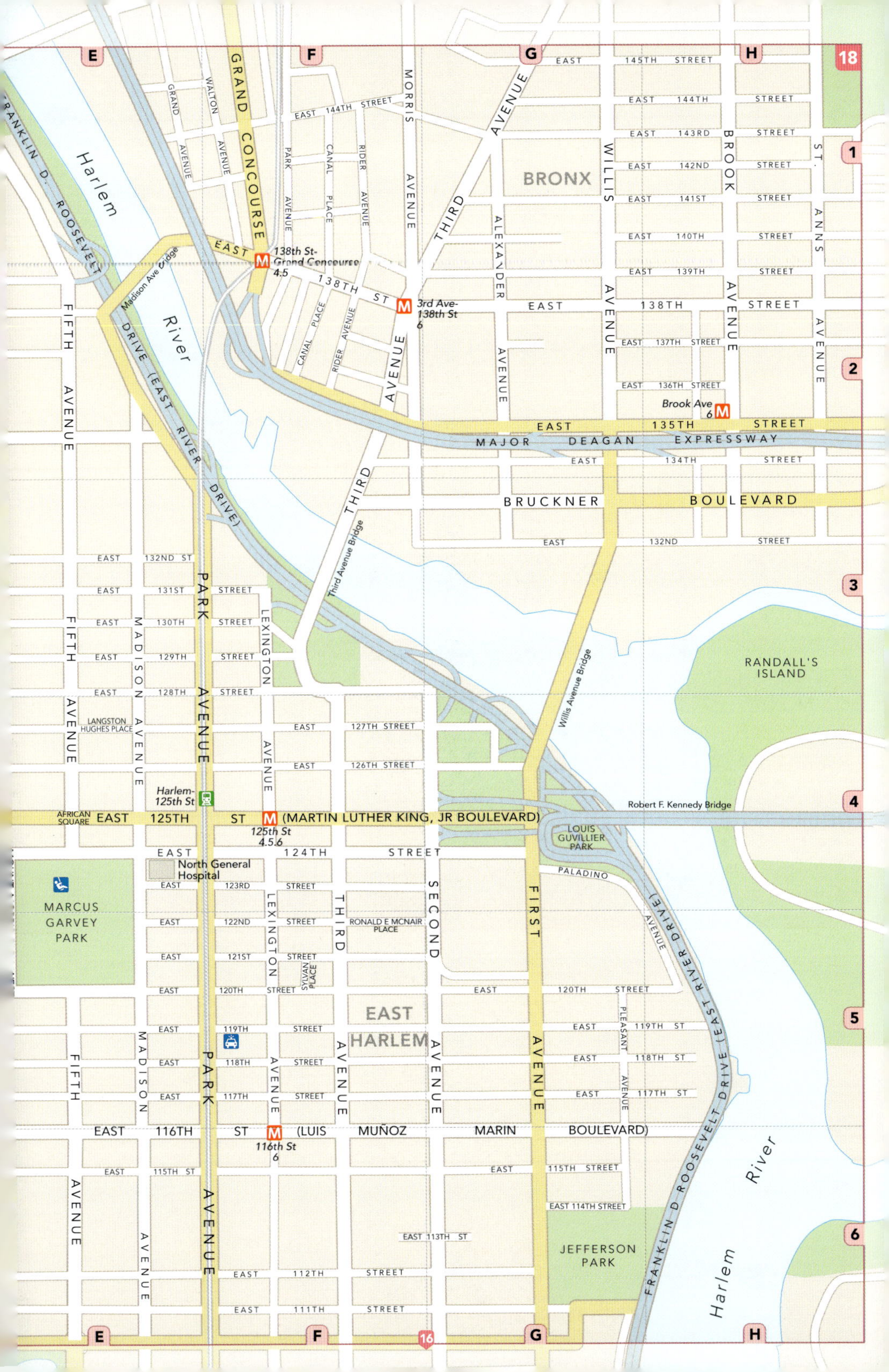
E
F
G
H
1
2
3
4
5
6
16
BRONX
EAST HARLEM
Harlem River
Harlem River
RANDALL'S ISLAND
MARCUS GARVEY PARK
JEFFERSON PARK
LOUIS GUVILLIER PARK
North General Hospital
AFRICAN SQUARE
LANGSTON HUGHES PLACE
138th St-Grand Concourse 4.5
3rd Ave-138th St 6
Brook Ave 6
Harlem-125th St
125th St 4.5.6
116th St 6
Madison Ave Bridge
Third Avenue Bridge
Willis Avenue Bridge
Robert F. Kennedy Bridge
FRANKLIN D. ROOSEVELT DRIVE (EAST RIVER DRIVE)
FRANKLIN D ROOSEVELT DRIVE (EAST RIVER DRIVE)
MAJOR DEAGAN EXPRESSWAY
BRUCKNER BOULEVARD
GRAND CONCOURSE
GRAND AVENUE
WALTON AVENUE
PARK AVENUE
CANAL PLACE
RIDER AVENUE
MORRIS AVENUE
THIRD AVENUE
ALEXANDER AVENUE
WILLIS AVENUE
BROOK AVENUE
ST. ANNS AVENUE
EAST 145TH STREET
EAST 144TH STREET
EAST 143RD STREET
EAST 142ND STREET
EAST 141ST STREET
EAST 140TH STREET
EAST 139TH STREET
EAST 138TH STREET
EAST 138TH ST
EAST 137TH STREET
EAST 136TH STREET
EAST 135TH STREET
EAST 134TH STREET
EAST 132ND STREET
FIFTH AVENUE
MADISON AVENUE
LEXINGTON AVENUE
SECOND AVENUE
FIRST AVENUE
PLEASANT AVENUE
PALADINO AVENUE
EAST 132ND ST
EAST 131ST STREET
EAST 130TH STREET
EAST 129TH STREET
EAST 128TH STREET
EAST 127TH STREET
EAST 126TH STREET
EAST 125TH ST (MARTIN LUTHER KING, JR BOULEVARD)
EAST 124TH STREET
EAST 123RD STREET
EAST 122ND STREET
RONALD E MCNAIR PLACE
EAST 121ST STREET
SYLVAN PLACE
EAST 120TH STREET
EAST 119TH STREET
EAST 119TH ST
EAST 118TH STREET
EAST 118TH ST
EAST 117TH STREET
EAST 117TH ST
EAST 116TH ST (LUIS MUÑOZ MARIN BOULEVARD)
EAST 115TH ST
EAST 115TH STREET
EAST 114TH STREET
EAST 113TH ST
EAST 112TH STREET
EAST 111TH STREET

19
A
B
C
D
1
2
3
4
5
6
East River
Franklin D. Roosevelt Drive (East River Drive)
Avenue C
Pitt St
Williamsburg Bridge
Grand Street
Lower East Side
South Street Viaduct
Manhattan Bridge
Wallabout Bay
Brooklyn Navy Yard
Nassau Ave
N 15th St
N 12th St
N 9th St
N 6th St
N 7th St
McCarren Park
Bedford Ave
Kent Avenue
Berry Street
Bedford Avenue
Driggs Avenue
Metropolitan Avenue
Grand Street
South 2nd St
South 4th St
S 6th St
Broadway
Brooklyn Queens Expressway
Lorimer St
Metropolitan Ave
Union Ave
Graham Ave
Grand St
Bushwick Ave
Humboldt Street
Manhattan Avenue
Montrose Ave
Morgan Ave
Jefferson Ave
Cooper Park
Vandervoort Ave
Grand Street
Flushing Avenue
Central Ave
Broadway
Marcy Ave
Hewes St
Lorimer St
Flushing Ave
Myrtle Ave
Kosciuszko St
Division Avenue
Williamsburg
Flushing Ave
Kent Avenue
Myrtle Avenue
Tompkins Avenue
Park Avenue
DeKalb Avenue
Lafayette Avenue
Stuyvesant Ave
Myrtle Ave-Willoughby Ave
Bedford Avenue
Throop Avenue
Sumner Avenue
Lewis Avenue
Thompkins Park
Brooklyn
Flushing Avenue
Brooklyn Queens Expressway
York St
Dumbo
York St
Bedford Ave-Nostrand Ave
Nostrand Avenue
Marcy Avenue
Willoughby Avenue
Washington
Classon Ave
Greene Ave
Kingston Ave-Throop Ave
High St
Henry St
Fulton St
Adams St
Tillary St
Flatbush Ave
Navy Street
Myrtle Avenue
Carlton
Vanderbilt
Fort Greene Park
DeKalb Avenue
Avenue
Clinton Ave-Washington Ave
Gates
Putnam Ave
Nostrand Ave
Fulton Street
Clark St
Brooklyn Heights
Court St
Jay St-Metro Tech
DeKalb Ave
Fulton St
Franklin Ave
Nostrand Ave
Borough Hall
Fulton St
Hoyt St
Nevins St
Fulton St
Lafayette Ave
Clinton Ave-Washington Ave
Atlantic Avenue
Brooklyn Children's Museum
Joralemon St
New York Transit Museum
Hoyt Schermerhorn
Brooklyn Academy of Music
Flatbush North
Atlantic Ave
Atlantic Ave-Pacific St
Dean
St. Marks
Bedford Avenue
Place
Park
Brooklyn Queens Expressway
Dean Street
Bergen St
Bergen St
Prospect Heights
Park Pl
St. Johns
Parkway
Wyckoff Street
Cobble Hill
Boerum Hill
Smith Street
3rd Avenue
4th Avenue
5th Avenue
7th Ave
Grand Army Plaza
Eastern Parkway Brooklyn Museum
Franklin Ave
Botanic Gardens
Crown Heights
Eastern
Brooklyn Museum
Brooklyn Botanic Garden
Brooklyn Public Library
Columbia Street
Henry Street
Clinton Street
Court Street
Union Street
Union St
Union Street
Washington Ave
Carroll St
Park Slope
Carroll Gardens
1st Street
3rd Street
5th Street
7th Street
Byrne Memorial Park
8th Avenue
Prospect Park West
Flatbush Ave
Empire Boulevard
Prospect Park Zoo
Lefferts Historic House
Prospect Park
Prospect Lefferts Gardens
Smith St-9th St
9th Street
4th Ave-9th St
7th Ave
Audubon Center
Parkside Avenue
Flatbush Avenue
Red Hook Park
Gowanus Expressway
Red Hook
11th Street
13th Street
15th Street
5th Ave
7th Avenue
Prospect Park
Prospect Ave
15th St-Prospect Park
Parkside Ave
Prospect Park Lake
Windsor Terrace
Prospect Expressway
Parkside Avenue
Parade Ground

纽约地图索引

致谢

DK出版社向下列人士致以诚挚的谢意。正是他们的热心支持与帮助，才促成了此书的出版。

Contributors

Lee Magill is an avid travel writer and photographer who has called New York's West Village home for two decades. She has edited and contributed to several international guidebooks, consumer print magazines and their websites for the past ten years and is the proud mom of two mini, authentic New Yorkers.

Travel writer and reporter AnneLise Sorensen has penned (and wine-tasted) her way across four continents, contributing to guidebooks, magazines, websites, radio, and TV, including Rough Guides, *New York Magazine*, *Time Out*, Condé Nast, NBC, and MSN. She's based in New York, a city that continually rewards her wanderlust.

Eleanor Berman, a New Yorker since 1981, is a widely published writer for magazines and newspapers and the author of 14 travel guides. Her books include two other guides for Dorling Kindersley, *Top 10 New York*, and the *Eyewitness New York* guide, which won the Thomas Cook award as the year's best guidebook.

Additional Photography

Steven Greaves; Dave King; Angus Oborn; Rough Guides: Nelson Hancock; Chris Stowers.

Cartography

Maps on pages 210–11, 216–17, 222–23, 228–29, and 234–35 are derived from © www.openstreetmap.org and contributors, licensed under CC-BY-SA, see www.creativecommons.org for further details.

Design and Editorial

PUBLISHER Vivien Antwi
LIST MANAGER Christine Stroyan
SENIOR MANAGING ART EDITOR Mabel Chan
SENIOR CARTOGRAPHIC EDITOR Casper Morris
CARTOGRAPHIC EDITOR Stuart James
SENIOR EDITOR Michelle Crane
JACKET DESIGN Louise Dick, Tessa Bindloss
ICON DESIGN Claire-Louise Armitt
SENIOR DTP DESIGNER Jason Little
PICTURE RESEARCH Ellen Root, Chloe Roberts
PRODUCTION CONTROLLER Rebecca Short
READERS Anna Streiffert, Debra Wolter
FACT CHECKER Andrew Rosenberg
PROOF READER Lucilla Watson
INDEXER Hilary Bird

With thanks to Douglas Amrine for his help in developing this series.

Additional Editorial Assistance

Vicki Allen, Claire Bush

Revisions Team

Shruti Bahl, Marta Bescos, Uma Bhattacharya, Imogen Corke, Karen D'Souza, Hayley Maher, Annie Shapero, Ajay Verma

Photography Permissions

Dorling Kindersley would like to thank the following for their assistance and kind permission to photography at their establishments.

The 414 Hotel, 5 Napkin Burger; Adrienne's Pizzabar; Alex Navissi at American Museum of Natural History; Amy Ruth's; Angus McIndoe Restaurant; Asia Society; Brooklyn Children's Museum; Adam Husted at Brooklyn Museum; Todd McGovern at Children's Museum of Manhattan; Central Park Zoo; The Cloisters; Susan De Vries at Dyckman Farmhouse Museum; El Museo del Barrio; Heartland Brewery; HomBom; Hotel Gansevoort; Hue-Man Bookstore & Café; Indian Road Café; Jacques Torres Chocolate; The Jewish Museum; Katz's Delicatessen; The LEGO® Store; Sarah Needham at The Lincoln Center; Madame Tussauds; Egle Zygas at The Metropolitan Museum of Art; Miss Maude's Spoonbread; Carnelia Garcia at Museum of Arts and Design; Museum of Comic and Cartoon Art; The Museum of Modern Art; Tomoko Kawamoto at Museum of the Moving Image; New Leaf Café; The New York City Police Museum; Mary Record at New York Hall of Science; The New York Public Library; The Paley Center for Media; Ripley's Believe It or Not; Brooke Smy at Rockfeller Center; Scandinavia House; The Skyscraper Museum; Smithsonian National Museum of the American Indian; Tenement Museum; Toys"R"Us; Whitney Museum of American Art; Barbara Russo at New York Aquarium.

Works of art have been reproduced with the permission of the following copyright holders:

Charging Bull © Arturo DiModica 1998 61tl; *Campbell's Soup Cans* © Andy Warhol/DACS 2011 106crb; *Move Along, Nothing to See Here* © Cai Guo-Qiang 152bl; *Paris Through the Window* © Marc Chagall/DACS 2011 158cr; *Asaf and Yo'ah* © Boaz Vaadia 167tc; *Peace Fountain* © Greg Wyatt 177tc; *Harlem Sophisticated Ladies* 178cl, *Harlem Break Dancers* 180c © Franco Gaskin; *Intruder* © Lauren Ewing 220crb; Mini Golf Course 223tr & Rocket Park 224cr at New York Hall of Science, designed by Lee H. Skolnick Architecture + Design Partnership, New York.

Picture Credits

Key: a-above; b-below/bottom; c-centre; f-far; l-left; r-right; t-top.

The publisher would like to thank the following for their kind permission to reproduce their photographs:

ALAMY IMAGES: AF archive 213cb; Ambient Images Inc. 12b, 94c; The Art Archive 48tl; Martin Bond 86tr; Cephas Picture Library 101c; Lonely Planet Images 165t; Paul Nichol 221tl; North Wind Picture Archives 47tc, 48crb; Pictorial Press Ltd 203bc; Frances M. Roberts 32bl.
THE ALGONQUIN HOTEL: 102bc, 246tr.
AMERICAN GIRL PLACE: Michelle Litvin 113bl.
AMERICAN MUSEUM OF NATURAL HISTORY LIBRARY: 174cl.
BILL'S BAR & BURGER: 33bl, 114tc.
BKLYN LARDER: Lauren Sandler 202bl. BLOCKHEADS BURRITOS: 57bl.
THE BROOKLYN MUSEUM OF ART, NEW YORK: 202cra, 202c, 203c, 203clb. MARIO BURGER: 125br.

CAFÉ GLECHIK: 211tl. CHILDREN'S MUSEUM OF MANHATTAN: 163cl, 165br, 173tr, 176bc. CORBIS: Neville Elder 36br; Julie Lemberger 164b; Andrew Lichtenstein 25bl; Liu Xin/Xinhua Press 14bl; PCN Photography 43t; Stapleton Collection 46crb; Mike Zens 44cr.
DARYL ROTH THEATRE: 41tl. DK IMAGES: "Copenhagen" ship in a bottle. Made by C.V. Nielsen, ca. 1940. Seamen's Bank for Savings Collection, Seaport Museum New York, Max Alexander, 66cl; The American Museum of Natural History, Dave King 171cr.
THE EMPIRE HOTEL: 249br. LAUREN EWING: 220cr.
FAO SCHWARZ: 34bl. FELD ENTERTAINMENT: Ringling Bros/Heinz Kluetmeier 14br. FINANCIER PATISSERIE: 63bl.
FOUR SEASONS HOTEL NEW YORK: 244bl. THE FRICK COLLECTION, NEW YORK: Michael Bodycomb 145cl, 154bc; Galen Lee 149cr.
GETTY IMAGES: NY Daily News 232tl.
HELL'S KITCHEN FLEAMARKET: 34br. HILTON GARDEN INN BRAND: 245tl. HOTEL GIRAFFE: 242tr. HOTEL ON RIVINGTON: 242bl. HOTEL WALES: 248tl.
LA LUCHA: 30br. LANDMARC: 108bc. THE LINCOLN CENTER: Mark Bussell 171tc.
MANDARIN ORIENTAL, NEW YORK: 29br, 249tl. NATASHA MARCO: 186c. THE METROPOLITAN MUSEUM OF ART, NEW YORK: 150bc; *Angels Swinging Censers*, ca. 1170, Made in Troyes, Pot-metal glass, vitreous paint, and lead, 18 1/2 x 17 5/16 in. (47 x 44 cm), Gift of Ella Brummer, in memory of her husband, Ernest Brummer, 1977 (1977.346.1) 150cr; Amedeo Modigliani (Italian, 1884ˆ1920). *Jeanne Hébuterne*, 1919. Oil on canvas, 36 x 28-3/4 inches (91.4 x 73 cm), Gift of Mr. and Mrs. Nate B. Spingold, 1956 151cl; Sarcophagus with the Triumph of Dionysus and the Four Seasons, known as *The Badminton Sarcophagus*/Roman, Late Imperial, ca. A.D. 260–270, Marble, 34 x 85 in. (86.4 x 215.9 cm), Purchase, Joseph Pulitzer Bequest, 1955 (55.11.5) 151bl; *The Cup of Tea*, ca. 1879 Mary Cassatt (American, 1844–1926), Oil on canvas , 36 3/8 x 25 3/4 in. (92.4 x 65.4 cm), From the Collection of James Stillman, Gift of Dr. Ernest G. Stillman, 1922 (22.16.17) 152cr; *Concert of European Music*, Japan, Meiji period (1868–1912), 1889, Triptych of polychrome woodblock prints, ink and color on paper, 14 1/2 x 29 in. (36.8 x 73.7 cm) Gift of Lincoln Kirstein, 1959 152crb; Mick Hales 186clb. MIDTOWN COMICS, INC.: 67c.
THE MILLENIUM HILTON: 240br. MUSEUM OF ARTS AND DESIGN: 169bl; Sara Silverstein 168cr; Ed Watkins 168c, 168clb, 168crb. MUSEUM OF THE CITY OF NEW YORK: Harry Zernike 160br. MUSEUM OF THE MOVING IMAGE: Flip book, The Royal Tailors, 1920, Collection of Museum of the Moving Image/218c; Wendy Moger-Bross 193cl, 216c, 217tr, 218cl, 219tc; Esto/Peter Aaron 218tr, 218clb, 218bc; Brian Palmer 216bl.
NEW YORK HALL OF SCIENCE: 224cra, 224clb. THE NEW YORK PALACE: 243tr.
LE PAIN QUOTIDIEN: 121tl, 127br. THE PENINSULA NEW YORK: 247tr. PHOTO SCALA, FLORENCE: The Museum of Modern Art, New York 106c. PHOTOLIBRARY: 54b; Age fotostock/Garry Black 35b,/Kordcom 2–3, 12tr; Alamy/Sandra Baker 10cr,/Patrick Batchelder 86crb, 87clb, 139tc,/Richard Cummins 62cr,/dbimages 8–9,/Randy Duchaine 13t,/Jeff Greenberg 66cr,/David Grossman 15br, 17br,/Paul Hakimata 40bl,/Debra Hershkowitz 229cl,/Holmes Coastal Images 189bl,/Len Holsborg 129cb,/Richard Levine 17bl, 20br, 23br, 37br,/Bob London 16br,/Patti McConville 41cl, 50–51, 138bl,/Erick Nguyen 61tl,/pbpgalleries 98br,/Photos-12 153cl,/The Print Collector 158cr,/Frances Roberts 55t, 80cl,/Robert Harding Picture Library Ltd 134br,/Jochen Tack 20bl,/TNT Magazine 42bl,/Cal Vornberger 45cl; All Canada Photos/Chris Cheadle 1c; Ambient Images/Peter Bennett 45t, 87c, 105tl, 109bl, 239bl,/Richard B Levine 26br, 36bl, 45bl, 69bl, 135bl,/Jackie Weisberg 38bl, 43cl, 234cl; Axiom/Jenny Acheson 27b,/Dosfotos 101cla; The Bridgeman Art Library 46cl, 152cl; Cuboimages/PhotoEquipe –153 19br; Images.com/John Cadenhead 24br; Index Stock Imagery/Paul Frankian 26bc; Look-foto/Franz Marc Frei 23bl; The Medical File/Michelle Del Guercio 39br, Rick Shupper 15bl; Stockbrokerxtra Images 250–251; Tetra Images 18br, 45br, 90b; Ticket/Barry Winiker 19bl, 162–163; Top Photo Corporation 197tl; Barry Winiker 184cl.
THE PLAZA HOTEL: 247bl.
THE PUBLIC THEATER: Joseph Moran 141tl.
QUEENS BOTANICAL GARDEN: Shari Romar 227bc.
QUEENS MUSEUM OF ART: 226br.
THE RITZ-CARLTON NEW YORK, BATTERY PARK: 240cl.
RIVER TO RIVER FESTIVAL: 40–41bc.
ROBERTO: 237bl.
RUSKNIGA.COM: 215tl.
THE SOLOMON R. GUGGENHEIM MUSEUM, NEW YORK: 158tr; David M. Heald 147bl, Edouard Manet, *Before the Mirror*, 1876 , Oil on canvas, 36 1/4 x 28 1/8 inches, Thannhauser Collection. Gift, Justin K. Thannhauser, 1978, 158cl; *Yellow Cow* (Gelbe Kuh), 1911. Oil on canvas, 55 3/8 x 74 1/2 inches (140.5 x 189.2 cm). Solomon R. Guggenheim Founding Collection, 49.1210 158c.
SONY WONDER TECHNOLOGY LAB: 107bc.
SUGAR & SPICE: 228cl.
TASTE BUDS: 38br.
WIKIPEDIA: *The Starry Night* by Vincent van Gogh (Dutch, 1853–1890) Saint Rémy, June 1889. Oil on canvas, 29 x 36 1/4" (73.7 x 92.1 cm). Acquired through the Lillie P. Bliss Bequest from The Museum of Modern Art 106cl; *Lady Lilith*, 1867, watercolor and gouache, on paper, 51.3 x 44 cm by Dante Gabriel (British, London 1828–1882) Rossetti, Rogers Fund, 1908 from The Metropolitan Museum of Art, New York's collection 152c.
WILDLIFE CONSERVATION SOCIETY: Central Park Zoo/Julie Larsen Maher 128tr, 128cb; New York Aquarium 212ca, 212cl, 212cr.

JACKET IMAGES: FRONT: ALAMY IMAGES: Peter Chambers tr, CORBIS: Alan Copson b, PHOTOLIBRARY: Ambient Images/Rick Shupper tc; SUPERSTOCK: Eye Ubiquitous tl. BACK: PHOTOLIBRARY: Age fotostock/Kordcom Kordcom tr,/Corbis tc,/ Imagebroker.net/jean-pierre lescourret tl. SPINE: PHOTOLIBRARY: Hoberman Collection UK t.

纽约城市地铁图

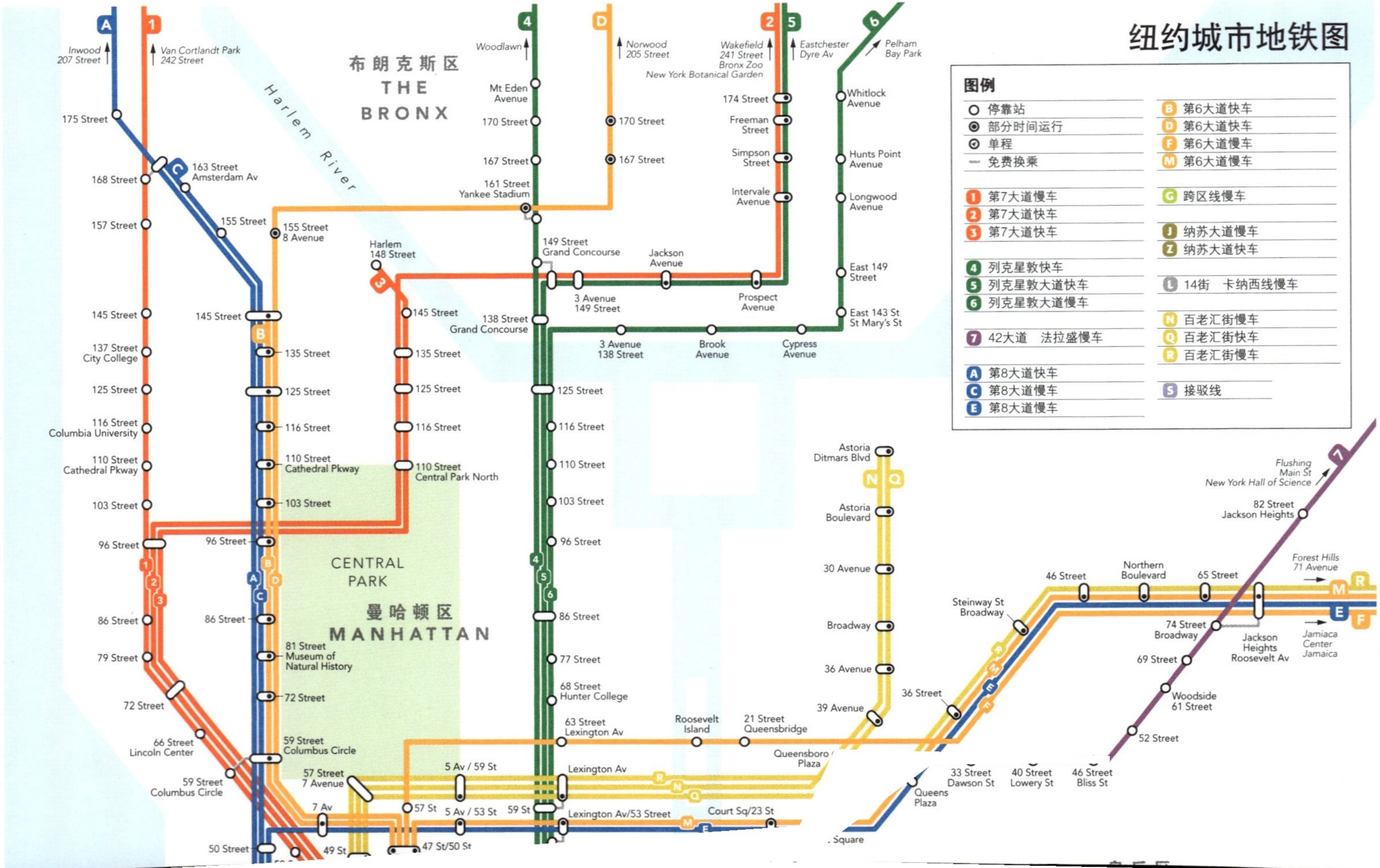
图例
停靠站
部分时间运行
单程
免费换乘
1 第7大道慢车
2 第7大道快车
3 第7大道快车
4 列克星敦快车
5 列克星敦大道快车
6 列克星敦大道慢车
7 42大道　法拉盛慢车
A 第8大道快车
C 第8大道慢车
E 第8大道慢车
B 第6大道快车
D 第6大道快车
F 第6大道慢车
M 第6大道慢车
G 跨区线慢车
J 纳苏大道慢车
Z 纳苏大道快车
L 14街　卡纳西线慢车
N 百老汇街慢车
Q 百老汇街快车
R 百老汇街慢车
S 接驳线
布朗克斯区
THE BRONX
Harlem River
CENTRAL PARK
曼哈顿区
MANHATTAN
Inwood 207 Street
Van Cortlandt Park 242 Street
175 Street
168 Street
163 Street Amsterdam Av
157 Street
155 Street
155 Street 8 Avenue
145 Street
137 Street City College
135 Street
125 Street
116 Street Columbia University
116 Street
110 Street Cathedral Pkwy
110 Street Central Park North
103 Street
96 Street
86 Street
81 Street Museum of Natural History
79 Street
72 Street
66 Street Lincoln Center
59 Street Columbus Circle
57 Street 7 Avenue
7 Av
50 Street
49 St
47 St/50 St
57 St
5 Av / 59 St
5 Av / 53 St
59 St
Lexington Av
Lexington Av/53 Street
Court Sq/23 St
Harlem 148 Street
145 Street
Woodlawn
Mt Eden Avenue
170 Street
167 Street
161 Street Yankee Stadium
149 Street Grand Concourse
138 Street Grand Concourse
125 Street
116 Street
110 Street
103 Street
96 Street
86 Street
77 Street
68 Street Hunter College
63 Street Lexington Av
Norwood 205 Street
170 Street
167 Street
Wakefield 241 Street
Bronx Zoo New York Botanical Garden
174 Street
Freeman Street
Simpson Street
Intervale Avenue
Jackson Avenue
3 Avenue 149 Street
Prospect Avenue
3 Avenue 138 Street
Brook Avenue
Cypress Avenue
Eastchester Dyre Av
Pelham Bay Park
Whitlock Avenue
Hunts Point Avenue
Longwood Avenue
East 149 Street
East 143 St St Mary's St
Astoria Ditmars Blvd
Astoria Boulevard
30 Avenue
Broadway
36 Avenue
39 Avenue
Roosevelt Island
21 Street Queensbridge
Queensboro Plaza
Queens Plaza
33 Street Dawson St
40 Street Lowery St
46 Street Bliss St
52 Street
Woodside 61 Street
69 Street
74 Street Broadway
Jackson Heights Roosevelt Av
82 Street Jackson Heights
Flushing Main St New York Hall of Science
36 Street
Steinway St Broadway
46 Street
Northern Boulevard
65 Street
Forest Hills 71 Avenue
Jamaica Center Jamaica
Square